国立歴史民俗博物館　監修

歴博万華鏡

朝倉書店

題字は、王羲之「集字聖教序」より（二玄社提供）

刊行のことば

国立歴史民俗博物館長　佐原　真

私たちは、今、二〇世紀、第二千年紀を終え、二一世紀、第三千年紀をむかえようとしています。四五〇万〜五〇〇万年生きてきた人類は、今や、先端技術を大いに発達させて、ＤＮＡの組み換え、臓器移植、宇宙の神秘の解明、情報機器による地球の一体化等々大いに発達をとげてきました。

しかし、その一方で失ったものも多いのです。たとえばひとつあげれば、心の喪失です。ひとつひとつ手作りだった時代を考えると、物を作るための道具――工具――そのものを石器時代には自分で作りましたし、鉄の刃物の時代に入っても、鉄の刃を買ってきて、自分で柄をつけました。手の大きな人は大きな、小さな人は小さな柄をつけました。だからこそ、道具は手の延長で、心がこもっていたのです。

心のこもった道具を使って作者が心をこめて作った作品は、不思議と見る人に感銘をあたえます。古い家や道具をみて、最新の家や道具よりも心を感じるのは、私だけではないでしょう。

海外の大博物館は、あまりにも多くのものをもっているためか、収蔵目録を作ることなど考えず、その代わりに展覧会の機会にすぐれた図録・目録を作っているようです。

日本の博物館には、収蔵目録を発行しているところもあります。歴博（国立歴史民俗博物館）もそれを目ざして準備をすすめていますし、また、インターネット上で収蔵品の情報も流しています。

歴博に来てもう六年にもなる私が、本書の校正をみて、目を見張りました。こんなものがあったのか、と。

本書は、「祈る」「祭る」「装う」「飾る」「遊ぶ」の五つに分けて歴博の収蔵する資料を紹介するもので、図録の単なる解説はさけて、資料から何をよみとることができるか、何が心に浮かんでくるか、を歴博の研究者、もと歴博にいた研究者が競い合って書いています。私も写真を楽しみながら腰を据えて皆の説明に耳を傾けたい、と思います。そしてさまざまな資料から過去の人びとの心の発信をうけとりたいと思います。

文字資料を中心に過去を追う文献史学（せまい意味での歴史学）、おもに土のなかに残っている過去の人びとの活動のあとからそれを追究する考古学、人びとの慣わし、おきて、言い伝えから過去を究める民俗学、これらを中心として関係深い学問や自然科学とともに、総合的な日本の歴史をうちたてることを歴博はめざしています。

本書が、昔の人たちとの心の触れ合いの場になること、歴博への親しみをいだかせる本になることを願っています。

編集に当たって

『歴博万華鏡』編集委員長　設楽博己

国立歴史民俗博物館（歴博）は創設から一九年がたち、収蔵資料はおよそ一六万点を数えるに至った。この数量の多さは、博物館としての活動を地道に進めてきた結果であると同時に、寄贈などでご協力いただいた方々のおかげである。数量ばかりではない。系統だった収集方針のもとに集められた資料の質は、いずれも誇るにたるものと自負できる。

これらの資料は、常設展示、企画展示やその折に刊行される図録を通じて広く紹介している。また、一年に六回刊行している歴史系総合誌『歴博』の誌上展示「歴史の証人」は、歴博の収蔵資料をカラー写真で紹介し、好評を得ている。今後、歴博の収蔵資料を見たい、知りたいという要望は、研究者のみならず、一般の方々の間にもますます高まることが予想され、われわれはそれに応えていかなければならない。

このたび、朝倉書店から要請があり、歴博の収蔵品の一部を一冊の本にして紹介することにした。題して『歴博万華鏡』。さっそく館内の教員六名による編集委員会をつくり、内容の検討にはいった。その結果、非日常的な空間で生み出された造形や絵画資料を中心に構成することにした。細目は、「祈る」「祭る」「装う」「飾る」「遊ぶ」の五テーマ。さらにその中を総数九〇項目に分け、それぞれを代表する資料を選んだ。本書はハレの舞台における人々のさまざまな行動にもとづき、その歴史を収蔵資料を中心に掘り起こしたものである。

それぞれの項目に、かつて在籍した方を含む歴博の教員による解説を付したが、たんなる資料の解説でなく、資料を通じた歴史叙述の性格をもたせた。歴博は、民衆生活史の解明を機軸にすえた歴史系の研究博物館である。その役割は、たんに珍しい資料や逸品を集めることではなく、資料に基づいて実証的に歴史を研究し、その成果を展示することにある。したがって、歴博の資料は美術的な価値に重きをおいて集められたものではない。本書を、写真を中心にしてそれに資料解説がつく通常の美術写真集にしたくなかった理由はそこにある。

実物資料の欠をおぎなって展示を完結させるには、複製品や模型が有効である。研究に役立つ複製品や模型を歴博は実物資料と同等の資料的価値をもつものと位置づけている。本書にはそれらをいくつかとりあげた。所蔵者のご配慮に感謝したい。また、寄託資料を何点か使用させていただいた。参考資料として使用させていただいた写真の所蔵機関とあわせて所蔵者の方に御礼申し上げたい。

悉皆的な資料の紹介である収蔵品カタログとは別の意図のもとに編集するこのビジュアルな本によって、歴博の収蔵資料をご覧いただき、それをつくり出し、使った当時の人々の息吹に触れていただければ幸いである。朝倉書店には計画から出版まで、辛抱強くつきあっていただいた。記して感謝する次第である。

歴博万華鏡——目次

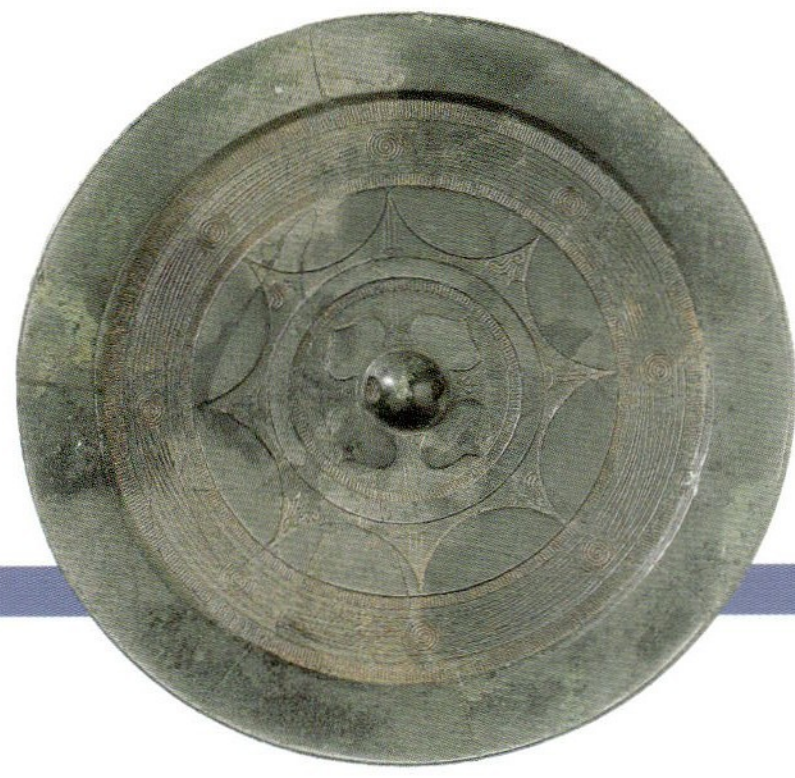

祈る

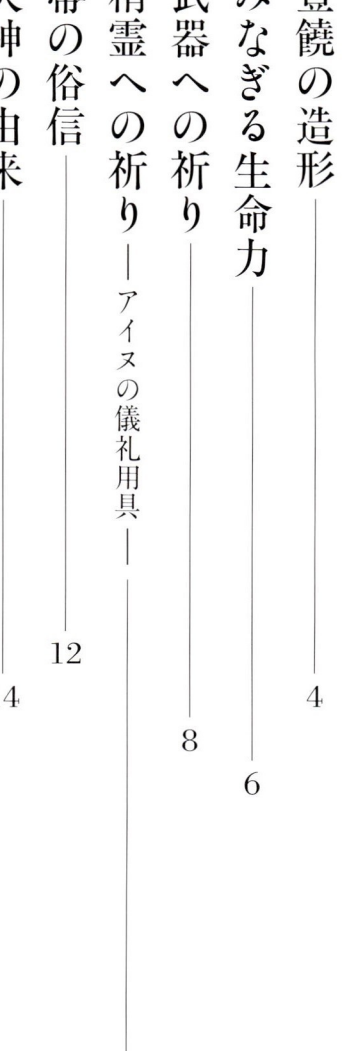

祭る

装う

飾る

遊ぶ

国立歴史民俗博物館監修

『歴博万華鏡』編集委員会編

設楽博己（編集長、「祈る」担当）
福原敏男（「祭る」担当）
丸山伸彦（「装う」担当）
日高　薫（「飾る」担当）
岩淵令治・高橋一樹（「遊ぶ」担当）

執筆（五十音順）歴博に籍を有さない者は右肩に＊を付した。（二〇〇〇年三月三一日現在）

朝岡康二
阿部義平
新井勝紘
一ノ瀬俊也
＊岩井宏實
岩淵令治
上野和男
宇田川武久
小野正敏
久留島浩
＊小島美子
小島道裕
＊坂本満
佐原真
設楽博己
篠原徹
白石太一郎
新谷尚紀
＊水藤真
杉山晋作
高橋一樹
高橋敏
＊田辺三郎助
＊塚本学
常光徹
西谷大
西本豊弘
濱島正士
春成秀爾
日高薫
平川南
福原敏男
藤尾慎一郎
＊松崎憲三
丸山伸彦
村木二郎
山田慎也
山本光正
湯浅隆
吉岡眞之
吉岡康暢

編集協力

小林敬子
西川千佳子
水野僚子

写真撮影

勝田徹
＊神田佳明

上記二者撮影以外は当該写真のキャプションないしは巻末の図版資料一覧に明記した。

歴博万華鏡

王塚古墳は、日本の装飾古墳の代表である。横穴式石室は二つの部屋からなり、後室への入り口の左右の石には赤く塗った上に騎馬像が描かれ、双脚輪状文《そうきゃくりんじょうもん》や蕨手文《わらびてもん》などの呪術的な文様で埋められる。後室の奥の石には矢を納めた靫《ゆき》が描かれる。馬は黄泉の世界への死者の乗り物で、黄泉の世界では武器によって死者が守られていたのだろうか。

祈る

精霊や神仏、あるいは武器。祈りの対象はさまざまだが、時代を通じて人々の根源的な願いがそこには込められている。
赤子のすこやかな成長を願ってつくられた子を抱く土偶、胎内に願文を納めた仏の像、
五六億七千万年後の弥勒《みろく》如来の到来を信じて地中深く埋めた経典等々。
祈りの形象には個人や小集団の切実な願いを映し出すものが多い。

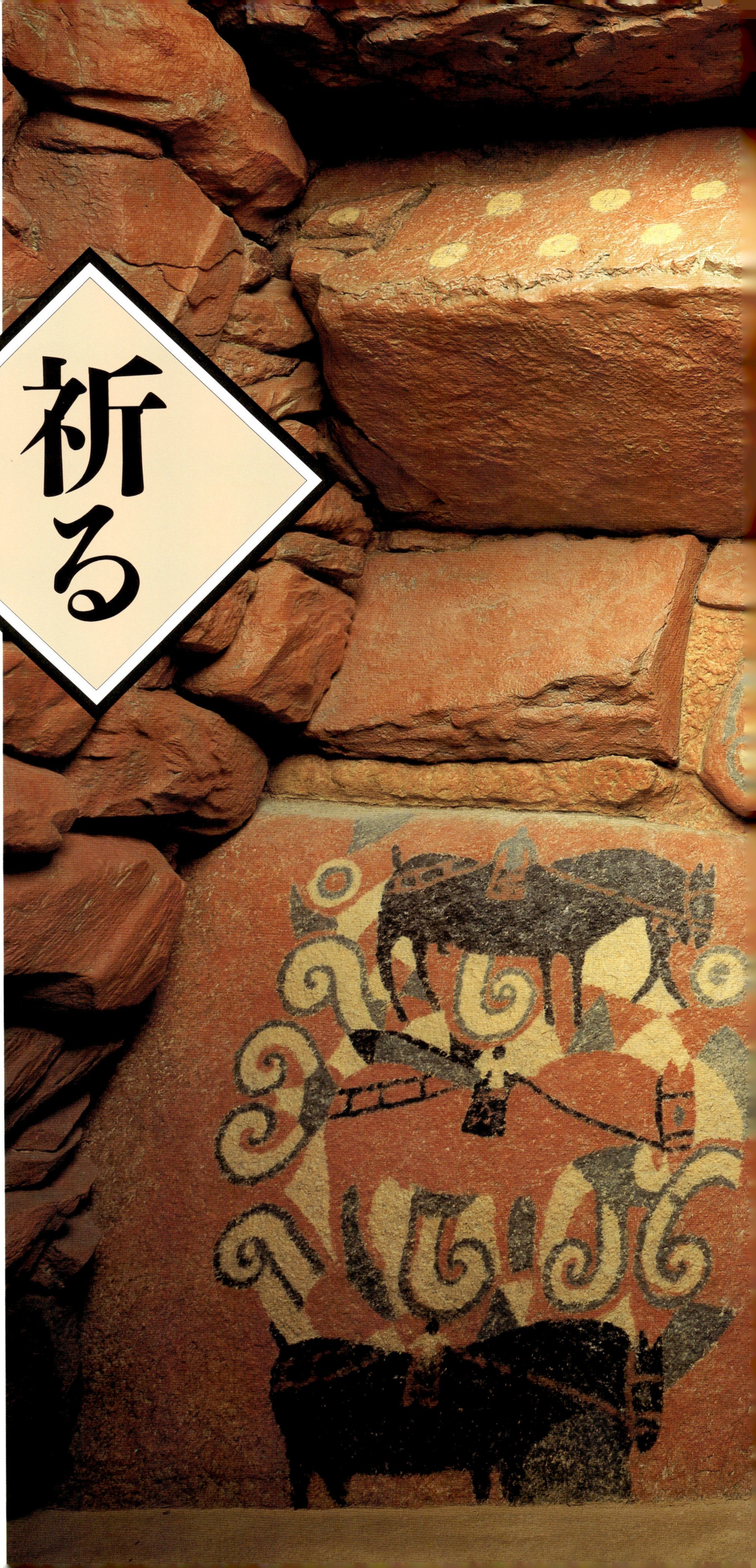

描かれた黄泉《よみ》の世界　福岡県王塚古墳横穴式石室（復元模型）　古墳時代後期（六世紀）

I 精霊に祈る

豊《ほう》饒《じょう》の造形

⑤白玉を埋め込んだ土偶
北海道鮎川洞穴　縄文時代晩期
（約2500年前）

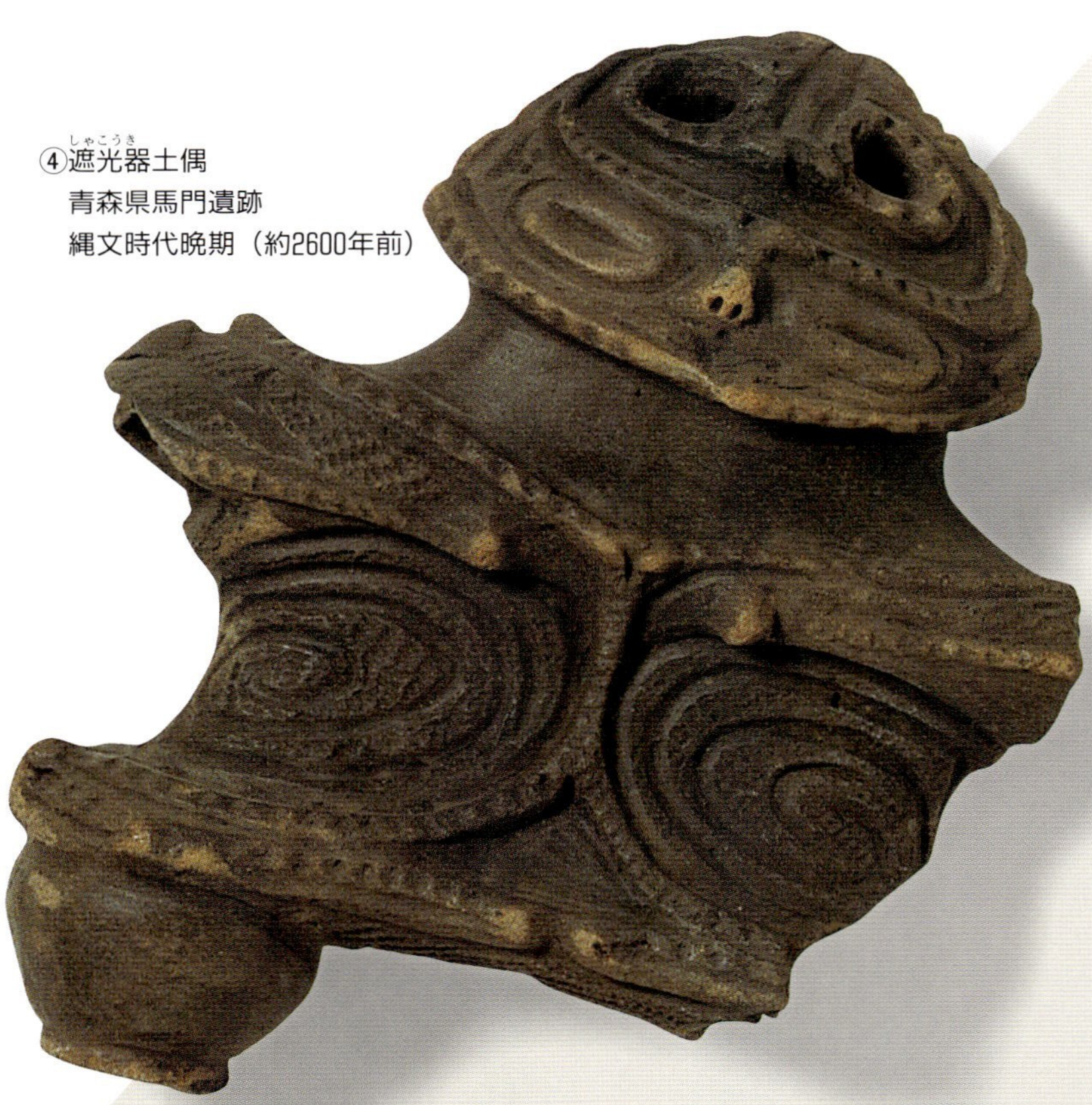

④遮光器《しゃこうき》土偶
青森県馬門遺跡
縄文時代晩期（約2600年前）

⑦板状の土偶
北海道添山遺跡
縄文時代晩期（約2500年前）

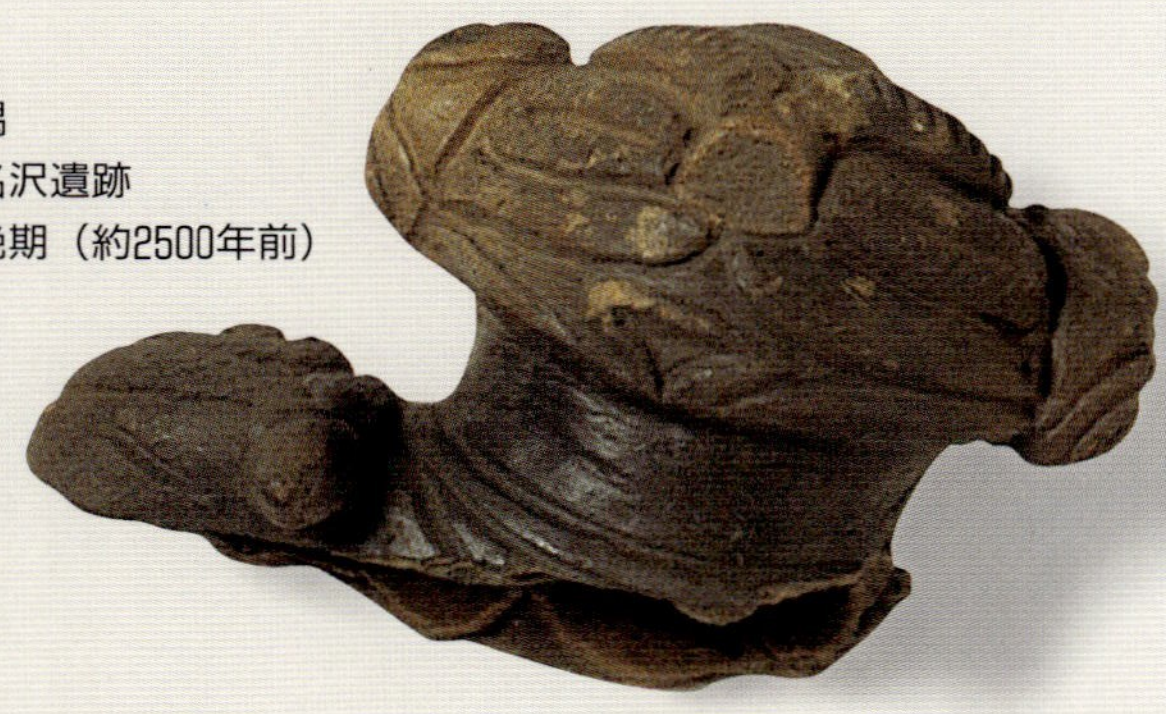

⑥遮光器土偶
北海道女名沢遺跡
縄文時代晩期（約2500年前）

土偶は土をこねて形づくり、焼いて仕上げたヒト形の偶像である。日本列島の土偶は、今からおよそ一万二〇〇〇年前、縄文時代の初頭に出現した。その特徴は、膨らんだ乳房やよく張った腰を表現していることである。土偶は最初から成熟した女性像であった。土偶が現れたころ、石に線を刻んで人体を表した像もつくられた（①～③）。髪、腰みのらしきものとともに

③　②　①

①～③石に刻んだ女性像　愛媛県上黒岩岩陰　縄文時代草創期（約12000年前）

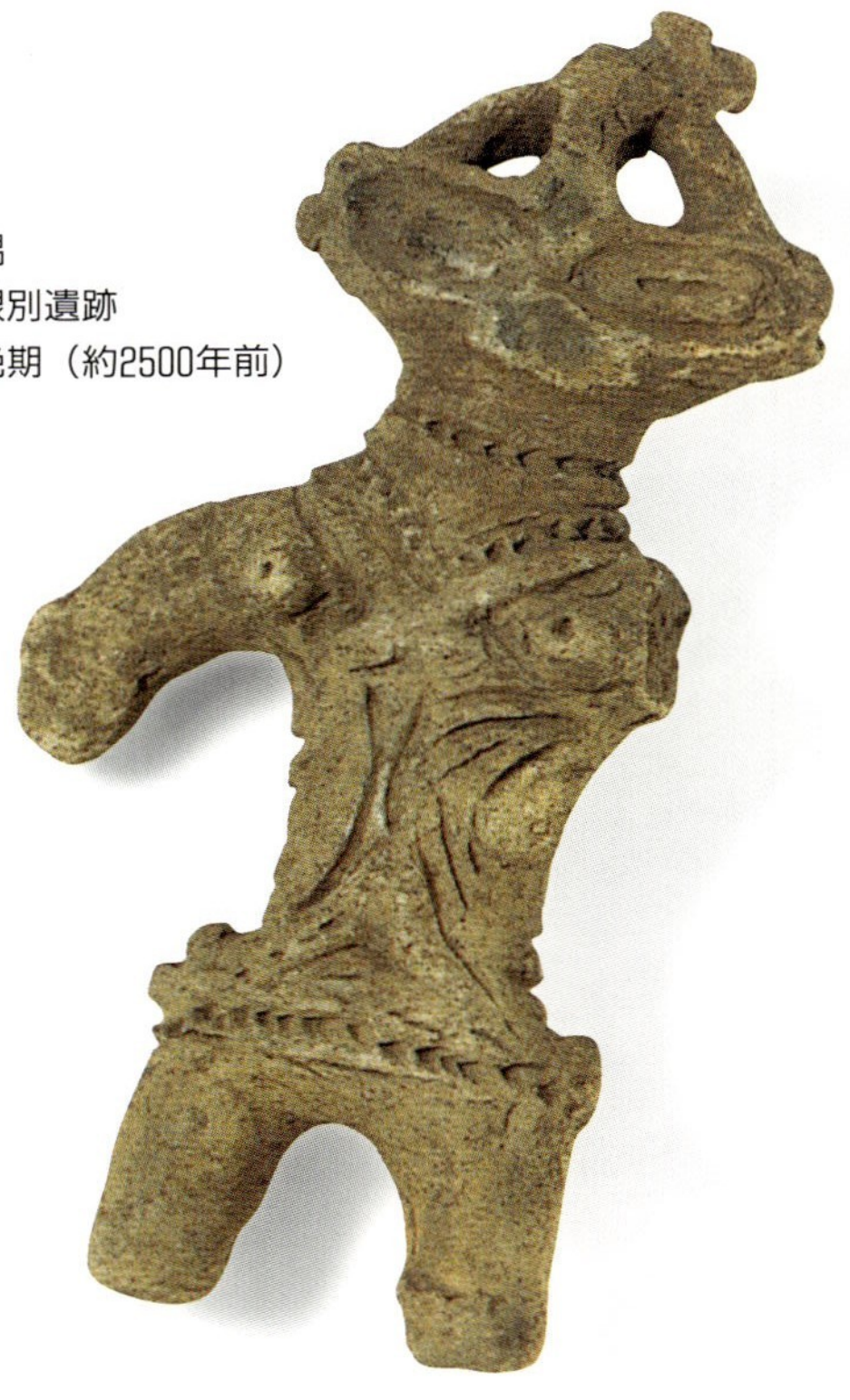

⑧遮光器土偶
北海道久根別遺跡
縄文時代晩期（約2500年前）

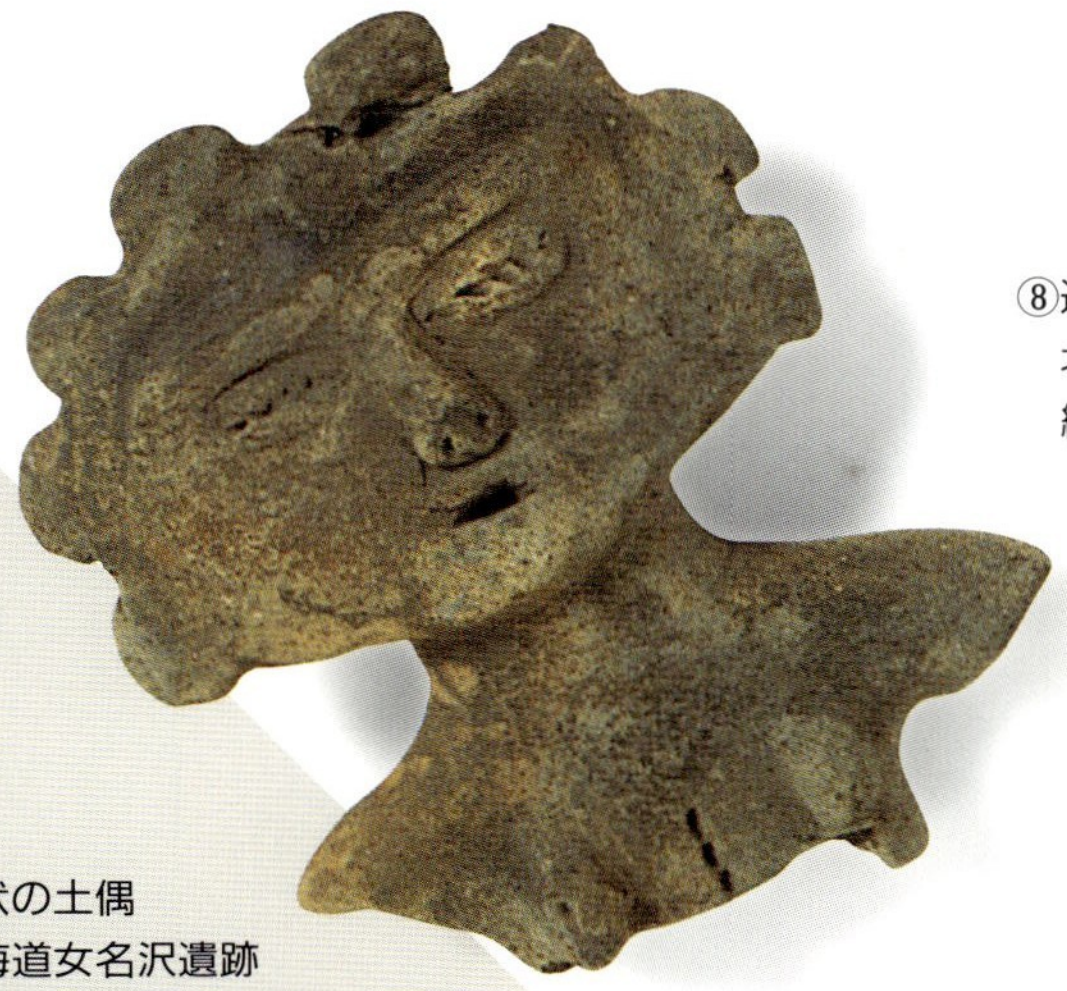

⑨板状の土偶
北海道女名沢遺跡
縄文時代晩期（約2500年前）

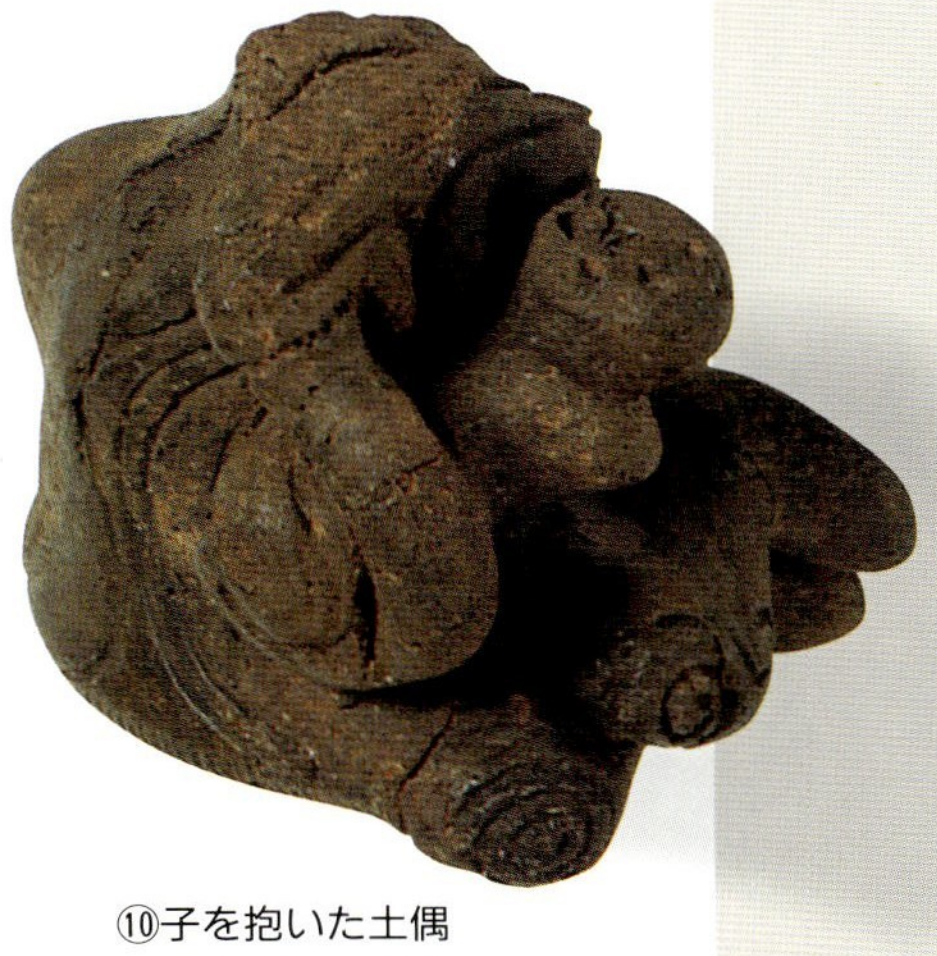

⑩子を抱いた土偶
東京都宮田遺跡
縄文時代中期（約4500年前）

⑬サルのような顔の土偶
青森県下比良遺跡
縄文時代後期（約3100年前）

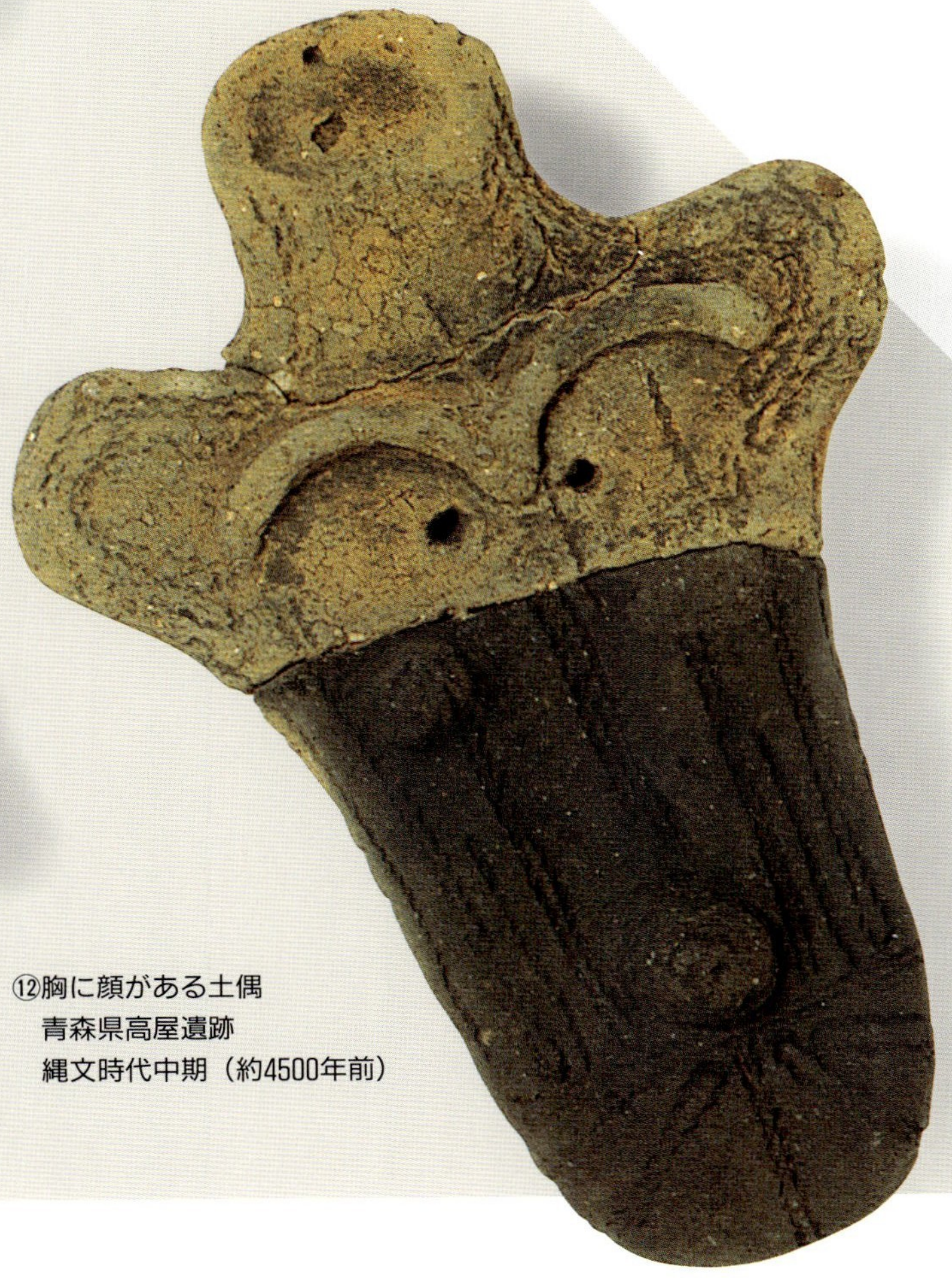

⑫胸に顔がある土偶
青森県高屋遺跡
縄文時代中期（約4500年前）

⑪板状の土偶
北海道久根別遺跡
縄文時代晩期（約2500年前）

大きな乳房を刻んだものもあり、やはり成熟した女性像である。

七〇〇〇～五〇〇〇年前の縄文前期には東北地方や北海道にも土偶が広まり、それとともに各地でいろいろな形のものがつくられるようになった。たとえば東北地方には三角形の板状の体に乳房と妊娠状態の膨らんだ腹を粘土で貼り付けた土偶があるが、これは中期にも東北地方を特徴づける土偶としてつくられ続けた（⑫）。

中期には妊娠状態をリアルに表したり、赤ちゃんを抱っこやおんぶした立体的な土偶も現れ、子を生み育てる女性の表現は多様化した（⑩）。多くの土偶が妊娠した成人女性を表現していることからすると、土偶の大きな役割は、女性の子を産む能力をたたえ、多産を願うことにあったことは間違いない。

三〇〇〇～二五〇〇年前の晩期には東北地方で遮光《しゃこう》器《き》土偶が発達し（④）、北海道から東海地方にまでその類似品は広まった（⑥、⑧）。北方狩猟民の雪光よけ眼鏡、すなわち遮光器に似た不思議な眼の表現と複雑な胴体の文様をもち、呪術的な役割を強めている。要所に白玉を埋め込んだ土偶にも、信仰の対象としての呪術性を感じることができる（⑤）。

二四〇〇年前ころの晩期終末に土偶の量は激減した。縄文人の自然観とは別の思想体系、すなわち縄文人にとって生活の源であり、信仰の対象である精霊が住む森を切り開いて農地とするような自然観をもつ農耕文化の影響が、九州北部を窓口として日本列島に及んだ結果であろう。

（設楽博己）

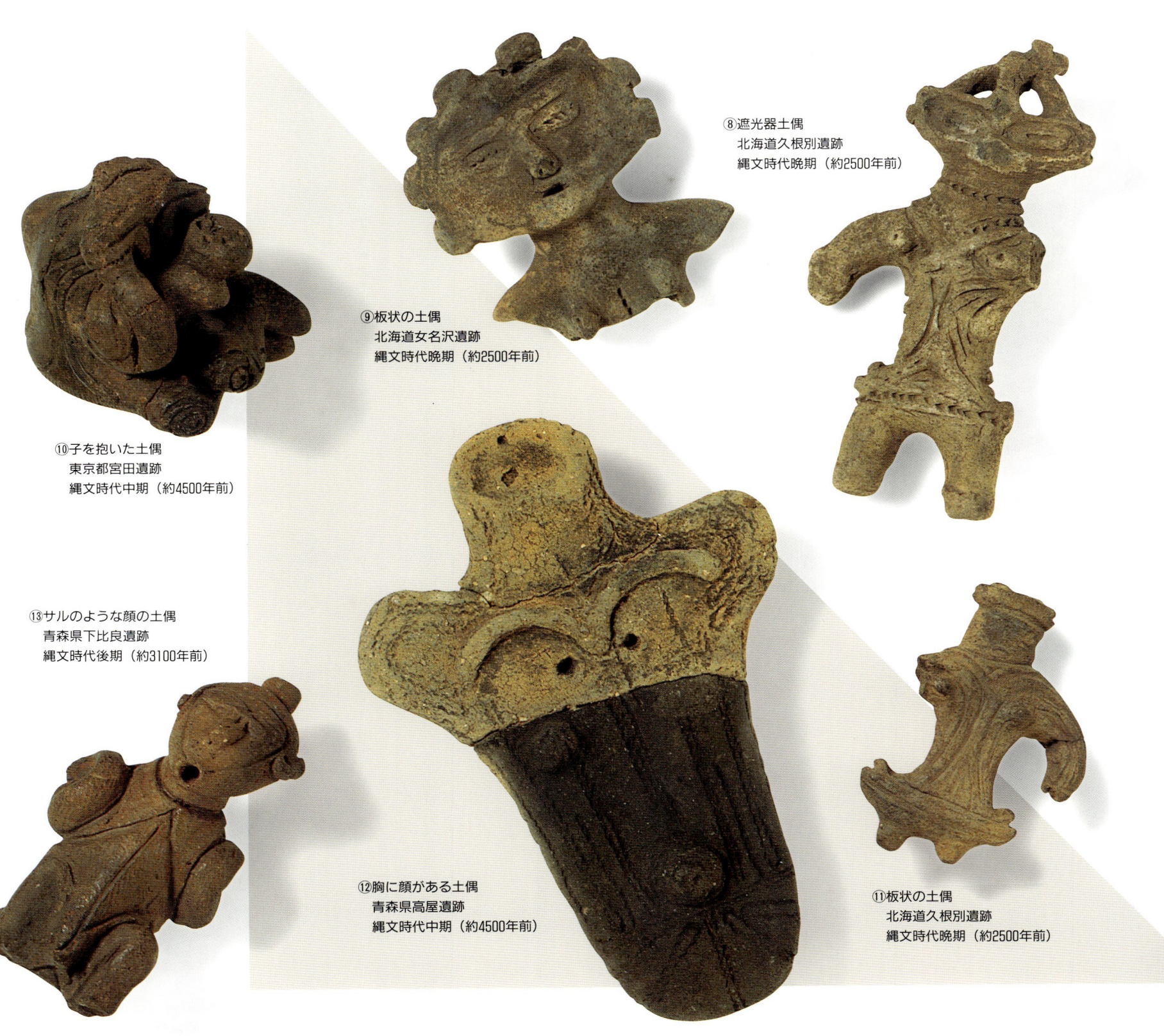

I 精霊に祈る

みなぎる生命力

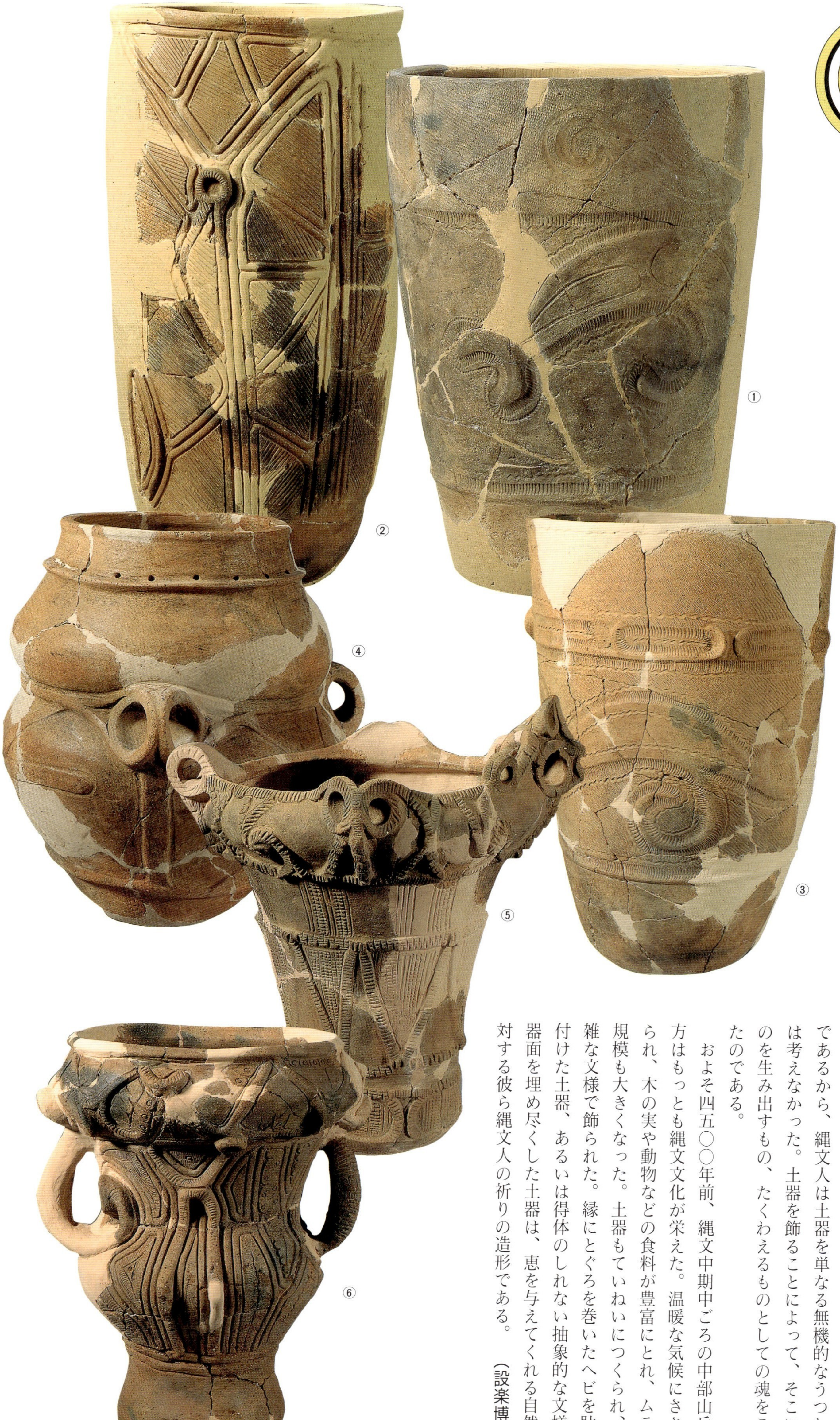

土器の発明は日常生活に革命的変化をもたらした。煮炊きすることで料理のレパートリーが格段に増え、老人や子供も食べられる食料の幅が広がり、寿命をのばし人口を増やしたことだろう。これほど重要なものであるから、縄文人は土器を単なる無機的なうつわとは考えなかった。土器を飾ることによって、そこにものを生み出すもの、たくわえるものとしての魂をこめたのである。

およそ四五〇〇年前、縄文中期中ごろの中部山岳地方はもっとも縄文文化が栄えた。温暖な気候にささえられ、木の実や動物などの食料が豊富にとれ、ムラの規模も大きくなった。土器もていねいにつくられ、複雑な文様で飾られた。縁にとぐろを巻いたヘビを貼り付けた土器、あるいは得体のしれない抽象的な文様で器面を埋め尽くした土器は、恵を与えてくれる自然に対する彼ら縄文人の祈りの造形である。（設楽博己）

①〜⑬立体的な装飾の土器　山梨県柳田遺跡　縄文時代中期（約4500年前）
①③にはサンショウウオ、⑬にはヘビ、⑩には人面の装飾がつけられている。

I 精霊に祈る

武器への祈り

ヒトを危《あや》める専用の道具。それが武器である。①〜㊱は縄文・弥生時代の武器、およびそれを真似て作った武器である。①〜⑪までが縄文時代、⑫からは弥生時代である。材質をみると①〜㉗は石、㉘〜㉚は青銅、㉛以降は鉄である。このうち武器として使われたものは⑫〜㉗と㉙、㉛〜㊱で意外と少なく、あとはお祭りの道具（①〜③、㉘、㉚）と狩猟具（④〜⑪）である。武器のなかにも使い分けがある。⑫〜㉓と㉛〜㉝は遠隔戦用の矢尻、㉔〜㉗、㉙、㉞〜㊱は、近接戦用の剣である。

武器はもともと紀元前五世紀ごろ、灌漑水田農業や金属器とともに韓半島南部からもたらされたものなので、縄文時代の武器形石製品（①〜③）だけはやや性格を異にしている。①や②については、紀元前一五〇〇年ごろの中国青銅器文化の影響とみる説と、同時期の石器や骨器など縄文文化の器物からの影響を考える説に分かれている。まだ決着はついていないが、これらが武器として使われていないことは刃部が作り出されていないことからも明らかで、威信財やお祭りの道具としての使用が考えられている。

弥生時代における武器の変遷を九州北部を中心にみてみよう。弥生時代が始まってから三〇〇年ほどは、石製の矢尻や剣（⑫〜㉗）が武器として使われていたが、紀元前二世紀前葉になると㉙など韓半島製の細形銅剣、銅戈《どうか》・銅矛《どうほこ》が九州北部に現れ、その後一〇〇年あまりにわたって戦いで用いられたことが、甕棺から見つかる人骨に突き刺さったまま残ったこれらの切先や、骨についた傷痕から確認されている。また鉄の矢尻が現れるのもこの頃である。

紀元前一世紀後半以降になると剣、矛、戈が鉄器化しはじめ、青銅製武器は徐々に武器としての役割を鉄製武器へと譲る。そもそも青銅製武器は、紀元前二世紀ごろから大型化しはじめており、威信財としての役割を強化して首長墓に副葬品として納められていたが、なかでも矛は最終的に、㉘のように長さが一メートル近くに達して九州北部の祭器となり、対馬や豊後の瀬戸内海沿岸部に多く埋納される。最後は紀元後二世紀いっぱいで消滅してしまう。このような青銅製武器の大型化は銅鐸《どうたく》の大型化とならんで弥生社会独自の動き

①〜㊱縄文・弥生時代の武器と武器の形をした祭器

縄文時代
①②石刀（北海道女名沢遺跡、北海道添山遺跡）
③石剣（複製　奈良県橿原遺跡）
④〜⑪石鏃《せきぞく》（北海道出土）

弥生時代
⑫〜㉑石鏃（複製　大阪府瓜生堂《うりゅうどう》遺跡）
㉒㉓磨製石鏃（複製　福岡県伯玄社遺跡）
㉔㉕打製石剣（複製　大阪府山賀遺跡、奈良県唐古・鍵遺跡）
㉖㉗磨製石剣（複製　大阪府瓜生堂、福岡県馬田上原遺跡）
㉘銅矛《どうほこ》（長崎県シゲノダン遺跡　重要文化財）
㉙銅剣（複製　福岡県須玖《すぐ》岡本遺跡）
㉚銅戈（出土地不明）
㉛〜㉝鉄鏃（シゲノダン遺跡　重要文化財）
㉞〜㊱鉄剣（シゲノダン遺跡　重要文化財）

なのである。

青銅製武器から鉄製武器への転換は、戦い方にも大きな変化をもたらしたと想像される。青銅は鉄に比べて軟らかく折れやすいので、骨を断つことは難しいことから、軟部組織めがめて突き刺すようにして人を危める。しかし骨にあたると途中で折れたり、骨に切先が突き刺さったままとれなくなる。甕棺から見つかる青銅製武器の切先はこのようにして体内に残されたものである。

ところが鉄の武器になると斬ることが可能となり骨をえぐることができるほど鋭利になるとともに、腰があるので折れることもない。甕棺から鉄の武器の切先が出土することはほとんどないといってもよい。ましてや片側に脊《むね》をもつ鉄刀になるとさらに威力は増したと考えられている。

九州北部以外の武器はどうであったのだろうか。尾張以西では青銅製武器が本格的に発達せず祭器としての銅剣や銅矛が紀元前一世紀後半以降の出雲や土佐・伊予西部にみられる程度で、基本は⑫〜㉑のような大形化した石の矢尻と㉔〜㉖のような石の剣である。鉄製武器は紀元前一世紀ごろから現れ、紀元後一世紀にはかなり普及し、二世紀末になると石器から鉄器への変換をほぼ完了するという。

東日本では二世紀末になって鉄の矢尻や剣が普及し始め、特に三世紀には墓に鉄剣が副葬されるようになる。東北地方には武器は存在せず、防御用のムラも現れないことから、戦いという政治的解決手段を必要とするような矛盾が、進行しない社会であった可能性が考えられている。

本格的な戦いの時代を迎えた弥生人は、性能の優れた武器を次々に求め、軍拡路線を歩みながら祭器としての青銅製武器をあがめ、自分たちの自己同一化を図っていたのである。

（藤尾慎一郎）

I 精霊に祈る

精霊への祈り
―アイヌの儀礼用具―

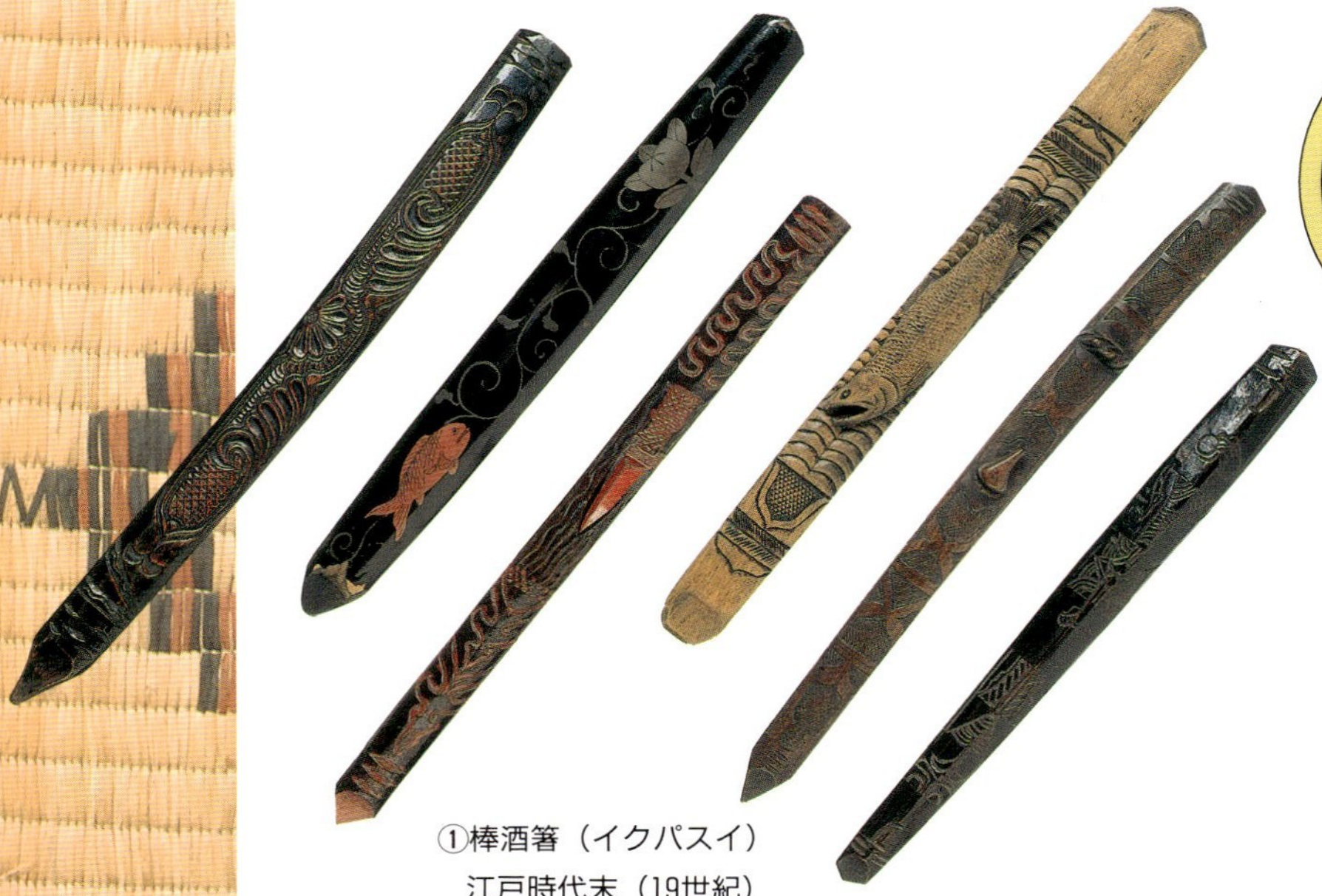

①棒酒箸（イクパスイ）
江戸時代末（19世紀）

アイヌの道具の中には、日常の食器や道具以外に儀礼の時やお祭りに用いられるものがある。例えば、②の背後に示した「ござ」は、アイヌの儀礼として最も著名なイオマンテ（クマ送り）で儀礼の場所を区切るものとして使われる。その「ござ」の前面に示したものは、屋内で用いられる道具箱（宝物入れ）と漆塗りの鉢などである。これらは江戸時代に本州で用いられた鎧櫃《よろいびつ》や樽などの容器である。それがアイヌ社会でも使われて、宝物および宝物入れとして珍重されたのである。

棒酒箸（①の部分）

アイヌ特有の道具としては、儀礼の時に用いられるイクパスイがある（①）。これは、儀礼の時に椀に入れた酒をふりかける道具として用いられる。長さ三〇センチ程度、幅二～三センチで、多くは木製であるが、樺太では鹿角製のものもある。先端がとがっており、器体の表面には簡単な削りかけが施されるだけのものと、サケ、ヒグマ、シャチなどの様々な絵柄が彫刻されたり、描かれているものがある。また、漆で塗られた場合もある。裏面には個

②～⑬アイヌの儀礼用具一式　江戸時代

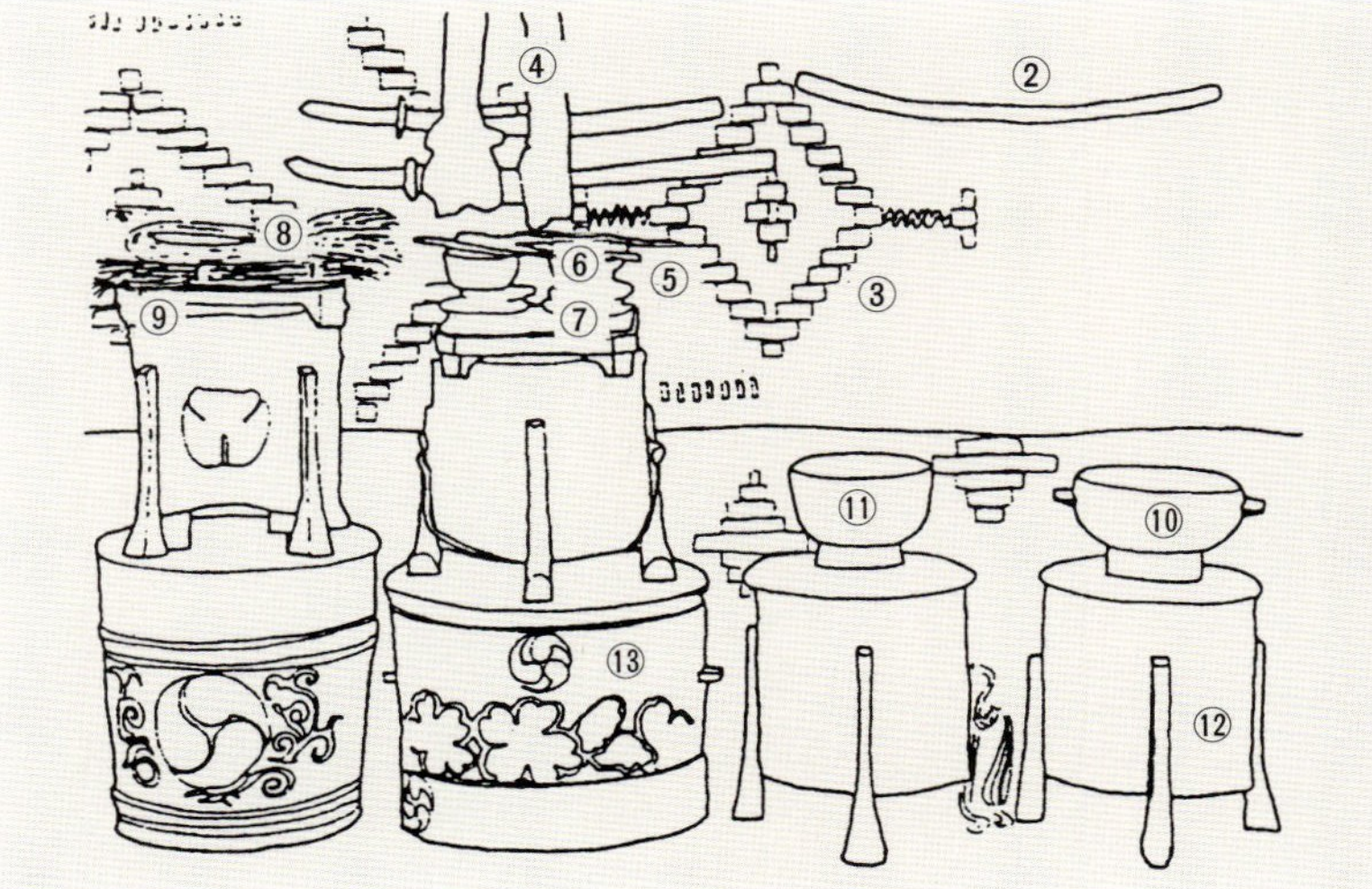

アイヌの儀礼用具一式

②宝刀（イコロ）
③綾蓆（チタラペ）
④刀帯（エムシアツ）
⑤捧酒箸（イクパスイ）
⑥椀（ツキヌム）
⑦天目台（ウエシペ）
⑧祭冠（サパウンペ）
⑨膳（オッチケ）
⑩耳盥（トコムシパチ）
⑪鉢（パッチ）
⑫行器（シントコ）
⑬酒槽（クトシントコ）

人の所有印が施される。

このイクパスイは、倭人の社会での箸とは形態が異なるので、直接の関係がないとされ、その出目、系統についてはよくわかっていない。しかしながら江戸時代以降のアイヌはこのイクパスイを多量に作り、サケ、ヒグマ以外に舟や生活道具まで、様々な絵柄を表現した。そのような表現技法はアイヌ特有の芸術となった。（西本豊弘）

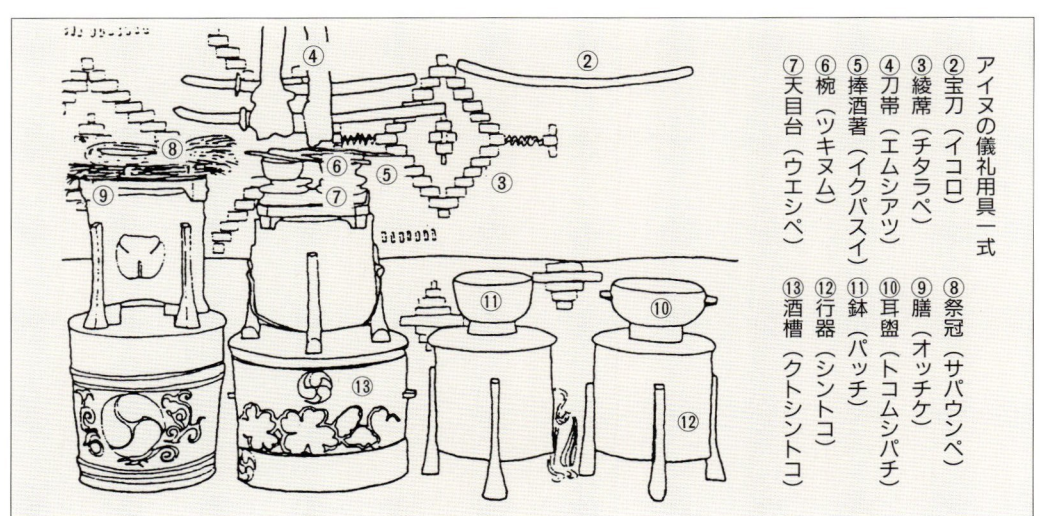

I 精霊に祈る

箒《ほうき》の俗信

①の部分

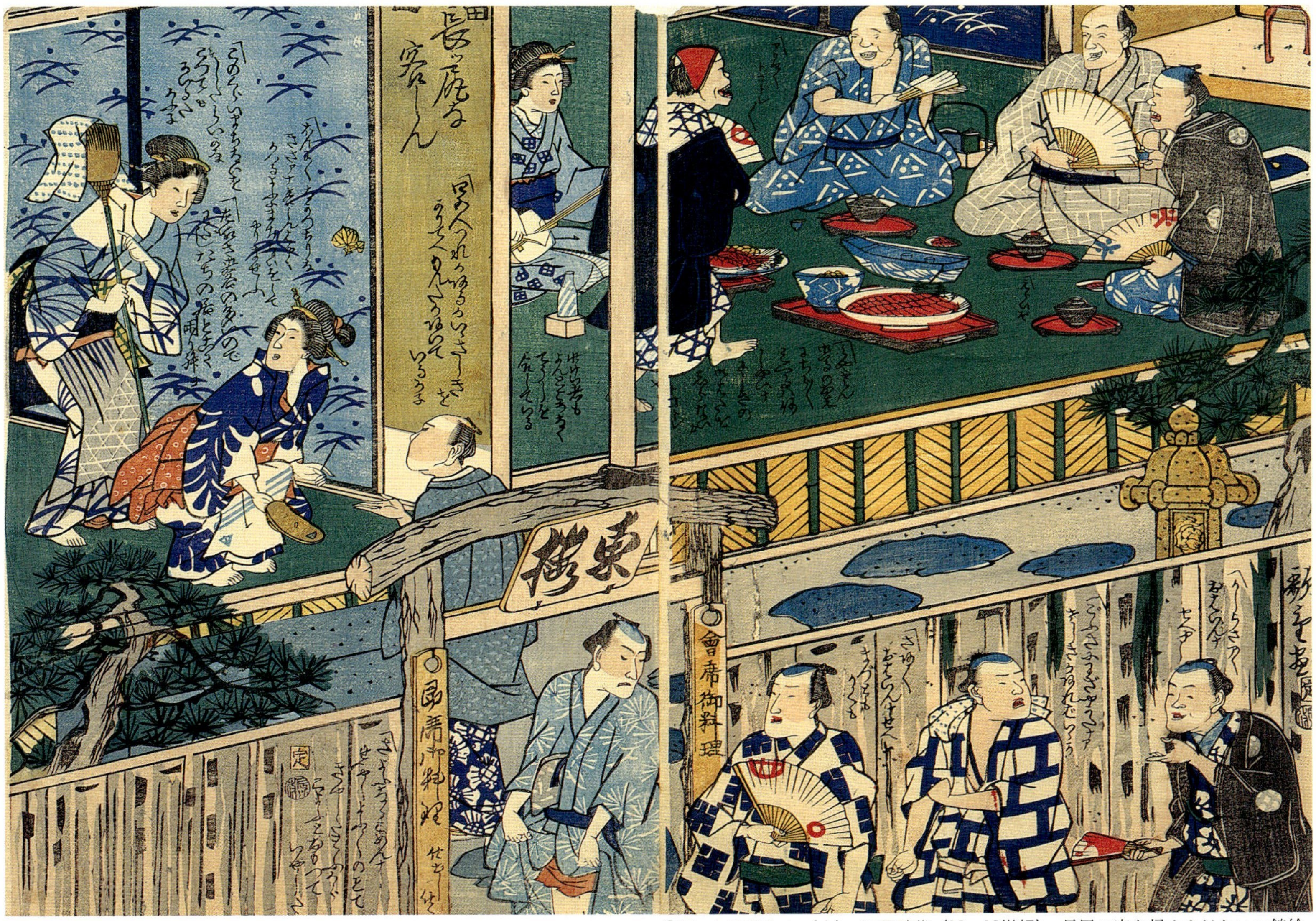

①長ッ尻な客しん（人）　江戸時代（18〜19世紀）　長居の客を帰すまじないの錦絵。

いつまでも帰ろうとしない長尻の客に、業を煮やした料理屋の女将が箒《ほうき》を立てようとしている。「長居の客には箒を逆さに立てるとよい」というまじないは、近世には庶民のあいだに浸透していたようで、川柳に「帰ったを見れば箒も恐ろしい」（『柳多留』）とか「逆に立つ箒長座の客を掃く」（『江戸雀』）などの句がみえている。一七七三年（安永二年）刊の『再成餅《ふたなりもち》』には、座敷の客を帰すつもりが、つい、背戸の竹箒を立てたために草履取りを帰すことになったという笑い話が載っているが、この種の話は江戸小咄には少なくない。

だれでも知っている俗信だが、伝承者や土地によって少しずつ変化がみられる。ただ逆さに立てるだけでは満足せず、①のように箒の先に手拭いをかぶせることも多く、これを「頬かぶりする」といっている。さらに手のこんだやり方としては、頬かぶりをした箒を人形にように踊らせたり、団扇《うちわ》であおいだりする場合もある。いずれも退散の催促であろう。

本来、箒を逆さまに立てるのは人の誕生と死の習俗に深く関わっている。「出産のとき箒を逆さに立てると安産する」（青森、岩手、長野、大分）、「死者のそばに箒を逆さに立てる」（岩手、秋田、高知、長崎）という。これは、生と死の緊迫した状態のもとで、妊婦や死者にとり憑こうとする悪霊を駆逐する行為だといってよい。根底には、ものを掃きだすという箒の機能からの連想が働いている。

ほかにも、「箒の柄を下にして戸口に立てておくと悪魔が入らない」（鹿児島）、「箒を門口に立てると嫌な人が立ち寄らない」（岐阜、愛媛）、「箒を逆さに立てておくと乞食がこない」（京都）などの例がある。いずれもありがたくない、草々に立ち退いてほしい相手を、逆さ箒の力で排除しようとの魂胆である。長尻の客を帰すまじないは、こうした伝承と繋がっている。

（常光　徹）

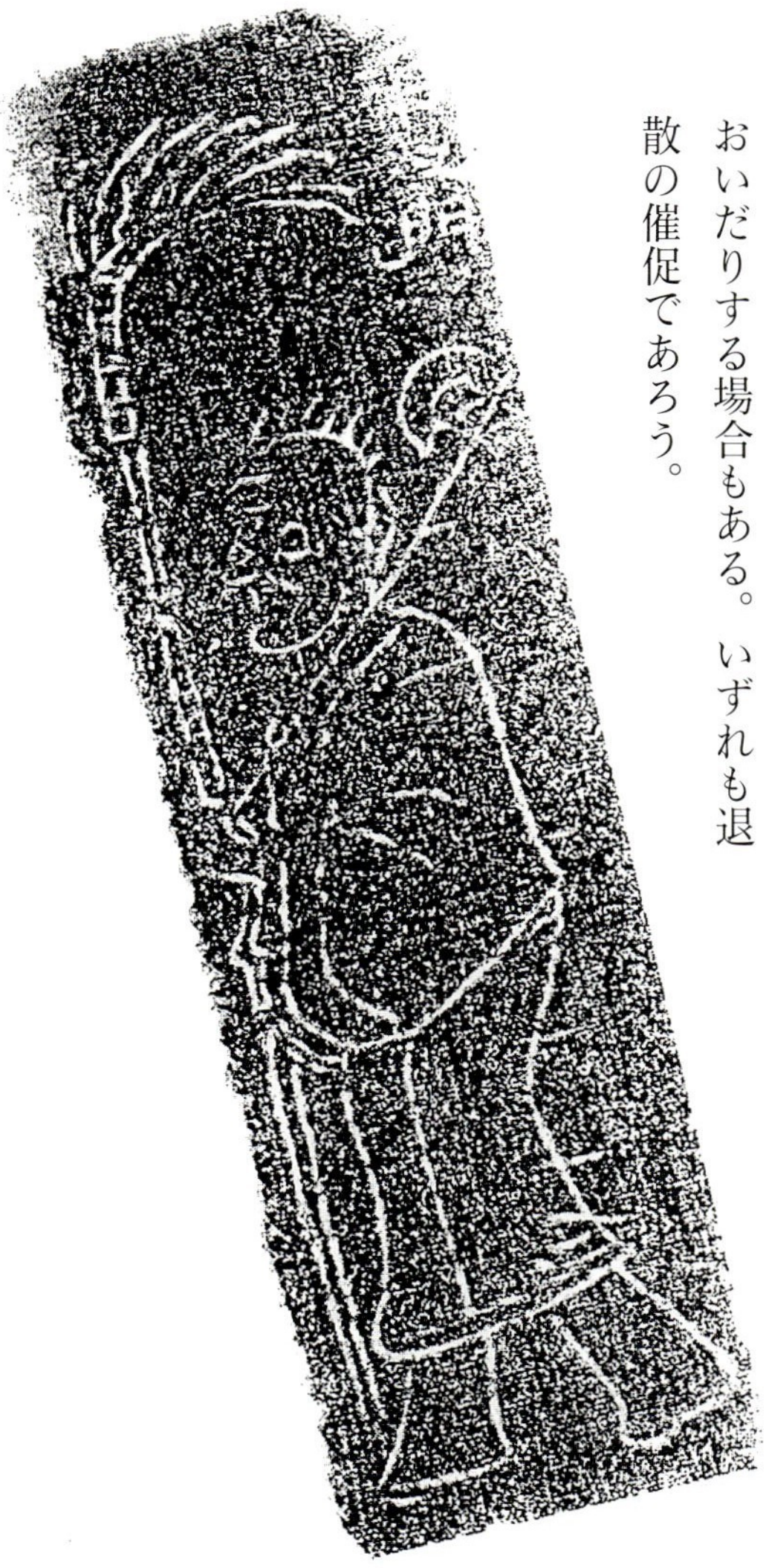

漢代画像石
「胡奴門」の拓本（南陽漢代画像石学術討論会辨公室編『漢代画像石研究』1987年より）
箒を逆さに立てた門番である。

I 精霊に祈る

犬神の由来

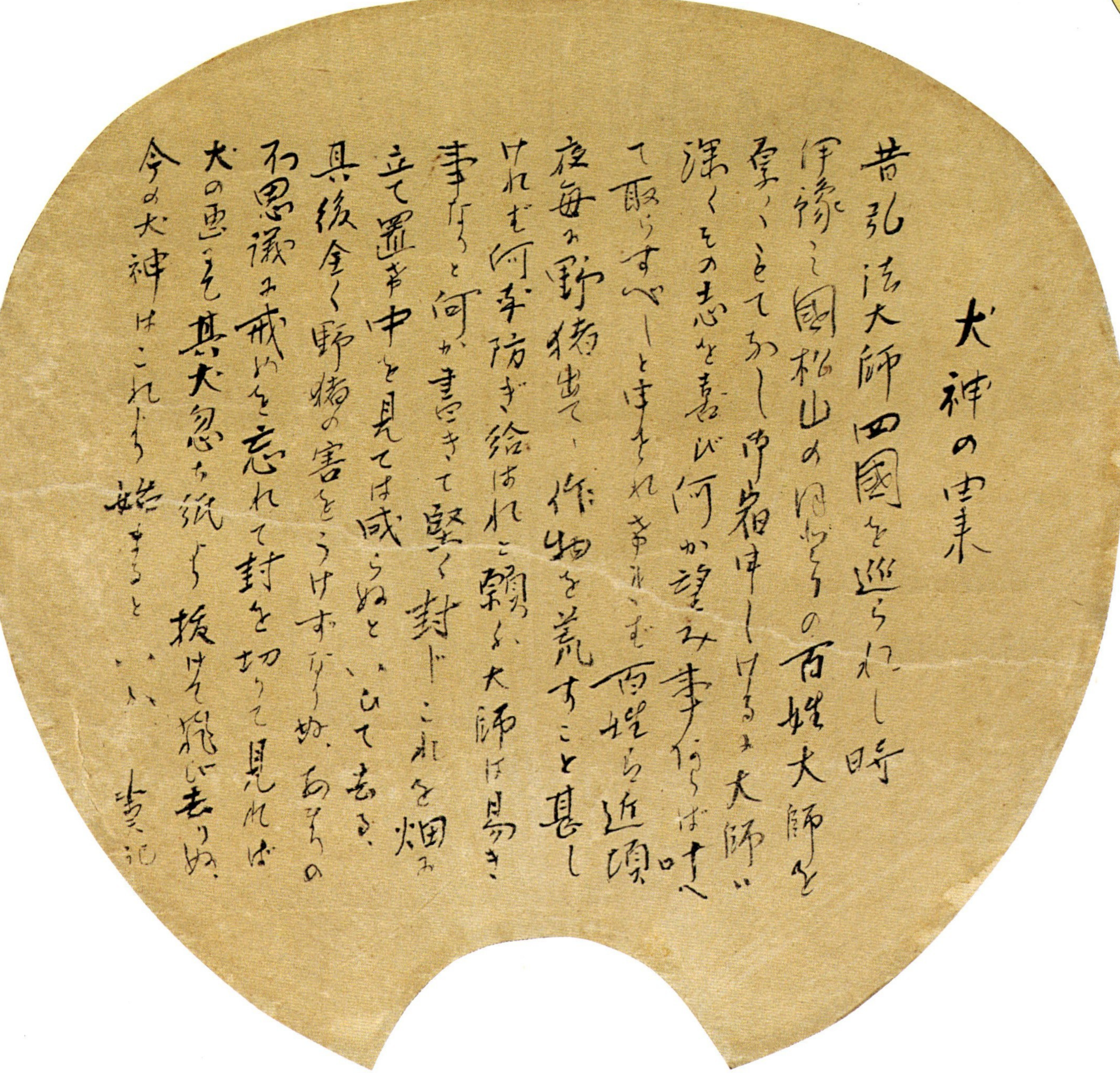

「犬神の由来」（裏）

昔、四国を巡っていた弘法大師が、厚いもてなしを受けたお礼に、畑を荒らす猪封じの書きつけを百姓に与えた。これを畑に立てておいたところ猪の害がまったく無くなった。あまりの不思議さに、見てはならないという戒めを忘れて封を切ると、紙には犬の絵が描かれていて、たちまち抜け出てしまった。今の犬神はこれから始まったという（裏）。

表には手を合わせ、驚きの表情で犬の絵を見つめる百姓たちと、大師の後ろ姿が描かれている。貧しい僧の姿で諸国を巡る弘法大師が、さまざまな奇跡を残していった伝説は各地に伝えられている。

ある村にやってきた大師は、喉のかわきをおぼえ、そばで働いている娘に水を求めた。近くに水の出る所はなかったが、遠くまで歩いて水を汲んできた。娘の気持ちに感謝した大師が、杖で地面を突くとそこから清水が湧きだした。「弘法清水」とか「お大師水」と呼ばれる伝説で広く分布する。ほかにも、子どもに栗を乞うたところ、その子はこころよく栗を分け与えた。喜んだ大師はお礼に、年に三度栗の実がなるようにしたという「弘法の三度栗」。乞食姿の大師が、ある家で食べ物を分けてもらったお礼に、その家に蚊がいないようにした「弘法の蚊封じ」など、「犬神の由来」と共通のモティーフをもつ話は多い。旅をする大師を厚くもてなしたため、その何倍もの利益をさずかったという弘法伝説の背景には、異郷から訪れる神を歓待する古い信仰が横たわっていると説かれている。
反対に、大師を冷たくあしらったり、約束をやぶったために富を失ったと語る場合もある。本話でも、言いつけを忘れて中を見たために、せっかくの御利益を失っただけでなく、抜け出た犬が犬神の起源になったと記されている。犬神は、人にとり憑《つ》くと信じられてきた憑きものの一種で、正体は犬の霊だと考えられている。

（常光　徹）

「犬神の由来」（表）

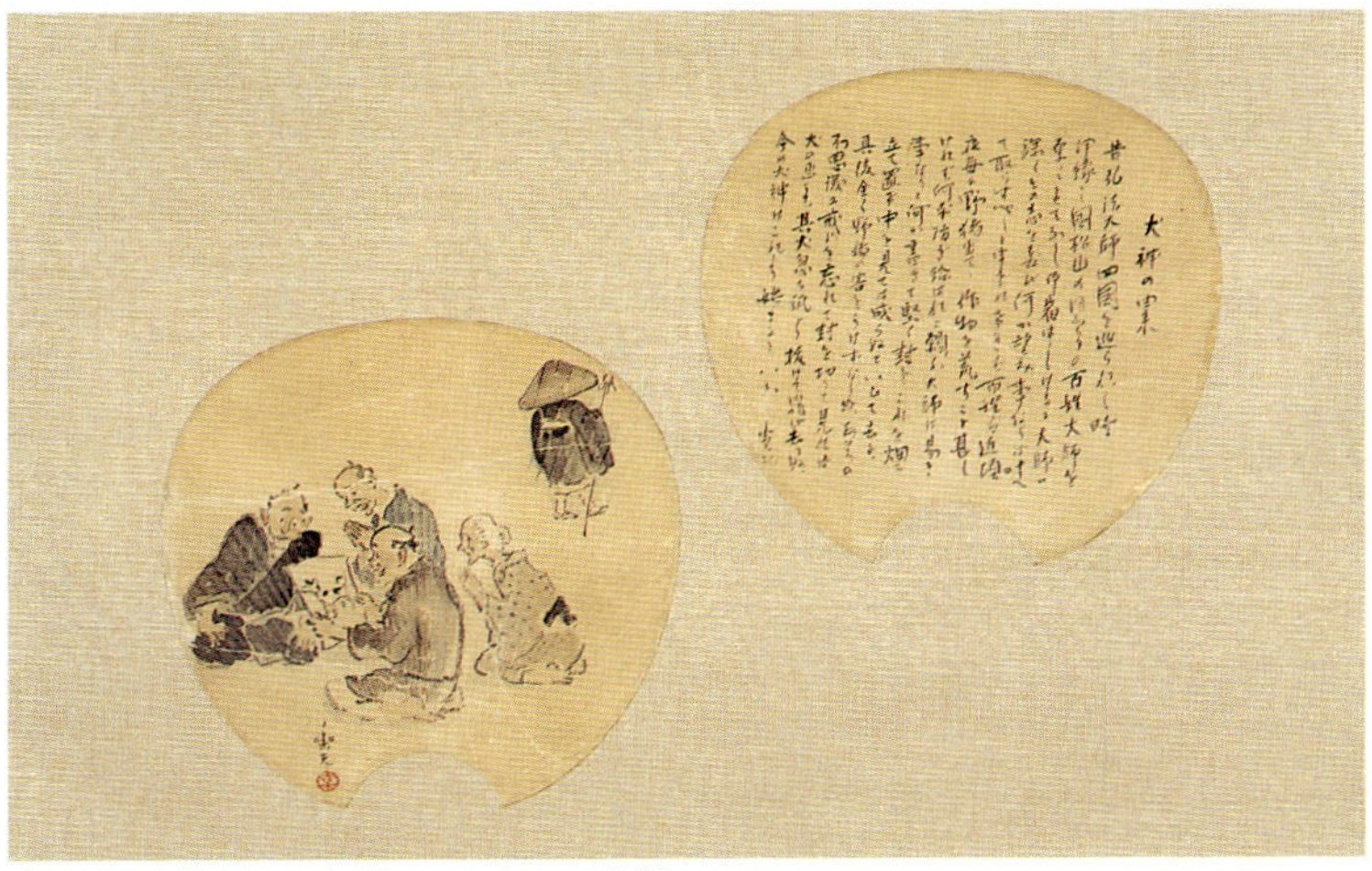

①団扇絵「犬神の由来」　明治～昭和期

これを描いた楽天とは、北沢楽天であろう。1876年（明治９年）に東京に生まれ、日本画、洋画を修業したのち、オーストラリア出身の画家フランク・ナンキベルから西洋漫画の技法を学ぶ。福沢諭吉にその才能を認められ、「時事新報」に入社する。我が国で最初の職業漫画家といわれ、とくに痛烈な諷刺を利かせた作品を発表して有名となる。1955年（昭和30年）没。

Ⅱ 祖先に祈る

鏡の呪力

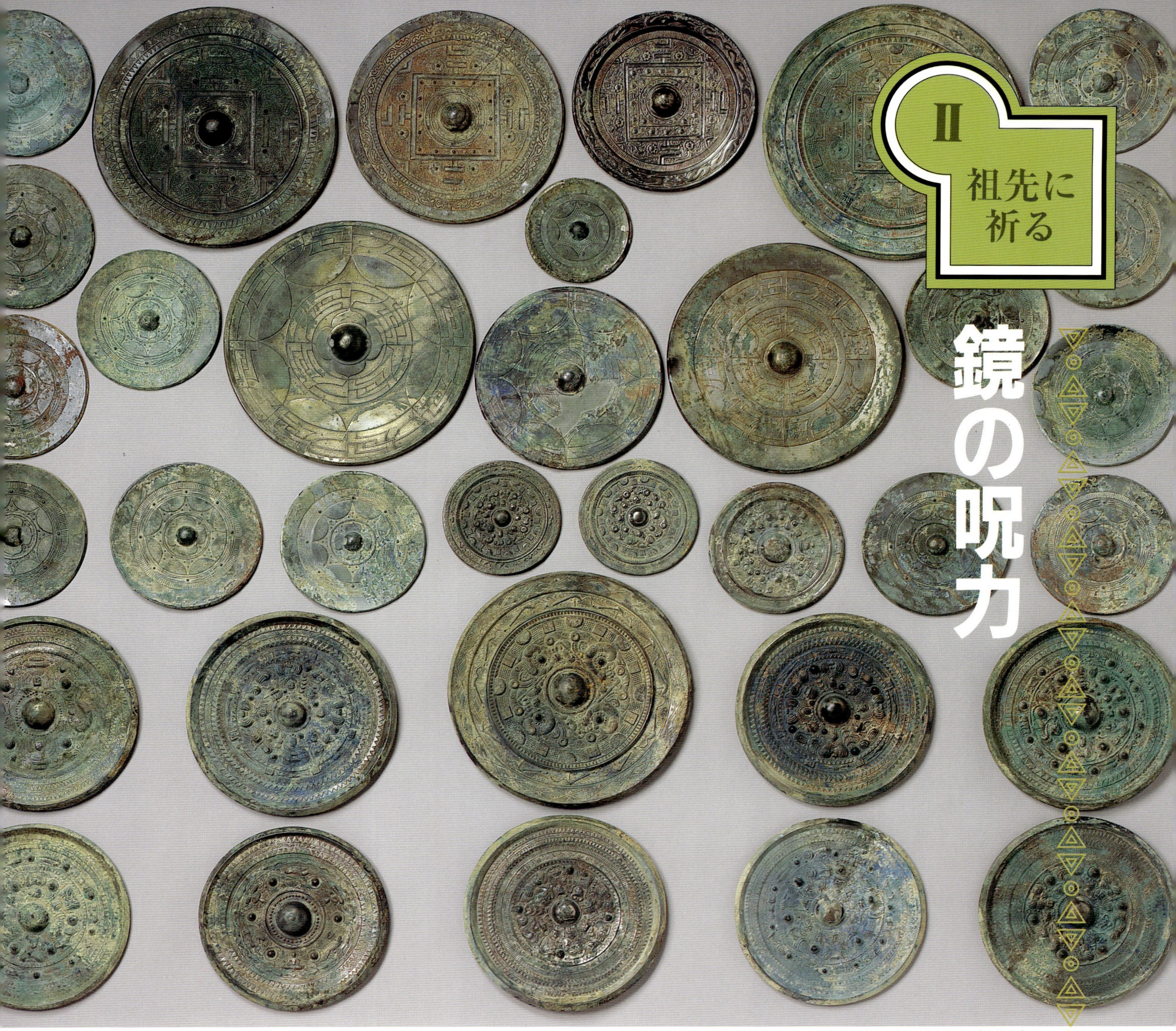

①ひとつの墓から出た銅鏡（複製）　奈良県新山古墳　古墳時代前期（４世紀）

　奈良県新山古墳は四世紀に築かれた、全長およそ一二七メートルの前方後方墳である。一八八五年（明治一八年）、後方部にある埋葬施設の竪穴式石室から三四面もの銅鏡が発見された。そのなかには直弧文鏡《ちょっこもん》という日本(倭)独特の鏡も含まれている。これほどではないにしても、多量の銅鏡が副葬されるのは三～四世紀、すなわち古墳時代前期の大型古墳の特徴である。

　これらの銅鏡が石室のなかでどのように配置されていたのかよくわからないが、他の例が参考になる。一九九七年（平成九年）に発掘調査された奈良県黒塚古墳では、三三面の三角縁神獣鏡《さんかくぶちしんじゅうきょう》が石室とその中に納めた木棺のすき間に、鏡面を遺体に向けて並べられていた。三六面の銅鏡が発見された京都府椿井《つばい》大塚山古墳では、逆に鏡面を外に向けて並べていたらしい。三～四世紀の古墳の棺には多量の朱を入れたり、実際にはめることのできない腕輪形の石製品や勾玉《まがたま》などを多量に納めたりと、呪術的な性格がつよい。銅鏡はその最たるもので、おそらくは死者の霊魂がもつ強力な力が外に出ていくのを防ぐとか、寄り来る邪悪なものが死者にとりつかないようにするといった目的で、遺体のまわりに置いたのだろう。

　銅鏡は権威の象徴でもあった。墓に多量に銅鏡を副葬するのは、紀元前一世紀の九州の甕棺にはじまる。福岡県須玖《すぐ》岡本遺跡などでは、一つの甕棺から三〇面以上もの銅鏡が出土した。紀元後一世紀代、弥生後期前半の銅鏡はまだ北部九州に集中するが、古墳時代をまじかにひかえた三世紀はじめとなると、近畿地方が分布の中心となった。弥生後期の西日本には、各地に高い塚を築いた墳丘墓が出現する。岐阜県瑞龍寺《ずいりゅうじ》山墳丘墓もその一つであり、内行花文鏡《ないこうかもんきょう》が副葬されていた。一～二世紀の政治的なうねりの中で、こうした地方にも銅鏡を入手することのできる首長が現れてきたのである。

（設楽博己）

②内行花《ないこうか》文鏡《もんきょう》　岐阜県瑞龍寺《ずいりゅうじ》山墳丘墓　弥生時代後期（1～2世紀）

背後の写真は瑞龍寺山墳丘墓の近景。(岐阜市教育委員会写真提供)

墓への供え物

①小《こ》札鋲留《ざねびょうどめ》 式《しき》衝角《しょうかく》 付冑《つきかぶと》

②小札鋲留式眉庇《まびさし》付冑

④頸甲《あかべよろい》

③横矧板《よこはぎいた》鋲留式短甲《たんこう》

⑩長頸鉄鏃

⑨長頸鉄鏃

⑧長頸鉄鏃

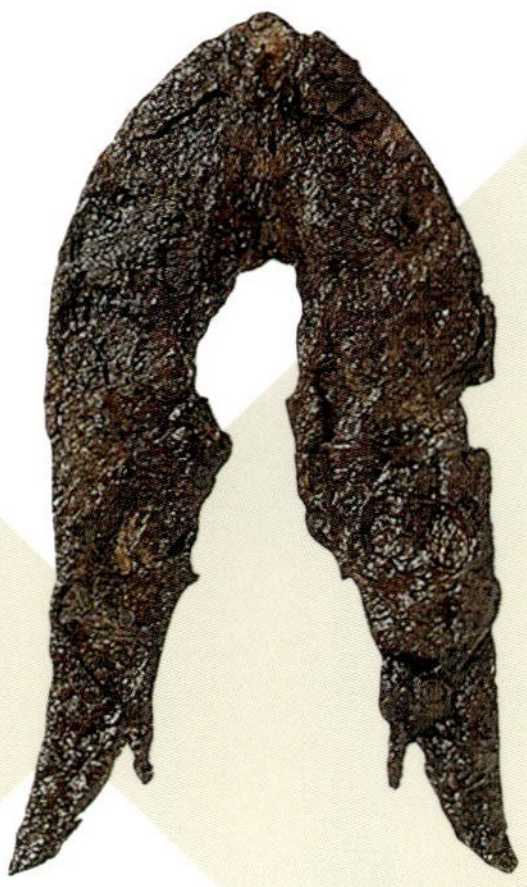
⑦無茎大形鉄鏃

⑥長頸鉄鏃

⑤長頸鉄鏃《てつぞく》

①～⑩副葬された鉄製品　熊本県マロ塚古墳　古墳時代中期（５世紀）　重要文化財

⑪画文帯環状乳神獣鏡《がもんたいかんじょうにゅうしんじゅうきょう》　伝宮崎県山ノ坊古墳　古墳時代中期（５世紀）

⑫獣文縁獣帯鏡《じゅうもんえんじゅうたいきょう》　伝宮崎県山ノ坊古墳　古墳時代中期（５世紀）

死者をもっとも手厚く扱った古墳時代は、限られた人達を葬るために一棟の家屋をはるかに上回る高さと広さの墓が築かれた。古墳では、円丘部に主たる埋葬施設を作って遺骸を納め、墳丘表面に埴輪を並べた。

古墳時代前期（四世紀）の埋葬施設は、大木をくり抜いた木棺《もっかん》を粘土で覆ったものが一般的で、さらにその周囲を石積みの壁と天井で囲ったものもある。死者への供え物は、木棺の中や外に置かれた。死者が愛用した首飾りや櫛などの装身具、剣や大刀などの武器、そして、特別な品物を添えた。

伝宮崎県山ノ坊《やまのぼう》出土の円形の青銅鏡（⑪、⑫）も特殊な品物の一つで、単に顔姿を写すだけの道具でなく、その鏡を持つ者が幸せになると信じられていたことが背面に表現された神獣《しんじゅう》文様や吉祥《きっしょう》文字でわかる。鏡の置き方には、死者が死の世界でも幸福に過ごせるよう、邪悪なものが死者にとりつかないよう、逆に、死者の霊が祟《たた》りをおこさないように願って配置したかと思わせる例がある。

奈良県マエ塚古墳出土の朱紐の跡が残る蓋《ふた》付きの碧《へき》玉《ぎょく》製容器（⑬）や、貝輪を祖形とする石の腕飾り（⑭）なども宝器的品物である。しかし、滑石製の小壺（⑮）が伴っていることをみると、死者を送る時の道具として作られたのかもしれない。

ところが、古墳時代中期（五世紀）になると、葬送用にしか使用できない滑石製の模造品が盛んに埋納される一方で、鉄製甲冑《かっちゅう》や馬具などの実用品を加えることが多くなった。熊本県マロ塚古墳では冑《かぶと》が二種類（①、②）頸と肩を護る頸甲《あかべよろい》（④）、そして胴を保護する短甲《たんこう》（③）が見られる。軍事的色彩を濃くしていた当時に武人《ぶじん》として活躍した生前の姿を死の世界に持ち込もうとしたのであろう。高度な金属加工技術で製作された甲冑や馬具は、中国大陸や朝鮮半島から新しい技術を導入し、さまざまな分野で革新を行おうとした日本列島（倭国）の息吹を示している。特殊な形の矢からは、その時期がワカタケル大王（雄略天皇）の活動期であったことを知る。

（杉山晋作）

⑬碧玉製合子《ごうす》

⑭碧玉製石釧《いしくしろ》

⑮滑石製坩《かん》

⑬〜⑮副葬された石製品　奈良県マエ塚古墳　古墳時代前期（４世紀）

II 祖先に祈る

飾られた墓室

①福岡県竹原古墳後室奥壁（現状模写）日下八光画伯模写　古墳時代後期（6世紀）

日本の古墳の中には、墓室内に彩色や線刻の壁画を描いたり、また浮き彫りなどの彫刻を施したものがあり、装飾古墳と呼ばれている。それらの多くは古墳時代の中期から後期・終末期にあたる五世紀から七世紀の間にみられ、とくに九州各地や山陰地方、関東から東北南部の太平洋側に数多く分布する。なかでも、とりわけ九州の有明海沿岸から筑後川流域を中心とする北・中部九州には、見事な彩色壁画をもつ装飾古墳が数多く営まれている。

そうした九州の古墳壁画のなかでも、多くの人が最高の傑作にあげるのは、福岡県若宮町竹原古墳の横穴式石室に描かれた壁画である。それは複室構造の石室の後室の奥壁に、赤・黒二色の顔料で力強いタッチで描かれている。画面の左右には、貴人にさしかける大きな団扇《うちわ》であるさしばが一対、下方には海原の波頭のようにみえる蕨手文《わらびてもん》が配され、それらに囲まれた空間の中に馬を牽《ひ》く人物と船、旗のようにみえる連続三角文がおさまり、さらにその上には目を怒らせ、赤い舌を出した怪獣と小さな船が描かれている。

この壁画については、駿馬をえるために竜の子種を求めて竜の棲《す》む水辺に引き出された牝馬を描いたもので、中国の竜媒《りゅうばい》説話を表現したものにほかならないとする人類学者の故金関丈夫氏の興味深い解釈がある。ただこの古墳の石室には、この壁画以外にも前室の奥壁、すなわち前室から後室にいたる通路の入口の左右に、中国の四神のうちの朱雀《すじゃく》と玄武《げんぶ》にあたるかと思われる絵がある。しかもこの石室はほぼ南西方向に開口するが、これを西向きと考えると、朱雀の絵は南に、玄武の絵は北にあたることになり、後室奥壁の怪獣は東の青竜《せいりゅう》を描いたものにほかならないことになる。このことは、六世紀後半の段階に四神の図像がその思想とともに北部九州の一角に伝えられていたことを示すものとして興味深いが、それとともに金関氏の竜媒説話表現説の成立を困難にするのである。

竹原古墳奥壁の怪獣を四神の青竜とすると、この絵は、そこに貴人が眠ることを示すさしばと、この地域の古墳壁画に伝統的にみられる魔よけの図文とみられる連続三角文や蕨手文を除くと、馬を牽く人物と船が残る。この馬と船こそは、この時期の北・中部九州の古墳壁画の中心的モチーフにほかならない。このうち壁画の船のもつ意味を教えてくれるのが、福岡県吉井町珍敷塚《めづらしづか》古墳の奥壁の壁画である。

③福岡県珍敷塚古墳後室奥壁（現状模写）日下八光画伯模写
古墳時代後期（6世紀）

②福岡県珍敷塚《めづらしづか》古墳後室奥壁（復元模写）日下八光画伯模写　古墳時代後期（6世紀）

珍敷塚古墳の横穴式石室の奥壁には、赤・青の二色で描かれた壁画が残されている。画面の中央には、伝統的な魔よけの図文である大きな靫《ゆき》三個と大きな蕨手文がみられる。その左側には太陽を思わせる大きな同心円文と、その下には舳先《へさき》に鳥をとまらせた船とそれを漕ぐ人物が、右側には小さな同心円文と上と前からみたヒキガエルや盾をもつ人物などが描かれている。ヒキガエルは中国や高句麗の壁画では月を象徴する図文であるから、右側の小さな同心円文は月を表現したものとなり、左の大きな同心円文はやはり太陽に間違いないことが知られる。とすれば、この絵は、太陽の輝く現世から月の支配する夜の世界、すなわち来世へ、鳥に導かれてまさに船出しようとする情景を表現したものということになる。そういえば、この絵の中央の大きな靫と蕨手文は、上方が左にかたよっており、全体として左から右へ、すなわち現世から来世への動きを示しているのである。

珍敷塚古墳の壁画の解釈から、壁画の船が死者ないしその魂の来世への乗り物として描かれていることが知られるが、北・中九州の古墳壁画には船や鳥船を描いたものが少なくない。またそれらのなかには船に馬を乗せたものもみられ、馬もまた来世への乗り物として描かれている可能性が大きい。先の竹原古墳の船や馬も同じ考え方にもとづいて描かれたものであろう。これら九州の古墳壁画から、この時代の北・中九州の人びとの間には、来世を海の彼方に考える思想が存在したことが知られるのである。

（白石太一郎）

Ⅱ 祖先に祈る

想像された黄泉国《よみのくに》

①福島県清戸迫《きよとさく》横穴奥壁（現状模写）日下八光画伯模写　古墳時代後期（7世紀）

清戸迫《きよとさく》七六号墓は福島県双葉町にある七世紀の装飾古墳であり、幅およそ二・八メートル、高さおよそ一・六メートルを測るかまぼこ形の横穴の奥壁に、赤い顔料でさまざまな絵画が描かれている（①）。

描かれているのは、人物、ウマ、シカなどの具象画と渦巻き文の抽象画である。具象的な絵のなかでもっとも大きく描かれているのは、画面右寄りに立つ人間である。頭にかぶっているのは眉庇付冑《まびさしつきかぶと》であろう。右腕を腰にあて、左腕をやや上にのばしている。下半身は袴《はかま》をつけている。その右肩からのびて渦を巻いた抽象画は奥壁中央に大きく描かれており、これがあたかも壁画の主題をなすかのようである。呪術的な意味があるのだろう。その左にも人物が立ち姿で描かれ、右端には馬に乗った人物が描かれる。渦巻きの下には、シカやイヌなどの動物が四頭描かれ、それに向かって矢を放つ人物が配置される。人物は、この順にだんだん小さく描く。

もっとも大きく描かれた人物がとっているポーズは、古墳時代の造形と絵画のなかにいくつか知られており、何らかの儀式における特定の姿勢を示しているものと思われる。冑をかぶった武人であり、画面上の位置関係、大きさなどから、この人物は墓主と見なしてよいだろう。人物像は小さいものから大きいものへと変化をつけており、こうしたことから、この絵画は墓主が幼少のころからたどった事績を検証した一代記であるとの説がある。しかし、古墳時代の馬上の人物絵画は、ウマを強調するために小さく描かれることがよくある。シカを射るのは王者の儀礼としての性格が強いので、子どもが射ているとは考えにくい。したがって、これを一代記と見なすことはむずかしい。

人物とシカやウマ、そして渦巻文という画題は福島県原町羽山1号横穴の壁画（②）とも共通する。狩猟が王者にとって、重要な儀式であったことがわかる。

（設楽博己）

②福島県羽山横穴奥壁　古墳後期（7世紀）（原町市教育委員会写真提供）

III 神・仏に祈る

青銅の輝き

神体化した銅鐸《どうたく》（複製） ①滋賀県石山寺辺町、②兵庫県栄根遺跡、③④滋賀県大岩山遺跡　弥生時代後期（2世紀）

いまは緑色にさびている青銅器も、作った当初は金色に輝いていた。

弥生文化の華、銅鐸《どうたく》は、中国・朝鮮半島の銅鈴に起源をもつ。紀元前二〜一世紀に、稲の祭りの場で音と光を発して神を招いたベル（高さ二〇〜四〇センチ）は、紀元後一世紀から二世紀にかけて大きく変化する。大型化を極度にすすめ（高さ八〇〜一三四センチ）、装飾は過多になり、鳴らさず金色と形の効果だけで神を招く祭器への変化である。そして、銅鐸を生みだした近畿を中心とする政治的なまとまりは、「近畿式銅鐸」をその勢力の象徴にした。東海では、東海を中心とする地方的なまとまりの象徴として「三遠《さんえん》式銅鐸」を作った。しかし、近畿でも東海でも、それぞれの地方で最大の銅鐸を作った直後の二世紀末ごろに突然、銅鐸作りをやめてしまう。

近畿と併行して同じころ北部九州では、人を刺し殺す実用の銅矛《どうほこ》を、大型化し刃を付けない「見せる武器」すなわち祭り用の武器へと変えた。北部九州を中心とする勢力は、矛形祭器をその象徴にした。九州から西四国を中心に分布する矛形祭器は、二世紀の末ごろに消えていく。銅鐸も銅矛も神体化した新しいものは、それぞれの勢力が及ぶ境界付近からたくさん見つかっている。それぞれの神に自分たちの守護を祈って奉納したのであろう。

二世紀には、青銅の祭器とその祭りから離れて独自の葬送儀礼をもつことによって、自分たちが政治的にまとまっていることを主張する吉備勢力や出雲勢力も現れた。二世紀末ころまでの日本列島は、各地に有力な勢力が並び立ち、互いに対立したり連合した時代であった。象徴と化した青銅祭器が、弥生時代の政治の世界で果たした役割は大きかったのである。

『魏志倭人伝』には青銅祭器についての記述がない。それは、青銅祭器の時代が終わったことだけでなく、倭王になった卑弥呼が青銅祭器にかわる「倭国」統合の象徴になったことを意味するのであろう。

（春成秀爾）

⑧再現した銅鐸

銅、錫《すず》、鉛を調合して青銅の鐸を復原してみた。銅で作った棒を内側にさげて銅鐸を揺り動かすと、裾にめぐらせた突帯に棒がふれてカーンという音を発する。この音で土地、稲、祖先の霊を招いたのであろう。

見せる銅矛　⑤長崎県　⑥⑦大分県法鏡寺遺跡　弥生時代後期（2世紀）

Ⅲ 神・仏に祈る

神の棲む島

①福岡県沖ノ島祭祀遺跡群（模型） 歴博第１展示室

②沖ノ島５号遺跡（模型） 8世紀 歴博第１展示室

③沖ノ島出土金銅製雛形織機（複製） 8～9世紀

④沖ノ島１号、５号遺跡出土紡織機のミニチュア（複製）
8～9世紀
左：銅盤・麻笥《あさおけ》、 右上：榺《たたり》、 中下：桛《かせ》、右下：紡錘《つむ》

⑤沖ノ島17号遺跡出土銅鏡と腕輪形石製品（右下）（複製）　古墳時代前期（4世紀）

⑥沖ノ島1号、5号遺跡出土滑石製形代類（複製）　8～9世紀

古代の日本列島に住んだ人びとは、コニーデ形の美しい山容の山、あるいは絶海の孤島、川の淵、滝、巨大な岩や高木などの自然を神そのもの、ないし神が降臨する依代《よりしろ》と考えた。奈良県桜井市の大神《おおみわ》神社は、今も拝殿のみで本殿はなく、三輪山自体がご神体として崇められている。同じように福岡県宗像《むなかた》郡大島村に属する沖ノ島は、玄界灘にうかぶ孤島であるが、今も宗像大社の沖津宮《おきつみや》が鎮座し、神の島ないし、神の棲《す》む島として信仰の対象となっている。一九五四年（昭和二九年）から七一年（昭和四六年）にかけてこの島の学術調査が行われ、古墳時代から平安時代初期に至る神まつりの実態が明らかにされた。古代の祭祀遺跡は、島の南斜面中腹の巨岩が累々と横たわる地区にある。これらの巨岩がまさに神の降臨する磐座《いわくら》にほかならず、その巨岩の間には今も宗像大社の沖津宮の社殿が営まれている。

調査の結果、第一段階から第四段階におよぶ、各時期の祭祀遺跡のあり方が明らかにされている。第一段階は、巨岩の上で祭祀を行うもので、四世紀から五世紀におよぶ。この段階の一七号遺跡では、上下に重なった岩の間から仿製《ぼうせい》三角縁神獣鏡《さんかくぶちしんじゅうきょう》、内行花文鏡《ないこうかもんきょう》、方格規矩四神鏡《ほうかくきくししんきょう》など二一面の銅鏡や車輪石《しゃりんせき》、石釧《いしくしろ》などの腕輪形石製品のほか、玉《ぎょく》類、鉄製の武器や農工具など、前期古墳の副葬品と共通するさまざまな品々が神に奉献されていた。

第二段階は岩陰で神まつりが行われる段階で、六世紀から一部七世紀におよぶ。この段階には、前段階に見られた実物の宝器類の奉献は少なくなり、鏡、剣、玉などを石などで製作した模造品が大量に用いられるようになる。六世紀前半の七号遺跡では、豪華な新羅製の金銅製馬具やペルシャ製ガラス碗なども出土している。

第三段階は、岩陰から露天にひろがる半岩陰、半露天の祭場で祭祀が行われた段階で、七世紀後半から八世紀におよぶ。この段階には大量の祭祀用土器が用いられるようになり、また金銅製、銅製、鉄製など多様な金属製の雛《ひな》型品《がたひん》が伴う。雛型品には鏡や容器、刀・鉾《ほこ》などの武器類、高機《たかはた》、樀《たたり》・桛《かせ》などの紡織具や琴、櫛などとともに人形《ひとがた》がみられるようになる。この段階の五号遺跡では、唐三彩の長頸壺や新羅製の金銅製龍頭なども出土している。第四段階は、巨岩から離れた露天の平地で神まつりが行われる段階で、八世紀後半から九世紀におよぶ。この段階の一号遺跡では、第三段階と共通する金属製雛型品や祭祀用土器とともに、大量の人形、馬形、舟形、勾玉形、円板（鏡）などの滑石製形代《かたしろ》類が出現する。また奈良三彩の小壺や銅鏡、銅鈴、銅銭なども出土している。

このように、沖ノ島では神まつりのあり方も時代とともに大きく変化している。四、五世紀には鏡や玉や武器など実物の宝器が神に捧げられていたのが、五世紀後半以降には石製や金属製の模造品に替わる。さらに七世紀末になると祭祀に多量の土器が用いられるようになり、また紡織具や楽器など律令国家の祭祀の内容を記載した『延喜式』の祭料や『皇太神宮儀式帳』などに記載される伊勢神宮の神宝と共通する奉献品がみられるようになる。さらに八世紀後半以降には、宗像地方独自の滑石製の形代類が出現する。特に七世紀後半以降には、それまでの鏡、玉類、武器類、紡織具、楽器などの伝統的な祭具に、新しく東アジアの民間信仰とも関連する人形や馬形などが加わることが注目される。伝統的な神まつりにも、東アジアの民間信仰の影響がおよぶのである。

沖ノ島からは、大規模な古墳の副葬品に匹敵する大量の銅鏡のほか、ペルシャ製のガラス碗、唐三彩、新羅製の馬具や金銅製龍頭など海外からもたらされた珍しい宝器類が奉献されている。また沖ノ島の位置や文献にみえる宗像神の性格からも、その祭祀は朝鮮半島などへの海上航路の安全を祈るものであり、またヤマト王権が直接かかわった国家的な性格のものでもあったと想定されている。

（白石太一郎）

III 神・仏に祈る

祈りの形象

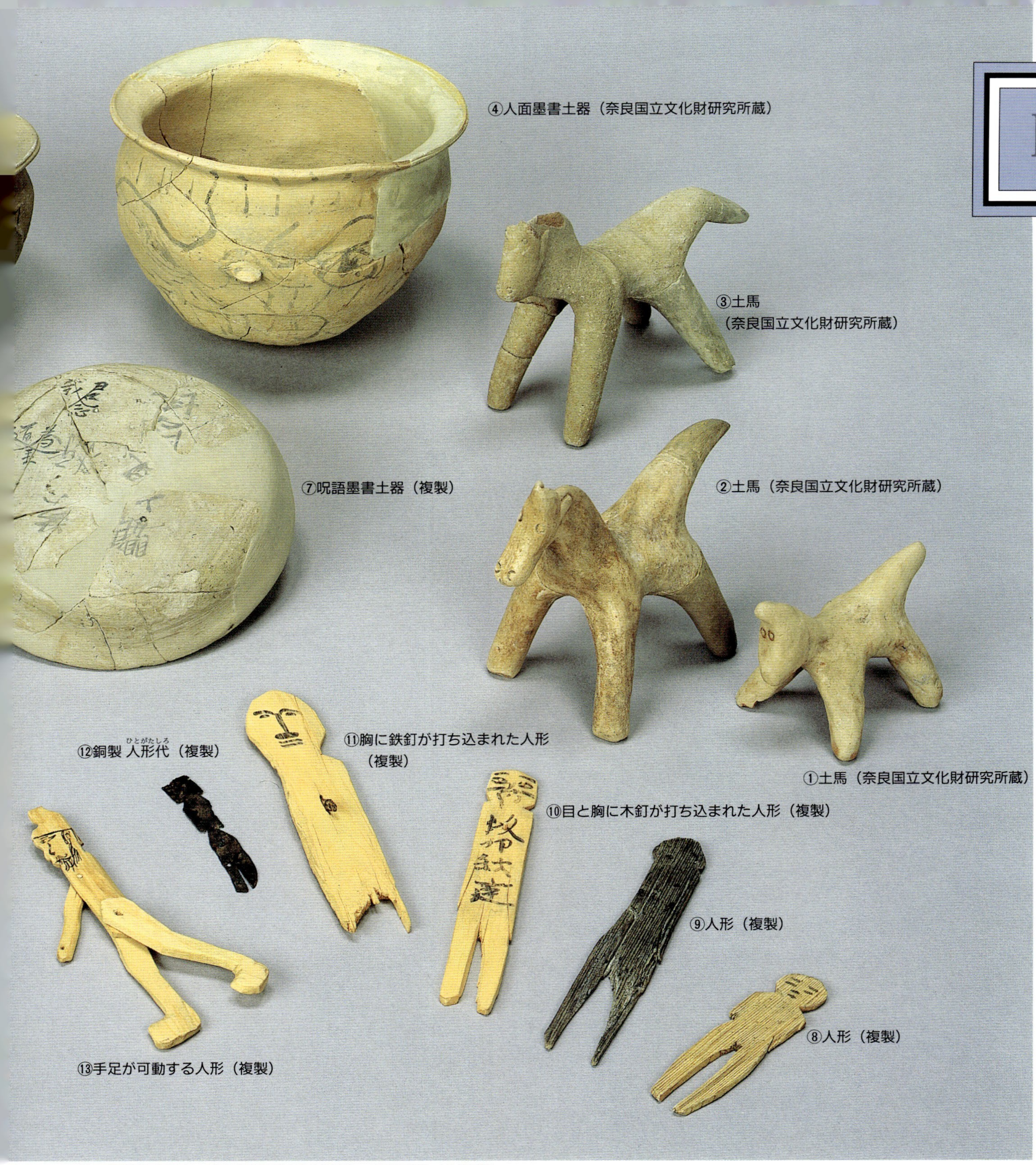

④人面墨書土器（奈良国立文化財研究所蔵）

③土馬（奈良国立文化財研究所蔵）

⑦呪語墨書土器（複製）

②土馬（奈良国立文化財研究所蔵）

⑫銅製 人形代《ひとがたしろ》（複製）

⑪胸に鉄釘が打ち込まれた人形（複製）

①土馬（奈良国立文化財研究所蔵）

⑩目と胸に木釘が打ち込まれた人形（複製）

⑨人形（複製）

⑧人形（複製）

⑬手足が可動する人形（複製）

①〜⑯祭りの品々　奈良県平城京平城宮跡　奈良時代（8世紀）

「罪司進上代」

⑲墨書土器（複製）　千葉県久能高野遺跡
平安時代（9世紀前半）

「竃神」

⑱墨書土器（複製）　千葉県庄作遺跡
奈良時代（8世紀前半）

「丈部乙刀自女形代」

⑳墨書土器（複製）　千葉県北海道遺跡　奈良時代（8世紀中葉）

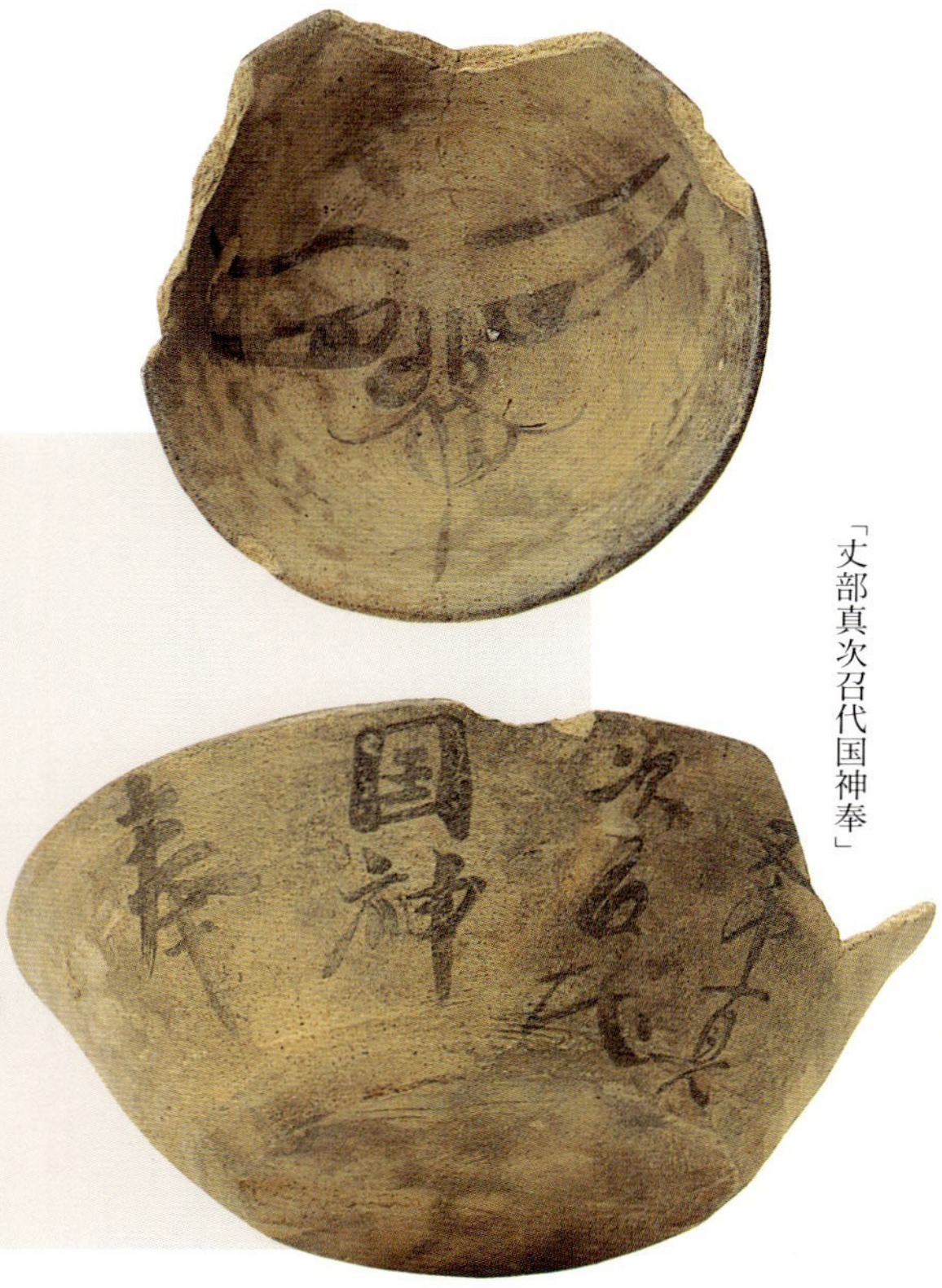

「丈部真次召代国神奉」

⑰人面墨書土器（複製）　千葉県庄作遺跡　平安時代（9世紀前半）

古代の人々は不安に満ちた生活の中で、神や仏にひたすら祈った。病気や罪、死などを免れ、豊かさと安穏を求めて必死に祈りを捧げた。全国各地で数多く出土する人形《ひとがた》、土馬《どば》、斎串《いぐし》、墨書《ぼくしょ》人面土器などは、いわば古代人の祈りのセレモニーの残影である。

そこには、列島内各地に継承されてきた神祇信仰、新たに外から伝えられた仏教や道教などが複雑に入り混じっているのである。

人形は、人間の形をまねて作ったもの（形代《かたしろ》）で、穢《けが》れを人形に移して流すという祓《はらい》に使用されたとみられる。また人の穢れを負った人形を他界に送るために、馬形、鳥形、刀形などが必要であった。

馬は神馬のように神の乗りものとして神社に奉納されるが、土馬はその馬の形代で、神の前に捧げられたのであろう。

斎串はふつう地面に突き立てて神聖な場所を示したものと考えられている。

墨書人面土器は、墨で人の顔を描いた土器で、罪や病気などを祓う祭りに使ったものである。宮都や地方官衙からは小型の壺や甕に描かれたものが溝、河川、池そして井戸などの水に関わる遺構から出土している。祭りでは土器の中に息を吹き込んで罪、病気などの自らの穢れを封じ込め、水に流したのであろう。

一方、関東を中心とする各地の集落では、台地上の竪穴住居跡から坏《つき》に人面や多文字が記された墨書土器が出土している。しかも、多文字の内容は、例えば千葉県富里町の久能高野遺跡出土の墨書土器（⑲）には「罪司進上代」とある。地上の人の罪を裁く天上（冥界）の「罪司」に、賄賂（まいない）を進上し、延命を願ったものと考えられる。

縄文時代から人々は神を篤く信仰していたが、文字を介して神に接することはなかった。八世紀ごろから人々は招福除災や延命を祈願するために、神々に供物を奉り、その意向を文字によって伝えるようになるのである。すなわち日常の行政文書表現（「進上」「召」など）をもって、神に意志を伝え、ものを供献したのである。

これらの祭祀を司祭することが、朝廷はもちろん、地方豪族にとって地方社会を支配する大きな原動力となった点に注目しなければならない。　（平川　南）

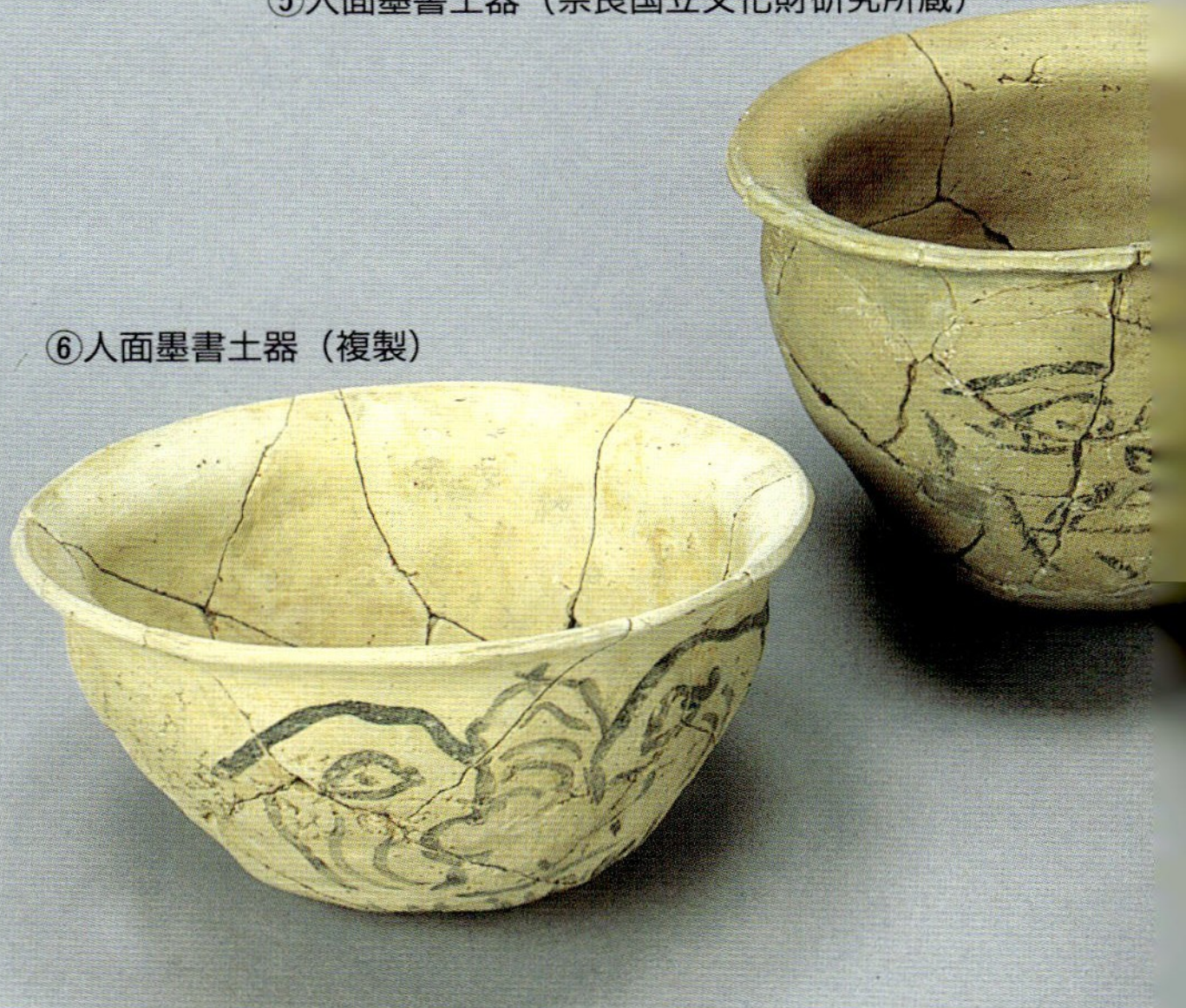

⑤人面墨書土器（奈良国立文化財研究所蔵）

⑥人面墨書土器（複製）

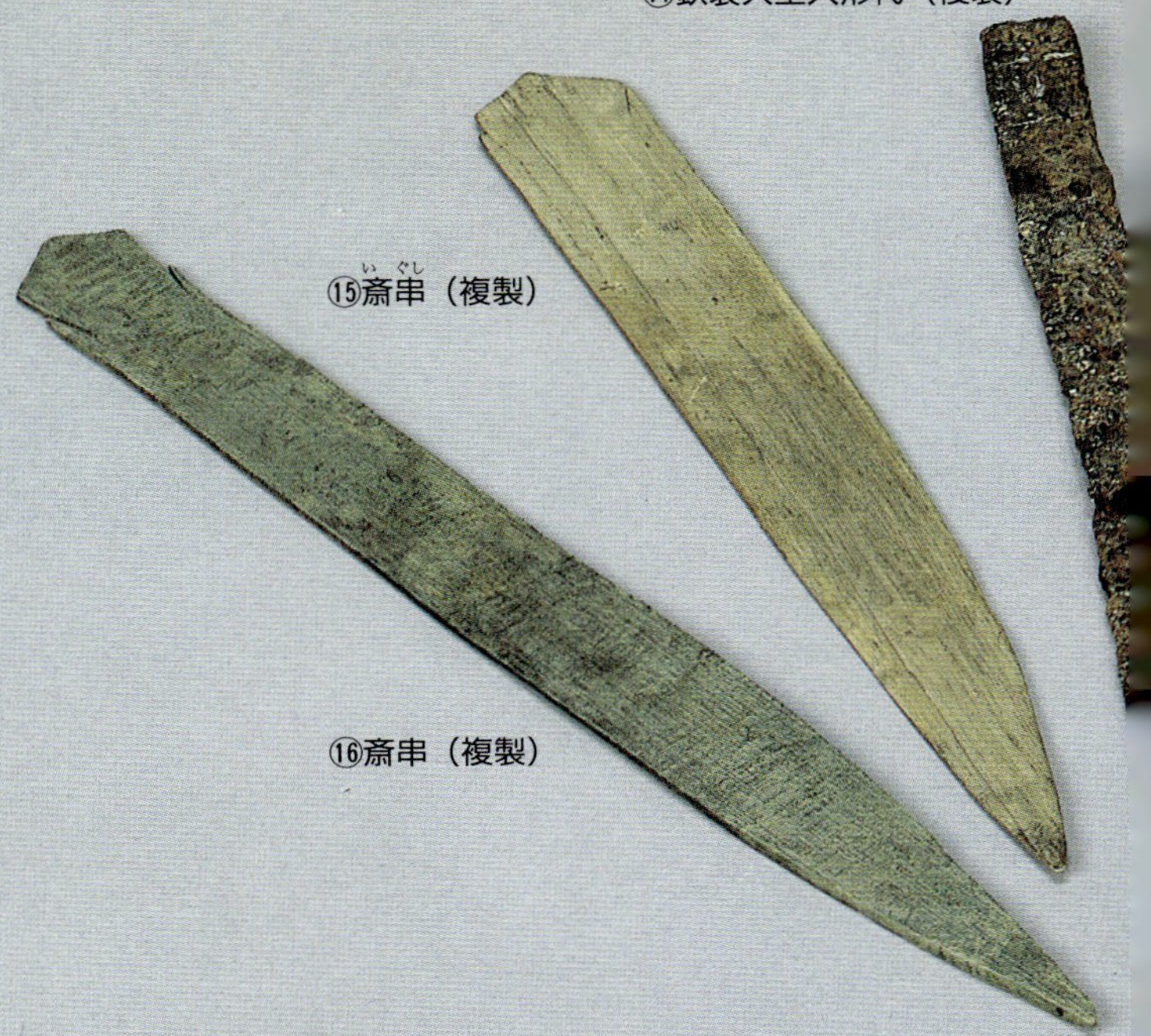

⑭鉄製大型人形代（複製）

⑮斎串《いぐし》（複製）

⑯斎串（複製）

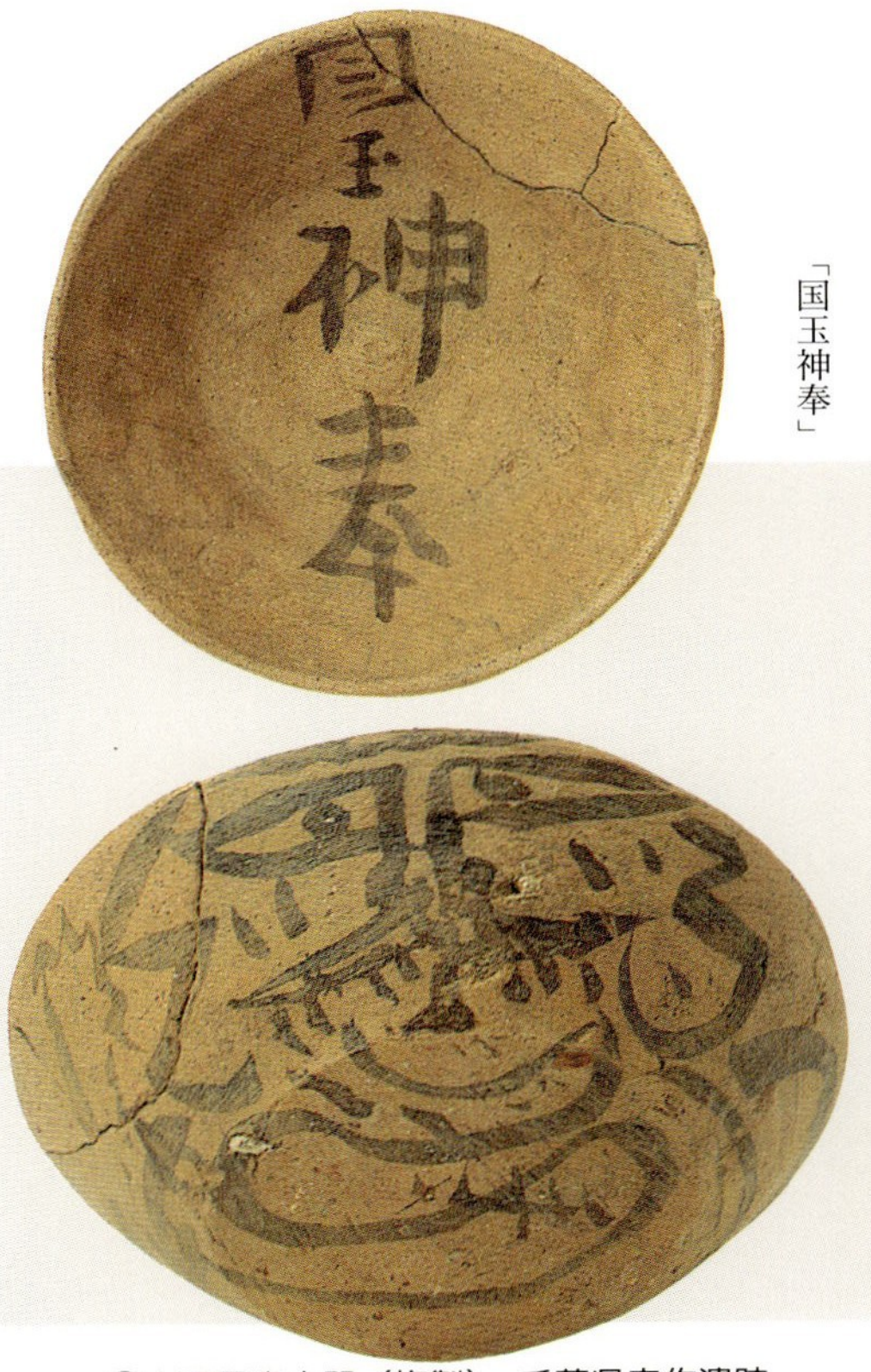

「国玉神奉」

㉓人面墨書土器（複製）　千葉県庄作遺跡
奈良時代（８世紀後半）

「村神郷丈部国依甘魚」

㉒人面墨書土器（複製）　千葉県権現後遺跡
平安時代（９世紀前半）

「丈部人足召代」

㉑人面墨書土器（複製）　千葉県白幡前遺跡
奈良時代（８世紀後半）

III 神・仏に祈る

祈りの音
―寶龜五年銘梵鐘―

①千葉県八代椎木出土梵鐘（寶龜五年二月十二日在銘） 774年（宝亀５年） 重要文化財

古代から現代までの日本の都市と村落で広く見られた景観の一特色として、寺院の存在をあげることができる。その寺々も、時代により姿を変えてきているのだが、寺々の鐘の音や読経の声は、自動車の喧騒にかき消される最近まで、人々に身近なものであった。飛鳥の法興寺から始まる寺院は、古代の三〇〇年ほどの間に、山岳に営まれたものを含めて数千の数にのぼったとみられる。それに合わせて鐘もまたたくさん作られていたはずなのだが、今に伝わる奈良時代までの鐘は一六口、平安時代でも二八口しか残っていない。慶長以後の寺々の鐘は、太平洋戦争の時、銅の素材として供出させられたという受難の時代を経た。奈良時代までの数少ない鐘の内でも銘のある四口の内で、土中から出土した珍しい例がこれからのべる寶龜五年（七七四年）銘梵鐘である。

②鐘身の池の間の陽鋳銘

　この鐘は、一九七一年、現在の千葉県成田市のＪＲ成田駅西方に広がる成田ニュータウンの団地造成の工事中に発見されたが、詳細な出土状況は知られていない。内面に付いた痕跡からみると横倒しの状況で半ば土中に埋れていたことがわかる。発見した時には片側が現状のようにひきさかれて一部を欠損していた。

　古代の鐘は、平均すると高さ一メートル前後もある大型品が多いのに、本例は最も小さいもので、口径二九・二センチ、鐘身高三四・二センチ、龍頭《りゅうず》高七・八センチ、総高四二センチの極めて小型の鐘である。龍頭は双頭の一角をもつ龍が笠形をかみ、中央に極めて雄勁《ゆうけい》な忍冬《にんとう》状の寶珠《ほうじゅ》を配している。鐘身の「池の間」と呼ぶ方形区画の内の二区に陽鋳銘があり、一区はほぼ完存して四行五字の二〇字からなる銘が読めるが、もう一方の区画は欠損して、わずかに上隅の一字の残画がみられるのみである。銘文は、

以寶龜五年
二月十五日
肥前国佐嘉
郡椅寺之鐘

とあって、鋳造年月日や寺名がわかる。各行は罫線で区画されているが、上下の文字間隔はあまり均等配分にこだわっていない。奈良時代の鐘では、池の間に銘をいれた例はこれだけで、他は内面や縦帯や草の間に陰刻や陽鋳例が見られるものである。撞座《つきざ》は身の三分の一ほどの下方の比較的高い所に配置され、ややすりへっている。鋸歯《きょし》文状をなす九弁の花弁と間弁《かんべん》をめぐらし、大きな径の中房《ちゅうぼう》内に一＋七の凹珠文の蓮子《れんじ》を配置している。上部の乳区は四面にあって、二段四行の配列で小さな素乳《そにゅう》を配し、乳の行と文字の行は一応対応している。

　奈良時代までの他の鐘と、本例の鐘は異なる点がいくつかみられる。龍頭と撞座の関係で、龍頭の軸線上の延長に撞座を配置しており、他例と九〇度違う方式となっている。これは平安時代以降に一般化していく方式の先取り例に当たる。また鐘身の下端を外側に厚くするいわゆる「駒の爪」をもっていることも、奈良時代までの他例にない先駆例となっている。こうした点で、本鐘は平安時代鐘の先駆をなす過渡的様式と見られるものである。

　この鐘が本来懸けられていたはずの肥前国佐嘉《さが》郡椅寺《はしでら》は、今はこの寺名の寺はなく、佐嘉郡内には奈良時代寺院址もいくつかみられるが、どこに当たるかわかっていない。肥前国から移動して、千葉県内の地下に埋もれた経緯も分らないが、千葉県に拠った中世豪族の千葉氏は、肥前国にも所領をもっており、同氏の手で東国にもたらされたことも可能性として考えられる。出土した成田ニュータウン内の八代椎木《やしろしいのき》五九三の一の地に、この鐘を吊した堂舎があったのであろうか。この鐘は小さいだけに、音質が高かったものとみられる。古代の国内に広がった造寺の願いを告げる鐘の音が、耳を澄ますとかすかに聞こえてくるではないか。

（阿部義平）

III 神・仏に祈る

来世への祈り

　平安時代の終わり頃、この世は末法《まっぽう》の時代に入ると仏教の世界では考えられていた。釈迦の教えが忘れられ、救いの道は閉ざされるという仏教的世紀末である。そのため人々の思いは来世へと向けられた。すなわち、功徳《くどく》を積んで来世は極楽浄土へ生まれたいという思いである。寺院の建立、仏像の造立《ぞうりゅう》など積善《しゃくぜん》行為にはさまざまなものがあるが、経典を写し埋納して五六億七〇〇〇万年後の弥勒《みろく》の世にそれを伝えるという経塚造営もその一つであった。

　藤原道長、その娘上東門院彰子《しょうし》の埋経など平安時代中頃から見られるが、浄土への祈りを込めて盛んに経塚が造られたのは、平安時代末期から鎌倉時代にかけてである。経典を埋納したものを経塚と呼ぶのだが、そこにはほかにもいろいろなものが納められている。経典を納めるための主として青銅製の経筒。その外容器である陶磁器の壺や甕。邪を払うためのものや造営者の愛用品とも考えられる鏡、刀剣類、青白磁合子《ごうす》などなど。まさに経塚は当時のさまざまな品物を収めたタイムカプセルなのである。

　中国や朝鮮半島など他の国では見られないが、日本国内では経塚はほぼ全国的に広がっている。しかしそれらは一律ではなく、地域によって多様な様相を見せ

背景写真は三重県朝熊山経塚群（筆者撮影）

②滑石製経容器
平安時代（12世紀）

①経筒外容器　平安時代（12世紀）

ている。大宰府を中心とした北部九州と、平安京を中心とした近畿地方に特に集中的に造られた。流行する時期としては北部九州の方が早く、一一世紀末から一二世紀前半代にかけての短期間にかなりの数の経筒が知られている。経筒型式も九州内でのみ見られるものが多い。埋納品が少なく、鏡を経筒の底板に使うなど、独自の経塚文化圏を形成している。近畿の経塚は藤原道長の例のように一一世紀初頭に出現するが、一二世紀代に本格的に広がる。経筒の立派さだけでなく、鏡や陶磁器など豪華な品々が共に埋納され、近畿の経塚の特徴を華やかなものに彩っている。（村木二郎）

③陶製経容器　平安時代（12世紀）

④銅鋳製経筒（伝福岡県雷山出土）
1085年（応徳２年）

⑦銅鋳製経筒（伝岡山県出土）　平安時代（12世紀）

⑤四段積上式経筒（伝大分県高城観音出土）
平安時代（12世紀前半）

⑥瓦製経筒（伝島根県一之畑出土）　平安時代（12世紀）

⑨青白磁合子
平安時代（12世紀）

⑧青白磁合子《ごうす》　平安時代（12世紀）

⑪竹垣草花双鳥鏡
平安時代（12世紀）

⑩宋鏡式草花双鳥鏡（伝岡山県出土）
平安時代（12世紀）

ウソついたら針千本飲ます

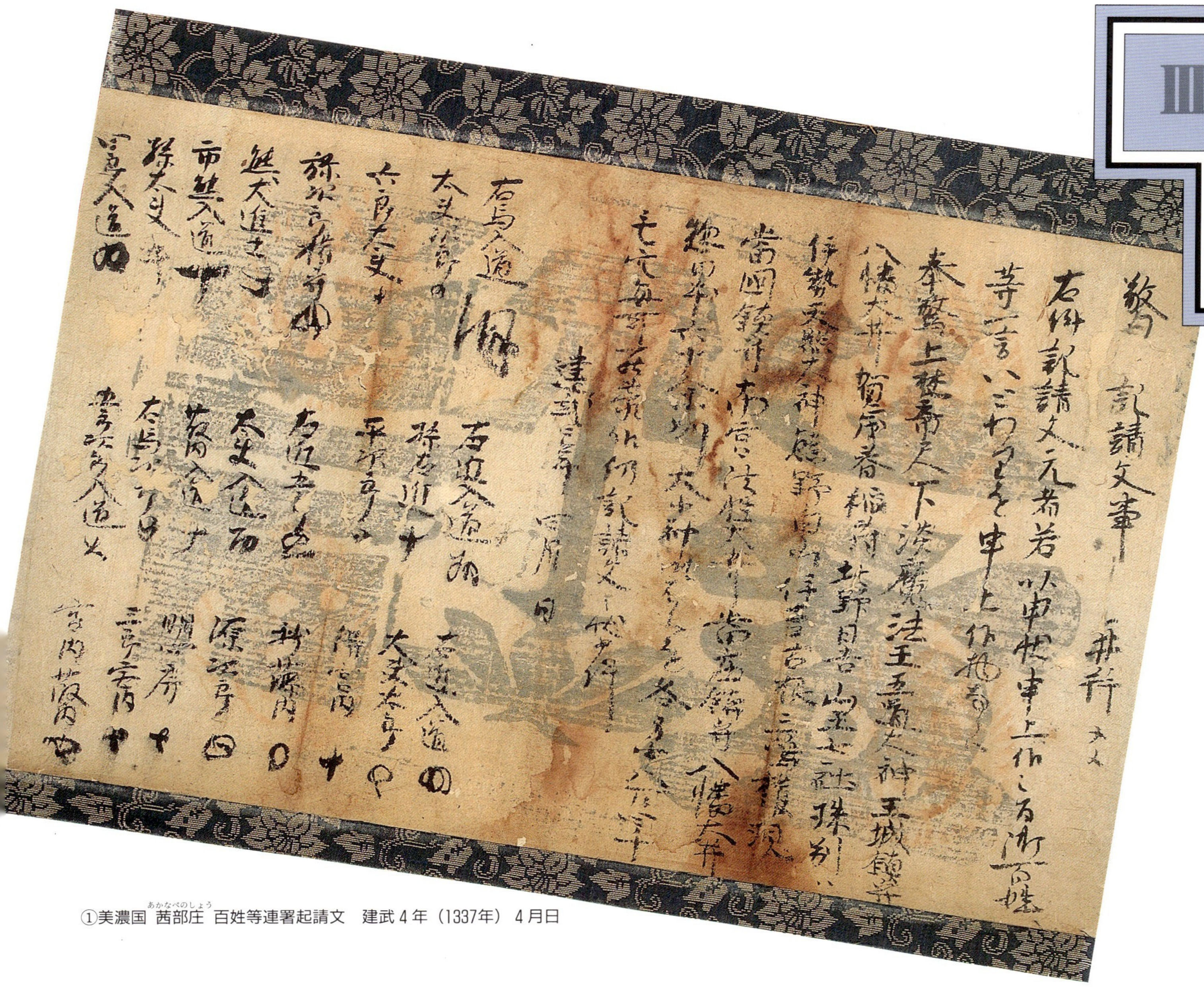

①美濃国 茜部庄《あかなべのしょう》 百姓等連署起請文　建武４年（1337年）４月日

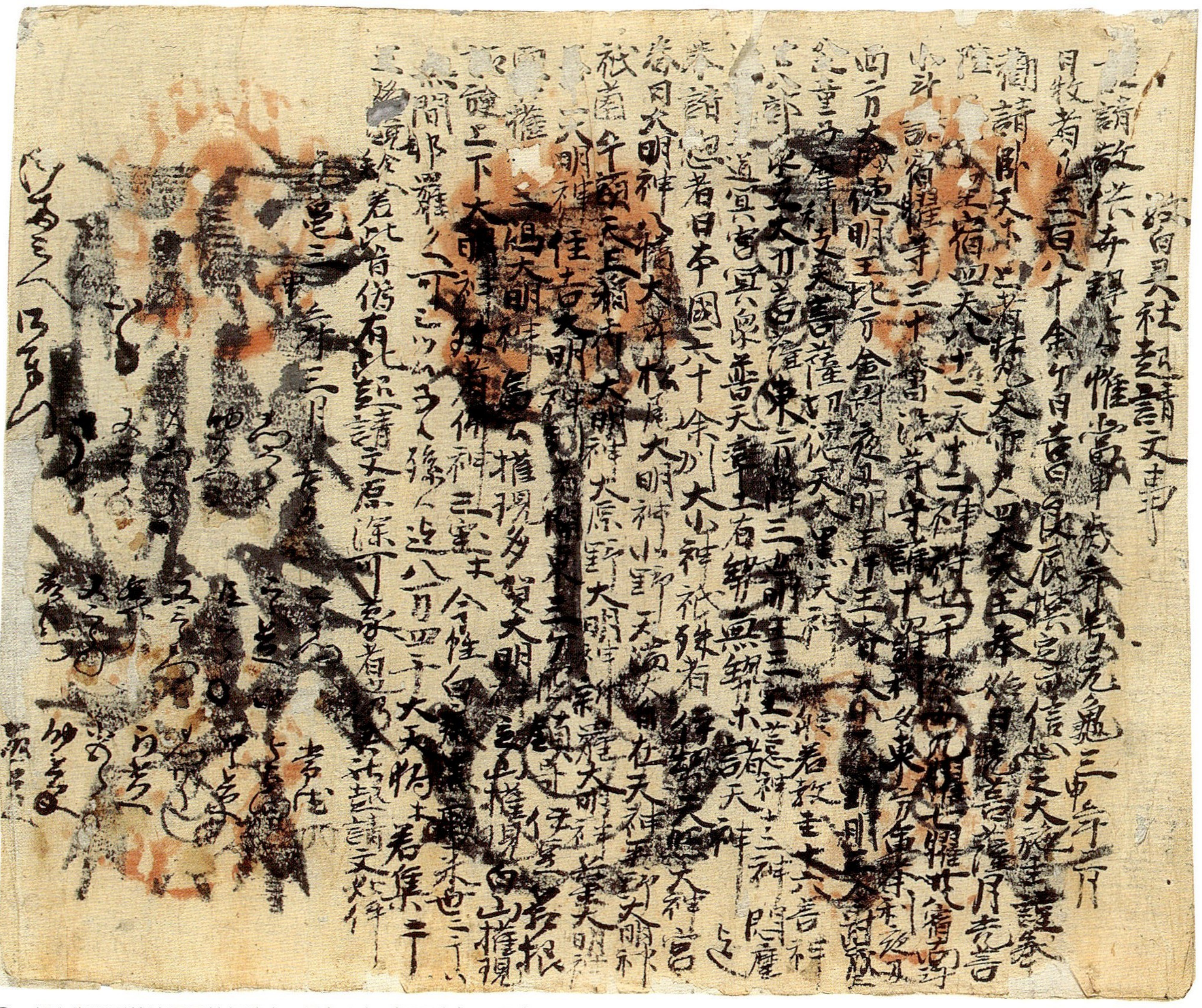

②二郎右衛門尉等連署霊社起請文　元亀３年（1572年）３月吉日

こどものころ、ひとと約束を交わすときにした「ゆびきりげんまん」。あの独特な節回しとともに、「ウソついたら針千本飲ます」というセリフはいまでも忘れることができない。約束の不履行時には、土地やモノなどを取られるのではなく、自分自身が「針千本を飲み込む」という身体への罰をうたっているからだ。

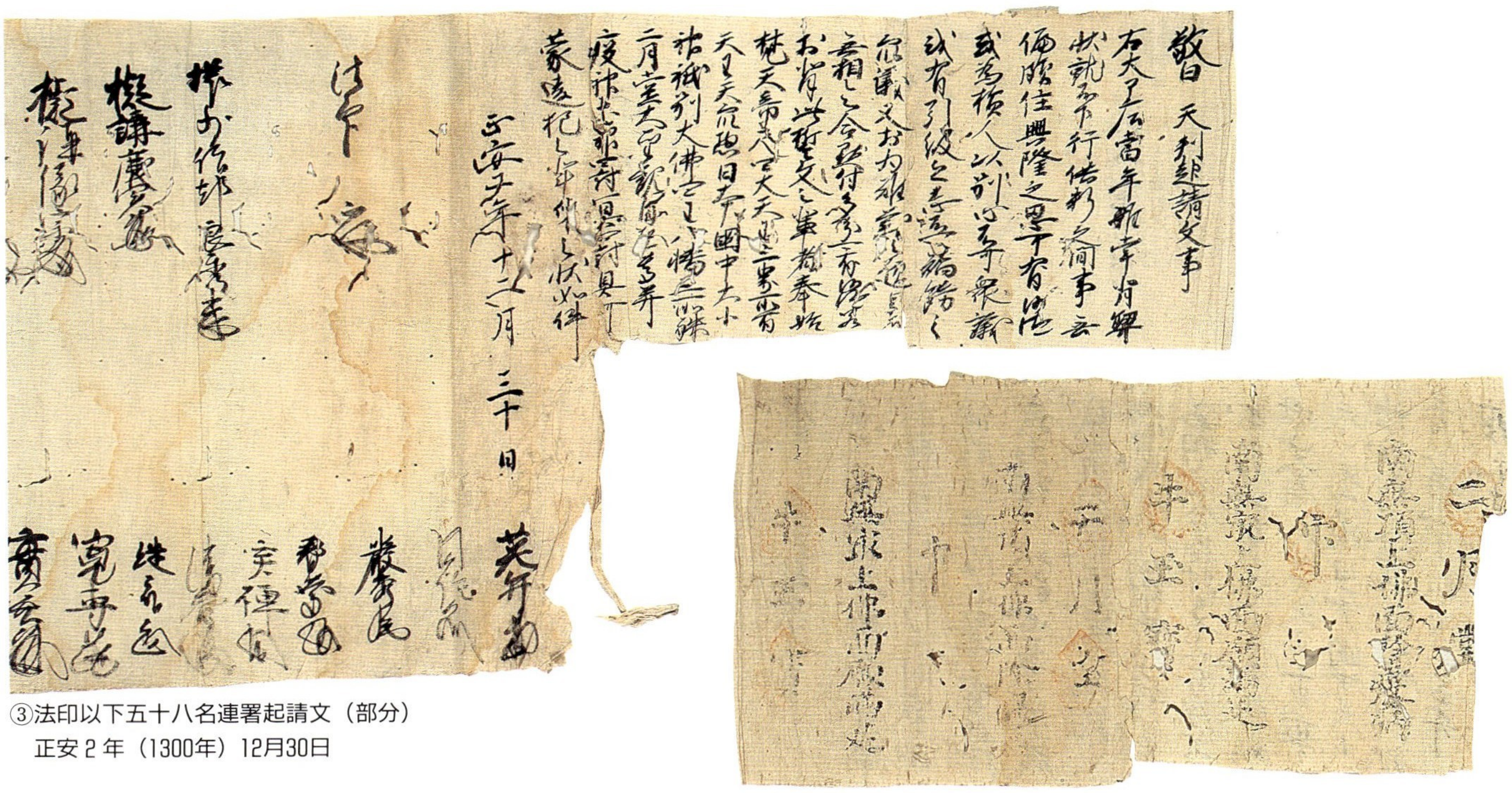

③法印以下五十八名連署起請文（部分）
正安２年（1300年）12月30日

（③の表部分）

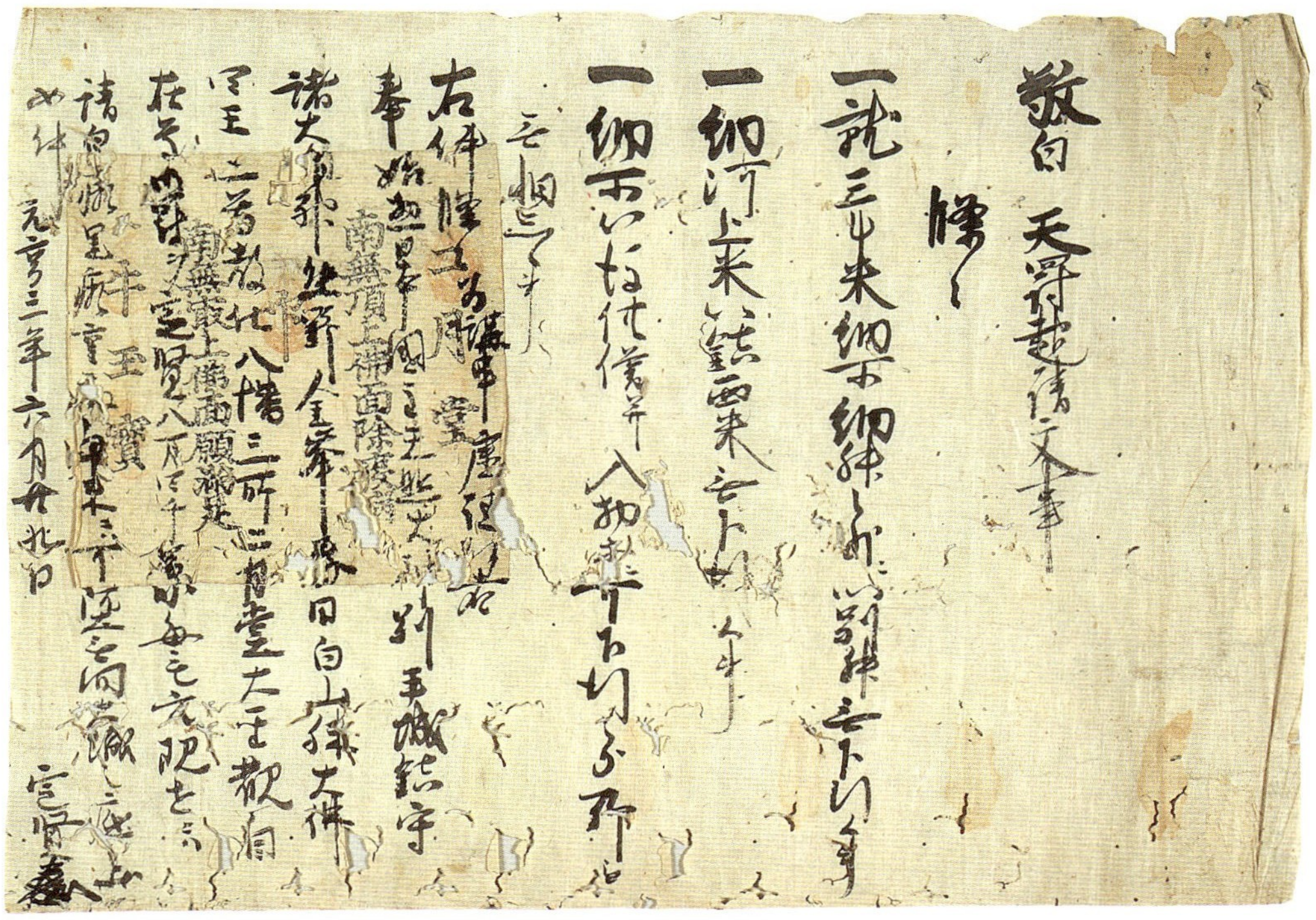

④僧定賢起請文　元亨３年（1323年）６月29日

千々和到氏が指摘するように、京都、奈良の寺院や神社を中心に、これとよく似た誓約のあり方を示す中世文書が伝存している。いわゆる起請文《きしょうもん》である。

中世の起請文は、まず誓約する内容を記し、それがもしウソ偽りならば、天罰として身体じゅうの毛穴八万四千から疫病や癩病が入り込んでもかまわない、というような神文をつぎに書いて、最後に誓約者が署判する。とくに鎌倉時代の後期になると、こうした誓約の効力をより高めるため、起請文に牛玉宝印《ごおうほういん》がもちいられるようになった。

牛玉宝印は、初春に寺院や神社で行われる修正会、修二会などの儀式で配られた護符の一種。現代につづくものでは、東大寺二月堂の修二会、いわゆる「お水取り」のときに配布される牛玉宝印がよく知られている。上の写真のうち、③と④は鎌倉時代後期の東大寺二月堂の牛玉宝印をもちいた東大寺僧侶の起請文で、現存する東大寺関係の牛玉宝印をもちいた起請文のなかでは、この種のものがもっとも多い。

③は二月堂牛玉宝印を二枚継いでその裏に起請文を書き、それに当時の一般的な大きさの紙を何枚か継いで、誓いを立てる人々（ここでは東大寺の僧侶たち）が自署して花押《かおう》（サイン）を据えている。一方、④は普通の大きさの紙に二月堂の牛玉宝印を貼り込み、起請文を書いている。牛玉宝印を貼った料紙の左側には、例の神文が書かれた。ほぼ同じ時期の同じ牛玉宝印をもちいた起請文だが、その使い方に違いがみられるのは興味深い。

牛玉宝印をもちいた起請文をつくるのは、もちろん僧侶だけではない。右頁の①と②は、村落の民衆が作成した起請文で、武士レヴェルの立派なものから、ただ丸を書いただけの稚拙なものまで、さまざまな花押をみることができる。

①は鎌倉幕府が倒れてまもない時期に、東大寺をささえる重要な荘園のひとつであった美濃国茜部庄《あかなべのしょう》（現在の岐阜市茜部周辺）の住民が東大寺に提出したもの（端裏書による）。木版刷りの熊野山牛玉宝印の裏をもちいて起請文を書いている。

また②は、室町幕府最後の将軍となる足利義昭との決裂後、延暦寺を焼き討ちにした織田信長に対し、近江国金森、三宅（現在の滋賀県守山市の一部）を中心に一向宗徒が一揆を結んで反抗したとき、信長が近隣の村々に一揆に参加しないことを誓約させた起請文。戦国時代になって、カラスをもちいるようになった熊野の那智滝宝印を翻して起請文を書いているが、よく観察すると、最後の署判部分にはそれぞれ血判の痕跡がのこっている。侵攻してきた信長と対峙する、戦国の民衆の生々しい姿が浮かび上がってくるかのようである。

（高橋一樹）

Ⅲ 神・仏に祈る

奈良暦

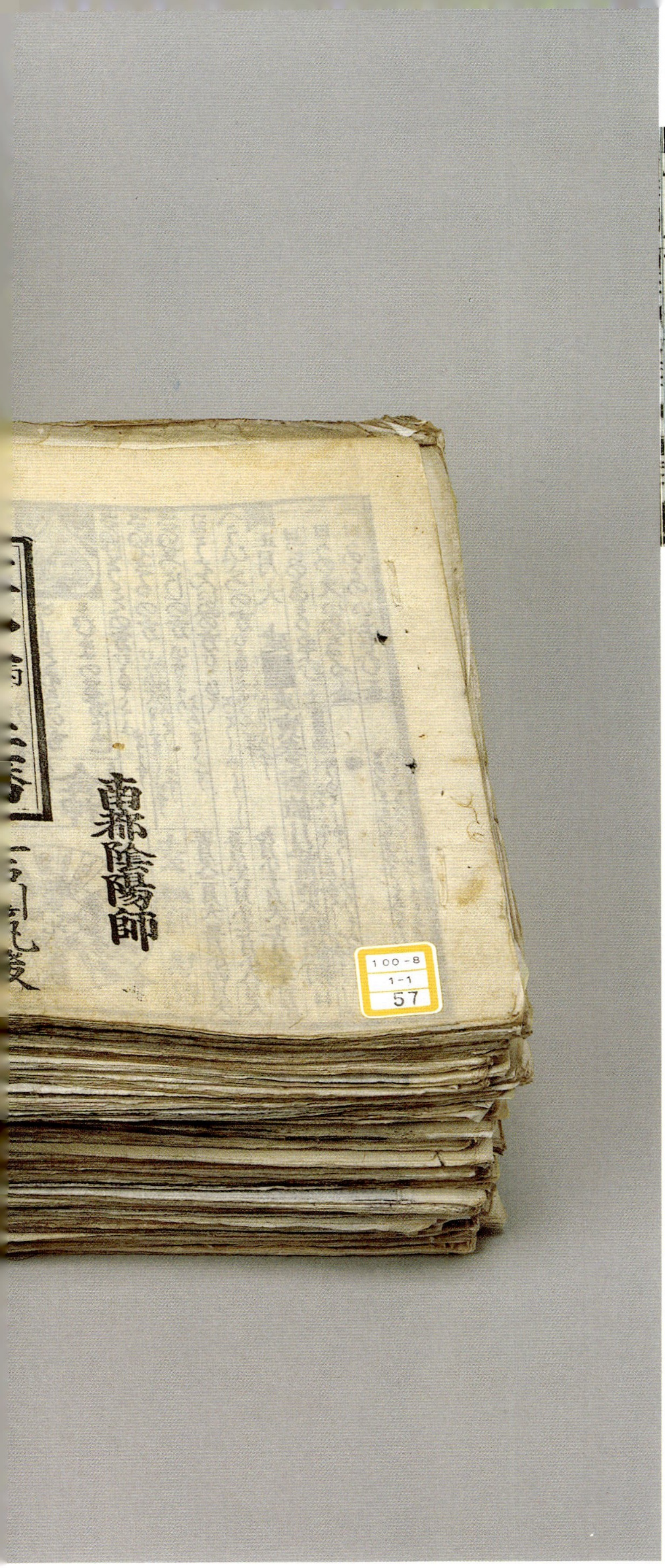

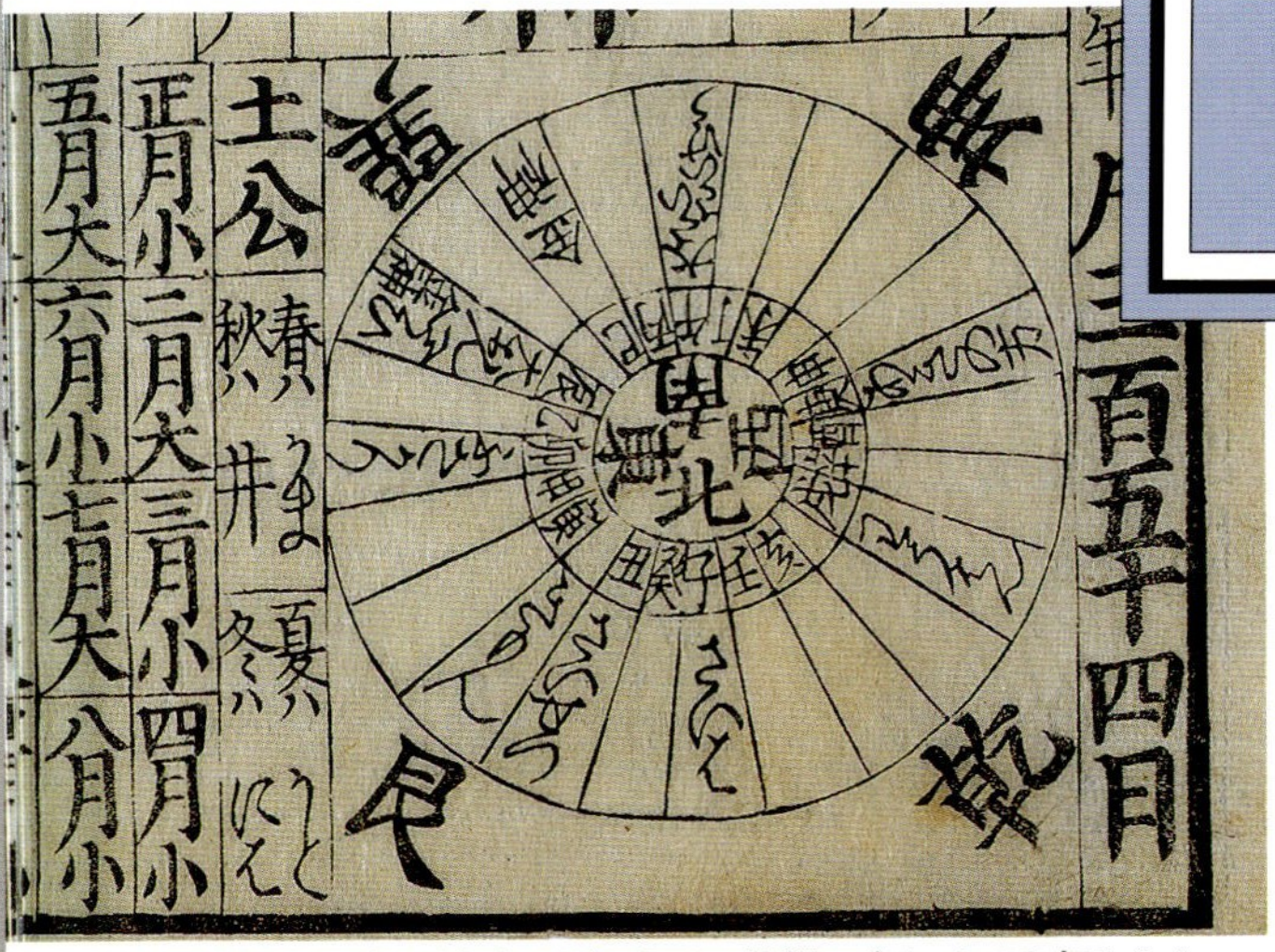

大の月（30日）、小の月（29日）を12カ月組み合わせて１年とした。

農耕や手工業を生活の基本とする社会では、日の出→太陽の南中→日没、という太陽と自然のリズムにしたがった時間の尺度が用いられた。この下では、自然と生産と身体のリズムが一体となった生活が営まれ、時間の長さは季節により異なり、太陽の南中時は場所によって異なっていた。

江戸時代には、夜明けは日の出の三六分前で、日没から三六分後が日暮れであった。したがって、京都では、春分、秋分のとき、昼夜の割合は五五：四五（一三時間一一分：一一時間四八分）であった。このような時代に使われた暦が、月の満ち欠けを基準とし、それに季節の調節をも加味した太陰太陽暦であった。

近世末期、毎年の暦として木版によって印刷され巷間に流布した数量は、岡田芳朗の見解によれば、四〇〇万部にのぼるであろうという。これら版行された暦は領暦《りょうごよみ》といわれ、領暦の作製は京、伊勢、三島、会津などの四十数名の暦師に限定されていた。

この暦師たちのなかに、奈良の陰陽町に居を構えた陰陽師《おんみょうじ》十名余も含まれ、かれらの版行した暦本を奈良暦（南都暦）といった。奈良暦の配付先は、大和、伊賀二カ国とされていた。奈良暦師の数は、寛政年間（一八世紀末）までは一四名であったが、明治初年（一八六〇年代）には一二名に減っていた。この暦師の一名に吉川《きっかわ》家があり、同家に伝来された一括資料群が「奈良暦師吉川家旧蔵資料」である。領暦に携わった暦師の資料としては、こんにちでは唯一まとまったものとされている。

江戸時代、暦は次のような手続きを経て、人びとの手元に届いた。暦の基幹部分である月の朔・望などを記した暦草は、内容の統一性を保つために幕府天文方によって作成された。この暦草は、陰陽道に通じた京都の幸徳井《こうとくい》家に送られ、そこで暦注として日の吉凶禁忌を加えた。この吉凶を附された暦草が、大経師《だいけいじ》（領暦の総本家）に渡され、そこで板に付され摺られた御写本暦がつくられた。御写本暦は、幕府天文方にて誤脱の有無の校閲をうけたのち、全国の暦師に配られていった。

各地の暦師は、これをもとに「校合《こうごう》暦《れき》」（見本摺り）を作り、これも天文方に提出し校閲をうけた。このの ちに、暦の版行が許可されると、領暦が作製されることになった。このとき天文方から渡された版行許可書が押切である。幕府天文方は、領暦の内容については

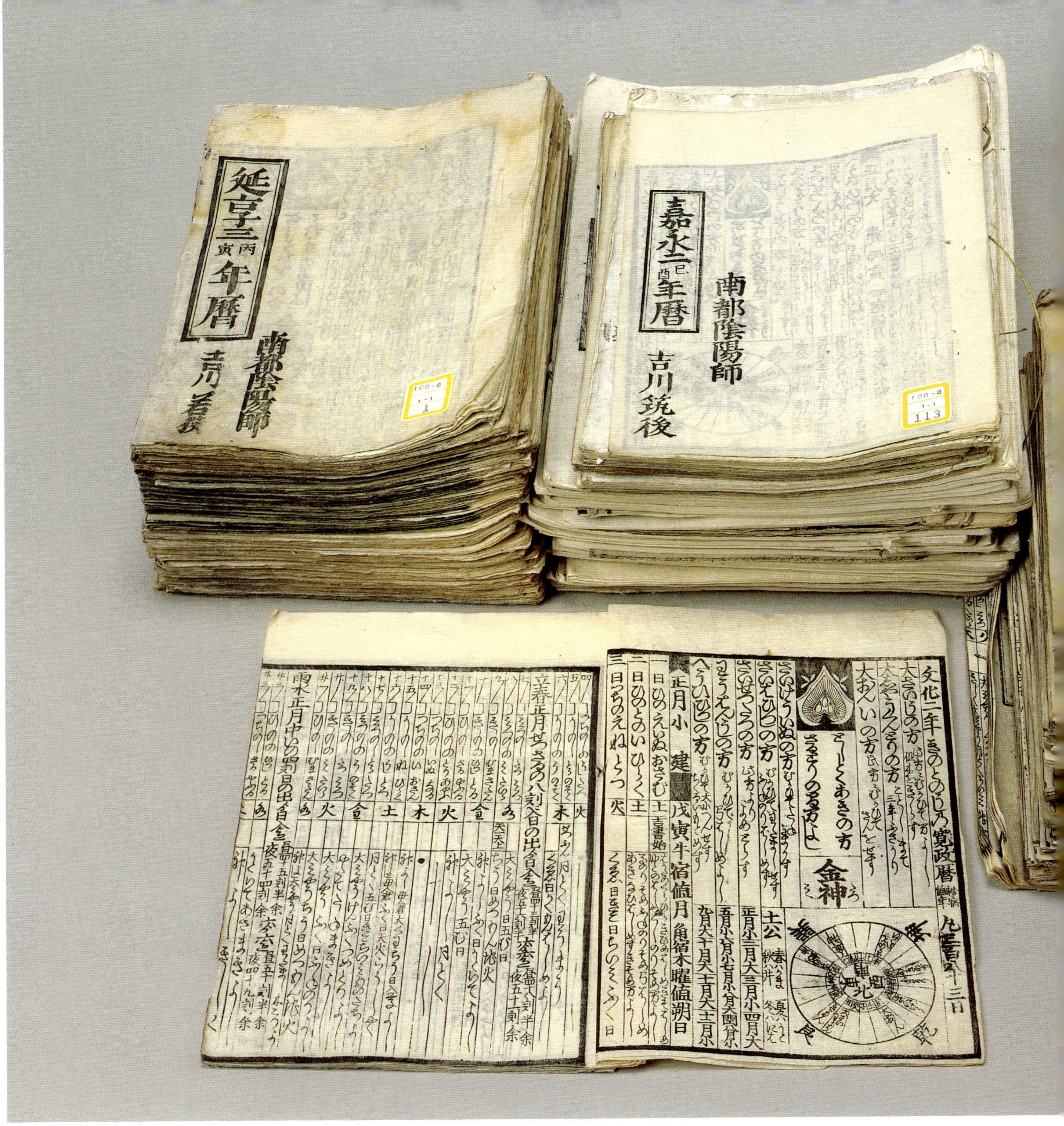

①奈良暦　江戸時代

厳しく統制したが、その体裁については各地それぞれで従来から続いた伝統を尊重した。この結果、領暦はさまざまな形態をとり、南部暦は縦暦の体裁をとっていた。

近代に入ると、暦法の課題は、一八七三年（明治六年）に始まる太陽暦そして定時法の採用、さらにその普及であった。編暦では、明治初年の土御門《つちみかど》家差配から文部省へ、さらに内務省所管をへて一八八八年（明治二一年）に東京天文台へ落ち着いていった。暦の記載事項は、本暦や略本暦では太陽と月の運行に関するもののみが許され、人びとの日用に馴染んだ項目は排除された。これは、文明開化の推進という観点からの政策であった。なおこのなかにあっても、本暦のなかに旧暦の記載は続き、これが公式に消えたのは一九一〇年（明治四三年）であった。

一方で、政府編さんの暦（本暦）の頒布権は、旧幕府以来の暦師たち四十名余から、一八八三年（明治一六年）に伊勢神宮司庁へいたる過程があった。この間にあっても、本暦の実際に印刷は、近世以来の暦師が弘暦者と名を変えてあたっていた。他方で、人びとに馴染んだ情報を掲載した略暦の発行は、明治一六年に実質的に認められた。

文明開化の折に採用されたこの制度により、正確に区分された時間を単位とした機械的な行動をもとに、社会が成り立っていくことになった。

（湯浅　隆）

Ⅲ 神・仏に祈る

山の神・海の神

③オンバサマ（複製） 19～20世紀

②女の山の神像（複製） 19～20世紀

④女の山の神像（複製） 19～20世紀

①山の神像（複製） 19～20世紀

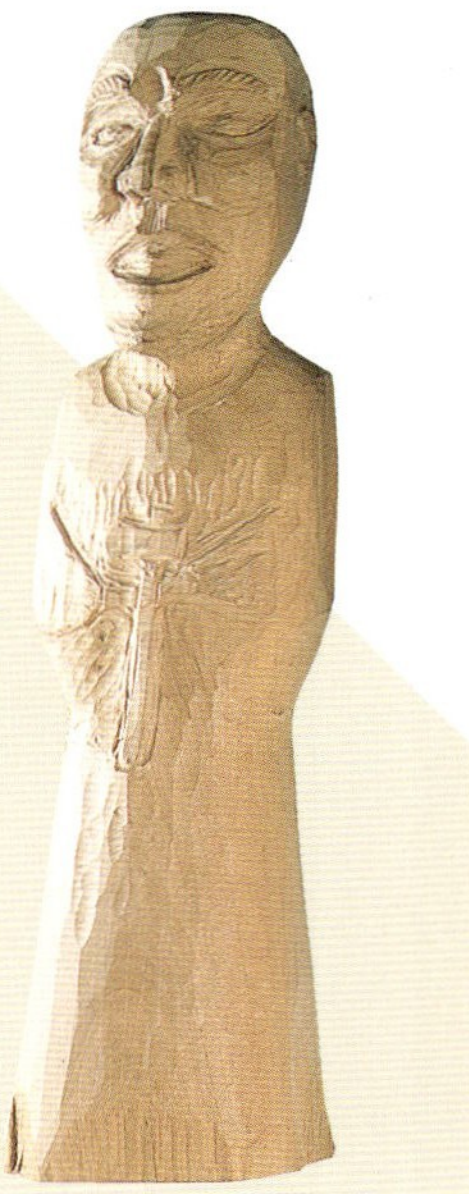

⑥サンスケ　昭和期

⑤サンスケ　昭和期

山に生きる人々は、野獣や樹木といった豊富な自然資源を巧みに利用しつつ、平地の農耕をベースとした生活とは異なった独自の生活様式をつくり上げてきた。さまざまな職祖神を祀って精神的よりどころとし、強い集団意識で結びついていたこと、私たちの想像力をはるかにこえた怪異の世界を語り継いできたこと、等々がその一例といえる。彼等は山中を超自然的存在が支配する世界と見なしていたが、とりわけ山の神は最も身近な存在であるとともに反面では最も畏怖すべき対象にほかならなかった。生活の糧《かて》となる山地資源は全て山の神の支配するものであり、それ故山入りに際しては必ず山の神を祀ってその許しをえ、下山の時も欠かさず感謝の意を込めて祀った。また山中では、山詞《やまことば》 以外は用いないなどの禁忌が守られた。

海辺に生きる人々の場合も、大海原や暗黒の海底に対する恐怖から幻視、幻聴などのあやかしを体験することが多く、そのため海の神の怒りに触れないように沖詞《おきことば》を用いるとともにさまざまな禁忌を守ってきた。厳しい自然と対峙した生業のあり方が、双方の生活に色濃く反映された結果と考えることができる。

ちなみに私たち日本人は、天空他界や地下他界よりも、山の神、海と神とかかわる山中他界や海上他界への志向が強く、神霊をこれらの他界から迎える、あるいは送り返すといった儀礼が各地に見られる。エビスに象徴される寄神《よりがみ》信仰やナマハゲその他来訪神信仰に伴う儀礼は前者の代表だろうし、精霊《しょうりょう》 流し、雛《ひな》流しは後者の代表である。恵みをもたらす神霊が棲《す》み、現世と行き来する空間であり、また雛流しその他に見られるように諸々の災厄を吸収し浄化する空間、それが他界にほかならない。いずれにせよ、山の神、海の神の多様な形相と風体を通じて、山や海辺に生きる人々の畏怖心の強さを知ることができるとともに、他界観のあり方を垣間見ることができる。

（松崎憲三）

⑨飾り箕　昭和期

⑩エビス神像　19〜20世紀

⑧エビス神像　19〜20世紀

⑦エビス神像　19〜20世紀

⑪和歌山市加太淡島神社の流し雛　昭和期

仏への願い

①百万塔　奈良時代（8世紀）

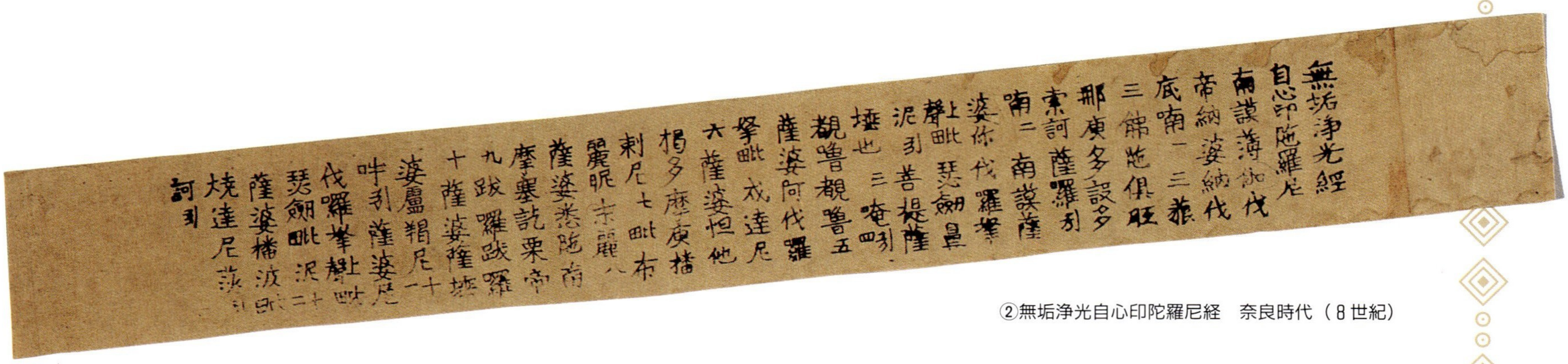

②無垢浄光自心印陀羅尼経　奈良時代（8世紀）

七六四年（天平宝字八年）九月、淳仁天皇を擁して太政官の首座を占めていた太師（太政大臣）藤原仲麻呂が、孝謙上皇と結ぶ僧道鏡を排除しようと叛乱を起こしたが敗れ、孝謙上皇が淳仁天皇を廃して再度皇位についた（称徳天皇）。乱を平定した称徳天皇は発願して、中に陀羅尼《だらに》経《きょう》を納めた高さ四寸五分、直径三寸五分ほどの三重の小塔百万基を造らせた。この計画は七年後の七七〇年（宝亀元年）に完成するが、事業の規模の大きさは、この乱が貴族社会に与えた影響の深刻さをものがたっている。この小塔は、その数により「百万塔」とよばれ、法隆寺をはじめ各所に所蔵されており、歴博にも二基を収蔵している。①に示した百万塔には無垢浄光大陀羅尼経のうちの自心印陀羅尼経が納められている（②）。無垢浄光大陀羅尼経は造塔の功徳を説き、陀羅尼経を書写して塔に納め供養を施せば、寿命延長、心身安楽、また一切の争いごとは失せ、怨敵も鎮撫されるという。仲麻呂の叛乱に遭遇した称徳天皇は、造塔によって天皇家の安泰と自身の延命長寿、四天王による自身と国家の守護を願ったのである。

　しかし仏教に求められたものは、このような国家的な役割から次第に個人の浄土往生の願いへと移り変わっていった。ことに一〇世紀以後には、源信《げんしん》の著した『往生要集』の圧倒的な影響や空也らの聖《ひじり》の活動を通じて、現世利益と極楽往生を願う浄土教の思想が広く社会をとらえていった。その背後には、古代国家のさまざまな矛盾が顕在化するなかで無常観、厭世観が蔓延するという状況が生まれていた。それに加えて、仏法は正法、像法、末法の三時を経過して衰滅するという末法思想が広まり、それとともに末法のときに備えて経典を書写して経筒に納め、経塚に埋納することが盛んに行われた。一〇〇七年（寛弘四年）八月、藤原道長が金峯山《きんぷせん》に詣で、自ら書写した金泥法華経、阿弥陀経などを供養して埋納したことは有名であるが（③）、また経巻の表紙や本文の料紙、軸などに美麗な装飾を施した装飾経（④、⑤）が急速に発達するのもこの時代であり、仏果を求める貴族たちの切実な願いをうかがい知ることができる。

（吉岡眞之）

③経箱（複製）　大和国金峯山《きんぷせん》経塚　平安時代（11世紀）

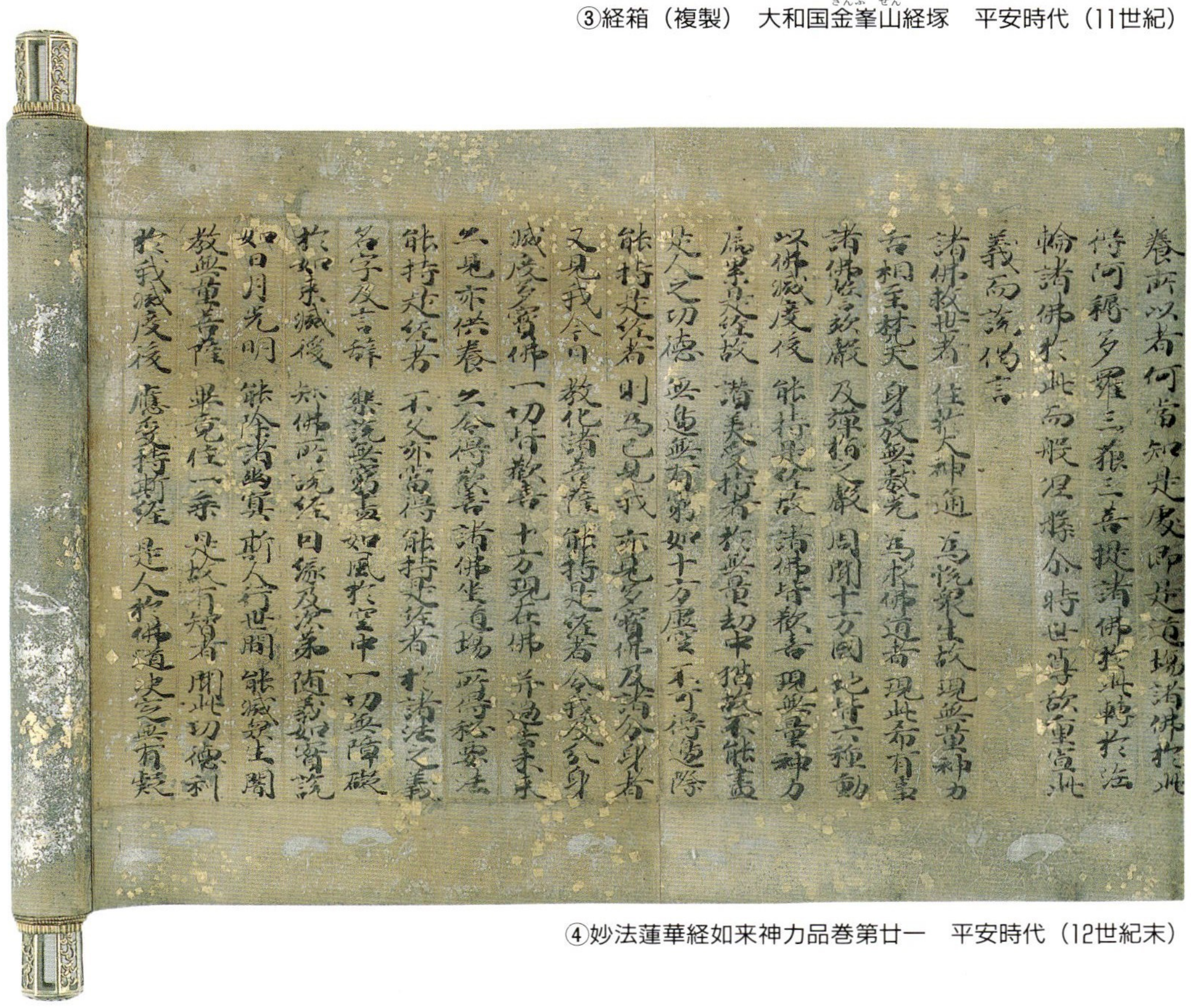

④妙法蓮華経如来神力品巻第廿一　平安時代（12世紀末）

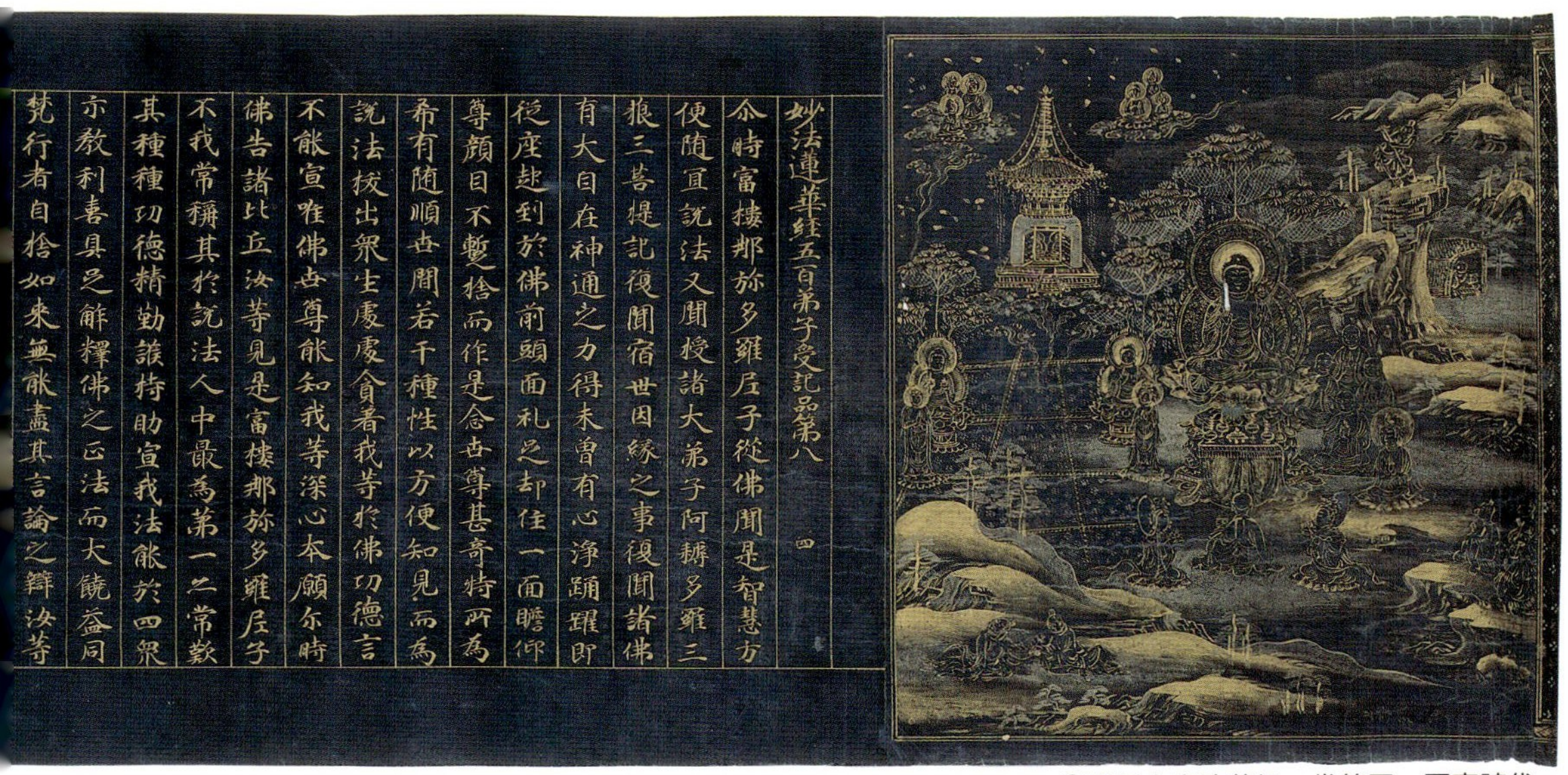

⑤紺紙金字法華経　巻第四　平安時代

III

神・仏に祈る

秘められた祈り

―木造地蔵菩薩立像―

①木造地蔵菩薩立像
南北朝時代　(14世紀前半)　重要文化財

仏像のなかには、胎内にいろいろなものが秘められていることが多い。本来はその像の存在理由を示す文字（梵字）を書きつけた鏡や、造像のいわれを書いた紙片や木札であったと思われるが、死者の供養のためにその人にゆかりの物品を入れたり、多勢の人が結縁のために名を列ねた紙片をたくさん納めた例などがある。いちばんあとの例は「結縁交名《けちえんきょうみょう》」といって、時に像主と同じ形を彫った小さい印をならべ押して、その脇に一人一人の名を書くといったようなものまである。そこには中世の庶民信仰のありさまをうかがうことのできるものが多い。

ここにあげた地蔵菩薩像は、頭のなかに一三三四年（建武元年）三月十五日に中御門《なかみかど》逆修《ぎゃくしゅう》のために南都大仏師法橋康成《ほっきょうこうじょう》が作った像であることを墨書しており、像内に四種の地蔵菩薩の印仏（包紙に「地蔵卄（菩薩）形像三百六十六躰」と墨書）と願文、結縁交名、それに主な結縁者のものと思われる毛髪と切爪の包が納められていた。ここにいう「中御門逆修」とは、おそらく奈良東大寺七郷の一つである中御門郷中で行われていた恒例の庶民信仰行事で、逆修は本来貴族階級で行われていた生前から死後の冥福を祈る行事であって、これが庶民によって行われていたことを物語る資料として、この一括遺物は貴重なものなのである。

像自身は高さ約八〇センチ、鎌倉末～南北朝時代によくみる形姿で、やや面長で、ちょっと神経質そうな表情や細緻な彩色文様など、この時代の風が歴然としている。作者の康成はまさにこの時期の奈良の仏師を代表する作家で、吉野金峯《きんぷ》山寺《せんじ》蔵王堂の仁王像の作者としても知られている。そして彼の父親である先代の南都大仏師法眼康俊《ほうげんこうしゅん》も、一三一五年（正和四年）に同じように地蔵菩薩像を作っている。その像はいま奈良、長弓寺に保存されている。

（田辺三郎助）

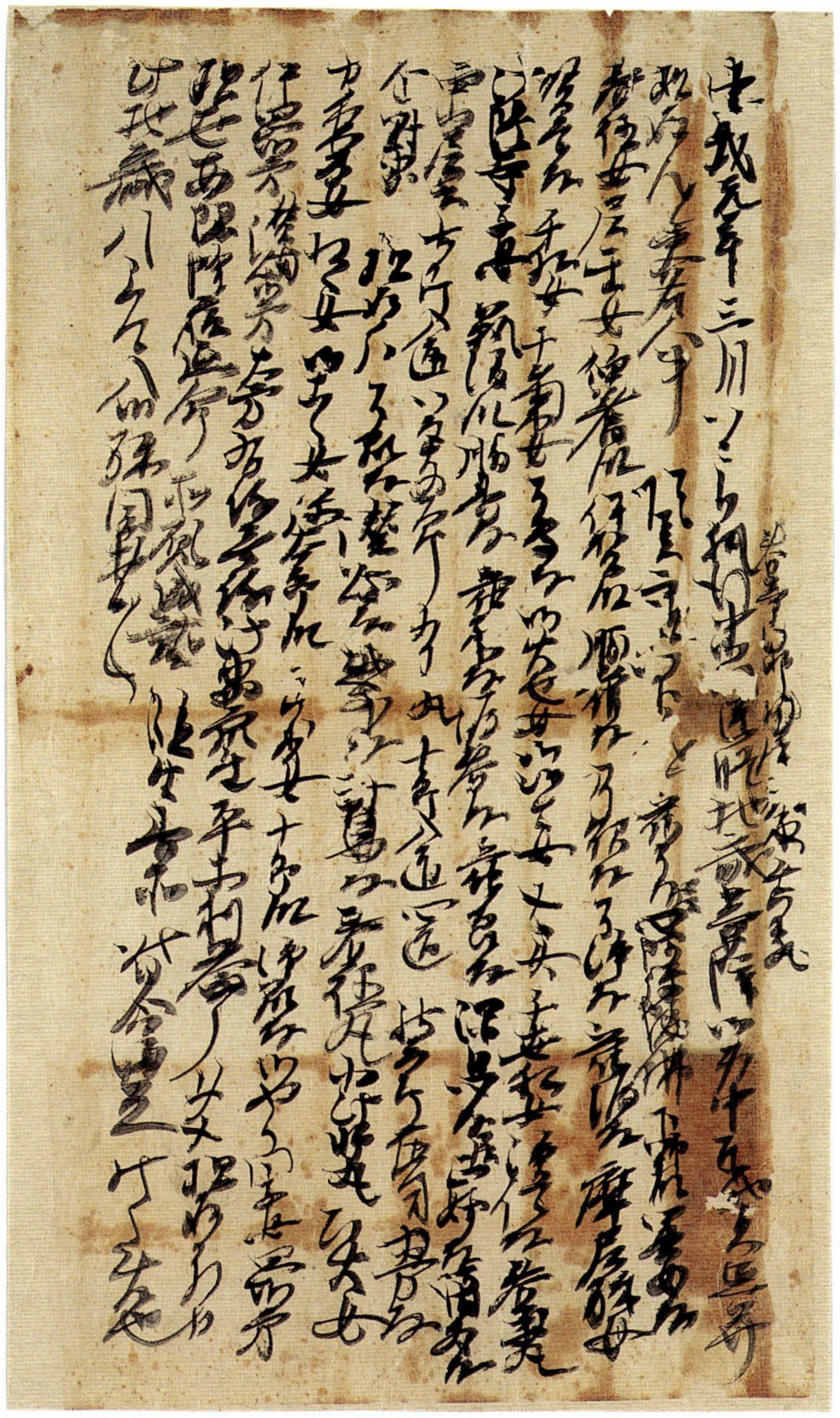

②像内納入品（願文）　1334年（建武元年）　重要文化財

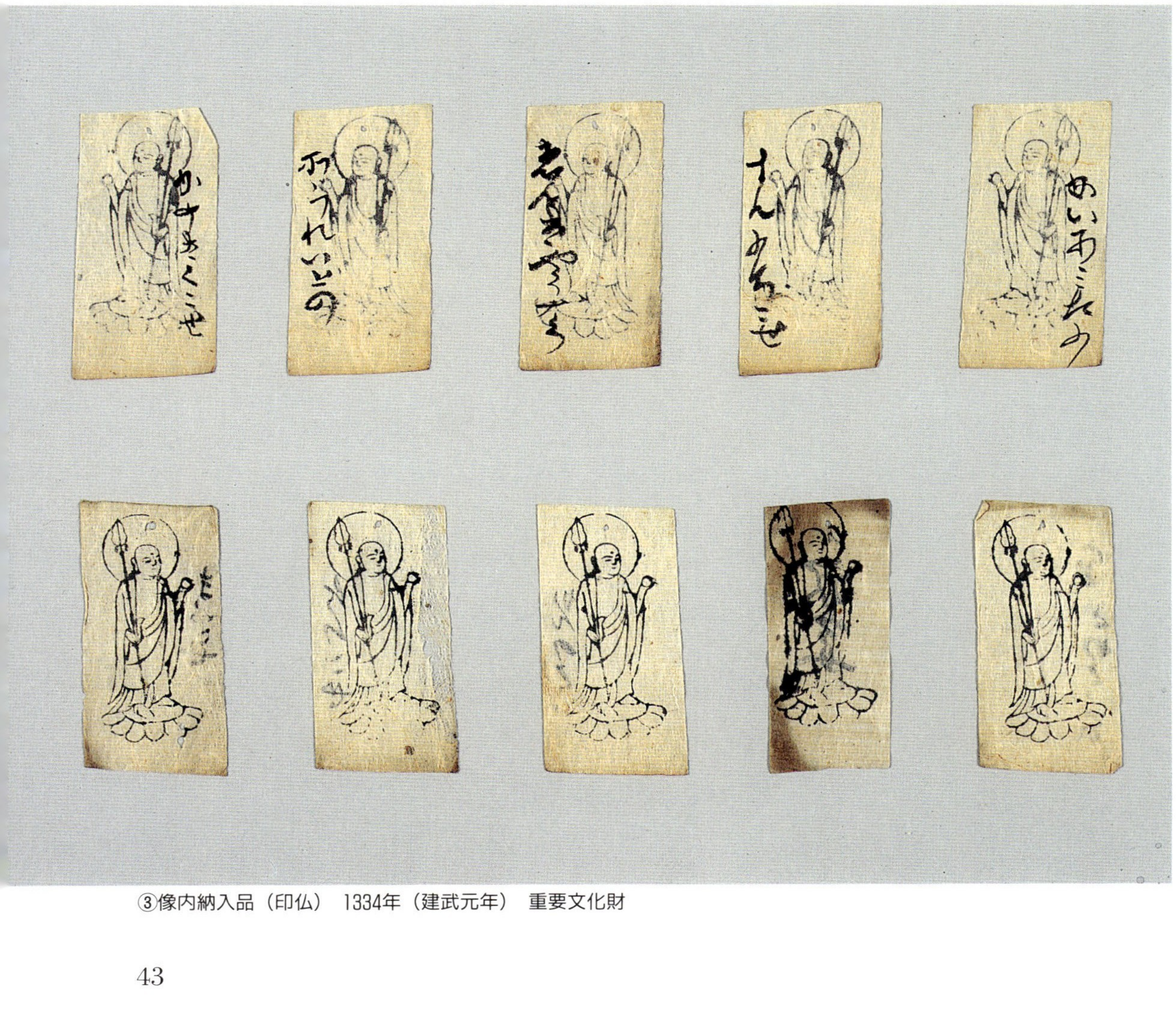

③像内納入品（印仏）　1334年（建武元年）　重要文化財

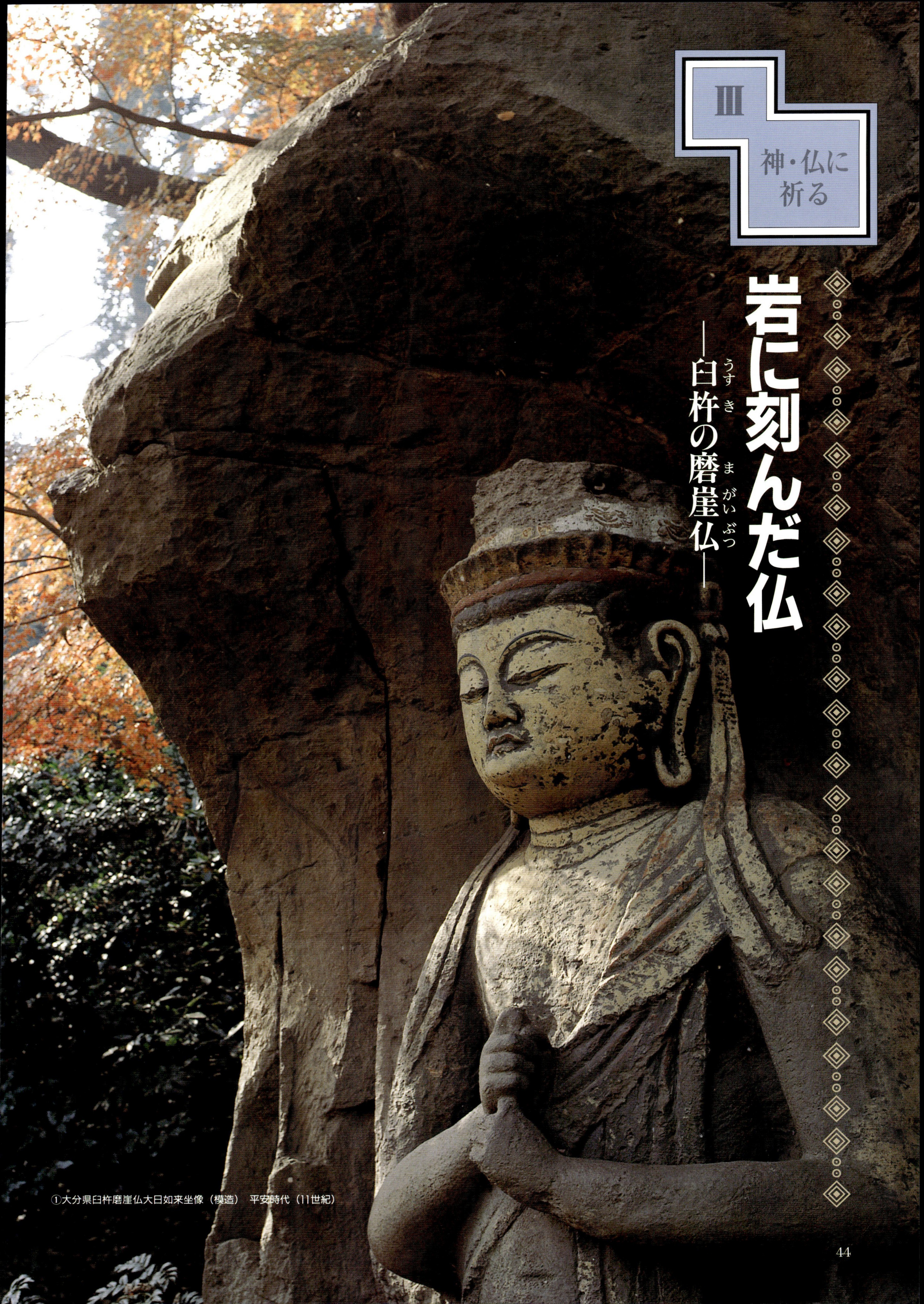

III

神・仏に祈る

岩に刻んだ仏

―臼杵《うすき》の磨崖仏《まがいぶつ》―

①大分県臼杵磨崖仏大日如来坐像（模造）　平安時代（11世紀）

大分県臼杵磨崖仏大日如来坐像（修復前）
岩田恒雄氏（カラー）・臼杵市教育委員会（モノクロ）写真提供

仏像がインドではじめて作られた紀元後一、二世紀のころの遺品はほとんど石造である。大小の石塊に、高低さまざまに彫り出されたものから、大規模な石窟や磨崖仏《まがいぶつ》まで、その伝統は中国から朝鮮半島にまでおよんだ。しかし日本は、やや事情を異にしている。石仏がないわけではないが、アジア諸国があたかも石造主体であるのに比して、木造主体の歴史を示しているのである。その、いわばマイナーなわが石仏の歴史のなかで、ひときわ光芒をはなっているのが臼杵《うすき》石仏群なのである。

臼杵石仏群は大分県臼杵市の西部、深田にあって、およそ四群にわかれ、大小六〇体余の各種仏像が、岡の端に露出した岩壁に彫り出されている。時代もおよそ平安、鎌倉時代が主で、若干の後世の作品を含むが、いわゆる古園《ふるぞの》石仏の大日如来坐像、山王山石仏の如来坐像、ホキ石仏第二群第一龕《がん》の阿弥陀如来坐像はいずれも平安時代の丈六像（坐高約二・八メートル）であって、その偉容はほかを圧している。時代、地域を通じて石仏の少ないわが国にあって、臼杵石仏のある豊後地方は例外的に遺例が多いのだが、その規模、作柄などすべての点で、この石仏群はぬきんでており、日本の石仏を代表するものといって過言ではない。

臼杵石仏中でも特に著名なのが、この古園石仏の中央に坐す大日如来像であろう。近年まで、その頭部が外れて地に落ちていたので、いわゆるルインの美と喧伝されたきらいもある。平成六年、長年にわたる修理の完工に際して、この頭部はもとに復した。ここにあげた歴博所蔵の模造は、頭部復位を検討するために、昭和五三年に作られた復元模造である。両側に並ぶ一二体の像まで復元されれば、その偉容がずっと増すのだが、今日はひとり、ひっそりと入口の坂脇におかれている。

（田辺三郎助）

安宅丸《あたけまる》は、一六三二年（寛永九年）、三代将軍家光が建造させた巨大な軍船形式の御座船である。実際にはほとんど使われないまま、一六八二年（天和二年）維持費に窮した幕府の手で解体された。富士山、須弥山《しゅみせん》と見まごうばかりの「日本無双の結構」と呼ばれ、江戸町人をあっといわせた風流《ふりゅう》とも考えられよう。船揃い（船行列）の描写は、船舶史からみると空想の産物とされる。屏風の制作意図を思いはかれば、寛永九年の安宅丸竣工祝いの海上ページェントを表現したのではないか。

祭る

「祭る」行為は超自然的な存在を厳粛に祭り、あるいは祀り、奉ることだけではない。
都市祭礼、芸能、通過儀礼、風流《ふりゅう》に通底する「祭る文化」には、
真摯な信仰や政《まつりごと》ばかりでなく、遊びや享楽まで盛り込まれ、その多様性は絵画などの資料に横溢している。

権勢誇示の船風流《ふりゅう》 （上）江戸図屏風 江戸時代／（下）安宅丸《あたけまる》図（本多家資料） 江戸時代

天下祭りの世界

①神田大明神御祭礼図　1857年（安政４年）　歌川国郷作の５枚続きの浮世絵。山車の順番や内容から、1857年（安政４年）のものと推定できる。ここでは、一番大伝馬町から始まり三六番松田町までの祭礼行列を一列にレイアウトした。天下祭りでは、一番に大伝馬町（諫鼓鳥《かんこちょう》）、二番に南伝馬町（猿の吹貫）が来ることだけは不動で、この二町が伝馬役という公儀の役を担っている特別の町であることに起因するものと考えられる。『武江年表』ではこの年の付祭りは禁止されたことになっているが、現物では十九番と二十番の間に、松井源水一座の独楽回しや神輿の前には太神楽の屋台も見える。多くの山車に、囃子方が乗り込んで葛西囃子を演じている。

近世の江戸は、祝祭にあふれた空間であった。浅草三社権現、深川八幡宮神社、赤坂氷川神社、牛込赤城大明神、青山熊野権現など、多くの神社で祭礼が行われている。とくに一八世紀から一九世紀にかけては、「祭礼番付」が摺物《すりもの》として売り出されて、神輿渡御《みこしとぎょ》に従う各町の山車《だし》と屋台・地走《ぢばし》りなど歌舞の列（付祭《つけまつ》りという）が紹介され、それを見物するために多くの人々が集まった。成田山新勝寺をはじめとする寺社の出開帳《でがいちょう》などでも、それを出迎える講中の熱狂ぶりは、祭礼に等しいものであった。さらに、居開帳《いがいちょう》が催された寺社境内地などで行われる見せ物などのにぎわいは、祭りの常態化といってもよいものであった。『東都歳時記』などに描かれた江戸での行事や風俗、あるいは『江戸名所図会』などに描かれた名所の場面でも、祭りがつきものであった。

そのなかにあって、神田明神社祭礼（以下神田祭り）と日吉山王神社祭礼（山王祭り）は、他の祭礼と少し様相を異にしていた。一七一四年（正徳四年）に一度だけ天下祭りとされた根津神社祭礼の場合を除くと、この二つの祭りは、天下祭りと呼ばれ、とくべつな扱いを受けた。六月一四、一五日の山王祭りは、山王神社が将軍家の産砂神《うぶすな》、江戸城の鎮守であり、九月一四、一五日の神田祭りは、神田明神社が江戸の惣鎮守であったことから、この二つの祭りの行列だけが、江戸城のなかに入り、将軍の上覧を得たのである。

この二つの天下祭りの行列は、氏子町から出された山車の行列と馬上の神主、榊、神輿の行列との二つから成るが、氏子町から出された山車や付祭りなどは、それぞれ趣向を凝らし、観る者の眼を楽しませた。それゆえ、しばしば「祭礼図」として刷られたり、祭礼絵巻として描かれたりしたのである。（久留島　浩）

I

都市祭礼

東照宮の祭礼

―岡山東照宮御祭礼賦物《ふしもの》図巻―

森下町の上野綿

石関町の丹後精好

　最近の近世都市史研究において、祭礼行列を分析する成果が出されており、武威を可視的に誇示し表現する政治文化、という見解も出されている。特に藩主が徳川政権の許しを得て勧請《かんじょう》した東照宮祭礼は、政治性、イデオロギー性をもつとされる。

　岡山東照宮の祭礼は江戸幕府の崩壊と明治政府の神仏分離政策によって途絶えてしまった。その原因は全国各地に五五〇社余り(実際はもっと多く)祀られていた東照宮の多くの祭礼と同様、上からの「権力の祭」であり、在地に根づいていなかったからであろうか。

　この図巻の箱表には「東照宮御祭礼賦物《ふしもの》図巻」と墨書され、近世城下町岡山の東照宮祭礼の町方練物《まちかたねりもの》を描いた絵画資料である。一六四六年（正保三年）より始まった祭礼には、初めから氏子の橋本町から「庭訓売《ていきんうり》物《もの》」という仮装行列（練物といった）が参加していた。この後大洪水のため町方練物は中断し、一七三九年（元文四年）に城下町六二町の惣町参加による「庭訓売物」が復活し、五五四人もの人々が参加している。この惣町による練物を描いたのが本資料なのであり、そこには三〇一人の人々が参加している。「庭訓売物」は『庭訓往来』（室町初めに成立した教科書で、武家の子弟を対象している）に記された諸国の商人を主題にしたつくりもの風流である。この商人たちは室町時代における日本の代表的な産物、名産を扱う商人であり、その全てを練物とした「庭訓売物」は、岡山城下六二町惣町の町方住民にとって、「天下」を象徴するものであった。「庭訓売物」は、東照宮祭礼の歴史のなかでも、町方住民の祭礼参加のピークに位置づけられているが、それは一七四二年（寛保二年）までの四年間だけで終わった。その直接的要因は倹約励行を目的とした領主の規制にあるとされる。また、「惣町参加」という東照宮祭礼の民衆化により、東照大権現の「公儀の神」としてのイデオロギーを希薄化させる危険を避けるためであったという指摘もある。町方練物は近世後期、領主側の規制により縮小固定化した。祭礼を支えてきた岡山城下町の有力町人たちは、藩権力と結びついて領国経済を掌握してきたが、一八世紀末頃になると、在方《ざいかた》商業が海（河）港を中心にして、近辺農村地帯をも巻き込んで進展した。在方商業の開放性と城下町商業の閉鎖性の差が際だち、城下町商人は経済的には衰退していったのである。

　「庭訓売物」の四年間は、城下町商人が経済的に在

傘鉾太鼓

児嶋町の備前刀

桜町の上総鞦

船着町の土佐材木

上之町の奥州金

方の優位にたち得た、最後の煌《きら》めきであったのかもしれない。

惣町参加を造形的に表現した「庭訓売物」は、城下町住民、なかでも当時の人口の過半数を占めた城下町商人のロア（ある社会を心理的に統合するイメージ、物語）を造型したものではなかったか。（福原敏男）

①津八幡宮祭礼絵巻　江戸時代（18〜19世紀）

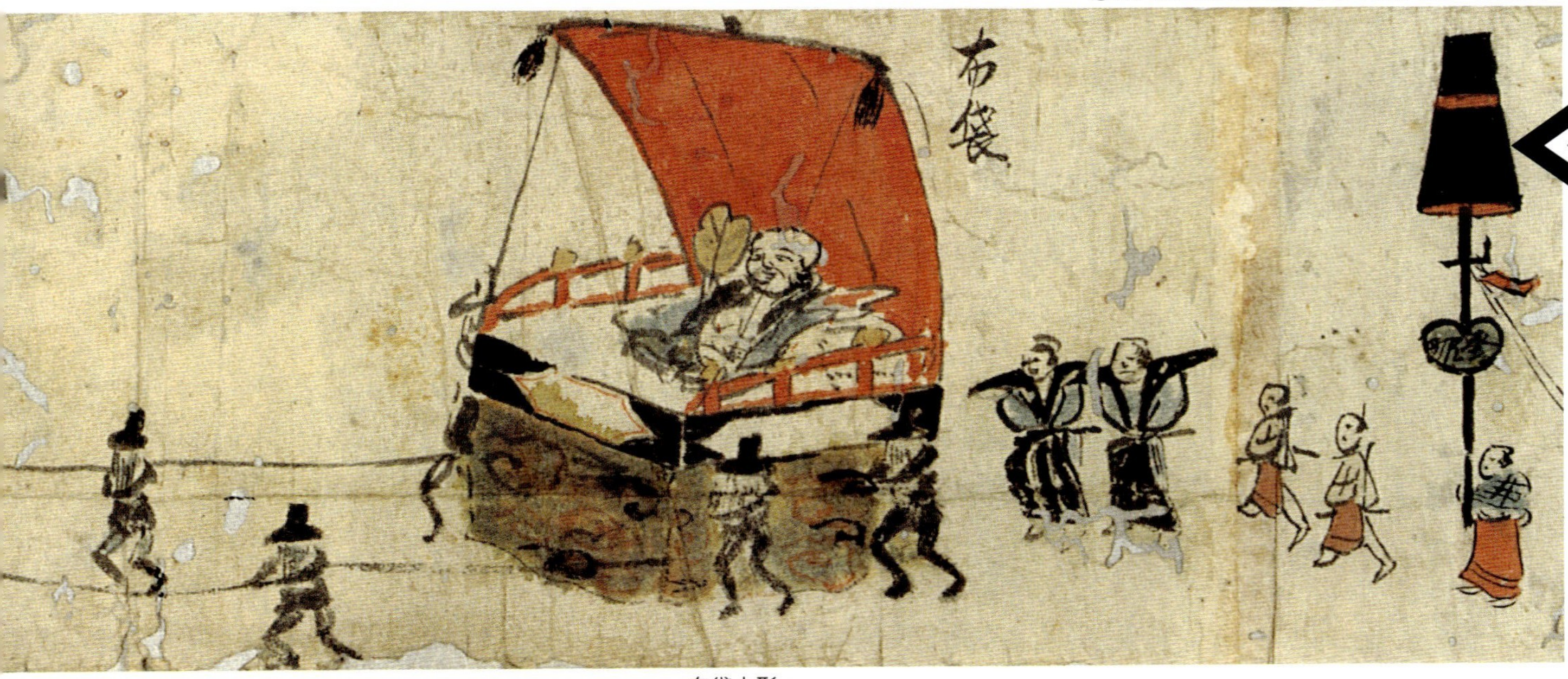

布袋人形

金時　山婆

城下町の祭礼

―津八幡宮祭礼絵巻―

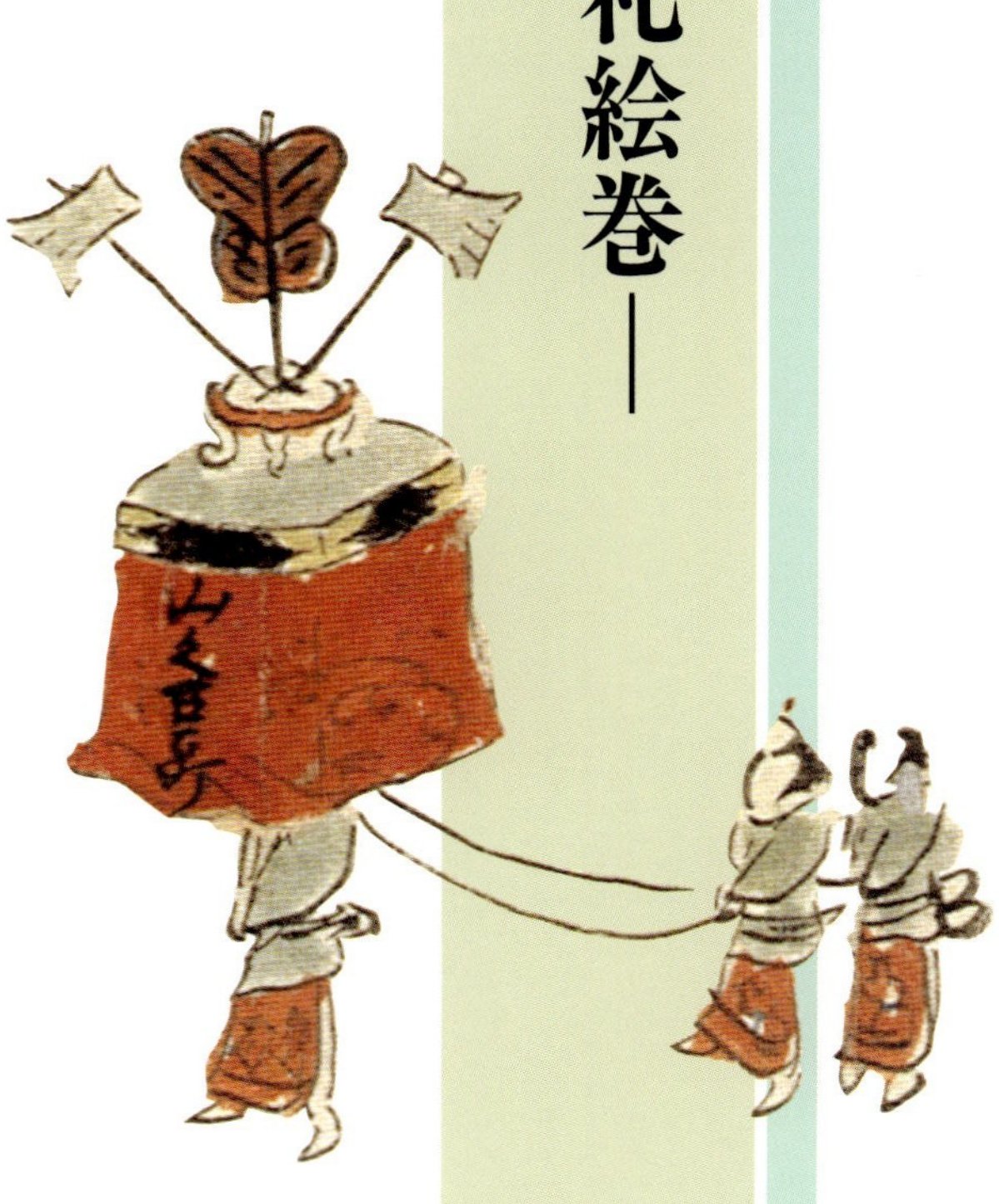

都市の文化は、祭りの形・祭礼の造形にあらわれ、表現されることが多い。現在のように東京中心に画一化されず、それぞれの都市文化が個性的であった時代は特にそのような傾向にあった。

ここではその事例として、三重県津市の八幡宮祭礼（津祭礼と略す）を幕末に描いた「津八幡宮祭礼絵巻」を取り上げる。冒頭に「板くら氏」「八幡宮祭礼」と墨書があり、その内容から命名したものである。縦八・九×横一一五七・五センチの絵巻で、普通の絵巻の寸法からすると、縦の長さが極端に小さい。津祭礼を描いた肉筆の絵巻がこれまで六本確認されているが、このような体裁のものは本絵巻のみである。

本来、津祭礼は江戸時代の城下町である津の祭礼であり、津の鎮守である八幡宮の氏神祭礼であった。現在では「津まつり」として津市のイベントとなっている。

津城下は伊勢平野中部の安濃川（塔世川）、岩田川が形成する三角州にある。北、西、南の三方を武家屋敷とし、東側を南北に伊勢参宮街道が走り、その両側に町屋が並ぶ。小規模ながら、低湿地に形成された典型的な平城および城下町である。

江戸時代の祭礼は次のような次第で行われた。旧暦八月九日の暁に八幡宮神輿は神社のある八幡町内の御旅所へ神幸し、一四日まで駐輦《ちゅうれん》する。一五日の日の出

太閤進舵

松風村雨人形　　高野聖

町　　名	主　題	町　印	練り物	曳き物	釣り物
1番：西町、塔世町	布袋	火焔宝珠	旗幟もつ唐子	布袋	
2番：釜屋町	山上参り（山伏）	立傘	わらべ山伏、先達		
3番：万町	太閤進舵	千生瓢箪	篭馬武者	軍装船（秀吉、清正）	
4番：立町、西之番町、京口町	鷹狩	鷹、龍宮城門	鷹匠、餌さし	五重塔と玉取海女	桜林、龍宮（龍王、侍女）
5番：西来町	草刈	諫鼓鶏		牛背に笛吹官人	
6番：大門町	謡曲「融」	鳳凰		塩竈	屋形（融の舞人形）
7番：蔵町	謡曲「菊慈童」	菊水桶		白菊、赤菊	四阿屋（菊子童）
8番：中之番町、宿屋町	高野聖	薄上に満月	高野聖６人(毎年新趣向)		
9番：地頭領町	謡曲「小督」	珊瑚宝珠		源仲国	屋形（小督）
10番：大世古町、南之世古町	鷹狩	鷹	鷹匠、餌さし		
11番：築地町	謡曲「石橋」	唐獅子牡丹		牡丹	高楼（石橋の舞人形）
12番：山之世古町	謡曲「山姥」	斧に采配		熊にのる金時人形	山家（山姥人形）
13番：分部町	唐人行列	金の11本熨斗	旗幟、楽器、朝鮮通信使		
14番：新魚町	八千代獅子	石台に牡丹			唐獅子と牡丹
15番：浜魚町	傘鉾	伊勢海老	傘鉾５人（毎年新趣向）		
16番：新立町	七福人（神）	三日月に兎	七福神		
17番：堀川町、新中町	潮汲	蛭子神	楽奏船		松風・村雨の潮汲人形
18番：東町、北町	龍宮	亀の背に満月	鯛、海老、蛸の被り物		龍宮
19番：伊予町、岩田町	筑紫祝	軍配団扇の采配	母衣武者	飾り船、干珠満珠	宮殿（神功皇后と武内大臣）

頃、各町の行列が城下より八幡町御旅所に練り歩く。御旅所に集合した後、各町を先導とし、神輿が殿《しんがり》をつとめる祭礼行列が城にむかい、藩主の上覧がある。各町を練ってその日のうちに神輿は八幡宮に還幸する。

近世前期の行列順序は毎年籤引きで決めていたが、中期ころからは、西町を初めとして巡行町順が固定されてきたらしい。

この絵巻に描かれた行列は山車と練物仮装、囃子などの集団からなる。津祭礼の山車は人が曳く「曳き物」と、舁いて下に徒囃子（かちばやし）が入る「釣り物」に区別されている。一七世紀の作例と思われる「勢州一志郡八幡宮祭礼」（ニューヨーク・パブリック・ライブラリー所蔵）に描かれた津祭礼はほとんど練物から構成されていたが、近世後期になると、広義の山車にあたる「曳き物」と「釣り物」が多くなる傾向にある。これらは特に、津町人の嗜好を反映している謡、謡曲の世界を中心に、都市民の想像力によって形作られていた。

本来、祭礼の出し物は毎年新作するのが風流《ふりゅう》の精神であったが、近世後期になると小規模の高野聖、傘鉾のみが毎年趣向を替える出し物となった。それ以外の練物、曳き物、釣り物の趣向は固定していたのである。

このあと、神社側の神輿渡御行列（幟、かずかり、弓組、かす禰宜、市〈巫女〉、かす禰宜、神輿、獅子舞、八幡宮別当の寒松院、八幡宮神主の丹後、堤灯）が続く。

三番の万町から出る太閤進舵の曳き綱の前後に二人の籠馬武者（シャゴ馬）がいる。分部町の唐人踊りとともに現在でも人気の出し物であり、子どもシャゴ馬まで多数登場している。

（福原敏男）

橋の渡り初《ぞ》め

東京の両国橋のような大橋から、村境にかかる小橋まで、橋が完成すると「渡り初《ぞ》め」という橋供養が行われる。『天の橋　地の橋』（福音館、一九九一年）によると、橋供養にはこのような意味があるという。

・神や鬼の助けなしには架けられないはずの橋を、人間が架けてしまったので、水の神さまが怒らないように、神さまをなだめる。

・境で行われた魔除けや神迎えの儀式に遠い起源を持ち、橋に魔物が住みつかないようにする。

・人柱に立てられた人の霊を慰める。

・水の神さまに人間の力を誇示し、橋を架けた功徳《くどく》を称える。

三世代にわたって健在な夫婦たちを先頭に渡り初めをするのが慣習とされ、三世代をもって橋の永続性を象徴したのであろう。

福島県磐梯町の落合日橋川新橋の「新橋渡り初次第覚」によると、一六四二年（寛永一九年）以来、鈴木四郎右衛門が百姓と一緒に川石を引き上げて架橋の準備をし、一六五〇年（慶安三年）、新橋が完成し渡り初めが行われた。先ず、四郎右衛門夫婦、息子夫婦、孫一同によって渡り初めとなり、稚児、伴僧衆が続き、歌舞伎、獅子踊り、念仏踊り、的弓が行われ、多くの茶屋も掛かったとある。奈良の東部高原の近世の日記『山本平左衛門日並記《ひなみき》』によると、一七〇三年（元禄一六年）八月二一日に鉢坪村の板橋の橋供養が行われ、八一才の矢田原吉助が郷中の惣一老として先頭に渡る渡り初めが行われた。村の長老を祭祀組織の長に据える宮座の習俗を基底にしていると思われる。

①、②はともに安政地震の歳、一八

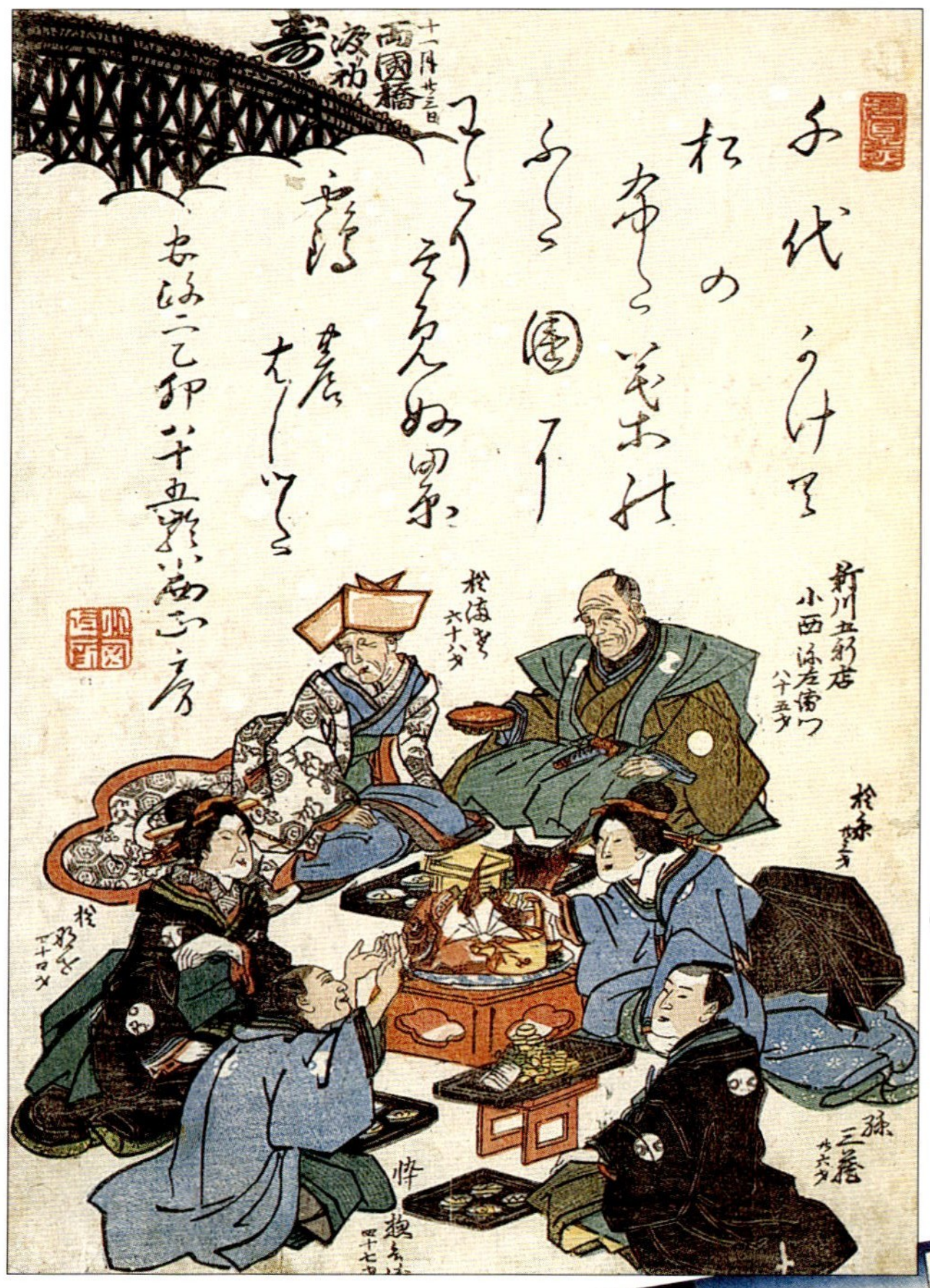

①両国橋渡り初図　1855年（安政２年）

②両国橋渡り初之図　1855年（安政２年）

五五年（安政二年）の両国橋架け替えの際の渡り初めを描いた錦絵である。地震は一〇月二日夜におき、その後の火災の被害も大きかったが、両国橋は幹線であるため早くも同年一一月二三日には復旧し、渡り初めが行われた。二種とも渡り初めの先頭に選ばれた新川五軒店の小西弥左衛門一家を描くが、弥左衛門夫婦の描写は全く異なっている。①は三代の夫婦が尾頭付きの鯛を囲んで祝っている場面である。あたかも老夫婦を新郎新婦に見立てた婚礼の宴のようである。中央の老夫婦は三三九度の固めの盃を交わしているようにも見え、角隠しを被った晴れ着の祖母が主役のように描かれている。②は一勇齋国芳《くによし》の作であり、先頭のでっぷり太った弥左衛門と、皺《しわ》一つなく色白のまさ夫婦が印象的である。三世代揃った長寿と和合、一族の繁栄が新橋の永続性を保証するのであり、主役である老夫婦にとって新郎新婦への象徴的回春（装束、化粧による）が必要であったのであろう。夫婦のあとには子や孫、そのあとには鳶《とび》、大工と思われる人などが続き、上棟式や屋移りなどの家屋の儀礼で用いられる御幣も見られることから、築橋儀礼と建築儀礼との近似性が感じられる。

③は京都の賀茂川にかかる四条新大橋完成の渡り初めの景色である。四条大橋がはじめて本格的な橋になったのは一八五七年（安政四年）四月、同月二二日が吉日であったため京都の商屋の隠居と思われる七〇歳以上の八夫婦が渡り初め式を行った。男は裃《かみしも》、女は福着を着用して渡った。四条河原には芝居小屋の櫓《やぐら》もみえる。この橋は川中に四二本の石柱を築き立て、その上に木造の桁橋《けたはし》が乗せられた。橋の規模は長さ九八メートル、幅員五・九メートルで、高欄を持つ本格的な橋であった。

⑤は一九〇九年（明治四二年）三月発行の「伊勢宇治橋渡始式」の図である。内宮の五十鈴《いすず》川にかかる宇治橋は俗界と聖界との境とされ、二〇年毎《ごと》の式年遷宮の年に造替され、明治四二年もその例にもれない。神官、橋工総員、老齢の渡女、渡女の夫たちは神宮を出発し、行列をなして宇治橋前広場に面する橋姫神社に進む。そこで万度麻《まんどぬさ》を受けて捧げ持ち、架橋技術者を率いて、橋の西より進んで北側第二の柱の擬宝珠《ぎぼし》内に納め、葱花型金物で固める。渡女は被衣《かつぎ》に緋の袴を着け、その夫は素袍を着飾り、橋の東方より南側を渡り始めると、後続の人々が進む。一六四二年（寛永一九年）の『橋村日記』や一六六〇年（万治三年）の『万治大橋風宮橋渡初引付』という記録では渡り女は橋姫と呼ばれている（神野善治「橋姫と木霊—説話・芸能・儀礼をめぐって—」『昔話と年中行事』三弥井書店、一九九五年）。

伊勢の場合は、橋姫神社から万度麻につけた「橋の霊」を分けてもらい、あたかも船卸《おろ》しの船霊《ふなだま》のように、新造の橋に祝い込め、橋姫が渡り初めをすることによって、橋を神の領域から人間の手に入れる儀式であった。

（福原敏男）

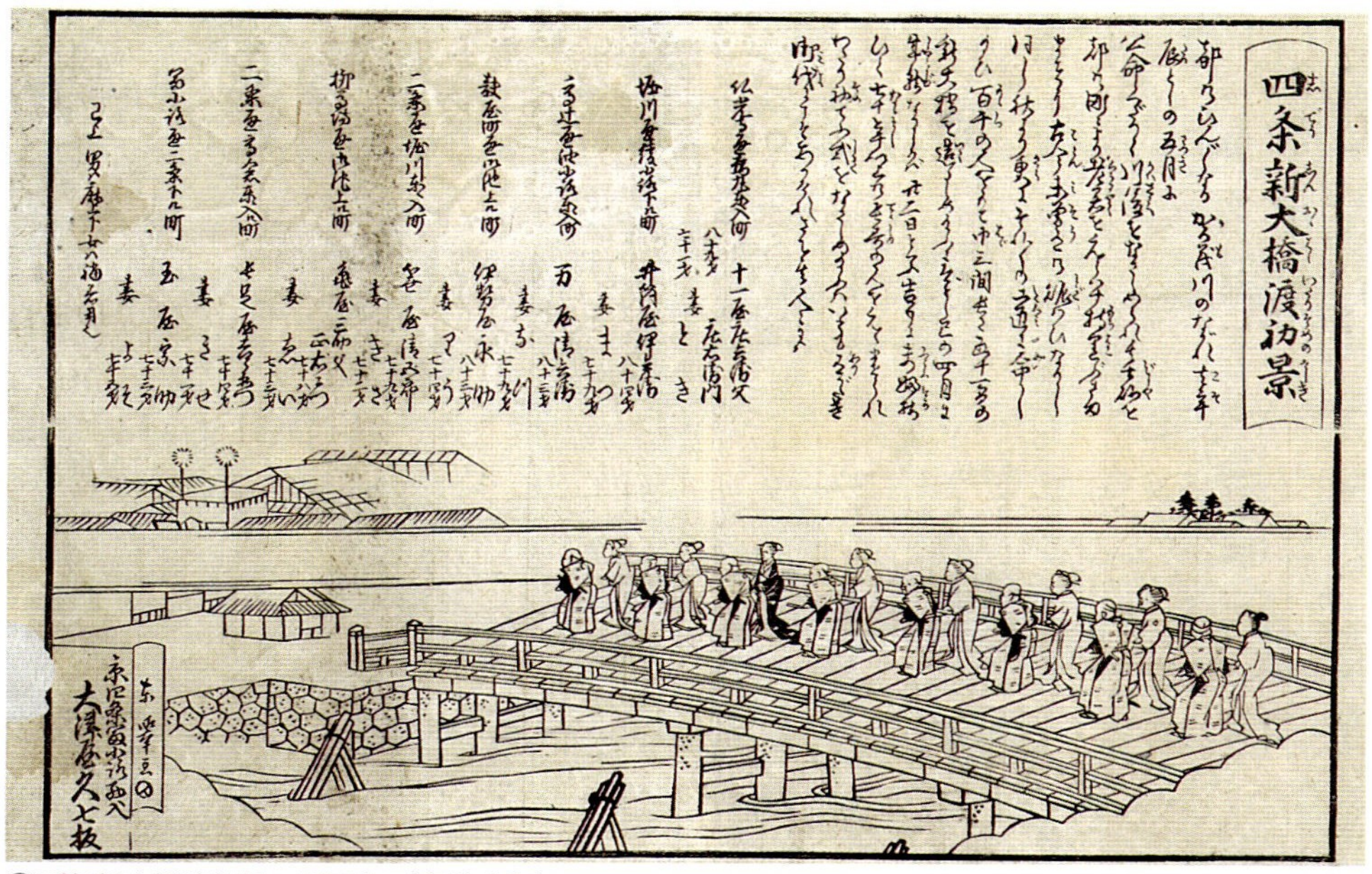

③四条新大橋渡初景　1857年（安政４年）

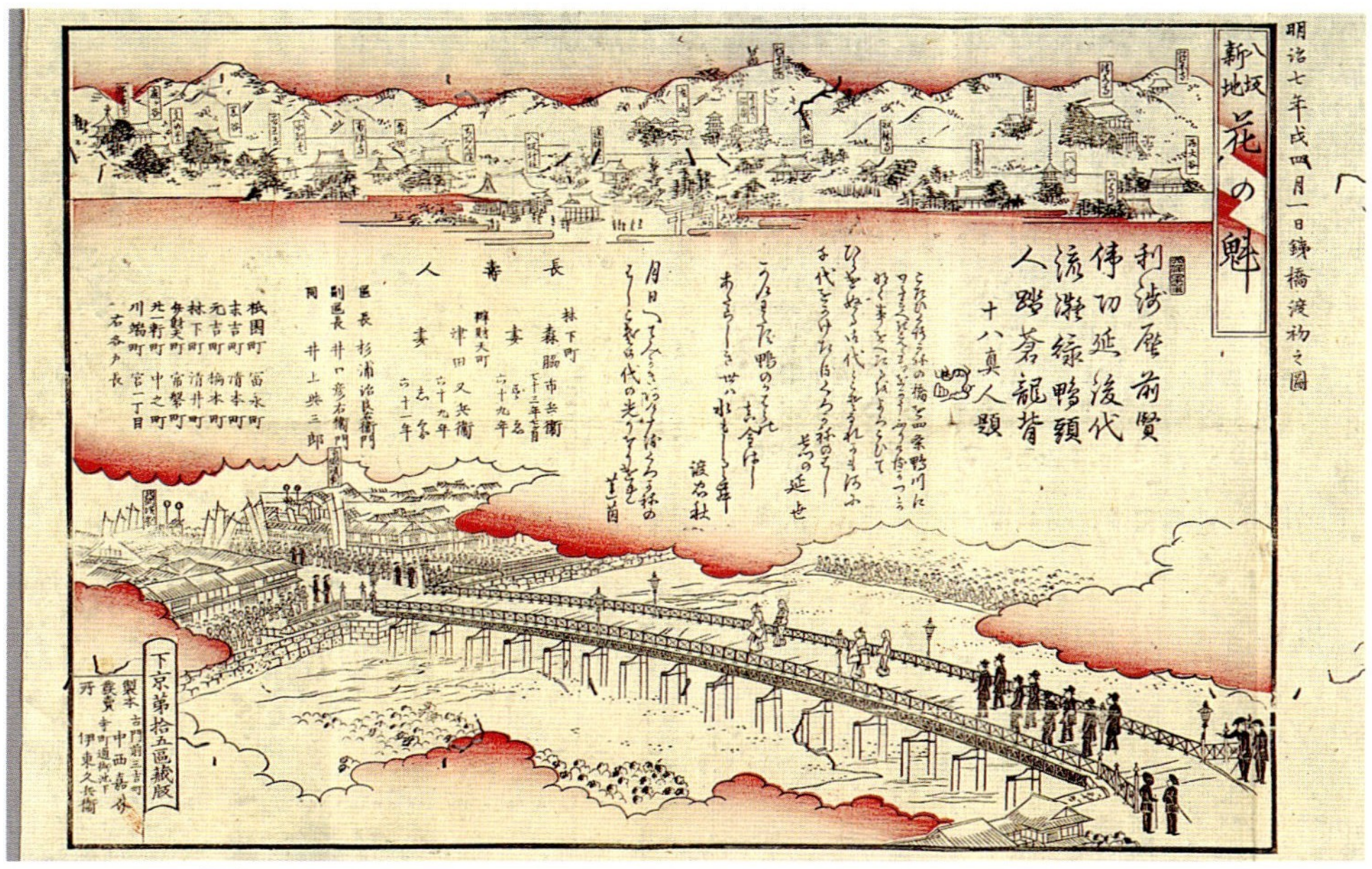

④八坂新地花の魁《さきがけ》　1874年（明治７年）

⑤伊勢神宮上棟祭　1909年（明治42年）

王への贈答

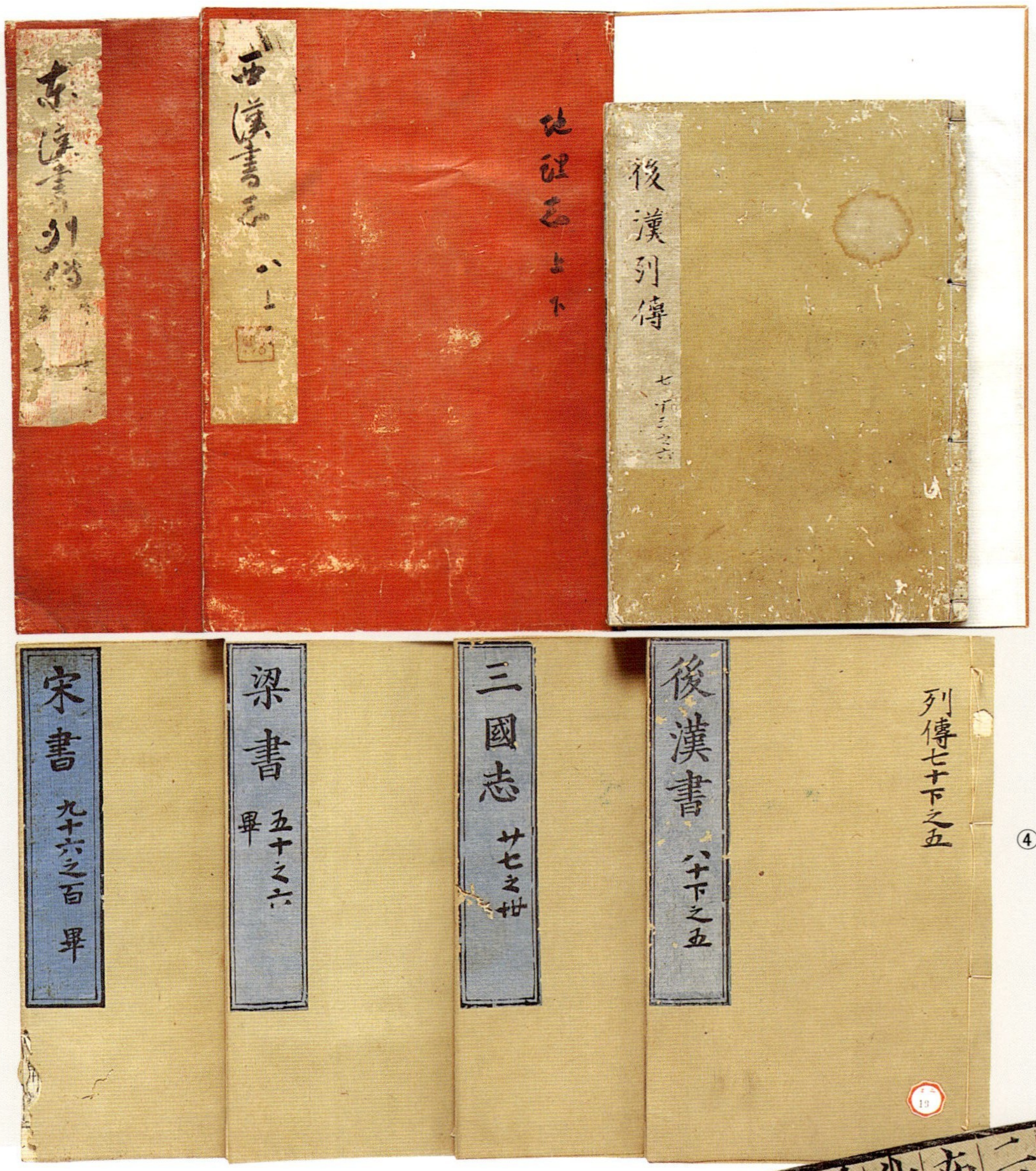

②宋版『漢書』 国宝

③宋版『後漢書』 国宝

①宋版『後漢書』 重要文化財

⑦『宋書』

⑥『梁書』

⑤『三国志』

④『後漢書』

漢代の人々にとって酒と料理の席、つまり宴会には芸人のショウや音楽がつきものであった。男と女の音楽にあわせた踊り、七盤舞《しちばんまい》（地面に七枚の皿を置きその周囲をすばやく踊る）、蹋《う》鼓《こ》（鼓を足で踏み調子をとりながら踊る）、武舞（剣などの武器をもって踊る）などさまざまな踊りがあった。また飛丸（剣や球を手玉にする芸）、綱渡り、馬の曲乗り、皿回しなどの軽業も宴会の席で演じられた。

これらのショウの具体的な様子は、現在でも絵画資料として見ることができる。中国では、墳墓、祠堂などの石材に各種の画像を彫った画像石というものがある。題材は、儒教思想に基づく故事来歴、神仙《しんせん》界、被葬者などや、生前の生活が主であるが、宴会の様子も描かれた。

これらさまざまなショウの題目には、周辺諸国から伝わったものもある。例えば画像石に、火を吐く芸をおこなっている人物を描いたものがある。また文献にも記録がある。『後漢書』に、火を吐き手足をバラバラにし、牛馬の頭と取り替えられたという奇術師の記事がある。かれらはどこからなぜ中国にやってきたのだろうか。

始皇帝が紀元前二〇二年に初めて中国全土を統一した秦から、高祖劉邦を始祖としてその後約四〇〇年間続いた漢王朝は、中国における初めての長期に続く統一王朝国家であった。そして「西域」と称される中央アジアや西方各地や、「南海」と呼ばれる東南アジアとの国交が開けた。内陸と海のシルク・ロードの開通である。漢帝国は、皇帝を中心として、内臣と周辺諸国の外臣・朝貢国が同心円状に広がる構造をもっていた。朝貢国は、さまざまな珍しいものを貢ぎ物として皇帝にさし

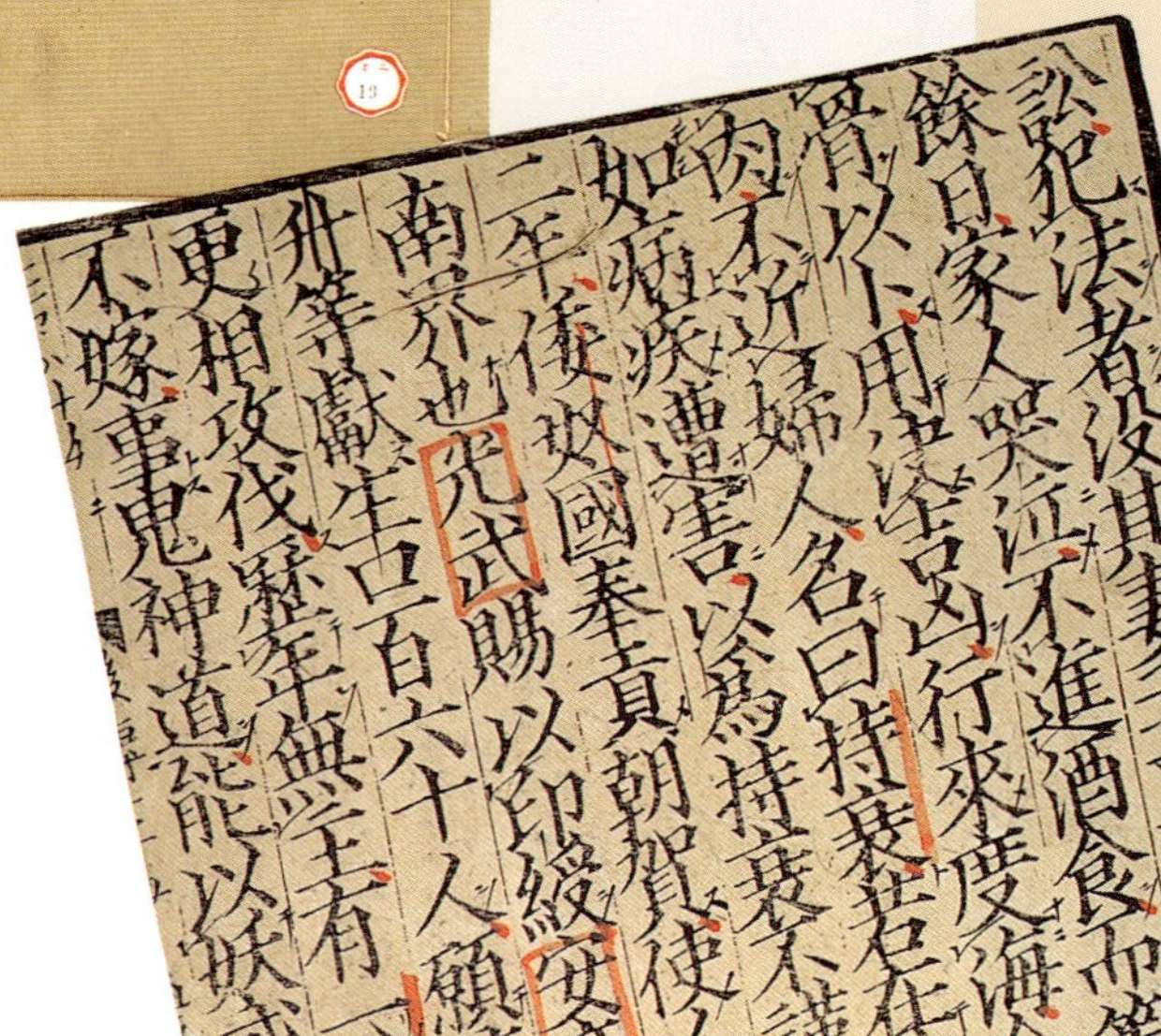
訟犯法者沒其妻子重者滅其門族其死停喪十
餘日家人哭泣不進酒食而等類就歌舞爲樂灼
骨以卜用決吉凶行來度海令一人不櫛沐不食
肉不近婦人名曰持衰若在塗吉利則雇以財物
如病疾遭害以爲持衰不謹便共殺之建武中元
二年倭奴國奉貢朝賀使人自稱大夫倭國之極
南界也光武賜以印綬安帝永初元年倭國王帥
升等獻生口百六十人願請見桓靈閒倭國大亂
更相攻伐歷年無主有一女子名曰卑彌呼年長
不嫁事鬼神道能以妖惑衆於是共立爲王侍婢

③の一部

『後漢書』「東夷列伝」には、卑弥呼の名とともに、生口《せいこう》（戦争奴隷）を朝貢した記載がある。しかし、倭国以外の周辺諸国から人が中国皇帝に献上される場合、音楽、踊り、マジックなどの芸人が多い。人間を朝貢する、その目的はなんだったのか。

⑧画像石拓本「雑技」 四川省　漢代　左の人は机を重ねその上で逆立ちをし、中央の女性は地面においた太鼓を踏みならしながら踊っている。右手の男性は、お手玉の技を披露している。

だす。たとえば、現在の大陸南端広東省や海南島省、それにベトナムなどの南の国からは、象、能言鳥（オウム）、犀牛《さいぎゅう》、荔枝《れいし》、象牙、水牛、封牛（コブウシ）、玳瑁《たいまい》などを、北の騎馬民族は馬や駱駝《らくだ》を、倭国からは生口《せいこう》（戦争奴隷か？）をたずさえ、使節が漢の首都にやってきた。『後漢書』にでてくる奇術師は、実は西南夷の撣国《たんこく》の王が、皇帝への朝貢品として献上したものであった。

ちなみに西域からも、獅子（ライオン）、封牛、大雀（ダチョウ）、ダチョウの卵、葡萄などともに、眩人《げんじん》（刀を飲みこんだり、火を吐いたりする芸人）が献上されている。

漢代の宴会につきもののショウや料理は、国際化した漢社会がはぐくんだ。それは、ただ自国の皇帝や貴族の間だけの楽しみではなかった。周辺諸国からやってくる使節や人々にとっても、驚きであり魅了されたことであろう。そして、彼らを満足させて帰国させることで、漢文化をさらに周辺に広げる役目を担う装置であったに違いない。

（西谷　大）

⑨画像石拓本「雑技」 四川省　漢代　皇帝の前で音楽に合わせて、お手玉や剣を使った芸をし（上段）、男性が囃しながら女性が舞う（下段）、まさに宴もたけなわである。

異界から訪れる神々

①ミルク（左）とフサマラー（右）　昭和期　歴博第４展示室

一年に一度季節の変わり目に、異界から人間の世界に来訪して豊穣や幸福をもたらすとともに、人間との間でさまざまな交換を行う神が来訪神である。日本では、この来訪神信仰が各地に認められる。日本の来訪神信仰は地域によって多様であるが、とくに、ナマハゲ、アマミハゲ、ナモミ、ヒガタタクリ、アマミハゲなどのナマハゲ系来訪神で知られる東北・北陸地方と、アカマタ・クロマタ、マユンガナシ、フサマラーなどのニロー系来訪神信仰のさかんな沖縄・八重山群島に仮面仮装来訪神が濃密に分布している。

「日本人の民俗世界」をテーマとする歴博総合展示第四室の「南島の世界」には、沖縄の仮面仮装来訪神のうち、八重山群島の波《は》照間《てるま》島のミルク、フサマラー、宮古島島尻のパーントの三つの来訪神が復元されて展示されている。

③パーント（沖縄県）

②フサマラー（沖縄県）

④アンガマ（沖縄県）

フサマラーは雨の主とされ、かつては干ばつが続いた時に行われたアメニゲー（雨乞い）に、フサマラー山とよばれる山から瓢簞《ひょうたん》でつくった面をかぶり、全身に蔓草《つるくさ》をまとって出現し、雨をもたらすとされている。フサマラーはシマ祭祀の司祭者であるツカサとともに島中の井戸をまわったという。ミルクは弥勒《みろく》信仰にもとづく来訪神であり、布袋《ほてい》の面をかぶり黄色の衣裳を身にまとった姿で、節祭や豊年祭などに海の彼方から来訪すると信じられている。パーントは旧暦九月以降の戌巳《つちのえいぬ》の日のサトニゲー（里願い）の行事の時に来訪する神であり、村中の悪霊を祓う神とされる。島尻にはパーントの面が三つあり、三体のパーントが出現する。パーントは身にキャーンの葉を巻きつけ、普段は使わない井戸の臭い泥を面も含めて身体中に塗りたくった異様な姿である。パーントは昼間に出現して、村中をまわり村人や新築の家屋、あたらしい自動車などに臭い泥をつけて、悪霊を祓ってまわる。

このほかの沖縄の来訪神としてアンガマとマユンガナシがある。アンガマは先祖とされる来訪神であって、先祖を送るウグリビン（送り盆）の晩に、さまざまな面をかぶり、女装した姿で人々の家に来訪して、歌を歌い舞う。マユンガナシは石垣島川平で旧暦九月前後に行われる節祭に来訪する神で農作と家内安全をもたらすとされる。マユンガナシは面はないが、クバの笠と蓑《みの》をつけ六尺棒を手にして各家を訪問し、農耕の由来や技術をよんだ神詞をとなえてまわる。

沖縄のニロー系来訪神の特徴は、この神はニライ・カナイとよばれる海の彼方の異界から来訪すると考えられていることである。沖縄の来訪神信仰は今日なお人々の生活のなかに生きており、とくに五穀豊穣を始めとするユー（世＝幸福）をもたらすものとして人々の厚い信仰を集めている。なかにはアカマタ・クロマタやマユンガナシのように、文化財としての指定も拒否するほどの強い秘儀性をもった仮面仮装来訪神もある。

一方、日本本土の東北・北陸地方のナマハゲ系の来訪神信仰については、民俗文化財映像資料「ナゴメハギとアマハゲ―秋田・山形の来訪神行事―」（一九九八年（平成一〇年）製作）によって映像化されている。ナマハゲ系来訪神は一般に小正月の晩に藁蓑《わらみの》をまとい、出刃包丁などの刃物や鉦《かね》、袋を持ちながら、各家を訪問する。各家で未婚の娘、初嫁（ときには初婿）、こどもなどを威嚇するとともに、身にまとった藁を座敷にまきちらし、酒食のもてなしを受けたあと、餅をみやげに貰って帰る。まき散らした藁は、家々に豊作をもたらすとされるから、ナマハゲは豊穣をもたらす来訪神でもある。ナマハゲ系来訪神の特徴は、沖縄の来訪神と異なって、山から来訪すると考えられていることである。写真は秋田県能代市のナゴメハギ（⑥）と山形県遊佐町のアマハゲ（⑦）である。このうちとくに遊佐のアマハゲは人々によってやさしい神として認識され、刃物をもたないばかりか老人をいたわって、老人の肩もみをする異色の来訪神である。（上野和男）

⑤マユンガナシ（沖縄県）

⑥ナゴメハギ（秋田県）

⑦アマハゲ（山形県）　②〜⑦は筆者撮影

Ⅱ 芸能とその始原

境界としての橋

①洛中洛外図屛風（歴博甲本）右雙　室町時代（16世紀）　重要文化財

③宇治橋断碑《だんぴ》（複製）（裏面） 646年（大化 2 年）以降

③は日本の最も古い石碑の一、京都の宇治橋断碑《だんぴ》の複製である。一七九一年（寛政三年）に石碑の上部三分の一だけが発見されたので断碑と呼ばれる。下の部分は発見の二年後に『帝王編年記』に残されていた原文によって作られたものである。裏面に六四六年（大化二年）、山城の僧道登が人や動物を対岸の彼岸（浄土）に渡そうと、宇治橋を造立した旨が記されている。

橋を渡ることによって、此岸から彼岸へ、現世から浄土へ向かうことができると考えられていた。古代人にとっては、現世と浄土は往復可能な世界であったようだ。

能舞台の橋がかりもこの世とあの世を繋《つな》ぐ視覚的な仕掛けである。観衆に、あの世は揚幕《あげまく》のすぐ向こうにあると想像させる。②は能舞台の様式がだいたい完成した桃山時代ころの観世演能場面で、絵に描かれた能舞台のもっとも古いものの一つであり、反橋《そりばし》状の橋がかりが興味深い。高砂の尉姥《じょうとんば》が、壁面のない簡素な舞台へと、松の下の橋がかりを通ってあらわれ出る。この場所は、賀茂川東岸の七条河原のやや南にあたる位置である。芸能空間としての河原を描いた資料でもある。

④は大和郡山市の矢田寺の来迎会《らいごうえ》、正式には金剛山寺大練供《おおねりく》法要を描いた摺物。この行事は、矢田寺お練り供養と呼び慣わされている。満米《まんまい》上人、菩薩、鬼、閻魔《えんま》など、四一種類の面を被った信者が矢田地蔵縁起絵巻を再現するのである。特設の橋を来迎会の舞台に用い、この世に生きているうちに橋を渡って極楽浄土への生まれ変わりを疑似体験して、この世を生き長らえる勇気を得ることができた。まさに現世と浄土をつなぐパフォーマンスなのである。

①の京都祇園会《ぎおんえ》の神輿は四条の橋を通らず、より水面に近い仮橋、その名も「浮き橋」を渡っている。祇園の神さまはもともと池または井戸に住む龍蛇の神であり、水の神と考えられている。祇園会では神輿を賀茂河原において川水で浄める「神輿洗い」も重要な神事である。初夏の疫病祓いの信仰行事である祇園会には、水の浄化力が不可欠なのである。

（福原敏男）

②洛中洛外図屏風（歴博甲本）右隻　重要文化財

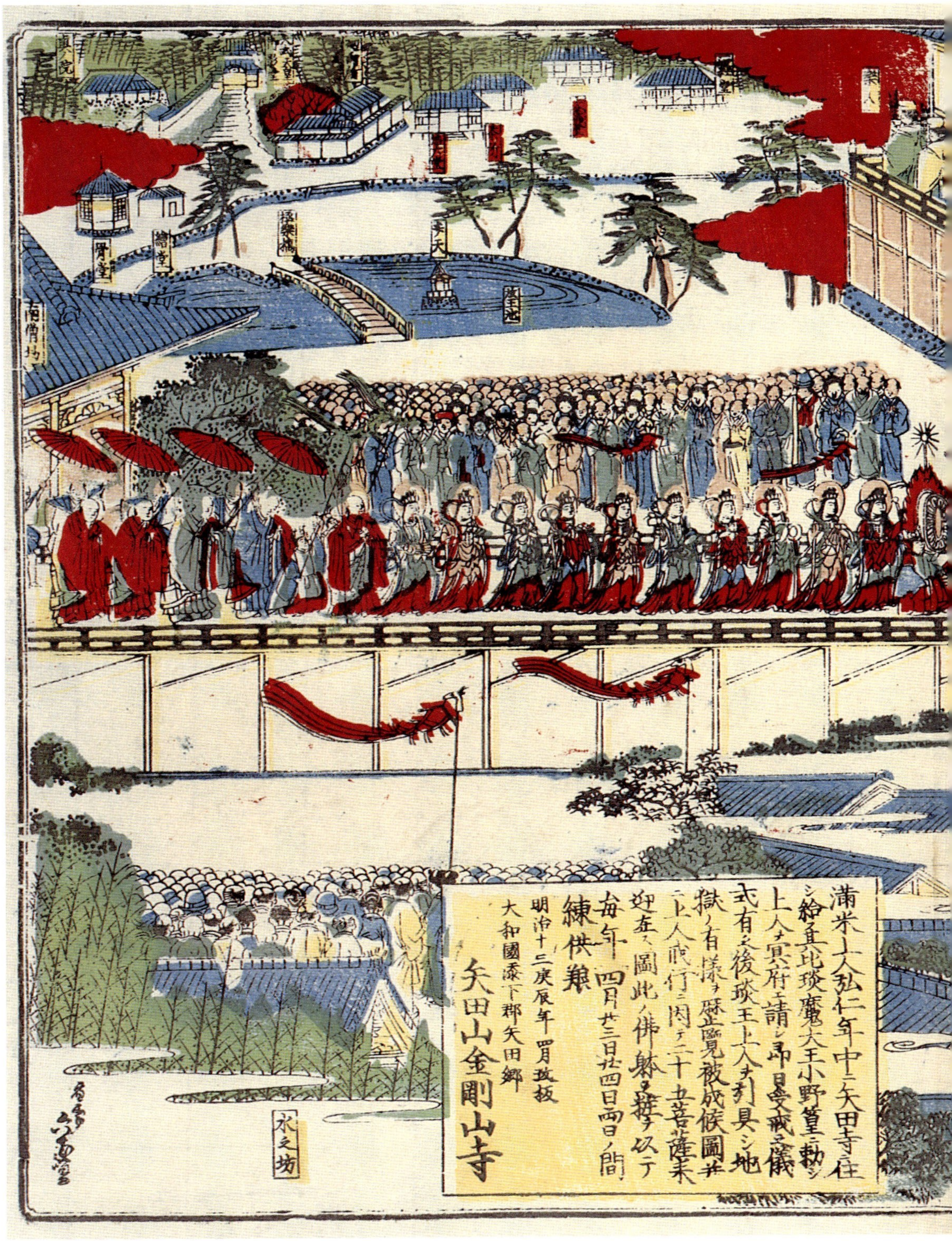

④大和国矢田山金剛山寺練供養《ねりくよう》図　1880年（明治13年）

庭と犬追物《いぬおうもの》

①洛中洛外図屛風（歴博甲本）左隻　室町時代（16世紀）
室町幕府（「公方様」）とその右上に描かれた犬追物。室町幕府を正面から描いた絵は少なく、大変貴重である。

『洛中洛外図屛風』歴博甲本の左隻《させき》第一扇には、当時の室町幕府が正面から大きく描かれている。「くはうさま（公方様）」と注記されたこの館は、一二代将軍足利義晴が一五二五年（大永五年）に造営した「柳の御所」で、応仁文明の乱で荒廃した「花の御所」とは若干位置が異なるが、館の構造としては基本的な様式を受け継いでいると考えられ、室町幕府を描いた絵画資料として貴重である。

通りに面して唐門《からもん》（表門）と棟門（副門）があり、侍が威儀をただす広場を経て建物に入ると、玄関的な遠侍《とおさむらい》、そして主殿があり、奥には将軍の日常生活の場、左側にまわると、庭とそれに面した会所《かいしょ》がある。主殿が公的な会見の場であるのに対して、会所は私的な接待・遊興の場であり、室町的な、上下関係にこだわらない連歌や闘茶などの行われる所であった。

室町幕府の遺構は、「花の御所」がごく一部発掘されたのみだが、近年地方でこれに似た遺跡がかなり確認されるようになった。つまり、将軍直臣《じきしん》格の地方有力武士や、各国の守護の館であり、これらの構造が、実はここに描かれた幕府＝将軍邸を模倣していること

①の部分（犬追物《いぬおうもの》）
犬追物は室町時代、武家の公式な行事として重視されていた。
幕府のそばに描かれているのはそのためである。

①の部分（幕府の庭）
幕府の左（南）には、広大な庭園とそれに面した会所《かいしょ》がある。
室町幕府の武家文化を象徴する装置である。

がわかってきたのである。

たとえば、飛騨国の国人《こくじん》江馬《えま》氏の館（岐阜県神岡町）は、門が正副二つあることにはじまって、建物構成がそっくりである。ここは石組みの庭園が早くから知られていたが、発掘の所見では築造年代は一四世紀末とされ、まさに足利義満が花の御所を築造したころである。江馬氏は当時幕府の御家人であったと思われ、その館と庭園が幕府＝将軍邸の直接の影響を受けて造られたことは明らかだろう。地方において幕府の権威を体現する存在であることを示すためには、京都の将軍と同じ様式の館を営み、同様の儀礼を行うことが有効であったことは容易に想像することができる。

周防国《すおうのくに》の守護である山口の大内氏館跡でも、位置、形ともにこれとよく似た池のある庭が見つかっている。これも京都の幕府をモデルにしたことは間違いないが、時期は一五世紀末ころで、江馬氏館などの国人館よりもむしろ遅い。守護《しゅご》所《しょ》の本格的な築造は、応仁文明の乱以後、京都から任国《にんごく》へ下向《げこう》した守護たちが、領国の「首都」としての館と城下を造営しはじめたことに始まるようである。その際に規範となったのはやはり京都の幕府＝将軍邸であり、また庭園と会所に象徴されるその儀礼世界であった。洛中洛外図に見られるような「公方様」の館が、各地に「小京都」として再現されていったのである。

『洛中洛外図屏風』歴博甲本には、幕府の建物群の右上に、犬追物《いぬおうもの》の光景が描かれている。犬追物は、室町時代に武家の公式行事として重視された大規模な儀礼だった。柵の左側の川は高野《たかの》川《がわ》で、「犬の馬場」という広場が大正時代にもあったという。この「犬の馬場」という地名は戦国大名などの館の近くでもいくつか例があり、犬追物を行う馬場が、やはり有力な武家の一つのステータスシンボルとなっていたことがうかがえる。庭と会所が室町幕府系の室内儀礼を象徴する装置だったとすれば、犬追物の馬場は屋外における儀礼の象徴であったと言えるだろう。ここに描かれた犬追物の馬場は、実際には幕府と二キロほど離れているのだが、そのもつ意味としては、まさにこのように並べて描かれるにふさわしいものであった。

なお、この庭と犬追物には、もう一つ共通点がある。犬追物の左端柵近くに、武士とは明らかに異なる犬を連れた人物が見えるが、これは身分的な差別をうけていた河原者であると考えられている。そして、ここに姿こそ見えていないが、作庭もまた河原者の仕事であった。この二つの情景には、室町文化を陰で支えた存在をも読みとるべきであろう。

（小島道裕）

スターになった動物たち

弓引き

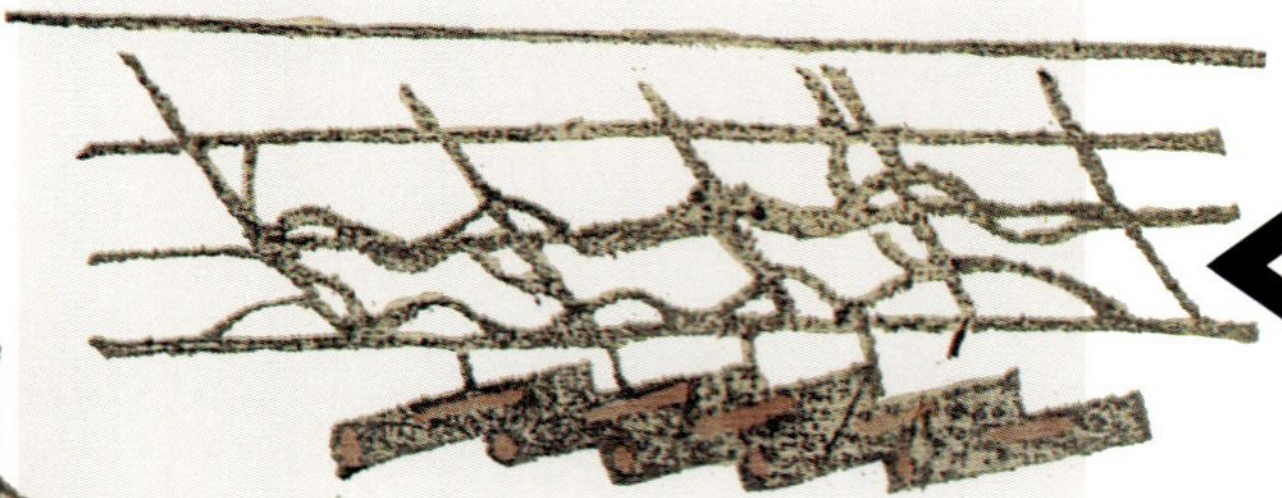

掛け軸

鐘つき

短冊とり

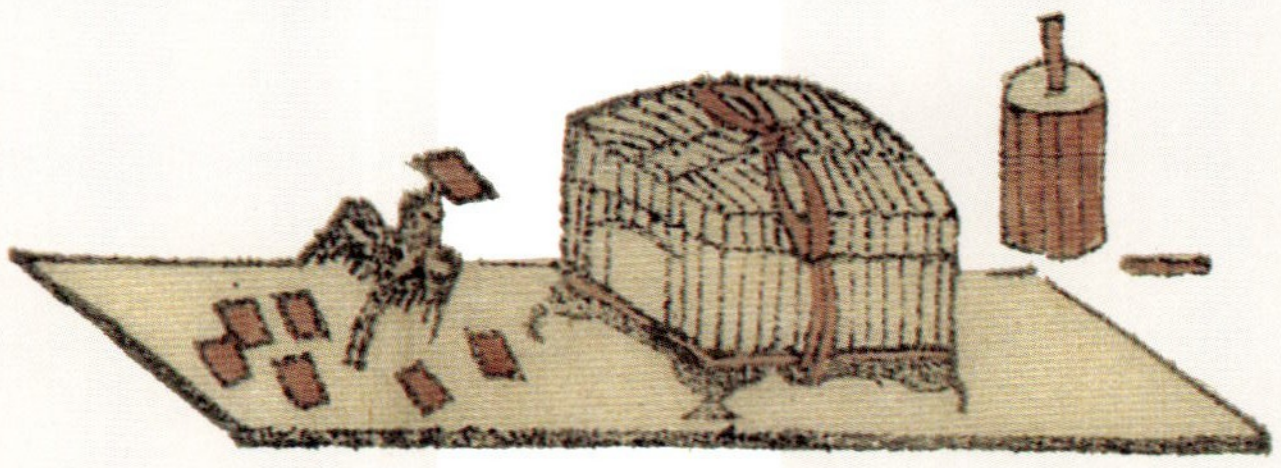

かるたとり

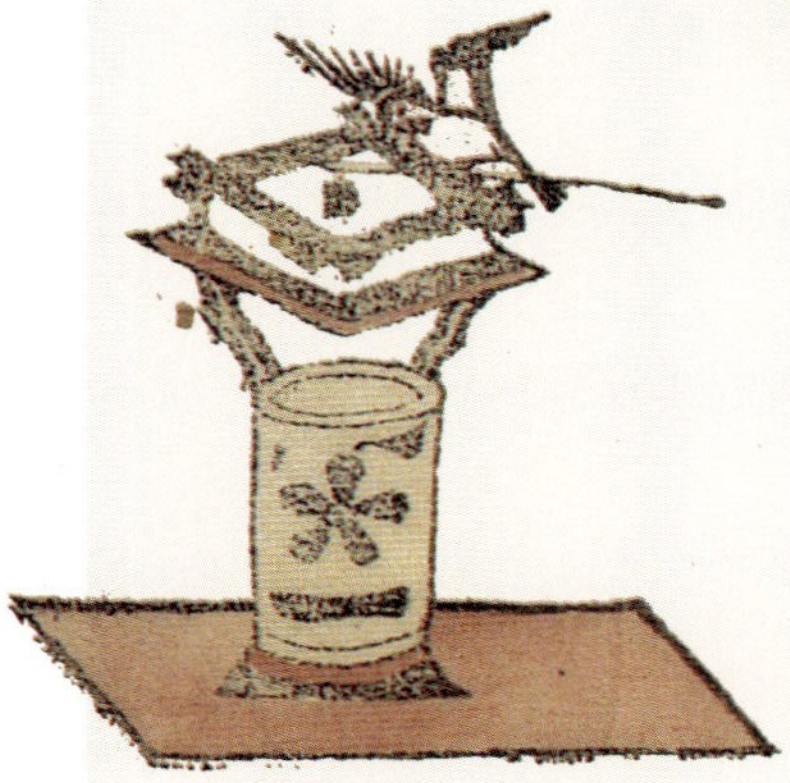

水汲み

駕籠《かご》抜け

おみくじ引き

梅と柳の釣舟

①興行チラシ（山雀芸）　明治初期

『旧約聖書』にでてくるソロモン王は動物と話のできる指輪をもっていた。そんな物語を創造しなければならないほど、動物に芸を仕込んだり、調教したりすることはむつかしい。しかしそうしたことをいとも簡単にやってのける人びとがいた。

ニホンザルを使う猿廻しやカワウやウミウを使う鵜匠などもそうだが、臆病で小さなヤマガラ（山雀）を使う大道芸の太夫は、この系譜の人びとの極致の姿であり、それは至芸というにふさわしい。この二枚の「見世物の一枚刷」にある山雀芸はおそらく明治のはじめのころのものであろう。

①には九種類の芸が描かれている。右上から「掛け軸」「短冊とり」「駕籠《かご》抜け」、左上から「弓引き」「鐘つき」「かるたとり」「水汲み」「梅と柳の釣舟」であり、それがどれを指すかは絵をみればわかるであろう。ただ芸人の前で鳥かごからでたヤマガラが小箱を引き出している芸はわからない。もし箱の中におみくじでもはいっていてとりだすのであれば、ヤマガラの芸の極致である「おみくじ引き」の原型的なものになる。

この大道芸が神社の祭礼の見世から姿を消してもうすでに久しい。しかし五〇歳代以上の人びとは、子どものころの祭の音や幟《のぼり》の記憶の片隅に、鳥を自由自在にあやつる不思議な芸をする人の姿を思い出すだろう。小山幸子によれば、この記憶の片隅にある「おみくじ引き」は、明治以降に徐々に完成されてきた芸で、大正期に大阪や京都で盛んであったという（小山幸子「山雀の芸」大系日本〈歴史と芸能〉第一二巻『祝福する人々』平凡社、一九九〇年）。①の「見世物の一枚刷」でも、またE・モースの『日本その日その日』（明治一五年）の挿し絵でもまだ完成された「おみくじ引き」はみられない。

江戸時代には「かるたとり」「水汲み」と「鐘つき」の三種類しかなかったようである。ヤマガラを飼い、その習性を利用して芸をさせた記録は鎌倉期まで遡るが、それは貴族たちのなぐさみであった。

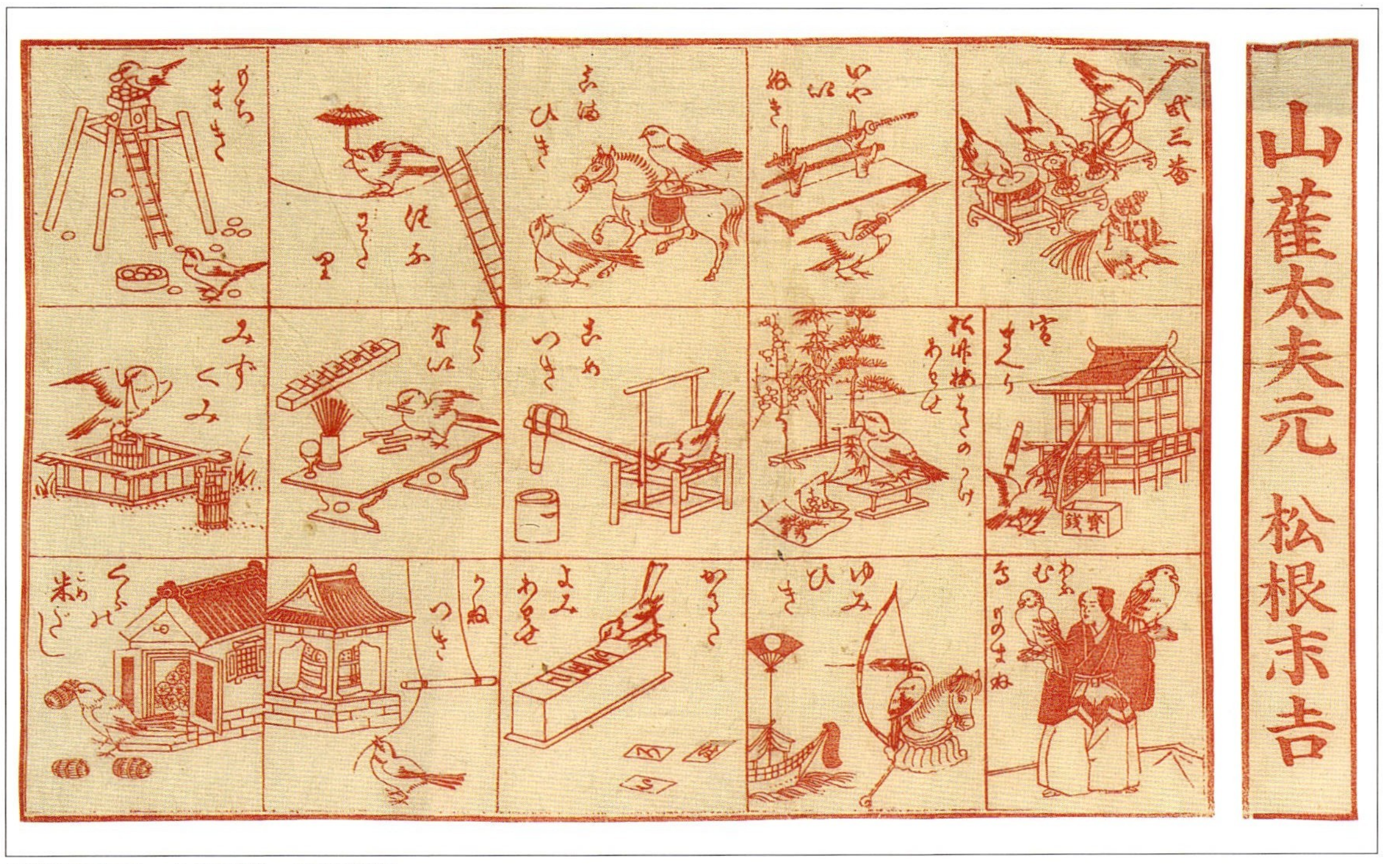

②興行チラシ（山雀芸）　明治初期

ヤマガラはスズメ目シジュウカラ科に属するが、この科の他の鳥と異なり、ヤマガラは群れにならない。ヤマガラは日本と朝鮮半島南部、台湾に分布する留鳥である。木の実もよく食べ、自然状態でも反り身や宙返りを得意とし、よく人に慣れることから芸をさせる鳥として着目されたのであろう。周達生によれば、ヤマガラ以外の鳥を使って芸をさせる例は中国やインドにもある。しかし鳥の芸の淵源や伝播についてはまだわからないことが多い（『民族動物学ノート』福武書店、一九九〇年）。

明治のはじめのころ、大阪の松根末吉という芸人のだした興行チラシ（②）には、口上書きとともに一四種類（右下はオウムの芸）のヤマガラの芸の絵が載っており、それには「宮まいり」や「うらない」がある。ヤマガラの至芸である「おみくじ引き」は、こうした個別の芸を組み合わせて創りあげられていったことは想像にかたくない。この口上書きにはヤマガラの芸が「浅草奥山に於いて永らく御評判に預かり」とあり、明治のはじめに東京・浅草奥山の有名な花屋敷でも興行されていたことがわかる。

それにしてもイヌのように賞罰を利用して訓練するのではなく、もともとヤマガラがもっていた習性を強化するかたちで調教するのである。愛情と根気がなければできることではない。この「見世物の一枚刷」にもある「かるたとり」の芸は、芸人が読み上げたかるたをもってくるものであろう。見物人はあたかも鳥が芸人の言葉を解するかのごとく想像するだろう。これは有名な算数のできる「ハンスの賢い馬」と同じで、芸人の望む札を彼の挙措動作から敏感にヤマガラが察知するからであろう。けれども本当に鳥のレベルでこれが可能なのかどうかわからない。いずれにせよ、こうした芸人が無類の鳥好きで、彼らがソロモンの指輪を手にいれていたことだけはまちがいなさそうである。

（篠原　徹）

疱瘡絵

①団扇画「疱瘡を病む子」 江戸時代（19世紀）

②疱瘡紅摺絵　江戸時代（19世紀）

疱瘡《ほうそう》を病む子どもを診療する団扇《うちわ》絵がある（①）。全身を発疹におおわれた、母親に抱かれた子ども。脈を取る医師、心配そうに見守るしかない父親と祖父母。近世の家族なら必ず一度は直面しなければならなかった子育ての危機の緊迫した場面である。

誕生から一歳、三歳、五歳、七歳と成育の折り目ごとに祝祭の儀礼が用意され、大切に育てられた子どもではあるが、病気には勝てなかった。子の病に直面した親たちは、困ったときの神頼み、疱瘡神《ほうそうしん》を祀るなど神祭、呪術による治療の儀礼を熱心に行った。

ところで、屏風で仕切られた病室の奥に、二つの張《はり》子《こ》のダルマと一つのミミズクが、病む子どもを守るかのように鎮座しているのも無気味である。その背後には痘神棚《とうじんだな》らしきものが用意され、見舞品が並べられている。子どもの枕、寝衣の「赤」も気になる。

ダルマと疱瘡とはどのような関係があるのだろうか。張子のダルマ、紅摺りのダルマが子どもの病室に置かれたり、貼られたりしたのである。

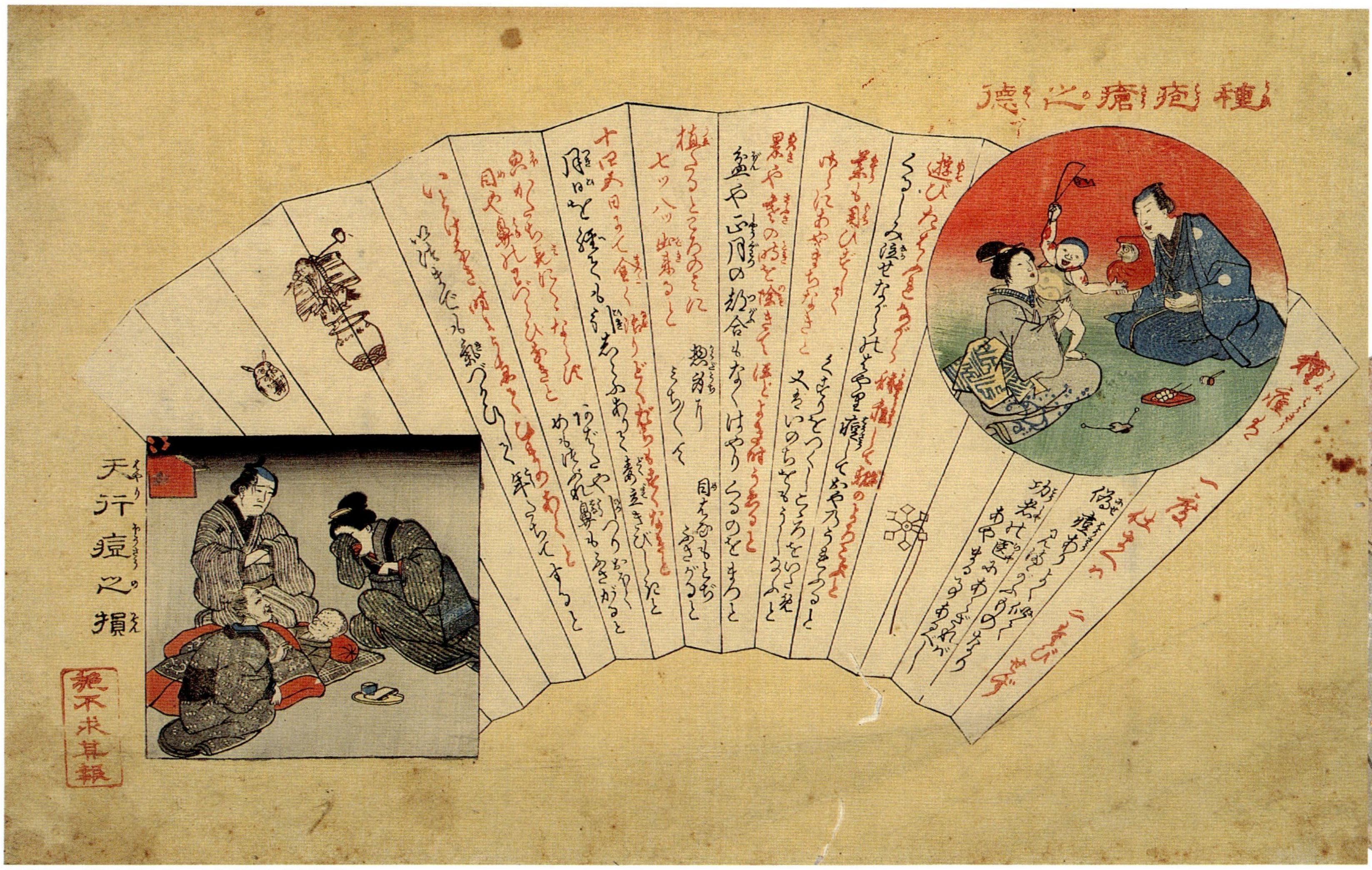

③疱瘡絵「種疱瘡之徳」　江戸時代（19世紀）

④疱瘡絵「達磨とミミヅク」　江戸時代（19世紀）

⑤八丈島鎮守鎮西八郎為朝大明神之尊像　1850年（嘉永３年）

疱瘡厄疫の無事通過を祈願して、市販、贈答された紅摺りのダルマ絵を見てみよう。絵柄はダルマに手遊びのでんでん太鼓、馬、犬、風車、独楽《こま》、鯛の釣棹等の玩具を配した紅一色摺りのものである。

ダルマと並んで登場するのがミミズクであった。画面いっぱいにミミズクを据え、周りにダルマ、犬、太鼓を配したものには「祝ふ門福耳《かどふくみみ》づくの□まあそび」とある（②）。また、「為朝大明神」の幟《のぼり》を立てたミミズク親子の摺絵もある（④）。天下無双の強弓の武者為朝にかかっては疱瘡厄神とて退散せざるを得ない。一八五〇年（嘉永三年）江戸両国回向院《えこういん》で伊豆国八丈島正一位鎮西八郎為朝大明神立尊像が開帳された（⑤）。子どもの疱瘡に一喜一憂する江戸の人々の人気を集めたことは言うまでもない。

（高橋　敏）

III

通過儀礼

死者を送る

―功道居士葬送図―

棺を担《かつ》ぐ人たち

①功道居士葬送図　1889年（明治22年）

明治中期に描かれた葬送の図である。「明治戊子秋日於于駿台畊香館当席　田中質　謹寫」とある。明治戊子は一八八八年（明治二一年）で、奥には翌一八八九年（明治二二年）に「利治」という人物が一周忌に当たって書いたと思われる文章がある。

「明治二十二年といふとしの初秋に去年を思ひて

利治

初あきのゆふべのそらのさながらに、すずしくなりぬさらでもあはれやつぐるむしの音に、隣屋そふる夕つくよ、忍カ岡にしのびつつ池のはちすに置露ハ、朝露しげミ夕露ハ玉とむすべり其露の、もろきをかこち其玉のけぬるをうらみ露のみの、はかなきもまたうつせみの人のうへにし有明の、つきぬこころもうはべなく、さらぬわかれとみまかりぬ跡や恋しもいかにせむ、早も過こしひととせをうらぶれわたりここに此けふぞ御霊を招奉やわしまつりてなき君の、いますが如なき君とかたるが如く打集い去年のむかしをこひわたるかも」と死者を偲んでいる。

死はすぐれて社会的な現象である。葬送の儀礼は死という切断をこえて新たに生者と死者を結びつけ、同時に死者を別の世界、あの世へと送り出す。そして、生者と死者をつなぎとめるだけでなく残された生者と生者との絆をも深める。葬儀は不祝儀でありながらも構造的にはハレの儀礼であり、このような絵画や写真の対象とされるゆえんである。

ただし、このような図像から写実を読み取る試みには危険がともなう。むしろ、図像作成の意図の分析からはじめる必要がある。ただその情報が乏しいのも現状である。

花を持つ人たち

先頭の堤灯持ち、花を持つ人たち、そして棺を担《かつ》ぐ人たちがいずれも裸足である。火や花は死者に密着した道具だてであり、生者と死者とを区別する。葬列の裸足には他にも喪主がそうする例があるなど、死者に密着して確実に他界へと送り出す、という葬送の作業に不可欠な役割が象徴的にあらわされている。位牌持ちが履物を履いた少年であるのはこの死者が血縁の親族のいない僧侶であるからかもしれない。(新谷尚紀)

他界への旅
—高野山の経帷子《きょうかたびら》—

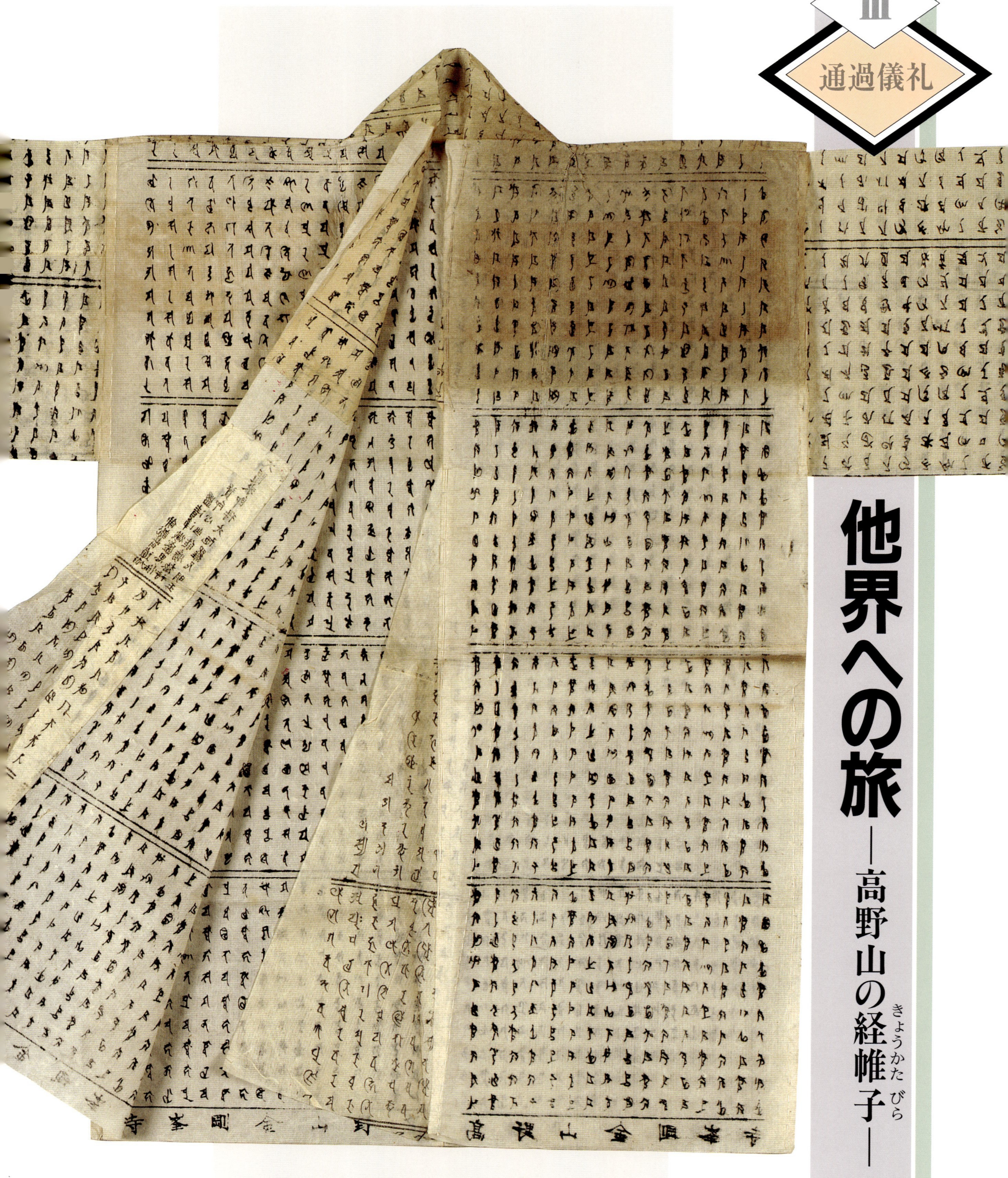

①高野山経帷子（紙子） 高野山金剛峯寺

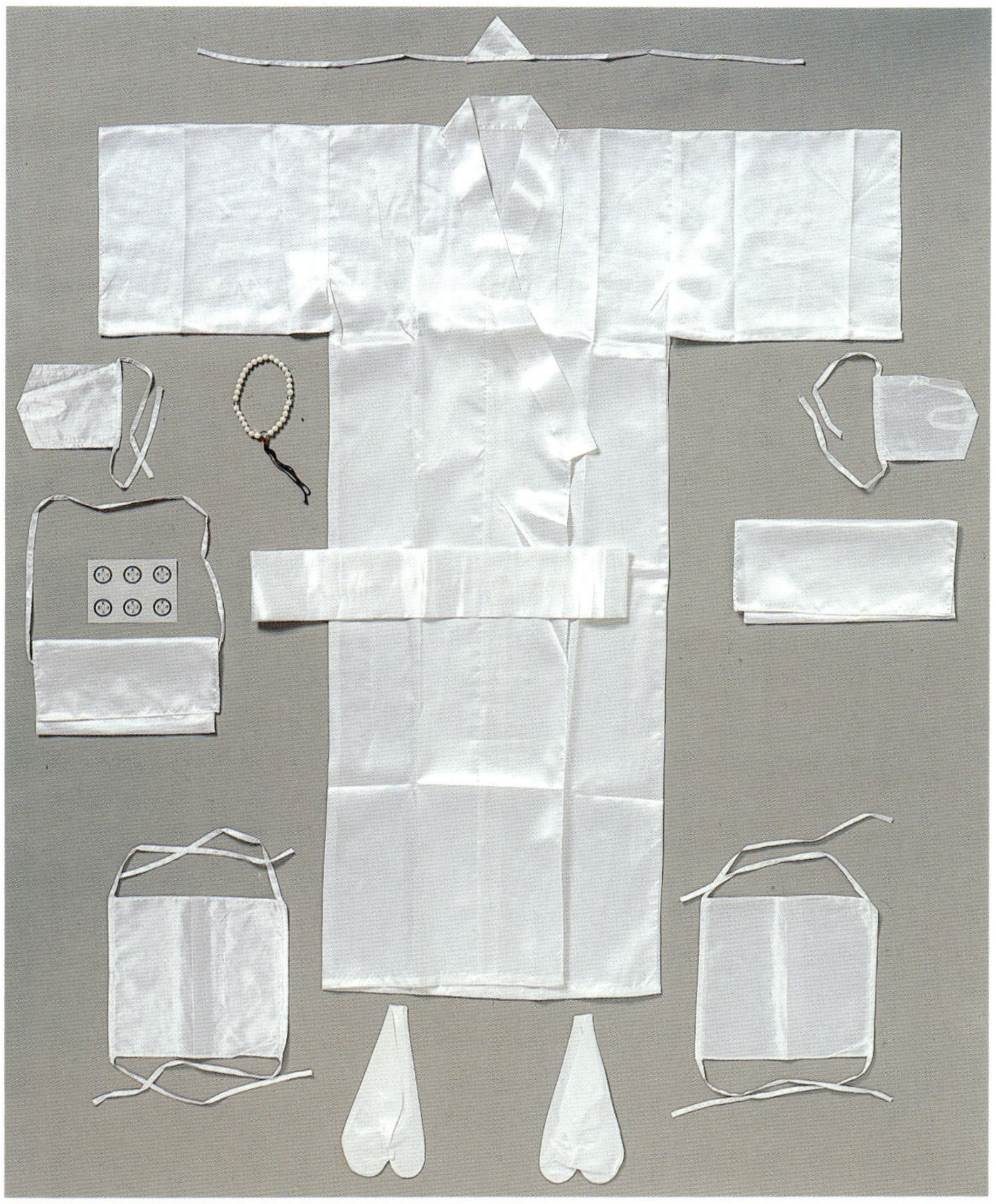

②死装束の既製品（和歌山県古座町にて使用）　現代

経帷子《きょうかたびら》は経文や種子《しゅじ》などを書いた着物のことで、死装束に用いるものである。素材は麻や木綿、絹だけでなくこのような紙のものもある。また経文のない白の帷子を含め、死装束を総称して経帷子ということもある。かつて経帷子は、納棺前に急いで近親の女性が縫うことも多く、白布をものさしを使わずに測り、はさみでなく手で裁ち、糸留を作らずに複数の人が引っ張り縫いをする等の習俗が全国的に見られた。現在では葬祭業者が用意するものを着けることが多い。

その一方で、経帷子を生前から用意しておくこともあり、四国八十八ケ所遍路や観音巡礼において朱印をもらった帷子や笈摺《おいずり》を経帷子として用いたり、①に挙げられたような高野山などの霊山から請けてくるものを用いることもある。こうして死を迎える準備として請けてくるものは高野山の経帷子だけでなく、善光寺の血脈《けちみゃく》なども有名である。これらの寺院は、いずれも死者が赴く霊地とも考えられており、こうした寺院へ生前お参りすることで死後の安楽を祈った。寺院に参拝し経帷子などを用意することは、やがてくる自らの死に対する具体的な準備であると同時に、死を受けとめる心の準備でもあった。また近親の人々も同じく、生前からこうしたことを見聞きしておくことで、人が死ぬということを認識したのである。

ドレス形式の死装束（大原ゆう子氏作）
歴博フォーラム「衣のフォークロア」 1998年７月25日

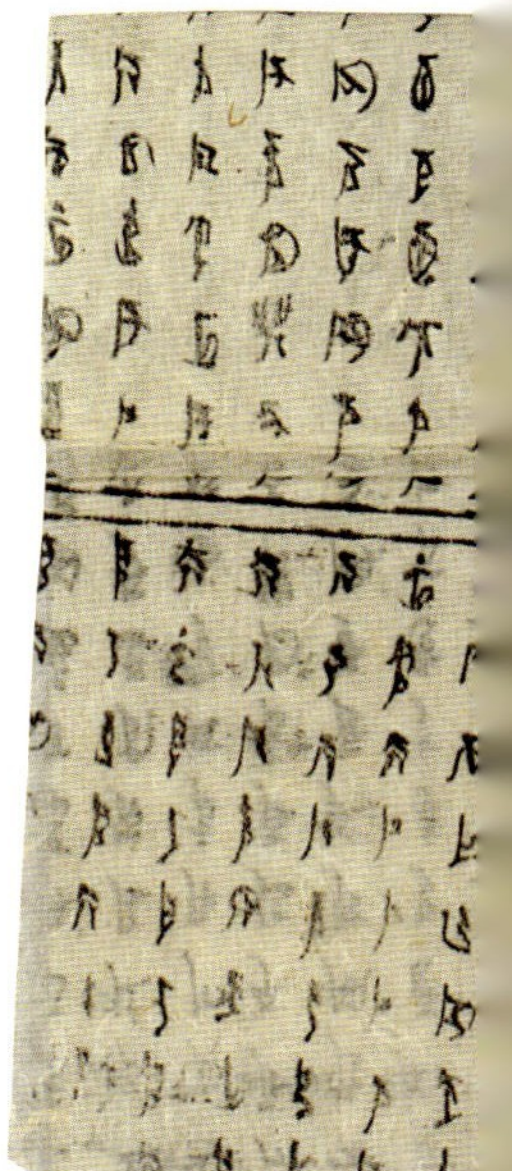

それにしても経帷子は白が基本であり、日常の衣服とは全く異なっている。それはまた装飾性のない全く淡泊なものである。特に現在の生活では全くなじみのない服装であり違和感を感じる人もいるようだ。最近、死装束のファッションショーを開いた女性がいた。特徴のない死装束、経帷子を寂しく思い、せめて最期の衣装くらい好きなデザインのものを着たいという思いから作ったという。その形態はドレス形式のものが多かった。それは亡くなった人は体が硬直するから、ドレス形式にしたのかと聞いてみると、意外な答えが返ってきた。「実際に着せることはあまり考えていません。生前、死装束を用意するということが大切なんです。今の時代、死んだ後本当に着せてもらえるかも期待できないし……」というものであった。現代の経帷子は生前に用意しても、果たして実際に着せてもらえるかは、あまりわからないらしい。

（山田慎也）

蝶々踊り

①みやこおどり鈴なるこの神徳
1839年（天保10年）

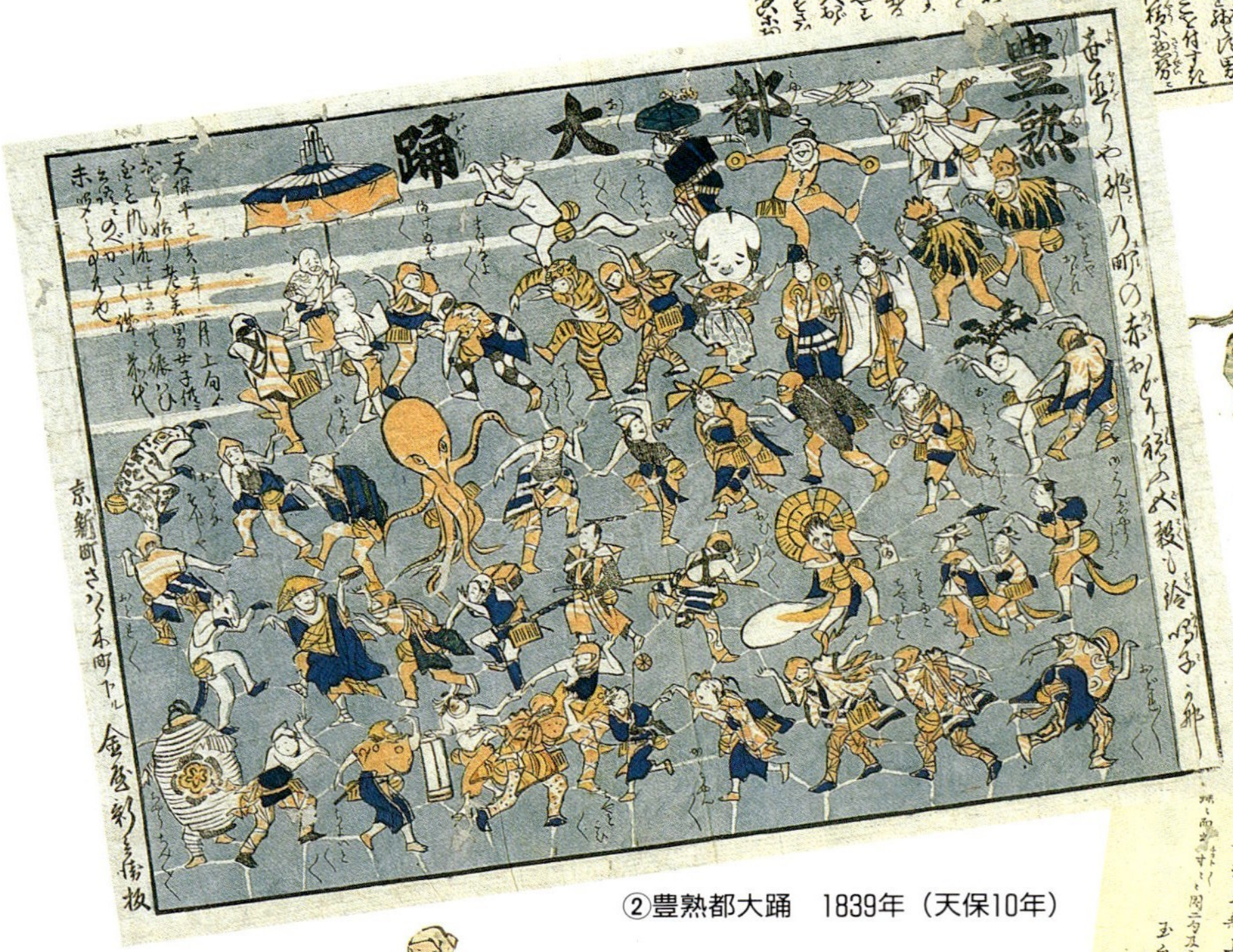

②豊熟都大踊　1839年（天保10年）

③都の手ぶり　1839年（天保10年）

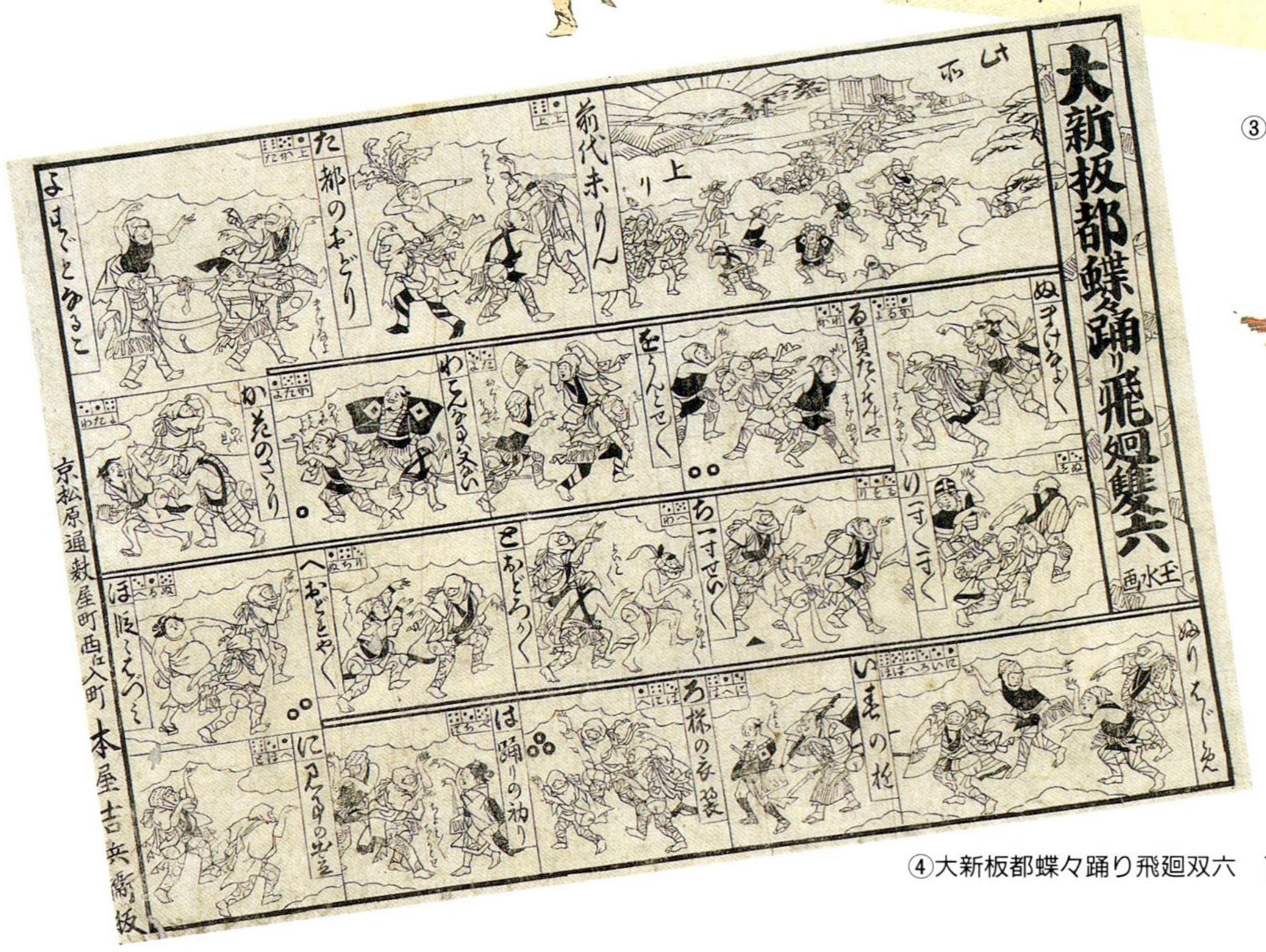

④大新板都蝶々踊り飛廻双六　1839年（天保10年）

⑤蝶々踊り図　1839年（天保10年）

人物は「蝶々踊り図屏風」より

蝶々踊りとは、一八三九年（天保一〇年）春、京都において突如として発生し、二、三カ月で終息した集団仮装舞踏である。ええじゃないかの魁《さきがけ》ともいえ、人びとの耳目を集め、これに取材した多くの絵画が描かれた。

蝶々の仮装で踊り狂った人びとがいたらしいので、蝶々踊り、あるいは豊年踊りとよばれたりした。

なぜ、蝶々なのであろうか。上杉本「洛中洛外図」の盆の風流踊りにも蝶々をつけた被り物の女性が二人参加している。蝶々は、流行踊りの儚《はかな》さ、移ろいやすさを暗示したものなのであろうか。

「大新板都蝶々踊り飛廻《とびまわり》双六」④は一八三九年（天保一〇年）に出た双六であり、遊戯具であるとともに、かわら版的なニュース報道の性格も持っていた。右下の「振り始め」から、右上の「上り」である「前代未聞」まで、蝶々踊りが膨れ上がっていく過程が描かれている。「前代未聞」には、四条通を進み、祇園社に練り込む踊り子、蝶々のつくり物を被《かず》いている中央の人物が注目される。朝日が昇るところはまさに徹夜の踊り狂いの頂点、その瞬間をうつしたものであろう。「い　春の遊」には奴、「ろ　揃いの衣装」「に　見事の出立」「へ　おどれおどれや」「を　うんとせうんとせ」「る　負けたらそんじゃ」にはさまざまなグループからなる踊りの集団、「は　踊りの初り」「ほ　段々はづミ」には女装、「と　おどろかおどろか」には神主（公家）までも巻き込まれている様子、「ち　一寸せい一寸せい」「ぬ　まけなよまけなよ」では狐が人に憑《つ》いている様子、「り　一寸〳〵一寸〳〵」には三番叟《さんばそう》、「か　花のさかり」「わ　こんな事は又ない」には人が扮した奴凧をあげる様子、「よ　すずとなるこ」では巨大な鈴のつくり物、「た　都のおどり」には野菜のつくり物が描かれている。

蝶々踊りを描いた絵画は、場所が京都、時代が幕末ということから、比較的数多く残っている。従来、大阪市立博物館、アイルランドのチェスター・ビーティー文庫所蔵の巻子や京都の細見美術館、京都府文化博物館、京都市個人所蔵の屏風などが知られているが、歴博にも屏風と掛幅の絵画資料がある。

「蝶々踊り図屏風」は連山岩徳が描く二曲一隻の屏風である。鈴と鳴子を腰に下げ、揃いの衣装の踊り子たちが囃しながら飛び跳ねている。上の五人の男は黄色い褌《ふんどし》に被り物のみの裸体であり、大阪市立博物館所蔵の巻子にもみられる。「わいわい天王」の仮装かもしれない。

「蝶々踊り図」⑤は絹本著色の掛幅であり、踊りの集団を十字に交差させた構図が、流行の爆発を表現している。桶に入った老婆、神主姿のもの、上半身裸の女性などが印象的である。当時五八歳の鈴鹿正路による箱書が上箱の蓋裏にある。以下、大意を記す。一八三九年（天保一〇年）三月中頃より京洛中洛外辺鄙山里に至るまで、誰名付けるともなく蝶々躍りと称し、貴賤老若が我劣らじと、衣類に美麗を尽くし、男女交って教えるとなく習うとなく、同じ手振りに足踏轟《ふみとどろ》かし跳び廻るさまを、蝶の紅花緑樹を尋ね、装い飾る姿を、爛漫たる花の霞を染めるか如く、麗しく華やかなるは筆舌に及び難く、その中に花顔異形の姿とも成って、夜と日と共に東西南北に馳せ巡り、疲れれば眠り、覚めれば踊り狂う。その姿は一様であり、顔を隠しているので男女の区別がわからなく、誰であろうか知るも知らぬも無心に浮れ踊れるさまは、さながら狐狸《こり》に誘われているようであった。鈴と鳴子の音高く流行も絶頂に達したが、四月の初め頃、公よりの戒めがあり、ようやく踊りが止んだ。後の世への伝えとして、その九牛の一毛なりとも、中臣正路が藤原忠篤に描かせたものである。最後を「眠らすと　荘子も起てちょいと踊れ　てふ（蝶）てふてふの　夢の世の中」という句で結んでいる。

（福原敏男）

Ⅳ 風流

宝船のイメージ

①ギヤマン細工 阿蘭陀船貢《おらんだせんみつぎ》積込《つみこみ》 江戸時代（19世紀）

②奥州金華山大弁才天垂迹《すいじゃく》曼陀羅《まんだら》 江戸時代

宮城県牡鹿《おが》半島の突端に、標高四四五メートルの金華山の島が浮かび、弁天が祭られている。『和漢三才図会』では日本の五大弁天の一つにあげられている。弁才（財）天は財宝や福徳を授ける神として、特に真言密教の普及に伴って、しだいに民俗宗教との習合を遂げた。「奥州金華山大弁才天垂迹《すいじゃく》曼陀羅《まんだら》」（②）は金華山を背景に、十五童子を眷属《けんぞく》にした大金寺の本尊弁才天を中央に、七福神を乗せた宝船が金華山に到着した場面を下部に描く。この島は近辺の漁民の「やまあて」に利用されることから、大漁をもたらす信仰と宝船が合致したのであろう。

③は小袖に染められた瑞象（祥）の唐船宝船の意匠。無数の幟《のぼり》を聳《そび》えたたせ、帆走する唐船。はためく幟、山なす幟。瑞鳥が舞い導き、霊妙な風が湧き起る。仙境である西方の海上の蓬莱山《せん》より訪ね来り、よき初夢と財宝を運ぶ宝船（杉浦康平『日本のカタチ・アジアのカタチ』三省堂、一九九四年）。

「ギヤマン細工 阿蘭陀船貢《おらんだせんみつぎ》積込《つみこみ》」（①）は精巧なガラス細工見世物の辻ビラである。右隅上に「来ル四月上旬浅草奥山におゐて興行仕候」とあるが、実際には一八四七年（弘化四年）三月よりの興行であったらしい（川添 裕「江戸見世物主要興行年表」『大道芸と見世物』平凡社、一九九一年）。ギヤマン船の細工見世物は文政年間に起こり、これは六度目の興行である。ガラス機関（からくり）細工人竹岩と、人形細工人政信との合作であった。中央の高楼には玄宗皇帝と楊貴妃とが椅子にすわっている。数人の唐子《からこ》が、唐団《うち》扇を持ち袋にもたれた布袋和尚を団扇太鼓や、銅拍子《どうびょうし》で打囃《うちはや》す。そうすると、布袋が立ち上がって大口を開き、腹の皮に波を打たせて高笑いをする仕掛けとなっており、これは文政の「笑布袋」を受け継いでいる。下段中央には、吉備大臣が野馬台《やまたい》詩の難題を蜘蛛《くも》の糸筋によって読む様子、船首の遠望台では唐人がチャルメラを吹き、船尾では唐女が布晒《ぬのさら》しの所作をし、上部マストでは崑崙奴《こんろんやっこ》二人が軽業《かるわざ》を演じている。

③白麻地宝船鳳凰模様友禅染帷子《かたびら》　江戸中期

これらはいずれの人形も巧妙な機関を装置したものである。阿蘭陀船といっても、西欧を連想させるものは白人男性を象《かたど》った船首ほどであり、全体的に中国趣味が横溢したガラス細工見世物である。

近世、日本と貿易を許されていた中国やオランダからの交易品が山と積まれた宝船が、日本に入港する豊かなイメージは大いに人気を博したと伝えられる。

（福原敏男）

Ⅳ 風流

つくり山と木《き》曳《び》きのにぎわい

①諏訪大明神富士浅間宮火防御祭禮之図　江戸時代

②富士山北口全図鎮火大祭　1887年（明治20年）

「諏訪大明神 冨士浅間宮 火防御祭礼之図」(①)は山梨県富士吉田市の北口本宮富士浅間神社と境内社である諏訪神社の秋祭りとして、現在では八月二六、二七日に行われている。この図を見ると、旧暦七月二一日夜に行われており、富士の裾野の御師《おし》家の間に篝《かがり》が燃やされ、神輿と富士山のつくり物(御影《みえい》)が進んでいる。左上の御師家の表札には大王屋とあり、本図右下にも「神家 大王屋」とあることから、大王屋が摺って信者に配ったものと思われる。左上には篝の根廻がおよそ一丈五尺、高さがおよそ三丈で、大小があると記されている。図の中央には雲のたなびきのなかに富士山が大きく描かれ、その下に盛んに燃えあがった篝火の町中を、大群衆に囲まれた神輿の行列が進んでいく。行列は、先頭に裃《かみしも》姿の役人衆、次に大太鼓、梶の葉の紋を配した諏訪明神の神輿、その後ろに富士御影が続いている。神輿舁《か》きの人はいずれも青年らしく、勇ましい鉢巻き姿に諸膚《もろはだ》ぬぎで、そのまわりにはふたたび村役人とおぼしい人々が数十人つき従っている。地誌『甲斐国志』に、古くは新倉村の少年たちが富士山の真影を型取った神輿を舁いてきた、と記されており、本図は規模が大きくなった幕末の様子を描いたと思われる。

この祭は有名な富士吉田の火祭りであり、諏訪大明神と富士浅間宮の合同の火防祭りであったらしいことがわかる。旧七月二一日という祭日から、盆の火焚き行事と考えられているが、実際にはもう少し複雑である。現在では登山シーズン終了の安全感謝祭、富士山閉山の祭となっている感があるが、その背景には八月二七日を薄《すすき》祭と称する伝承が残っている。これは秋の風物を代表する薄の穂に注連《しめ》をつけて神輿に従う習俗である。信州諏訪社の諏訪信仰の影響による御射山《みさやま》神事の伝播であろう。

②にもミニチュアの富士が描かれ、この造り山は山の霊力を人里に迎えるためのものである。噴火する富士だからこそ、火事除《よ》けにも霊験があった。山車《だし》を山、曳山というところも多く、動く山は神意を発動するイメージである。

次に労働を囃す風流の一例として建築(普請)における風流について考えてみよう。

③には大規模な用材曳きが描かれている。豊後国より献上された用材運搬を中心としているが、若狭、越中、大坂、羽州、最上、加州、参州、南河内、遠州、江州、勢州、桑名、美濃、和州、豊後、但馬、尾州、丹波、京都、下総、能州、南越(越前か越後)、播州、飛州、肥前、東近(江)、越前、摂河泉などの提灯が先導している。本図は巻頭を欠いているが全体像を推測すれば、より広範囲から寄進された用材の運搬であったかもしれない。つまり、全国的規模の信仰圏を有している大寺社などの普請にかかわる木曳きと想定される。

ここでは資料の紙質などより、明治中期における京都東本願寺の再建に伴う木曳きと推定しておく。

京都市下京区の真宗大谷派本山、通称東本願寺は一八六四年(元治元年)の蛤《はまぐり》御門《ごもん》の変で起った火災で焼失した京都の他の寺院と同様、明治中期に復興が精力的に進んだ。同寺では一八七六年(明治一二年)に法主《ほっす》が再建を発願し、工事は翌年から開始され、全国門徒の支援を得て、一五年の歳月を要して行われた。

なかでも宗祖親鸞上人像を安置する大師堂は屈指の大建築であり、本尊の阿弥陀如来をまつる本堂とともに明治二八年に完成した。東本願寺にはこの再建の用材木曳き運搬を描いた六曲一双の「御再現用材曳引図屏風」が伝来している。この屏風の片隻には山における切り出しの図、もう片隻には川曳きの図が描かれている。用材の上には采《さい》振りが扇を持って音頭を取る様子が見える。信州諏訪の御柱《おんばしら》行事の場合は、聖なる柱を山から社に迎えるのであるが、木遣り衆が囃すことにより曳き手が心を一つにしなければ御柱は動かない。寺社の造営、遷宮に伴う用材運搬の場合、伊勢神宮式年遷宮の御木曳きのように、移動自体が遷宮という祭りの一環となっているところもある。本図右隅には炊き出しの様子も描かれ、青壮年の男を中心に、女性も数人交じって御用材を曳いている。木上では二人の采振りが扇を片手に音頭を取っている。

(福原敏男)

③御用材運搬の図(東本願寺再建木曳図) 明治期(19世紀)

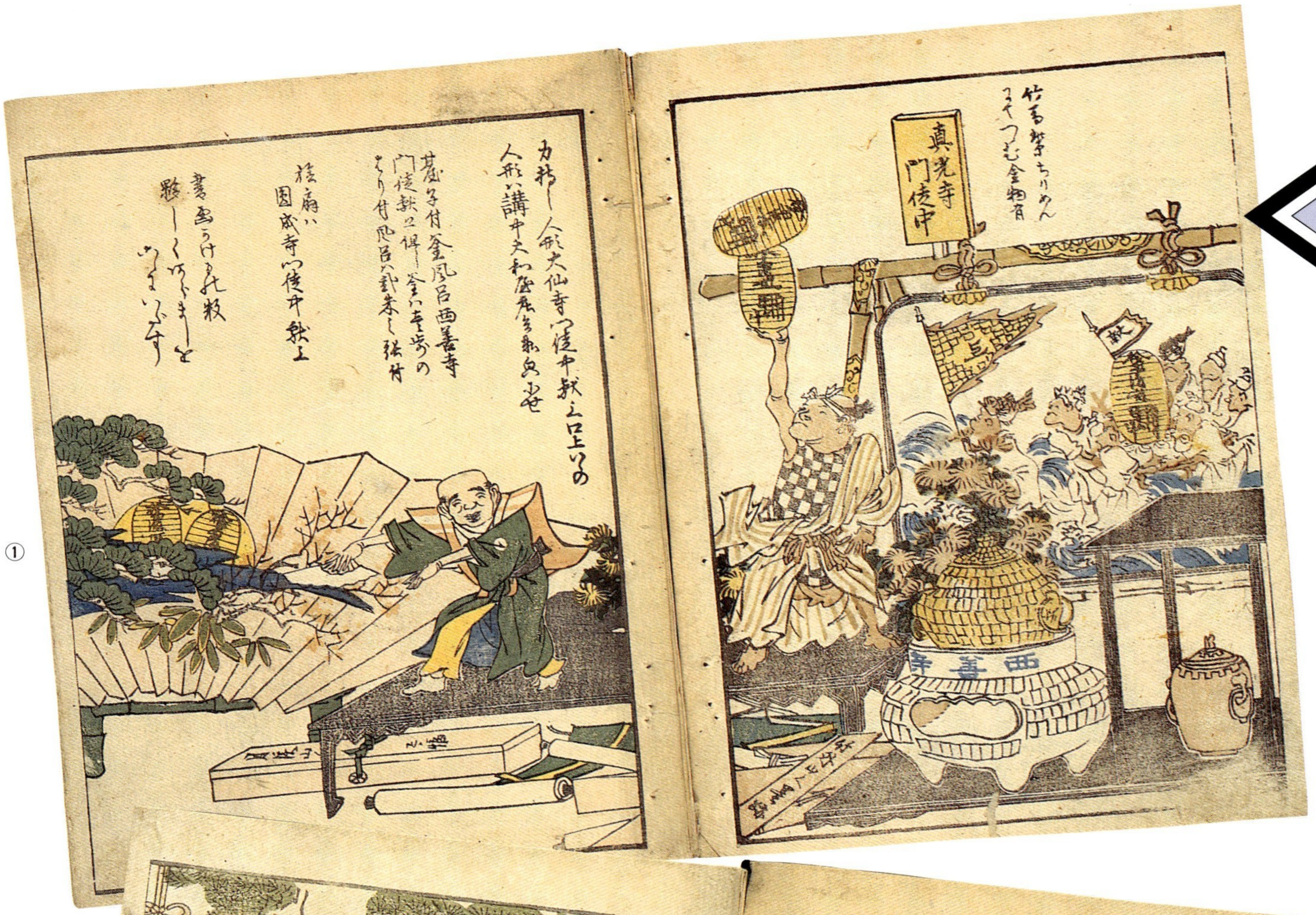

①

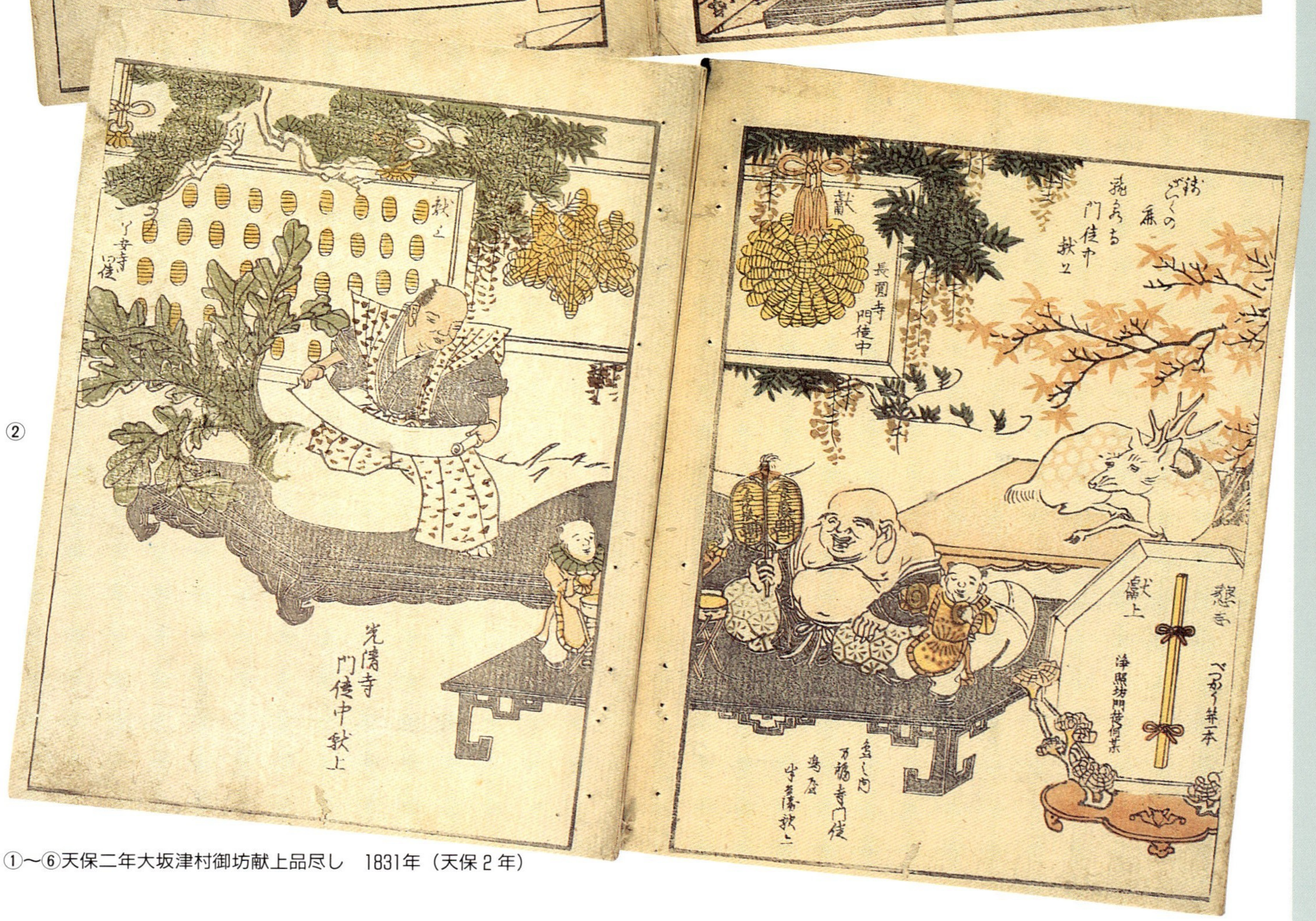

②

①〜⑥天保二年大坂津村御坊献上品尽し　1831年（天保２年）

お金のつくり物

—天保二年大坂津《つ》村《むら》御《ご》坊《ぼう》献上品尽し—

つくり物とは、物や人の形を模して作った飾り物であり、本来の用途、機能とは違ったものを素材としてつくる。観客もそれに応えて、意図されたものを想像してそれと見做《みな》す、「見立て」をひとつの特色とし、材料とイメージとの落差を楽しむ。

例えば、桝《ます》やたわしなどの台所道具を用いて、これら日用品本来の用途からはかけ離れた造型物をつくる趣向により、意表を突いた面白さを楽しむのである。アドリブ性と見立ての趣向をつくり物の特色とした場合、幕末大坂のお金のつくり物は大変興味深いものである。これは献上する金銭をはでに飾りたてる趣向である。

一八三一年（天保二年）、大坂の真宗門徒が本願寺派の拠点である津村《つむら》御坊《ぼう》、現在の津村別院において、お金のつくり物のアイデア競争を行った。これは、京都西本願寺第二〇世の広如《こうにょ》が記した「御文《おふみ》」が、津村御坊で公開されたことに付随して催された。西本願寺では広如の時代、天保年間に財政が極度に悪化し、天保の経済改革を断行している。その一環として、津村御坊を中心として大坂の真宗本願寺派末寺と門徒に寄付をあおいだ。八月一七日から二三日まで津村御坊において「御

③

文」の披露があり、この間、大坂各地の末寺、門信徒、講中から、西本願寺に向けて献上品の衣類や調度品、飾り物が多数届けられ、それらは境内に虫干し法会のように展示され、披露された。この時、本物、つくり物取り混ぜて、金銭が献上されたのである。これは西本願寺への「献金目録」としての側面も併せ持っていた。現在でも、寺社の境内で献金一覧札のようなものを目にするが、かの日に展示されたつくり物の数々も同じ役割を果たしたと思われる。そのイベントの顛末を描いた挿絵集が出版されているが、表題が欠損しているため、「天保二年大坂津村御坊献上品尽し」としておく。

以下、興味深いつくり物を紹介しよう。

①円成寺門徒中より大判二枚の檜扇、

④

西膳寺より台子付釜風呂、一歩を貼り付けた釜、二朱を貼り付けた風呂、大仙寺門徒中より大判二枚を持った力持ち人形と講中の大和屋庄兵衛に似せた口上を述べる人形、真光寺門徒中より金細工が施され紫縮緬《ちりめん》で包んだ竹馬、大判が貼られた龍宮からの海の幸が奉納されている。

②了安寺門徒より小判の衝立、長円寺門徒中より小判で菊と桐の花をあしらった額、島之内万福寺門徒の嶋屋半兵衛より、大判二枚の軍配団扇《うちわ》を持った布袋人形、浄照寺門徒の何某より島台上の額に金製の鼈甲《べっこう》簪《かんざし》が奉納されている。

③常満寺門徒より小判細工の鶴の背、正楽寺門徒より小判一歩二朱細工の兜、常光寺門徒より小判一歩二朱細工の鶴、願泉寺門徒より小判細工の大根の葉を

⑤

奉納している。

④宝泉寺門徒中より掛け軸に吊るした大判二枚、称名寺門徒より大判六枚を描き、青銅五〇貫文と記した衝立《ついたて》、御燎講《ごりょうこう》より中国風の老人が大判二枚を掘り出す景（二十四孝の一つ）、靭光円寺門徒中より小判細工の車輪の車を鼠がひき、大根と大黒が乗り、鼠が大判を担ぐつくり物を奉納している。

⑤円徳寺門徒中より六角灯籠の飾りに大判五枚、山村番斗より大判細工の龍宮の鐘、御戸帳講より小判で飾った釵細工の羽衣を奉納している。

⑥大坂三宦中より大判一八枚と金三〇〇〇両を満載した龍頭船、善福寺門徒中より大判・小判と菊花の竹馬、飛誓中より象に乗った役人に献上する図の衝立、金六〇両、銀百両、銭一五貫文を奉納している。

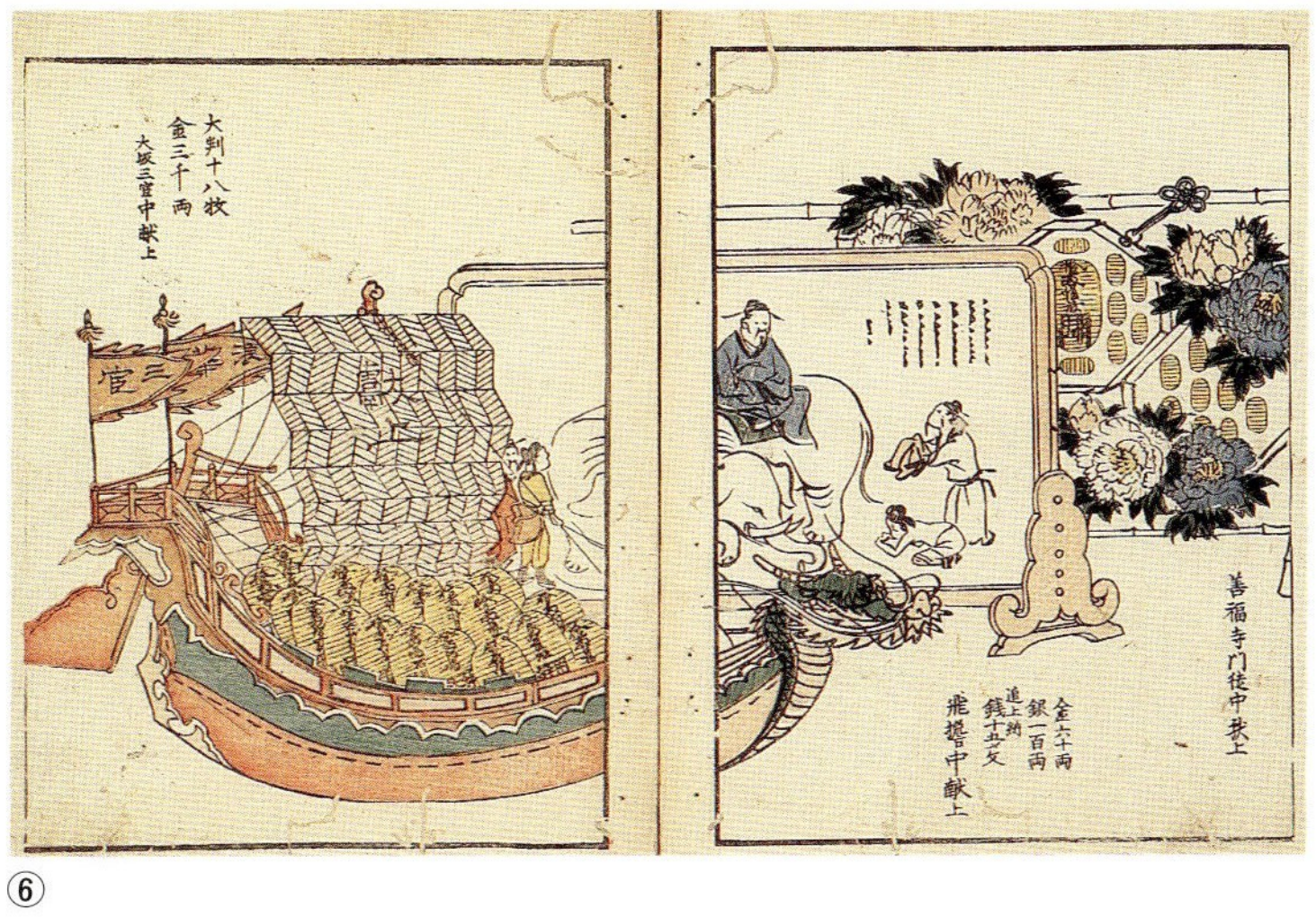
⑥

津村御坊のお金のつくり物は、この時代においてはそれほど突飛なものではなかったようである。例えば、『近来年代記』によると、幕末大坂における神社の正遷宮に「細工銭」が献上されている記録があり、これも、お金のつくり物であろう。

現代人は献金というと、寺社の献金一覧に象徴されるように、額の多い順からのランキングを想起する。つまり、額の多少にしか関心を示さないが、大坂門徒である大坂の町人や商人は、額の多寡と同時に献金の趣向、作法にも心を配ったのである。

献金をするにしても、普通に寄付しなかった。つくり物として、そのプレゼンテーションを競い、楽しんだのである。

（福原敏男）

謡曲『鼓の滝』に取材した意匠。この曲は現在廃曲となっているが、津の国の鼓山の滝のほとりに山神が現れ、『津の国の鼓の山の打ちはへて楽しき御代に逢ふぞうれしき」と歌って舞い踊るというものであった。この奇特《きどく》のモチーフを優美な曲線を駆使して視覚化した図様には、鼓の滝の歯切れよく響く音と勢いよく落下する滝の音とが共鳴しあい、近世前期の気風にふさわしい躍動感がみなぎっている。

装う

いつの時代にあっても、人々は他者と接する場において時所諸縁（TPO）にふさわしい装いを求められてきた。時には身形《みなり》を飾り立てて、ときには分をわきまえて質素に徹する。その演出の仕方は多種多様であるが、それは単に個人の趣味に帰せられるべき問題ではない。装いは、時様風俗を映ずる鏡として、われわれの眼前に生活史の諸相を鮮やかに立ち上がらせてくれる。

文様に贅《ぜい》を尽くした意匠　黒綸子地《りんずじ》鼓滝《つづみたき》模様絞縫《しぼりぬい》小袖　江戸初期

I

装いの諸相

埴《はに》輪《わ》武人の装い

①武装した男子の埴輪
伝群馬県伊勢崎市安堀付近出土　古墳時代後期（6世紀）

胸元の結び紐

頭部の冑《かぶと》

右手と胡籙《ころく》

左腰の大刀

膝の足《あ》結《ゆい》紐

武装男子立像埴輪　拡大部分

四世紀から古墳に並べられていた家、盾《たて》、鳥などの埴輪《はにわ》や円筒埴輪の中に、馬や人物の埴輪が加わったのは、中国大陸や朝鮮半島との交流が活発化した五世紀の中頃のことであった。

『日本書紀』では垂仁天皇のころ、亡くなった主の墓に生きながら埋められた人々の泣き叫ぶ惨状を哀れに思い、その殉死の風習をなくすため、生きる人に代わって埴輪を作り、古墳に並べたのが人物埴輪の最初だと記されている。古代中国でも王陵の周囲の地下には死者に奉仕するさまざまな人々の姿を表わした俑《よう》と呼ばれる焼物が並べられた。そのような先進地での風習を見聞きした人達が列島内での人物埴輪考案に関係したのかもしれない。埴輪も俑も死者に仕えるという意味では同じく見えるが、埴輪は墳丘の上に俑は地下にある点が異なる。

五世紀の人物埴輪は、祀《まつ》りごとをする巫女《みこ》の姿が目立ち、人々が死者をまつる場面を表わしているのではないかとされるが、六世紀には、盛装した男女を中心に武装男性や盾持ち人や馬曳き人が加わった場面が主となった。そして、六世紀末には古墳時代の人々の姿を映した人物埴輪も作られなくなった。

群馬県出土武人埴輪は、小さな鉄板を鋲《びょう》でつなぎとめて作った衝角付冑《しょうかくつきかぶと》を頭に被り、後頭部や頬を護る付属具を完備している。上半身には、小さい鉄板を皮紐でつないだ挂甲《けいこう》をまとい、肩甲《かたよろい》も着けている。両腕には籠手《こて》を着け、左手首には、弓を射る時に手首を保護したり弓弦《ゆづる》があたって音を発する鞆《とも》という革製の袋を捲いている。さらに、右腰には胡籙《ころく》と呼ばれる矢入れ具を、左腰前には大刀を下げて、左胸脇で縦に弓をもつ。また、三角文を白色と赤色に塗り分けた文様の太いズボンをはき、膝を足《あ》結《ゆい》という紐でしばり、革製の沓《くつ》を履いている。弓を持つ人物埴輪には楽器として弦《つる》を鳴らす楽人とされるものもあるが、この人物は上半身だけであるものの甲冑《かっちゅう》をまとっているので、弓を武器として持つ武人を見てよい。

（杉山晋作）

I
装いの諸相

公家の装束

②文官の束帯姿（復元）　平安時代

①武官の束帯《そくたい》姿（復元）　平安時代

今日のきものにつながる和様の服飾の基礎ができあがったのは、平安時代の中頃といわれる。人口比からすれば庶民が労働着として用いていた小袖や袖細《そでぼそ》といった簡易な衣服が圧倒的な多数を占めていたはずであるが、当代を象徴する時代の服飾といえば、やはり公家たちの愛用した重厚華麗な装束類をまず筆頭にあげるべきであろう。

平安時代の服飾は、男子においては束帯《そくたい》、女子においては女房装束によって代表される。それらは奈良時代にあって、有位《うい》の官人たちが朝廷公事の服として常用していた朝服《ちょうふく》が、和様化していったものといわれている。平安中期には、政治や儀礼の場が大極殿《だいごくでん》から紫《し》宸殿《しんでん》、さらには天皇の常の居所である清涼殿に移り、朝廷の儀式が中国的な立礼《りゅうれい》から座礼《ざれい》へと移行していった。服飾の和様化はこの変化に連動し、座ったままでも威儀を調えることができるように袖が長大化し、身頃や襟ぐりも寛闊なものとなっていったと説明される。しかし、このように服飾が徐々に長大化、寛闊化へと動いていく傾向は、服飾一般に認められるもので、いわゆる形式昇格の原則にしたがった典型的な変化ともみなされよう。その結果、奈良時代には常服であった朝服が、平安中期には事実上、もっとも格式の高い衣服として認識されるにいたったのである。

なかでも男子の束帯は、重厚な構成美を演出し、今日に至るまで日本服飾史の頂点に位置づけられている。その様式には、文官用と武官用の二様があり、後者は騎馬に際しての利便性を重視して表着である袍《ほう》の脇を縫いとめず闕腋《けってき》とし、冠も巻纓《けんえい》、緌《おいかけ》の付いた特徴的なものを用いる。院政期になると、束帯の儀礼性は一層強くなり、袍に強く糊をつけたり厚くしたりして強《こわ》くし、肩と袖などの部分を固く角ばらせた強装束《こわしょうぞく》の盛行をみるに至る。しかし、視覚的な威儀を追及した強装束は、日常的な着脱に労苦を伴うという負の側面も合わせ持ち、着用するための介添え役の存在を必要とするようになるとともに、「どのように着るべきか」という衣紋道《えもんどう》を生じて、これが後の高倉流、山科流へ連なっていくこととなる。

一方、女子の場合も奈良時代の女性用の朝服から発展し、袿《うちき》を複数枚重ねて、これに裳《も》と唐衣《からぎぬ》を加えた女房装束の姿に、王朝文化の優美な装いを結実させる。特筆されるのは、表着、袿、単《ひとえ》など重ねる衣の配色に趣向を凝らすようになり、その組み合わせに四季の色彩の変化を対応させて、後に「襲《かさね》の色目」と呼ばれる色彩を主体とした独自の装飾様式を確立していったことである。襲の色目には、衣の色の組み合わせのほかにも、経糸《たていと》と緯糸《ぬきいと》の配色を違えた織色や、表地と裏地あるいは中陪《なかべ》（表地と裏地に加えた生地）の配色によるものがあり、その装飾効果は男子の狩衣《かりぎぬ》や直衣《のうし》、下襲《したがさね》などにおいても遺憾なく発揮されている

（丸山伸彦）

③唐衣《からぎぬ》と裳《も》を着けた女房装束姿（復元）　平安時代

③の背面

①〜③歴博第１展示室

④隆房卿《たかふさきょう》艶詞《つやことば》 絵巻　鎌倉時代（13世紀）　重要文化財

I 装いの諸相

武家の服飾

①足利義輝像　1577年（天正５年）　重要文化財
萌葱《もえぎ》の下着の上に段替りの小袖を重ね、夏用と思われる紗の透直垂《すきひたたれ》の上下を着用している。

武家の服飾の独自性は、男子の装いにおいて明瞭に示されている。その歴史は、律令制の崩壊を象徴する承平天慶の乱が勃発した平安時代後期から、一八六七年（慶応三年）に公服としての上下《かみしも》（裃）が廃されるまでの約一〇世紀間におよぶ。

平安末期から鎌倉初期の頃、いわば成り上がり者であった武士たちが衣生活の領域で選択すべき道は、公家社会の厳格な服飾のヒエラルキーに強引に割り込んでいくか、あるいは自分たちが従来慣れ親しんできた装いを発展させていくかの二通りしかなかった。武家として旭日昇天の勢いを誇った平氏一門は前者の道を選択し、強装束《こわしょうぞく》の力強い表現を推進して、公家装束そのものにいわゆる六波羅《ろくはら》様《よう》とよばれる独自の好尚を反映させていった。一方、平氏滅亡後、覇権を掌握した源氏は、華美を戒め、坂東武者の質実剛健の精神を尊重して、後者の道を歩むこととなった。この風潮は、鎌倉後期以降、一層顕著となり、狩衣《かりぎぬ》から水干《すいかん》、水干から直垂《ひたたれ》というように、より生活に密着した実用的な形式の正装化、礼装化が推進されていった。

このように社会的に下位であった服飾形式が上位に移行していく現象を「形式昇格」とよぶ。形式昇格は、服飾一般の変遷における原則のひとつで、武家服飾に固有の要素ではない。しかし、武家の服飾において諸々の服飾が時代の上位へと導かれていく様はまさに劇的であり、この点こそが武家服飾最大の特徴といえる。その多彩な服飾形式のなかでも、武家の衣生活を象徴する存在が直垂であった。

鎌倉時代以前の直垂は、地方庶民の日常着に過ぎない原初的な衣服で、袖細《そでぼそ》ともよばれた。それが鎌倉以降、徐々に形式昇格し、武家の平服となり、やがて正式の衣服としての様式が確立されていった。袖が二幅《ふたの》よりなり、脇明け（闕腋《けってき》）で袴に着込めて着用する点は水干と同じであったが、後ろ身が二幅で、襟が垂領《たりくび》であるところに直垂の特徴が示されていた。ことに時代を代表する服飾に垂領形式の衣服が昇格したという事実は、唐様から和様への移行と公家装束からの脱皮がほぼ完遂されたことの象徴として特記されてよい。

さらに、室町時代になると、大紋、素襖《すおう》が隆盛し、直垂系の衣服のなかでの形式昇格が進行していく。そして、ついには素襖から肩衣袴《かたぎぬばかま》の形式が派生することとなる。肩衣袴の盛行とともに、徐々に広まっていた露頂、つまり烏帽子を被らないことが公認されるようになった点も、中世から近世にかけて起こった大きな変化であった。肩衣袴は、後に上下と総称されるようになるが、上下とは本来、上半身の衣服と袴とが生地、柄を同じくしたスーツの意であった。江戸時代には、直垂や素襖などの上下を用いる機会が激減したため、上下が肩衣袴の代名詞となったのである。

時代の下降とともに、肩衣は一層肩を張らせ、素襖と同様であった垂領の形式も、前身を狭く、襟を垂直に仕立てることにより、左右並行に袴を着込めるかたちとなって極端に形式化していった。ここに至って、小袖の露出が甚だしくなり、やがて武家の服飾においても小袖が中心的役割を担うようになっていった。これは身分や性差による服飾形式の差異が、徐々に縮小していったことを意味するものである。（丸山伸彦）

②の背面

②中世武家直垂《ひたたれ》（復元）　鎌倉時代　歴博第１展示室

アイヌの衣生活 ―アッツシ―

①巻袖のアッツシ　江戸時代末〜明治初期

北海道アイヌの衣服には、男女それぞれに上着や下着がある。その中で、アイヌ特有の衣服としては、オヒョウの樹皮やイラクサの繊維で作った上着であるアッツシがある。写真に示したもの三点がそれである。

このアッツシの形は、和服の「はおり」と同じように、前で襟を合わせずに、ひもで結ぶ形式である。先が細い巻袖は和服では一般に仕事用の上着の袖として知られている（①）。アイヌでは、この巻袖タイプの上着は自分用に作ったものと言われている。先がすぼまらない普通の平袖（②、③）は和人用に作ったと言われるが、確かではない。いずれのアッツシも、アイヌ特有の文様が袖、裾、背中部分に見られる。その文様は、白や黒の綿布をオヒョウやイラクサの布の上に貼り付け、その上に白や水色などの糸による刺繍を施したものである。

アイヌのアッツシは、裾が長い羽織タイプのものであり、これは江戸時代の漁師たちが用いた上着をまねたものである。そういう意味では、アイヌ本来の衣類とは言いがたい。また、アッツシ以外に木綿の端切れで作られた上着も知られており、いずれにせよアッツシは羽織形態から見て寒冷地にふさわしい衣類とはいえない。そういう点では、形式的にこのアイヌのアッツシは和人の衣服の影響を強く受けたものである。ただし、刺繍による特有の文

②平袖のアッツシ
江戸時代末〜明治初期

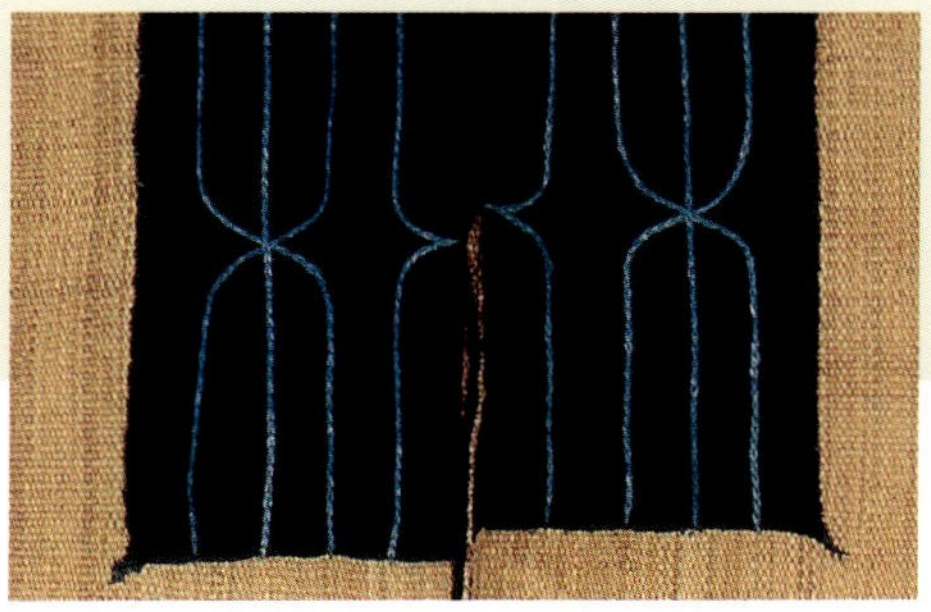

③平袖のアッツシ

様は、アイヌ文化独自のものである。この文様はおそらく江戸時代以前にたどりえるものであろう。（西本豊弘）

II 異装

アクセサリー

①〜㉒南海産の貝でつくったアクセサリー　鹿児島県広田遺跡　弥生時代後期〜古墳時代（2〜6世紀）

鹿児島県種子島広田にある弥生〜古墳時代（二〜六世紀）の墓地で遺体がまとっていた貝のアクセサリー（①〜㉒）は、南の太陽を浴びるとことさら白く輝いただろう。ゴホウラ、イモガイ、オニニシなど南の島に特有な貝を材料とした腕飾り（貝輪）、小玉を連ねたくび飾り、小さな板（貝符）など、鉄の刃で切り断ち紋様を彫る、という長時間の忍耐の成果品である。紐孔をもつ貝符はながらく衣服につけていたのか磨り減りがあるのに対して、紐孔のない貝符は真新しく、死装束《しにしょうぞく》用のアクセサリーらしい。

縄紋時代終わりに近い（三〇〇〇年前）円く大きな耳飾り（㉓）には、こまかな文様をつけたものと飾りの少ないものがある。祭り用と日常用の違いか、つけた人の身分の違いかとされている。縄紋人の耳たぶは大きかった。とはいえ、小さな孔をあけて小さな耳飾りをはめ、次第に大きなものに変えていって、ついには、こんな大きなピアスをはめたのである。

鹿の角や骨を材料として石器で加工した剣に似た男用の腰飾り、そして髪針と漆でかためた櫛《くし》、皆、縄紋アクセサリーの優品である（㉔〜㉖）。

ここにあげたアクセサリーは、悪から身を守るなど、呪術的な役割も大きかった。弥生〜古墳時代、有力者が育っていくと、アクセサリーはその権威、力をしめす働きをもっていく。種子島の貝製品にはその種のものも含むかもしれない。古墳時代終わりころ、本土

㉓土で作った耳飾　北海道茂辺地遺跡　縄紋時代後・晩期（約3000年前）

①オニニシの腕輪　鹿児島県広田遺跡
弥生時代後期〜古墳時代（２〜６世紀）

⑬イモガイの腕輪　鹿児島県広田遺跡
弥生時代後期〜古墳時代（２〜６世紀）

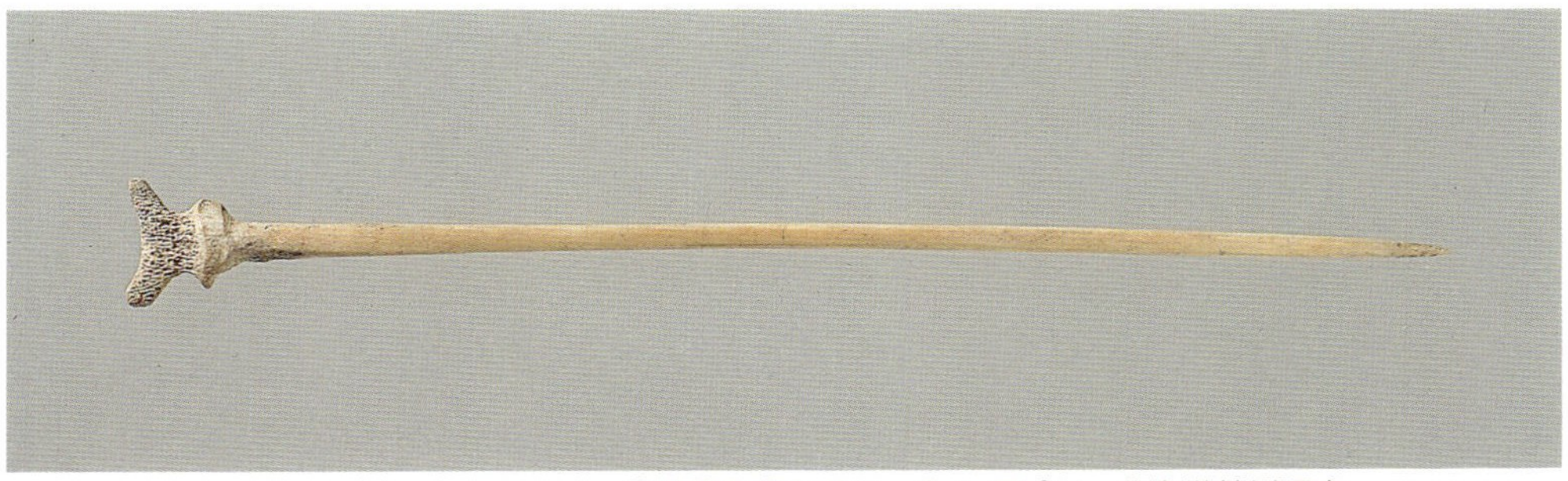

㉔動物の角でつくったヘアピン　北海道鮎川洞穴
縄紋時代晩期（約2500年前）

㉖鹿の角でつくった腰飾り（複製）　宮城県
屋敷浜貝塚　縄紋時代中期（約4500年前）

㉕漆塗りの櫛（複製）　埼玉県寿能《じゅのう》遺跡
縄紋時代後期（約3500年前）

では、農民といえども金の耳飾りをつけられる人も出現した。有力者たちは、アクセサリーに代わって美しく織ったきれ、それを美しく染めわける色への関心を高め、アクセサリーの材料も忘れ、ついに一〇〇〇年近くアクセサリーを忘れ去る、という世界的に珍しい現象をまねくことになった。なお、北海道、琉球では、ずっと続いてアクセサリーを用いている。　（佐原　真）

II

異装

下剋上の武装

—腹巻と胴丸—

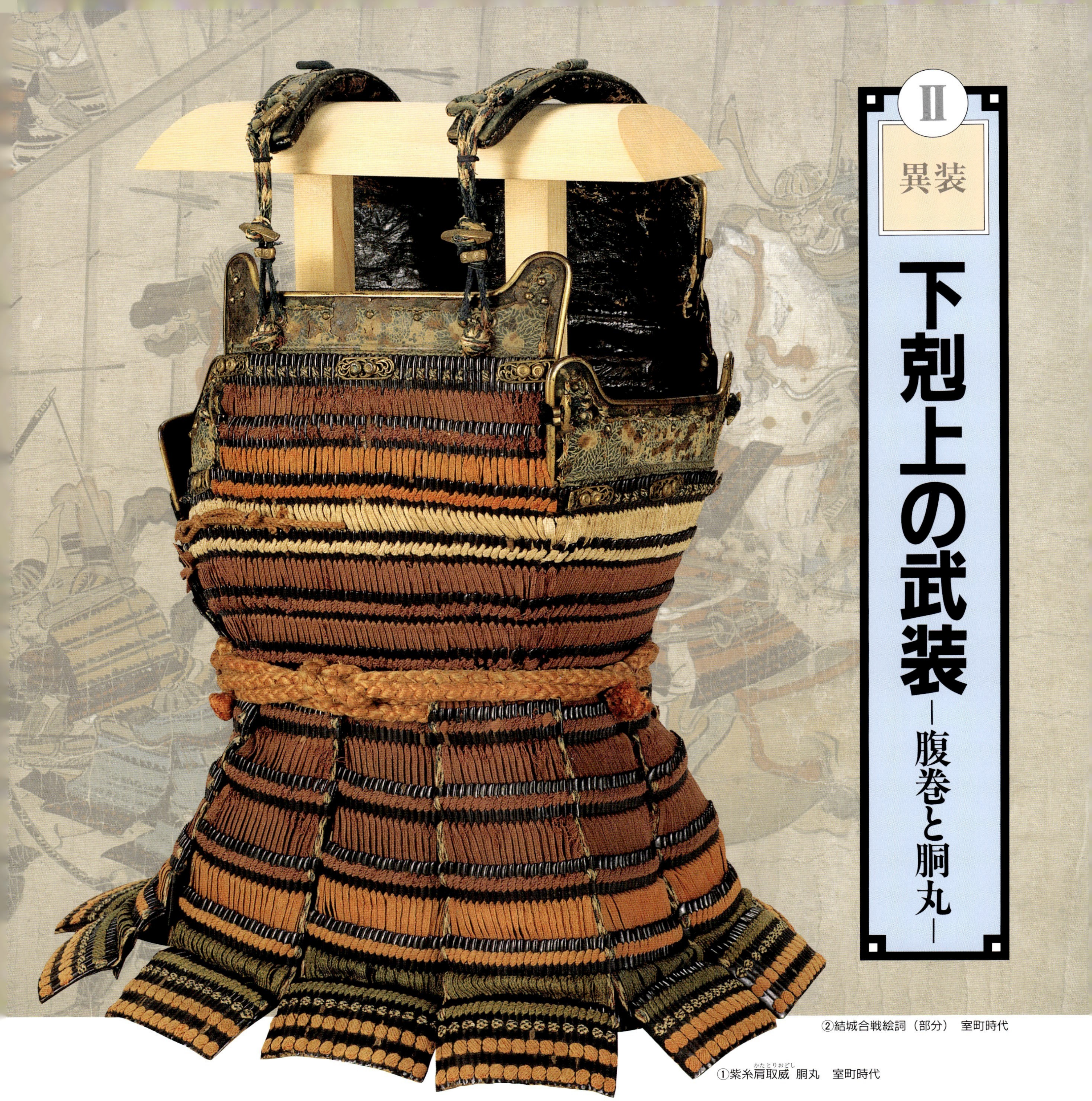

②結城合戦絵詞（部分）　室町時代

①紫糸肩取威《かたとりおどし》 胴丸　室町時代

平安時代以来の馬に乗って弓を射る中心の戦闘形態は南北朝から室町時代にかけて馬から下りて徒歩に変容した。武器の中心は弓矢から太刀、薙刀、打刀に変化した。騎射戦の重過ぎる大鎧《おおよろい》は廃れて、軽快な腹巻、胴丸が現れた。

すでに腹巻の用語は平安から鎌倉の文献に広くみられ、同時代の絵巻物「平治物語絵」「蒙古襲来絵」にそれを求めると、その様式は大腿部を庇護する草摺は八間に細分して、右脇の引合を深く重ねた構造で、胴の部分は四段、前の胸の部分は二段、背中を三段に仕立てた。草摺は裾開に四段ないし五段下りとし、金具廻の胸板、脇板、押付け板のほか、肩上につけて両肩を覆う杏葉を加えている。兜《かぶと》や袖は具備しないのが普通で肩上の茱萸《ぐみ》背面の総角もない。

やがて腹巻は徒歩打物合戦に即応して袖と兜を配備して三物《みつもの》とよび武将の間で広く実用に供され、さらにこれに頬当《ほおあて》、喉輪《のどわ》、籠手《こて》、臑当《すねあて》、脇引、佩盾などの小具足をくわえて、これを具足とよんで、鎧に変わる名称となった。

腹巻にくらべて胴丸の用語は極めて少なく、そこからわかる構造は背面中央で引き合わせ左右のそれぞれに立挙と押付の板をもうけた。胴丸は腹巻より一段低い階層の者が着用したが、これも徒歩打物合戦の流行につれて袖と兜を加えて三物完備にしてもちいた。ほんらい腹巻も胴丸も下卒の着料であったが、室町時代になると、上級武将の着料であった大鎧を凌いで式正の鎧

③結城合戦絵詞（部分）

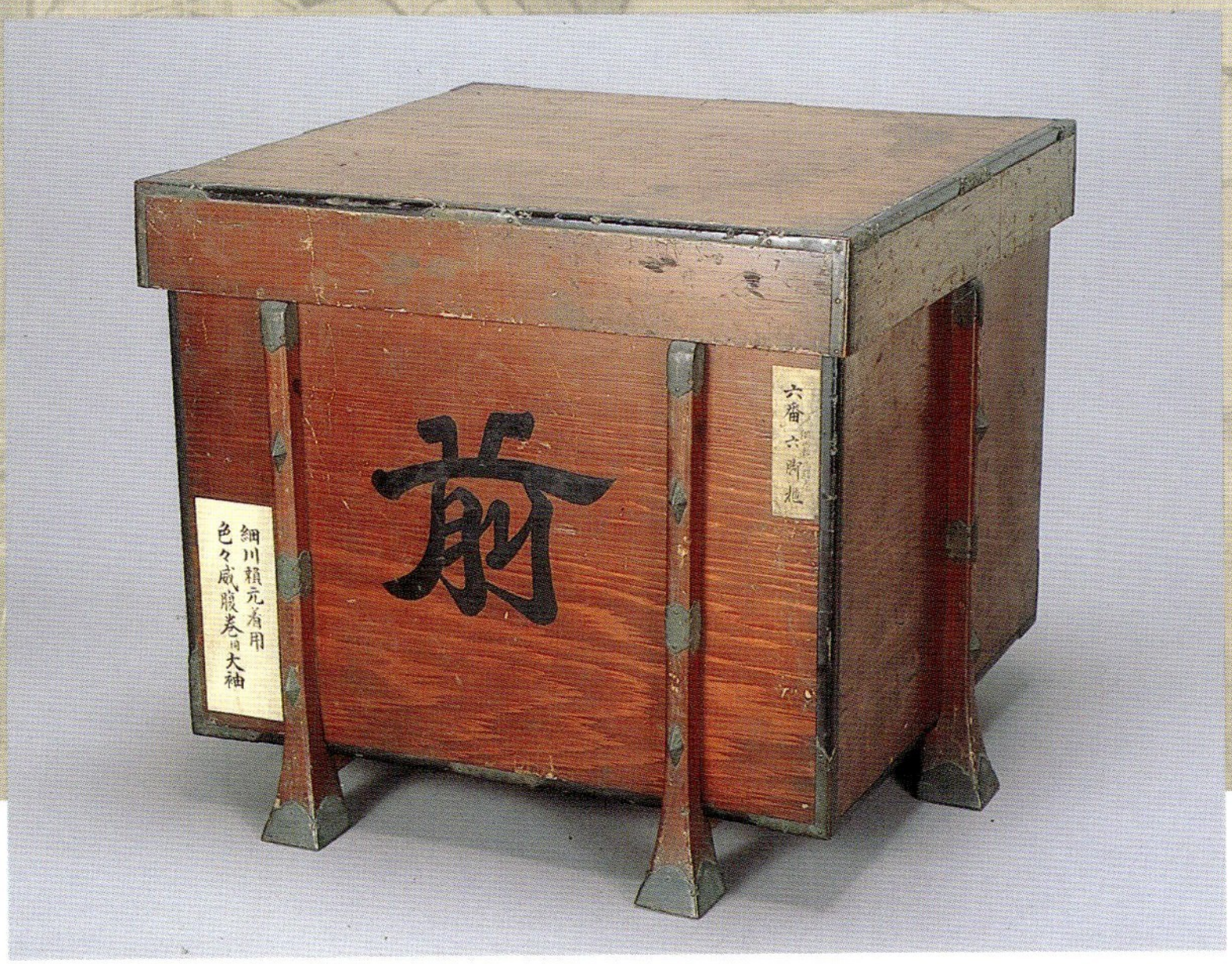

④色々威《いろいろおどし》腹巻大袖付（盛上黒漆塗小札）唐櫃　室町時代　重要文化財

の地位を獲得した。これはまさに甲冑の下剋上である。

なお、現在、腹巻は背面中央引合の草摺七間の様式、胴丸は右引合様式をいうが、これは江戸時代以来の呼称である。慣用語としては問題がないので、ここではその名称にしたがった。⑤の色々威《いろいろおどし》腹巻は肥前の鍋島家に伝来し、細川頼元所用の伝承がある。また①の紫糸肩取威《かたとりおどし》胴丸は浪華の上田好兜堂の蒐集品で室町末期の作品である。

（宇田川武久）

⑤色々威腹巻大袖付（盛上黒漆塗小札）室町時代　重要文化財

武装の造形　異装 II

②鉄三枚張峯界形張懸冑　江戸時代

①鉄一枚張南蛮鎖冑　江戸時代

俗称大鎧《おおよろい》は騎射の戦いが盛んな平安から南北朝にかけて使用されたが、これに附属する冑《かぶと》は鉢を構成する鉄板の矧合《ひきあわせ》の数から何枚張、あるいは鉄板を止めた鋲頭を大きく尖らせて星としたので星兜とも称した。頂辺には烏帽子の先端を出す孔をもうけ、背面には笠標《かさじるし》の鐶、正面の真向に鍬形をつけた。頸を庇護する錏《しころ》は札仕立の毛引威《けびきおどし》で三枚ないし五枚下りとし、両端を外側に深く反らせた吹返《ふきかえし》は画韋《えがわ》で包んだ。

南北朝から室町にかけて徒歩打物の戦いが主流になると筋冑《すじかぶと》が流行し、鉢裏には打撃を和らげる浮張がつけられ、打物をもつ手が錏にあたらないように札長《さねたけ》の短い三枚ないし五枚下りの笠錏となり、吹返は形式化した。筋冑の正面には鍬形、中央には大笠標、作り花、日輪、半月、三日月、御幣、利剣など立てたものが多い。

戦国末から安土桃山にかけて鑓《やり》や鉄炮による集団戦が主流になると筋冑は姿を消し、錆地の兜、筋の細かな兜、筋の粗い阿古陀形の先尖りの椎形、二枚や四枚張合の桃形、頭巾形、烏帽子形、三枚張の頭形、二枚張り星座入りの雑賀、鉄板打出しの螺貝、冠帽、獣魚、鳥翼形、植毛の髪頭、紙の張懸の山岳、浪頭、器物、鳥獣、魚形、仏頭形、執金剛の握手、長大な鯖尾、鯰尾、長鳥帽子形など、さまざまな造形の変り冑が出現した。

さらに鉢正面の前立は大立物となり、鉢の両脇に鹿角や水牛などの脇立を、背面に大釘や馬藺などの後立を、さらに頂辺にも鳥の羽などを頭立とし装飾の限りをつくした。錏の吹返は小さくなり、ときに省いた。背面中央の各段の札足を長く仕立てた日根野形《ひねのなり》が流行した。徳川家康の大黒頭巾、黒田長政の大水牛、細川三斎の山鳥、加藤清正の長鳥帽子、伝上杉謙信の三宝荒神などが名高い。変り冑の造形は当世具足とともに集団戦のなかで自己の存在を誇示する必然の結果であって悪戯に奇を衒ったわけではない。　（宇田川武久）

⑤輪重ね異形張懸兜　江戸時代

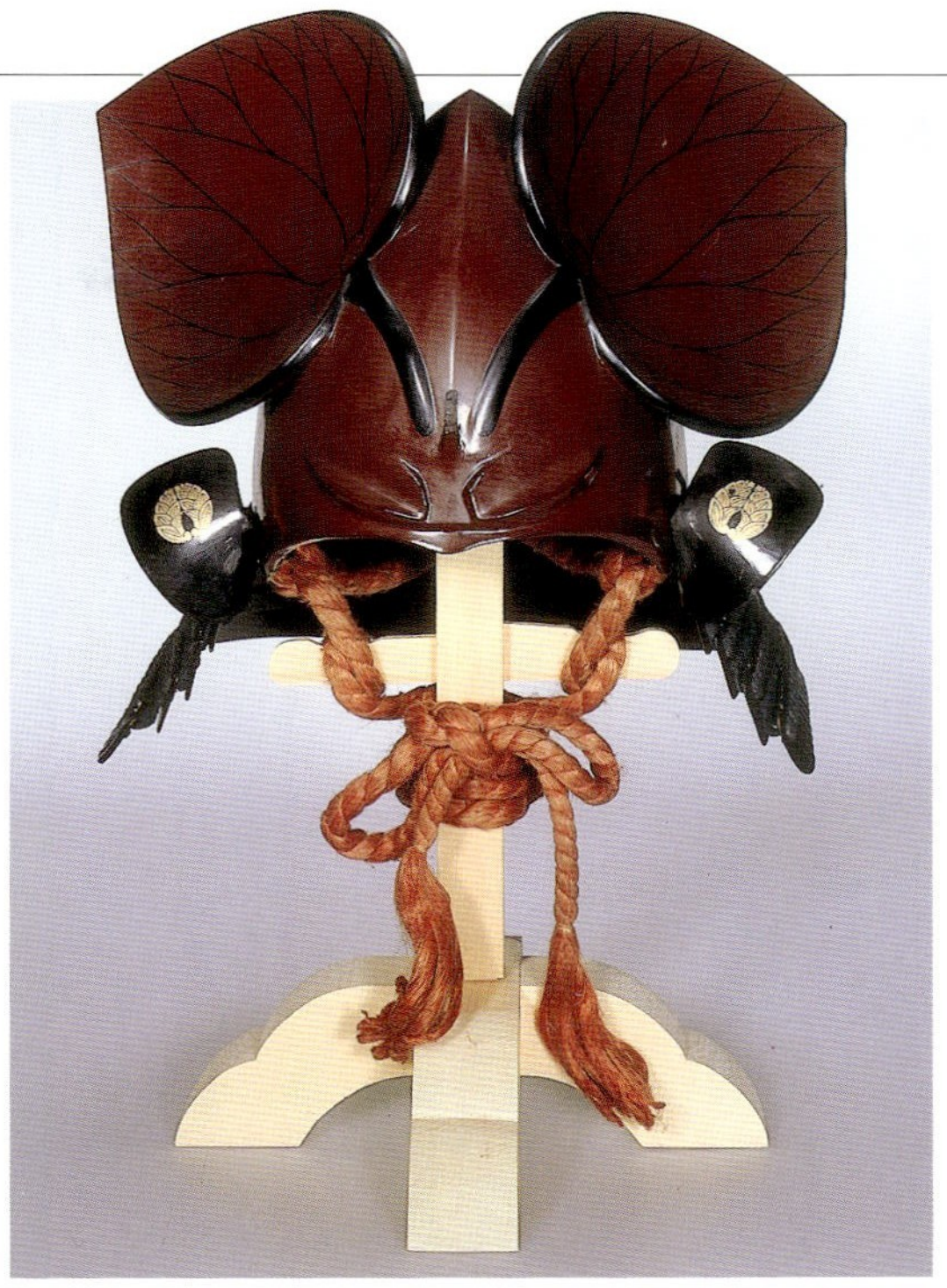

④二葉葵張懸兜　江戸時代

③黒漆塗一ノ谷張懸冑　江戸時代

⑦鉄八枚張椎形眼鏡付冑　江戸時代

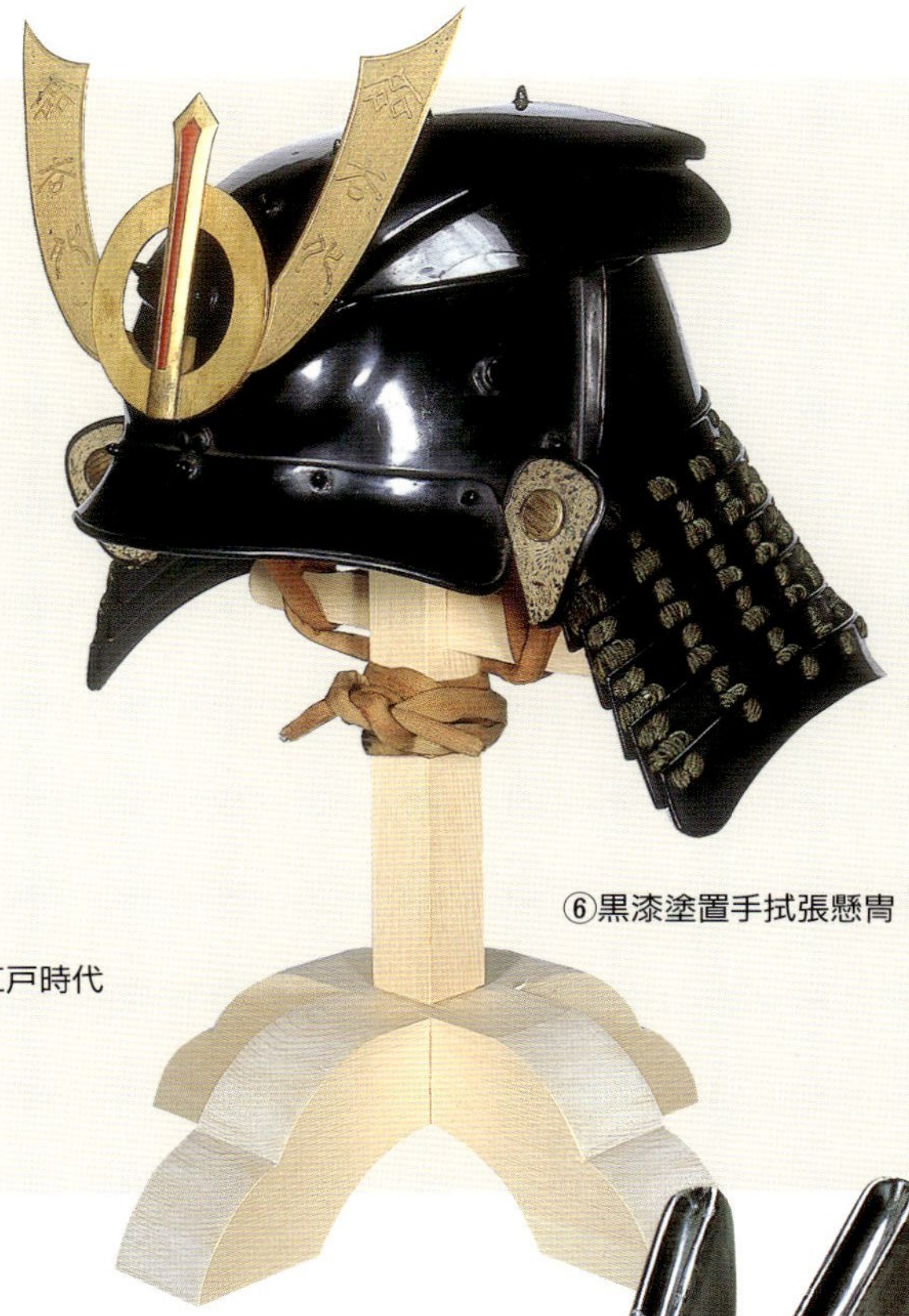

⑥黒漆塗置手拭張懸冑　江戸時代

⑩鉄三枚張唐冠形兜　江戸時代

⑨鉄六枚張桃形前付臥蝶冑　江戸時代

⑧銀箔押張懸兎耳形冑　江戸時代

Ⅱ

異装

旅のいでたち

①虎勢《こせ》道中記　江戸時代（19世紀）
いざ旅立ち。供を連れて出羽三山へ旅をした時の日記。出羽三山は東国の人々の信仰を集めた。

いつもの車中から見る風景も、旅行の時はまた違った風景がみえてくる。江戸時代の人々にとってはなおさらだろう。

江戸時代の旅といえば伊勢参宮に代表される。東国から伊勢へ旅する人々の多くはまず江戸にやってきて市中を見物し、それより東海を往く。しかしひたすら伊勢に向かうわけではなくあちらこちらと見て回っている。鎌倉江の島、久能山《くのうざん》などに立ち寄り、掛川宿からは秋葉山、鳳来寺に入り御油《ごゆ》宿に抜けている。

宮宿から東海道は海上七里の渡しを経て桑名へ達するが、伊勢参宮者は東海道を離れて名古屋城、津島社を見物参拝して佐屋から船で桑名に達し、伊勢に向かっている。

伊勢は目的地であると同時に次への出発地でもあった。伊勢参宮者の多くは伊勢から西国各地を巡っている。伊勢から奈良、吉野、高野、そして大阪、京都を見物する。あるいは西国札所を回っている。時間と費用に余裕のある旅人は金毘羅、厳島、時には出雲大社まで足を伸ばすこともあった。

帰路は中山道を通り、洗馬辺りから善光寺に向かい故郷に戻っている。東海道と中山道は幕府にとって重要な街道であったが、庶民のエネルギーは二大重要街道を旅の周遊コースに仕立てあげてしまった。

伊勢、西国への旅は二か月前後を要したため、農民は農閑期である一二月から一〜二月を利用して旅に出ている。一生に一度であろう旅を、十分に楽しんだわけである。

これだけの旅であれば、旅から帰って思い出を残し

②神奈川及び箱根山江尻龍華寺景図　江戸時代（19世紀）　箱根山中に建ち並ぶ甘酒茶屋でひと休み。この絵巻は江戸から静岡県の龍華寺まで旅をした様子を描いたもの。

たいという気持も強かったであろう。神社などに掲げられている参拝記念の絵馬などはその代表といってよい。さらには旅日記や旅の絵巻なども数多く今に伝えられている。

旅そして街道は文学芸術をはじめ、さまざまなものを作り出す原動力ともなったが、その象徴ともいうべきものは、多くの大衆に受け容れられた十返舎一九の『東海道中膝栗毛』と安藤広重の「東海道五十三次」の版画である。（山本光正）

③東海道五十三駅画巻　江戸時代　東海道最大の難所大井川。江戸から京都まで東海道を描いたもので、居ながらにして旅をしたような気持ちになる。

「南蛮人」がやってきた　異装 II

―南蛮屏風を読む―

②南蛮人来朝図屏風（左隻）　ゲーム盤での遊び

①南蛮人来朝図屏風（左隻）　団欒

③南蛮人来朝図屏風（右隻）　桃山時代

④南蛮人来朝図屏風（右隻）　黒人と白人

左隻《させき》には二隻の大きな黒船、紺碧の海と金雲、何そうもの小舟と光る水しぶき、それを座敷から眺める異国の男女。右隻《うせき》には、上陸したカピタン・モール（マカオ総督を兼ねる船長）とその一行、出迎えの黒い長衣の南蛮僧と南蛮寺、前景にはさまざまな階層の日本の男女。

こういう題材の屏風は南蛮屏風と呼ばれている。船が二隻描かれているのは珍しい例であるが、南蛮屏風が七〇点も現存しているのは、それだけでもその理由を考えてみたくなる。なにしろ洛中洛外図という京都の内外を描いた屏風を除くと、柳橋図、武蔵野図、〇〇祭礼図などのどれよりも数が多い。一世紀にも満たない南蛮貿易を題材にしたものが、当時どれほど描かれたものかは不明とはいえ、残存数のこの多さは問題ではなかろうか。

高見沢忠雄の調査によると、由来の明らかなものは多くは商家、それも廻船問屋が何人かいたとのことである。堺、日本海側のいくつかの港町などがその出所であった。このことは、ほぼ同時代に日本にキリスト教を布教にきたイエズス会が養成した洋風画の工房でつくられた非宗教的主題の屏風類が、大名や家老職の武家階級の伝世品であることと、著しい対照を見せている。

⑤南蛮人来朝図屏風（左隻）　海を眺める異国婦人

⑥南蛮人来朝図屏風（右隻）　官女風の日本婦人

洋風画の屏風は、イエズス会が布教に便宜を得ようとして権力者に寄進したものが残存したと筆者は推測してきたが、南蛮屏風の方は、注文者である商人や船問屋自身のために求められ、伝えられたのだとすれば、南蛮屏風は何の役に立ったのだろうか。

これまで研究者たちは「宝船」のような「招福」の縁起ものだったのではないか、と言ってきた。筆者もそう思うので、その理由を記すことにしよう。

大航海時代というのは、現代の航海からは想像もできないほどの危険と労苦に満ちたものだった（成功すれば、それだけ利益も大きかった）。もっとも、西欧で一六、一七世紀に描かれた船や航海の絵や版画にも、そのような悲惨さは描かれていないが、少なくともこの南蛮屏風にうかがえるような船上でのゲーム盤での遊び、食事や団欒あるいは昼寝や憩いを感じさせる情景はほかでは見られないものである（①、②）。神戸市立博物館蔵の狩野内膳の南蛮船の上では黒人の水夫たちが一〇人ほど帆柱と綱とでアクロバットを楽しんでいる。内膳工房やその型を踏襲する町絵師の南蛮屏風でもそれが類型化している。目出度いものに苦役や悲惨な現実は無用なのである。

⑦南蛮人来朝図屏風（左隻）　桃山時代

「絵空事」というが、この屏風の船型は、宮内庁本と同じくジャンクに限りなく近似しているし、南蛮人の帽子、衣服も、中国か朝鮮か韃靼《だったん》（蒙古）か、しかとは決めかねるし、西欧風俗は、ここでは黒人の人夫に最も認められるのに、身分のよい白人たちの服装は、いずれもかなり非西欧的といえそうである（④）。左隻の座敷から海を眺める異国婦人も中国服らしい（⑤）。中国婦人は京樽本にも描かれていて、そこでは間違いなく南蛮婦人の役をしているので、この時代に一人も来日しなかった西欧婦人の姿を中国人で代用させたと考えたのだが、この歴博本でもおそらく南蛮婦人として描かれたのであろう。近年の泉 万里の研究で、室町時代に中国貿易を描いた「唐船図《からふね》」がかつては存在していて、中国の船が入ると、その姿を見に人々が京から瀬戸内の港まで行ったり、大騒ぎだったという記録が紹介された。日本は古来中国や朝鮮の先進文化に学び、その文物への好奇心や憧れが根強かったのであろうから、とくに中国は外国、異国なるものの代表として、異国憧憬の夢を担ってきたのではなかろうか。中国的な形は、南蛮的な形の代わりに充分に異国憧憬に耐えられるほどのものだったのではなかろうか。そういえば港町に官女風の日本婦人が描かれるのも非現実的である（⑥）。しかしクリーヴランド本や天理本では、もっと多様な身分風俗が描かれている。どうやらこうした南蛮屏風の画家たちは、遠来の珍奇な異国船、つまり宝船を迎えるのに日本全体の人々をここに集めたかったのかもしれないと想像したくなる。そういう場こそユートピア（存在しない土地）というべきであろう。

いずれにしても、世界中のいろいろな造形表現の中で、南蛮屏風ほど外国人や外国のものに対する好奇心や憧れや喜びを表している芸術はないと筆者は思うようになってきた。それはまた近世初期という、日本の歴史の中でも外向性の強い時代と、大航海時代との幸運な出会いの産物でもあったのである。（坂本　満）

Ⅱ 異装

近世初期のファッション

①黒綸子《りんず》地《じ》菊水模様絞《しぼり》縫箔《ぬいはく》小袖
江戸前期

近世のファッションは、きものの祖型、小袖を舞台として森羅万象の文様表現を通じて華麗に展開した。なかでも、一七世紀初頭から一八世紀初頭にかけての約一世紀は、小袖のデザインがもっともダイナミックに変化した時代であった。桃山時代までの左右対称を基本とした装飾様式が後退して、江戸時代の初め頃には複雑な意匠構成の慶長小袖が登場し、一七世紀の半ば頃からは自己主張の強い大きな文様表現と左右非対称の構成を特徴とする寛文小袖のデザインが主流をなすに至る。小袖全面を一枚の画布のように捉えた寛文小袖は、それまでの小袖の装飾様式と一線を画するのであり、その盛行は最新の小袖模様を収載した雛形本や肉筆の注文帖などからもうかがわれる。

③の大きな葉をモチーフとした小袖は、慶長小袖から寛文小袖への過渡的な段階を示す資料である。モチーフを大きく捉え余白を残して非対称に構成する意匠は寛文小袖のそれを彷彿《ほうふつ》させる。しかし、金箔による霞文を地が見えなくなるほど密に配置した、いわゆる地無《じなし》小袖の形式である点は、この小袖が慶長小袖の延長上にあることを物語っている。

一方、①は、黒地の綸子《りんず》に、冠水した大柄な菊花を紅、流水を藍の鹿子絞であらわし、波頭を金糸で縫いあらわした明快で躍動感のある意匠の小袖である。もはや余白には何の文様も置かれてはおらず、右肩を中心に文様を半身《はんみ》に寄せ、空間を大胆に残した構成には、寛文小袖の典型が示されている。

このような寛文小袖の隆盛を考えるうえで忘れてならないのが、当代の流行におけるかぶき者や遊女たちの存在の大きさである。残念ながら彼らの用いた衣装は今日に伝わっていないが、彼らの風俗を主題とした絵画作品は少なからず伝存している。②はそのひとつで、遊廓とおぼしき邸宅の内外を舞台に、若衆や遊女、かぶき者などによる輪舞や遊楽の場面が活写されている。いずれも人物を大きく捉え、結髪《けっぱつ》、衣服、小物類まで丹念に描出されている。なかでも、小袖の表現に

②輪舞遊楽図屏風　江戸前期

③黒綸子地桐《きり》唐草《からくさ》入《いり》大葉《おおば》模様絞縫箔小袖　江戸初期

③の部分

は意が尽くされ、桜、網干《あぼし》、橋、棕櫚《しゅろ》、将棋の駒、冊子、扇面、額、法螺貝など江戸時代前期を特徴づける文様が多数見出される。これらは小袖雛形本などとも共通する先端的な意匠に属するもので、遊女やかぶき者たちがこの時代のファッションリーダー的役割を果たしていたことをうかがわせる。（丸山伸彦）

Ⅱ 異装

嫁ぐ日の装い

①白絖地《ぬめじ》御簾《みす》檜扇《ひおうぎ》模様絞《しぼり》 縫《ぬい》振袖　江戸後期

衣服は社会と身体の境界にあって、人々は衣服を通して社会に接する。そのため、どこの文化圏でも衣服には幸福のシンボルが好んで用いられる。なかでも、人生最大のイベントのひとつである婚礼の装いには、永遠《とわ》の幸福を祈念する意味が込められ、最大級ともいえる吉祥の装飾が施される。

まず、祝言の時の花嫁の衣装は、白無垢が基本となる。これは室町時代以来の伝統で、伊勢貞丈《いせさだたけ》の故実書『貞丈雑記』は、婚礼は人生の大本であり、白色は五色の大本であるゆえに婚礼衣装は白を用いる、と説いている。江戸時代の大名家の白無垢では、白綾の打掛と被衣《かつぎ》を用いるが、いずれも地紋を幸菱《さいわいびし》と定めている。幸菱は、菱の先端が向き合うことによる「先合い」に「幸い」の意を込めた吉祥文様である。また、水草である菱は旺盛な繁殖力をもつゆえに繁栄の象徴であるといわれる。式三献、三三九度の儀式が済むと、花嫁は白無垢を脱ぎ、婿方から贈られた色物の小袖に着替えて色直しをする。室町時代には白無垢姿で二日間を過ごし、三日目に色直しをしたが、江戸時代には式三献の後直ちに色物に着替えるようになった。さらに江戸時代も後期になると、色直しの演出も一層艶やかなものとなり、下から白、紅、黒の三領の小袖を重ねる三枚襲《さんまいがさね》の形式も登場した。白は花嫁の清らかさ、紅は可憐さ、華やかさ、黒は荘重で儀式性を重んじる心をあらわしているとされる。

①は、腰上に瑞雲のはざまに御簾《みす》越

ⓒ
黒縮緬地松楼閣模様友禅染振袖

ⓑ
紅《べに》縮緬地竹楼閣模様
友禅染振袖

ⓐ
白縮緬地《ちりめんじ》梅楼閣模様友禅染振袖

②黒紅白三枚襲婚礼衣装一式　明治期

しに望まれる几帳を、裾には檜扇《ひおうぎ》を配した非常に鮮やかな意匠の振袖で、婚礼の衣装である。表現されているのは、几帳、御簾、檜扇などの王朝風の雅な文様と鶴、亀、松、竹、梅、橘、菊などの吉祥文様の類で、その濃密で華麗な表現は婚礼の衣装ならではのものである。この地色は白であるが、歴博蔵の野村コレクションには同図様で地色を紅とした一領が伝わっており、本来は白、紅、黒の三枚襲を構成していたものと思われる（③）。②も、三枚襲の婚礼衣装であるが、三領を同じ模様とせず、松竹梅の吉祥文様をそれぞれに配している点が興味深い。明治ないしは大正時代における三枚襲の遺例であろう。

（丸山伸彦）

③紅絖地《べにぬめじ》御簾《みす》檜扇《ひおうぎ》模様絞縫《しぼりぬい》振袖　江戸後期

III 装いの背景

大陸への憧憬

①高松塚古墳石室（模型）　奈良県明日香村　奈良時代（8世紀初頭）

一九七二年（昭和四七年）に奈良県明日香村の高松塚古墳から発見された極彩色の壁画は、中国の唐の古墓壁画にも劣らない見事なもので、それまで知られていた日本の六～七世紀の古墳壁画とはまったく趣を異にするものであった。この高松塚古墳は、基本的にはすでに古墳の造営が終わった八世紀初め頃の特殊な墳墓で、奈良時代の支配者層の奥津城《おくつき》にほかならない。直径一八メートルの円墳の内部に営まれた埋葬施設は、横口式石槨《せっかく》と呼ばれる、石棺の一方の小口に出入口を設けたような比較的小型の墓室で、その四壁と天井部に漆喰を塗り、その上に彩色壁画が描かれていた。墓室内には、金箔を貼った乾漆棺が遺り、さまざまな玉《ぎょく》類のほか、唐からもたらされた海獣葡萄鏡《かいじゅうぶどうきょう》、銀装《ぎんそう》の大刀《たち》の装具や棺の飾り金具などが検出された。一部遺存した人骨は熟年男性のものと鑑定されている。

壁画の構成は、東、北（奥壁）、西の各壁の中央にそれぞれ四神の青竜《せいりゅう》、玄武《げんぶ》、白虎《びゃっこ》が描かれ、東壁では青竜の上に日像《にちぞう》が、西壁では白虎の上に月像《げつぞう》がみられた。さらに東西両壁の四神図の左右には、人物の群像が配され、東壁の南よりには男子の、北よりには女子の群像が、西壁も南よりには男子の、北よりには女子の群像が描かれていた。このほか天井部にも、星宿《せいしゅく》（星座）が配されていた。

これらの壁画のうち、方位を示す四神や日像、月像、星宿は、まさに当時の人びとの宇宙観を示す図像であり、狭い墓室内を死者のための小宇宙に見立てたものにほかならない。一方、人物群像については、蓋《きぬがさ》、柳筥《やなぎばこ》、大刀、円翳《かざし》、蠅払《はえはらい》、胡床《こしょう》、桙《ほこ》、杖、如意《にょい》など人物の持ち物が、『貞観儀式』にみられる元日朝賀の儀式に列する官人の持ち物と一致するところから、被葬者に対して威儀を示す群像ととらえられている。なお、「大宝令」の規定では、蓋は身分によってその様式と色が規定されている。この壁画の男子の一人がもつ蓋は、その頂部と四隅を錦で覆い、四隅に房を垂らした様式と深緑の色彩から大納言以上で一位の人物のもの

②奈良県高松塚古墳壁画（西壁）（模写　奈良国立文化財研究所飛鳥資料館蔵）

③奈良県高松塚古墳壁画（東壁）（模写　奈良国立文化財研究所飛鳥資料館蔵）

ということになる。この点は、高松塚古墳の被葬者を考えるうえにきわめて重要な手がかりを提供するものである。

壁画に描かれた女性の色とりどりのスカートの襞《ひだ》の表現が、高句麗古墳の壁画の女性像と共通するところから、この壁画については、高句麗古墳壁画の影響が指摘されている。しかし高句麗はすでに六六八年（天智七年）に滅びており、その直接的影響を考えるのはむつかしい。むしろ日本の七世紀末から八世紀初めの宮廷では、こうした朝鮮半島風の衣服が用いられていたことを示すものであろう。服装は朝鮮半島風であるが、人物群像の構成やその持ち物などは、永泰公主《えいたいこうしゅ》墓など唐の壁画墓と共通するところが多く、直接的であれ、間接的であれ、その影響を受けていることは疑いなかろう。律令国家形成期の支配者層の唐文化への強い憧憬を示すものにほかならない。

この壁画の人物の服装は、いずれも左前の、いわゆる左衽《さじん》である。律令政府は、七一九年（養老三年）に左衽を禁じて右衽《うじん》に改めるが、これは宮廷の服装を朝鮮半島風から唐風に切り替えたことを示すものであろう。この壁画の人物像は、まさにその直前の様相を示しているものと思われる。

なお、一九九八年（平成一〇年）の超小型カメラによる調査によって、同じ明日香村のキトラ古墳でも、高松塚古墳に近い構造の横口式石槨に彩色壁画が描かれていることが確認された。ただキトラ古墳では四神、日像・月像、天体図など宇宙観を示す図像はみられたが、人物群像はみられなかった。これは、こうした壁画墓が高松塚古墳だけではなかったことを示すものとして重要である。さらにこの時期の壁画墓の壁画としては、宇宙観を示す図像こそが基本的なものであり、高松塚古墳は何らかの理由でそれに人物群像が加わったものであることを物語るものであろう。

（白石太一郎）

衣服はめぐる

装いの背景 III

①木綿地ながぎ　近代

②木綿地ながぎ　近代

「継当て着物」という言い方がある。戦後しばらくのあいだ、継当て着物はごく当たり前のことであった。しかし、今日では継当てを見かけることはほとんどなく、貧しく厳しかった過去を象徴するものと思われている。しかし、本当にそうなのであろうか。

たとえば、いわゆる発展途上国を訪れて、ひなびた農山漁村を歩いてみたとしよう。そこは確かに貧しいが、だからといって、「継当て」がないことに気づく。アジアの最貧国、といわれる（事実かどうかは別である）ネパールの調査に従事していた時にも、継当てをみることはまったくなかった。これには伝承文化の特徴や、古着を通しての洋服の導入など、様々な文化的な要素が反映しているが、「継当て」と「貧しさ」が常に対応するものではない、とだけはいえる。

戦後の継当ては、おもに洋服に対しておこなわれた。男の子の半ズボンの尻には、たいてい丸い尻当てが縫いつけてあったし、長ズボンには膝当てがついていた。けれども、継当てがさかんであったのは、それよりもずっと前のことで、在来の「きもの」におこなうものであった（これには布団なども含まれる）。

それでは農山漁村の伝承的な衣生活にみられた継当てとは、どんなものだったろうか。

ここに一枚の木綿の袷《あわせ》の長着がある。

丈からみて子供のものである。表にたくさんの継ぎが当たっている。継布には絣《かすり》や縞を用いている。どれも丁寧に縫ってあり、縫い目は裏地まで通した刺し縫いである。継ぎの構成や縫い目を細かく観察すると、継布を当ててただ縫い付けた、というだけではないことが分かる。脇は元の縫い目にそって始末されているから、前みごろと背中では継布の配置が異なる。一方、前からみると、ほぼ左右対称に当てた継布の構成が、ひとつの意匠になっている。継布の選択、配置、縫い付けに、細かい神経を使っていることが分かるのである。

ところで、この袷は表からだけ継ぎが当っている点

③じゅばん
近代

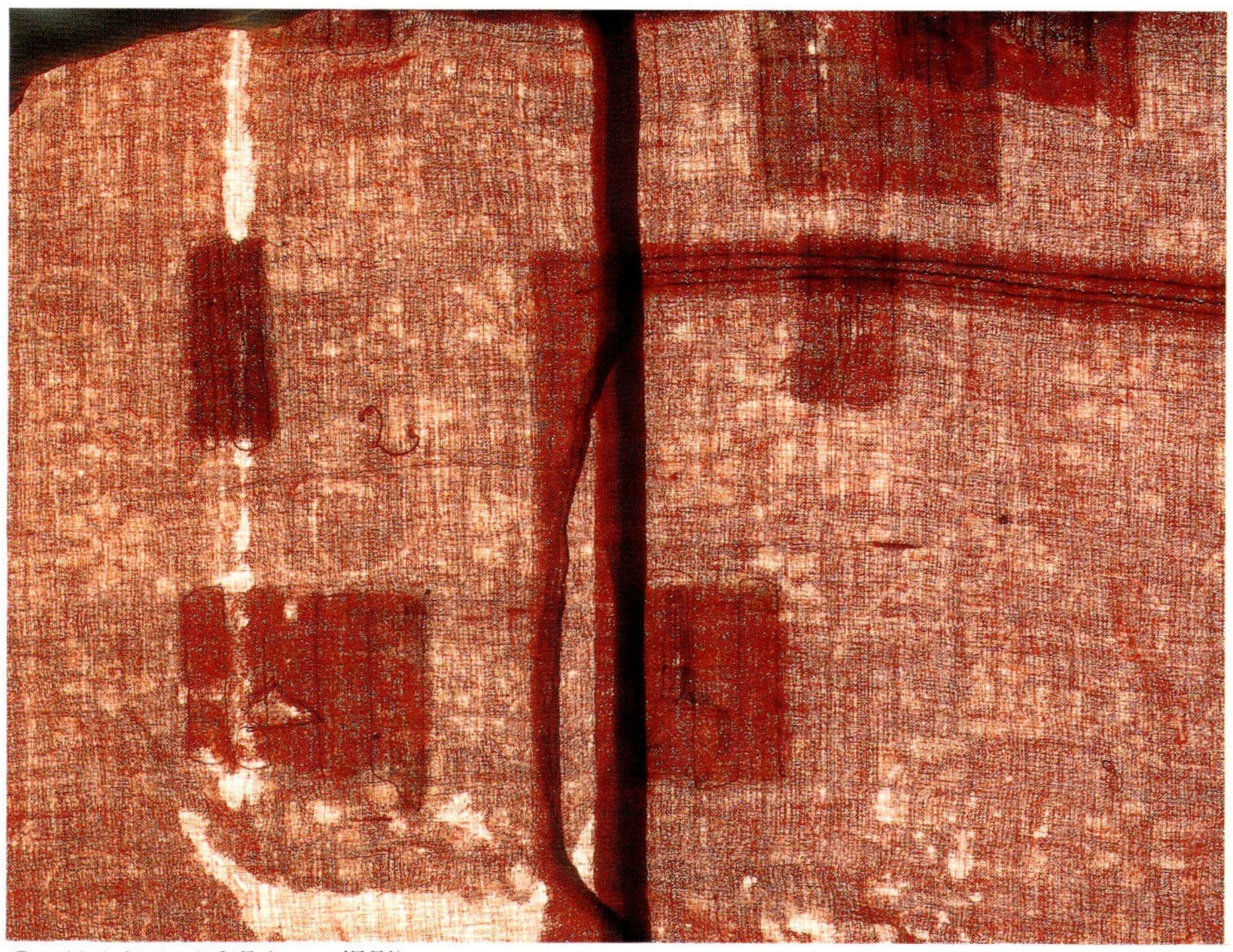

③の拡大部分（透過光での撮影）

④はんてん　近代

⑤はんてん　近代

に特徴がある。裏はあまり傷まなかったからであろうが、表と裏が見事に対比される。この着物をみると、継ぎを当てることが、まっとうなものであることを示す手段になっているようにも思われる。継当て着物はボロではないのである。

もちろん、すべてのものが同じように補修されているわけではない。なかには表から当て継ぎを繰り返すとともに、裏からもたくさん継ぎを当てているものがある。元の縫い目を部分的に解いて、継布もいっしょに縫い込んでいるものもある。あるいは逆に、表にはまったく継ぎがなく、生地が擦り減るにまかせて、そのかわりに裏から繰り返し継ぎを当てた場合がある（擦り減っても、刺し縫いが繰り返されているから、ボロボロにはならない）。当て方や始末の仕方は色々なのである。

補修、再利用の方法のひとつに、いったん解いて仕立て直す場合があり、これは絹の着物でもおこなわれた。というよりも、染め直し、仕立て直しを前提に生地を選ぶのが、絹の反物選びの常識であったといってよい。解いて縫い合わせると容易に元の反物に戻る、という点が着物の特徴であるから、裁縫は解きやすく縫うもので、これが運針の基本となっていたのである。

もうひとつの再利用が継当てであるが、ここには絹と木綿のあいだに際立った相違がある。前述のように、継当てが見えても一向にかまわないのが木綿の特徴だから、そこから体裁のよい継ぎの当て方が生まれるが、絹物の場合には、継ぎなどあってはならないものであるから、たとえあったにしても、ないようにみせる、そうした技術となるのである。

木綿と継当てがこのように密接に繋がるのは、木綿が古着、古布としてひろく普及した歴史的経緯に由来するのであろう。古着、古布が実用されるには、継当て、刺し縫いなどの技術がひろく行き渡る必要があり、あるいは、それを前提としなければ成り立たない。だから、明治時代後期以来、いわゆる裁縫所などを通して農山村に普及する「裁縫」とは異なるものであろう。裁縫所の「裁縫」は絹を縫うことが理想だったからである。

一枚の継当て着物の観察からも、色々なことがみえてくる。

（朝岡康二）

小袖屏風の世界

装いの背景 III

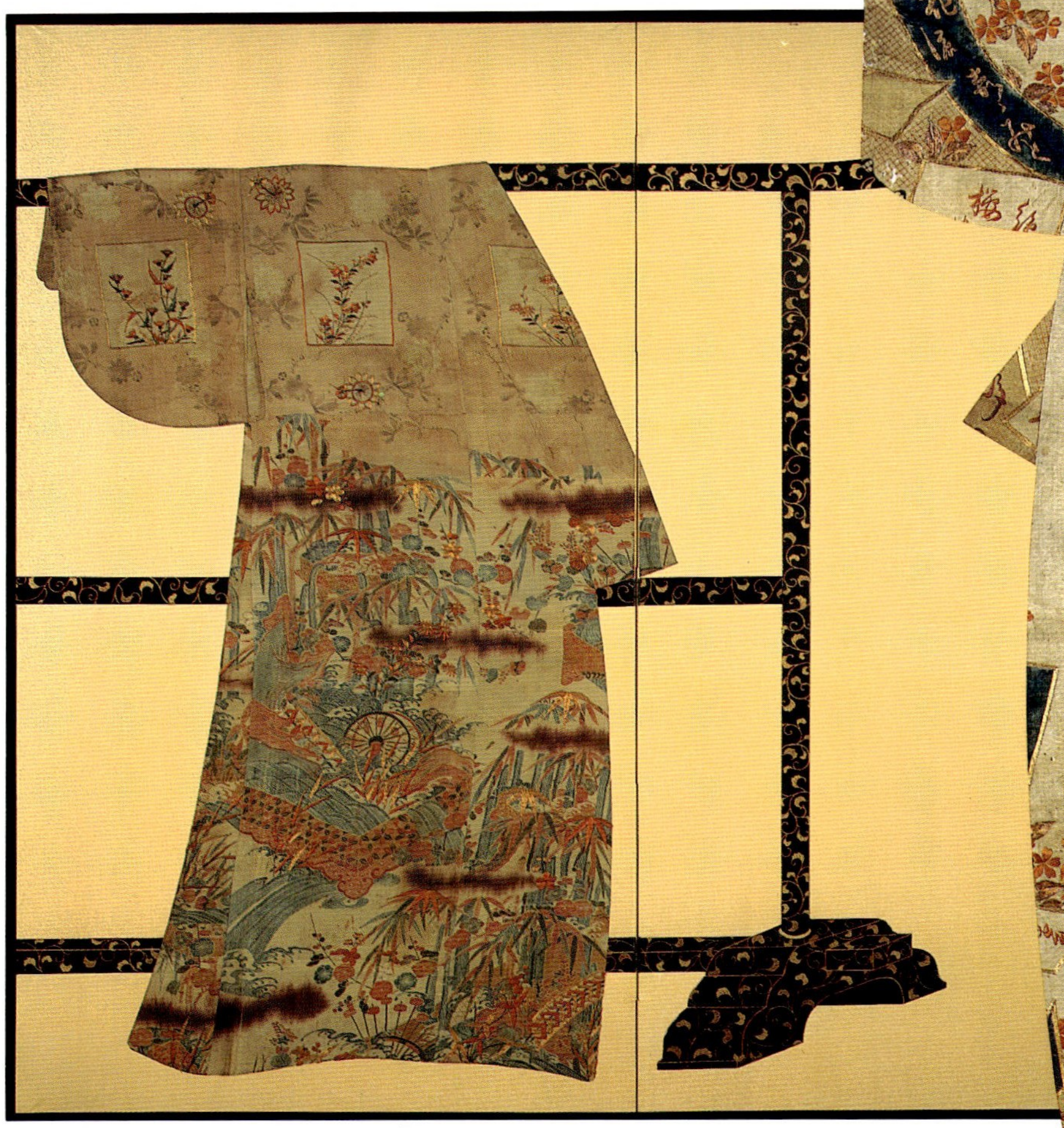

②染分《そめわけ》絽《ろ》地《じ》竹梅《ちくばい》水車模様友禅染縫絞《ぬいしぼり》 小袖　江戸中期

①白綸子《りんず》地《じ》桜色紙短冊模様絞《しぼり》 縫染《ぬいそめ》小袖　江戸中期

歴博蔵の通称「小袖屏風」は、近世初期風俗画の一画題、誰《た》が袖《そで》屏風に着想を得て、桃山から江戸中期に属する小袖裂《こそでぎれ》を、金箔地あるいは金砂子地の二曲一隻屏風に貼装《ちょうそう》したものである。制作者は、野村正治郎《しょうじろう》という人物。彼は戦前に京都で美術商として活躍するとともに、近世の服飾品の収集に傾倒し、小袖を中心とする一大コレクションを形成した。小袖屏風は、その中核をなす資料群である。

江戸時代には、死没者の供養のために生前着用していた小袖類を、菩提寺に奉納する風習があった。奉納された小袖類は、打敷《うちしき》や幡《ばん》、袈裟《けさ》などに仕立て直されて保管され、回向《えこう》に供された。ところが、明治初年の神仏分離令を契機とした廃仏毀釈運動の際、寺院、仏具、経文等が破壊されるに乗じて、仏寺に関わる染織品も多数市場に流出する結果となったのである。

野村はこのような裂類を多数入手した。それらは引き解かれ、復元を試みられたが、たいていの場合、欠損部分が多く、完全に復元されることは稀であった。かなりの部分を後補にすれば、衣服のかたちは再現されるが、継ぎ接ぎだらけになってはあまりに無残である。

当時、野村は自らのコレクションの原色版を次々と刊行し、やがて打敷や幡の裂類の公開も待望されるところとなった。公開に際して、彼が企図したのは、「衣服としての印象」の再現であった。求められたのは、裂の歴史的・美術的価値に見合うだけの強烈な印象を与え得る形式であった。彼はそれによって、裂類が小袖として実用に供されていたときに比肩できる、生き生きとした衣服の表情を蘇らせようと考えたのである。

そこで着想されたのが、不完全な裂類を誰が袖風に成形して屏風に貼装する形式であった。二曲一隻の屏風に、まるで絵画を彷彿するように衣桁《いこう》に掛けられた小袖を演出する。この手法ならば、たとえ伝存している部分が本来の三分の一程度であっても一領の小袖が

③右）染分《そめわけ》紗綾《さや》地《じ》秋草千鳥模様友禅染小袖　江戸中期
左）染分縮緬地《ちりめんじ》流水紅葉《もみじ》秋草模様友禅染小袖　江戸中期

そこにあるような印象を見る者に与えることができる。そのために、本来の模様の連続や位置関係等には当初の形式と齟齬をきたす場合もないではなかったが、自由奔放な誰が袖への成形は、たしかに鑑賞するに充分な迫力をそなえたものとなっている。貼装された小袖裂の内容に相応しい形式を与える、という正治郎の目的は充分以上に達成されているといってよい。

現在、確認されているものは一〇八隻。そのうち一〇〇隻は、一九三八年（昭和一三年）までに完成し、『時代小袖雛形屏風』と題して公刊された。これらは、戦後、遺族のアメリカ移住にともない一時海外にあったが、昭和四〇年代後半に里帰りを果たし、一九八三年（昭和五八年）をもって歴博の収蔵となった。また、京都徳正寺に伝わる一隻は、一九三二年（昭和七年）に野村が父母の菩提を弔うために奉納したもの。一方、現在サンフランシスコ・アジア美術館に寄託されている四隻は、野村の遺族とともにアメリカに渡ったが他の品々に紛れて一連の小袖屏風として認知されずに近年まであったものである。残る屏風は野村の親族が知己に譲ったもので、うち二隻は現在京都個人蔵となっており、他の一隻は神奈川の個人によって歴博に寄贈された。さらに、誰が袖のかたちに成形され、捲《まき》の状態となっているもの二九点の存在が明らかとなって、これも一九八七年（昭和六二年）、歴博の蔵するところとなった。

野村正治郎の数々の活動のなかで、小袖屏風の制作はもっとも挑戦的な試みであり、異彩を放つ冒険であった。それだけに小袖屏風には、いまなお不明な点が多々残っている。彼は、総数何隻の屏風を制作したのか。完成した屏風で何をしようと考えていたのか。こういった近代の造形に纏わる謎がひとつひとつ繙かれたとき、小袖屏風は近世染織資料の精華としてまた新しい視点をわれわれに提示してくれるにちがいない。

（丸山伸彦）

宝尽し

②萌葱《もえぎ》繻子《しゅす》地《じ》四菱《よつびし》宝尽模様金襴帯　江戸時代

③濃茶《こきちゃ》繻子地紗綾形《さやがた》宝尽模様金襴帯　江戸時代

④小袖裂・黒練緯地宝尽模様縫小袖　江戸時代

①黒練緯地《くろねりぬきじ》小花宝尽模様縫振袖　江戸時代

七珍万宝《しっちんまんぽう》をひとまとめに構成した宝尽しは、究極の吉祥文様である。延命長寿にまつわるもの、富貴を象徴するもの、繁栄や成功を導くものなど、宝尽しは文字通り「吉祥」の宝庫であり、多彩な文様が競い合って絢爛《けんらん》たる装飾の世界に見る者を誘う。

宝尽しの文様は、わが国では江戸時代の初期ころから流行しはじめたものと思われ、紀州東照宮には徳川家康の所用といわれる小紋の小袖が伝在している。また、上級武家婦人の夏の礼装である腰巻の装飾にも宝尽しが定番化している。また、宝尽しはその吉祥の意味から産着の柄にも好まれた。江戸中期の随筆『夏山《かざん》雑談』（巻之一）には「今民間にも小児のうぶきぬに、かにとり小紋を付るは是ゆへなり。かにとり小紋とは宝尽しの事也」とみえ、武家から庶民へと、蟹取小紋（これは鶴亀を中心とした文様ともいわれている）と呼ばれる宝尽しを配した産着が次第に流行しつつあった様がうかがわれる。

ところで、他の多くの文様がそうであるように、宝尽しの文様もまたわが国のオリジナルではない。たしかに日本的な変化を遂げてはいるものの、基本のかたちは中国で生まれたものである。

彼の地で宝尽しの文様が用いられるようになったのは、南宋の中期、一二世紀頃といわれている。その組み合わせは時代によって相違するが、清代には仏教の説話に基づく八吉祥という宝物の組み合わせが成立していた。それは、好運を呼ぶとされる法螺貝、延命を象徴する法輪、衆生を保護する宝傘《ほうさん》、病魔を退散させる白蓋《はくがい》、聖なる蓮華、成功をもたらす宝瓶《ほうへい》、幸福を呼び込む双魚、永遠を意味する盤長、の八つである。

また、八宝、あるいは雑宝と呼ばれる組み合わせもあった。これは、光明をあらわす宝珠、連続不断をあらわす方勝、喜慶を示す磬《けい》（吊り下げて用いる打楽器の一種）、勝利を象徴する犀角、富裕をあらわす貨幣、美を示す優鏡《ゆうきょう》、智慧をあらわす書本、邪悪を払う艾葉によって構成されている。わが国でラッキーナンバー

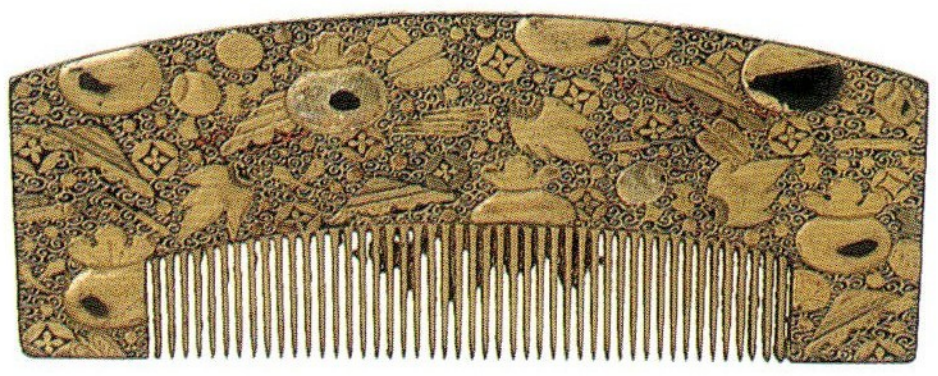

⑧黒地宝尽蒔絵《まきえ》櫛　江戸時代

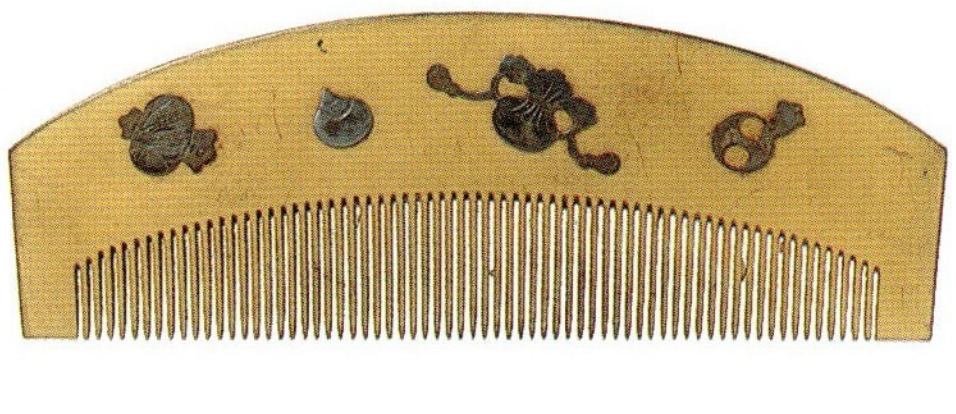

⑨金地銀金具宝尽櫛　江戸時代

⑦銀鍍金珊瑚宝尽飾簪　江戸時代

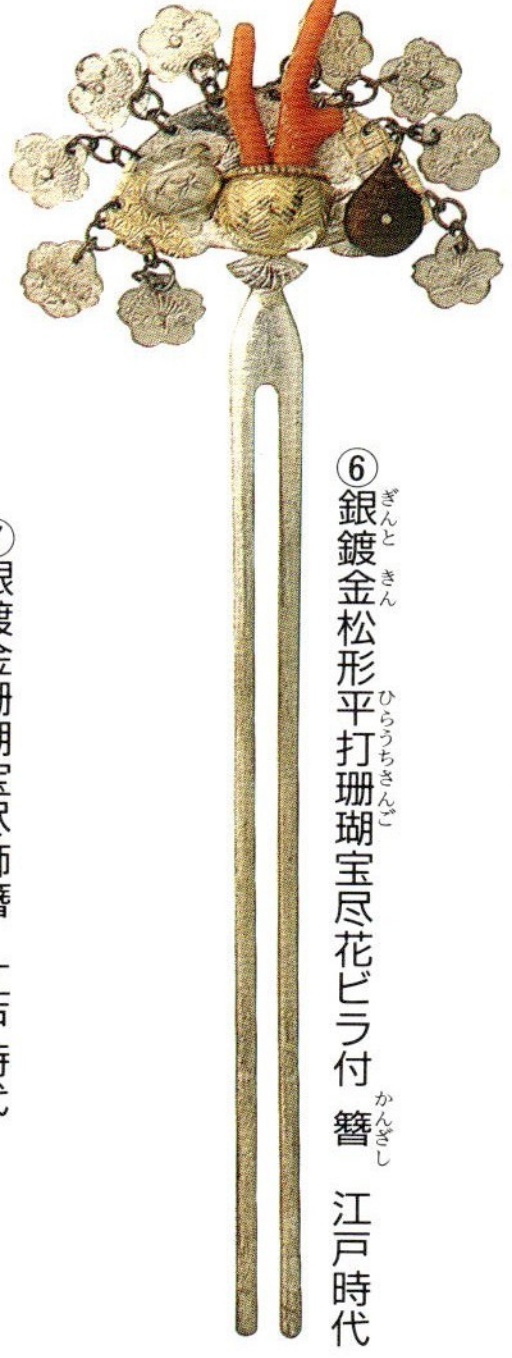

⑥銀鍍《ぎんと》金《きん》松形平打《ひらうち》珊瑚《さんご》宝尽花ビラ付 簪《かんざし》　江戸時代

⑤小袖屏風・黒綸子地《くろりんずじ》虫籠に四季草花鶴亀宝尽模様縫腰巻　江戸時代

⑪小袖屏風・黒練緯地松竹鶴亀宝尽模様縫腰巻　江戸時代

⑩小袖屏風・黒綸子地斜《ななめ》格子菊吉祥文模様絞縫小袖　江戸時代

といえば三や七であるが、中国では割り切れる合理的な数字が尊ばれ、八はもっとも縁起が良い数字と考えられていた。

　しかしながら、これらがそのままわが国の宝尽しとなったわけではない。八吉祥や八宝のいくつかは、日本人には馴染が薄く、理解しがたいものであったと思われる。たとえば、八宝のひとつ方勝は、菱形を二つ結び付けたかたちをした首飾りの一種であるが、わが国ではその意味を理解しないまま慣習的に漠然と菱形を表現しているだけで、菱鏡との区別も判然としていない。同じく八宝のひとつである磬は、仏教で用いられる打楽器の一種で、石製を本義とするが、これも意味不明の形状にデフォルメされていることが多い。また、双魚や法螺貝などは単独の文様としては用いられても、宝尽しに加えられることはめったにない。永遠のシンボルである盤長も、わが国ではむしろ宝結びの名前で知られ、宝尽しとは疎遠になっている。

　一方、わが国で新たに加わった文様も少なくない。隠蓑や小槌、小判、分銅などは中国の吉祥図案には見出されないし、隠れ笠なども宝傘や白蓋に代わってわが国で加えられたものと思われる。また、松竹梅や鶴亀、橘、桐、菊など、厳密には宝尽しに属さないモチーフがあたかもその仲間であるかのように表現されることもめずらしくない。

　このような変化は、主に江戸時代の町人たちの好尚を反映して生じたものであろう。それゆえに、わが国の宝尽しは、中国の吉祥文様を母体としながらも、特に財産や家宝に通じる吉祥文様を補強しつつ、より日常的で、わかりやすい内容を含んだ文様へと変容していったのである。

（丸山伸彦）

Ⅲ 装いの背景

奉納された衣装

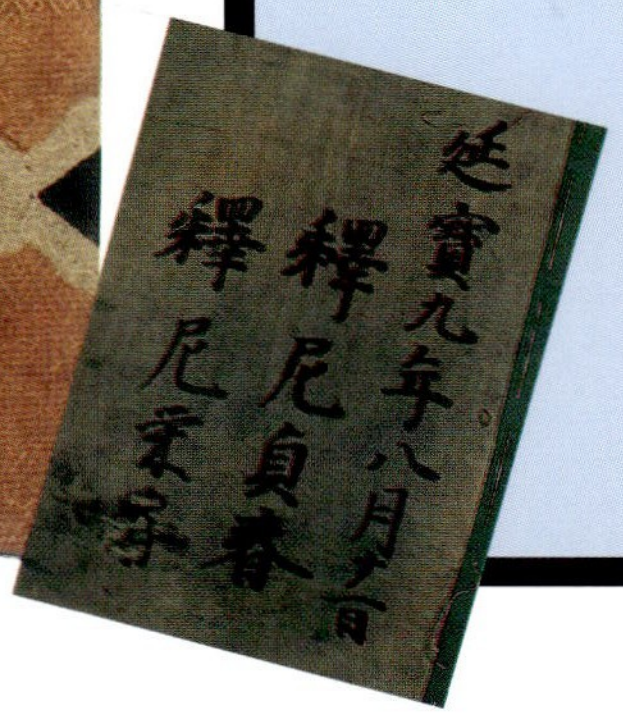

①紅紗綾地《べにさやじ》額雷模様絞打敷《うちしき》　1681年（延宝９年）寄進

われわれの生活は、衣服を中心として数多くの染織品によって取り囲まれている。それらのほとんどは実用品に属し、日々消費される運命にある。そのためどんなに大量に供給されても、数世代を越えて受け継がれていくものはきわめて少ない。

供給量が圧倒的に少ない近世において、染織品の置かれた状況は一層厳しいものであった。当代の染織品は、今日とは比較にならないほど貴重な存在であったから、古着としても徹底的に使用された。衣服としての態をなさなくなった後も、一片の布帛《ふはく》も無駄にならないようさまざまに再利用された。それだけに「染織品」としての面影を保ったまま後世に伝えられることは稀有であった。贅を尽くして制作された高級な衣服の類でさえ、現存するものは、例外的に恵まれた環境に置かれたものに限られている。しかし、近世には脆弱な染織品を確実に後世に伝える「場」があった。そのひとつが寺院である。そこには死者の菩提を弔うため、あるいは何らかの行事に際して、故人にまつわる衣装などの染織品が奉納され、什物《じゅうもつ》として保管されてきた。これらは、事実上、実用から解放され、消費を食い止められたため、少なくとも近代に至るまでかなりの数が伝存していたものと思われる。

奉納された衣装は、多くの場合、幡《ばん》や打敷《うちしき》などの法具に仕立て直される。幡は、仏・菩薩や法要の場を荘厳供養するためのもの。梵語ではパータカといい「波多迦」の字を当てるが、『倭名類聚鈔《わみょうるいじゅしょう》』以降「はた」と訓じることが多い。金銅製のものもあるが、近世では染織品が主流で、衣服の仕立直しのほか、錦や金襴などの豪華な生地を以て製せられる。一方、打敷は、寺院の高座または仏壇、仏具などに用いられる敷物のことで、卓囲ともいわれる。形態には方形のものと三角形（正確には五角形）のものとがあり、後者は浄土真宗に固有の形態である。用布は、幡の場合と同様、豪華な生地で新調される場合と、小袖などの生地を用いる場合とがある。当時、小袖が幡や打敷に仕立て直

③の裏面

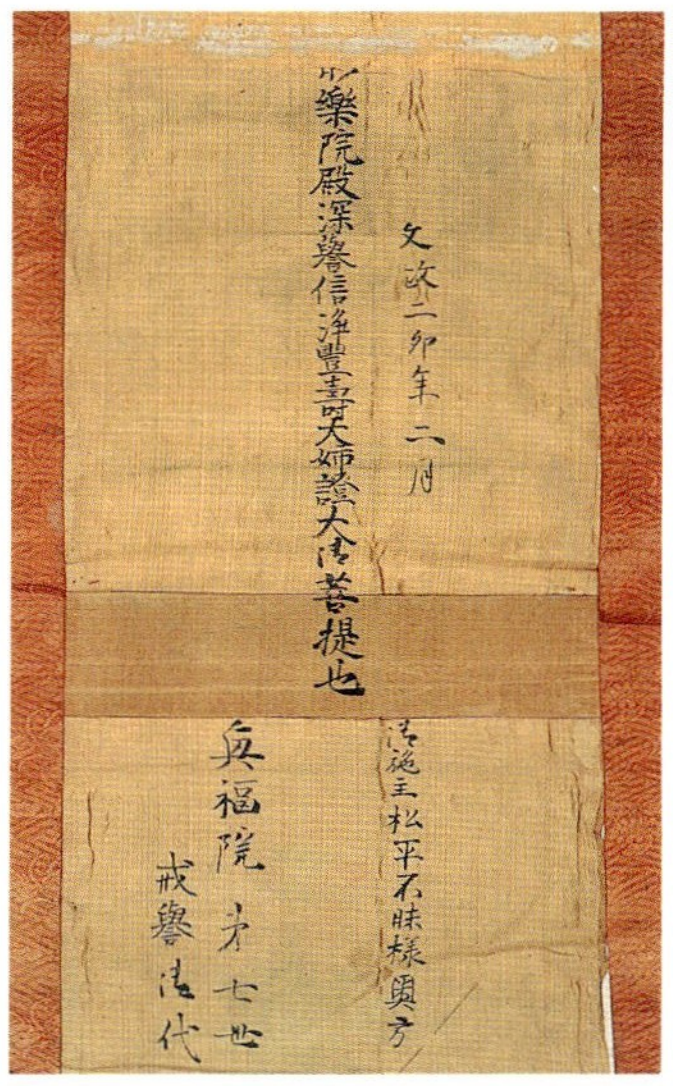

②の裏面

③黄縮緬地《ちりめんじ》桜樹短冊模様友禅染切付《きりつけ》小袖　1724年（享保９年）寄進

されて奉納されていたことについては、次のような記述から知られる。一六八六年（貞享三年）刊、井原西鶴の『好色五人女』巻五「衆道は両の手に散花」には、未亡人となった女性が、浮世を捨て、剃髪して物思うという件《くだり》がある。このなかに「縫箔《ぬいはく》、鹿子の衣装取ちらし、これもいらぬ物なれば、てんがい、はた、うち敷にせよ、……」という描写がみられ、自らの着衣を天蓋や幡、打敷などに仕立て直して奉納する風習が窺われる。また、江戸後期の川柳にも「はた（幡）にする小袖をのけて記念分《かたみわけ》」とか「内敷《〔ママ〕》もむかしハ洒落た舞の袖」といった表現が頻繁に登場しており、故人に縁《ゆかり》の小袖などを幡や打敷に仕立て直して奉納することが、江戸時代を通じて一般的であったことが知られる。

　重要なのは、このような染織品には、寄進に際して寄進者やその時期などが墨書されていることが少なくないという点である。たとえば①の額と雷の文様を表現した打敷には、一六八一年（延宝九年）に寄進された旨記されている。法名には「貞春」と「栄春」のふたりが並記されており、ともに「釈尼」とあることから浄土真宗の門徒の女性であったことが知られる。また、②の檜扇《ひおうぎ》に夕顔の模様を絞り染と種々の色糸の刺繍であらわした幡は、小袖を引き解いて幡に仕立て直したもので、裏の墨書には、雲州松平家七代当主不昧《ふまい》の夫人であった静楽院が、一八一九年（文政二年）に寄進されたものと記されている。③の小袖屏風も元は小袖を仕立て直した打敷で、墨書には、一七二四年（享保九年）五月一七日に小野田氏なる人物によって寄進されたとある。年記を有する友禅染の遺品は稀少であるから、この小袖は制作の下限の知られる初期の友禅染の遺例として基準的な位置を占める資料といえる。

　このように寺院に奉納された衣装は、その多くが衣服としての形態を留めてはいないが、認《したた》められた墨書によって、通常の遺品からは知り得ない、制作の時期や使用の下限を押さえる重要な資料となり、染織の意匠や技術の変遷を探る重要な指標となる。（丸山伸彦）

②紅綸子地《べにりんずじ》檜扇《ひおうぎ》夕顔模様絞縫幡《しぼりぬいばん》　1819年（文政２年）寄進

III 装いの背景

パール理髪店

①床屋の店先（再現） 歴博第５展示室

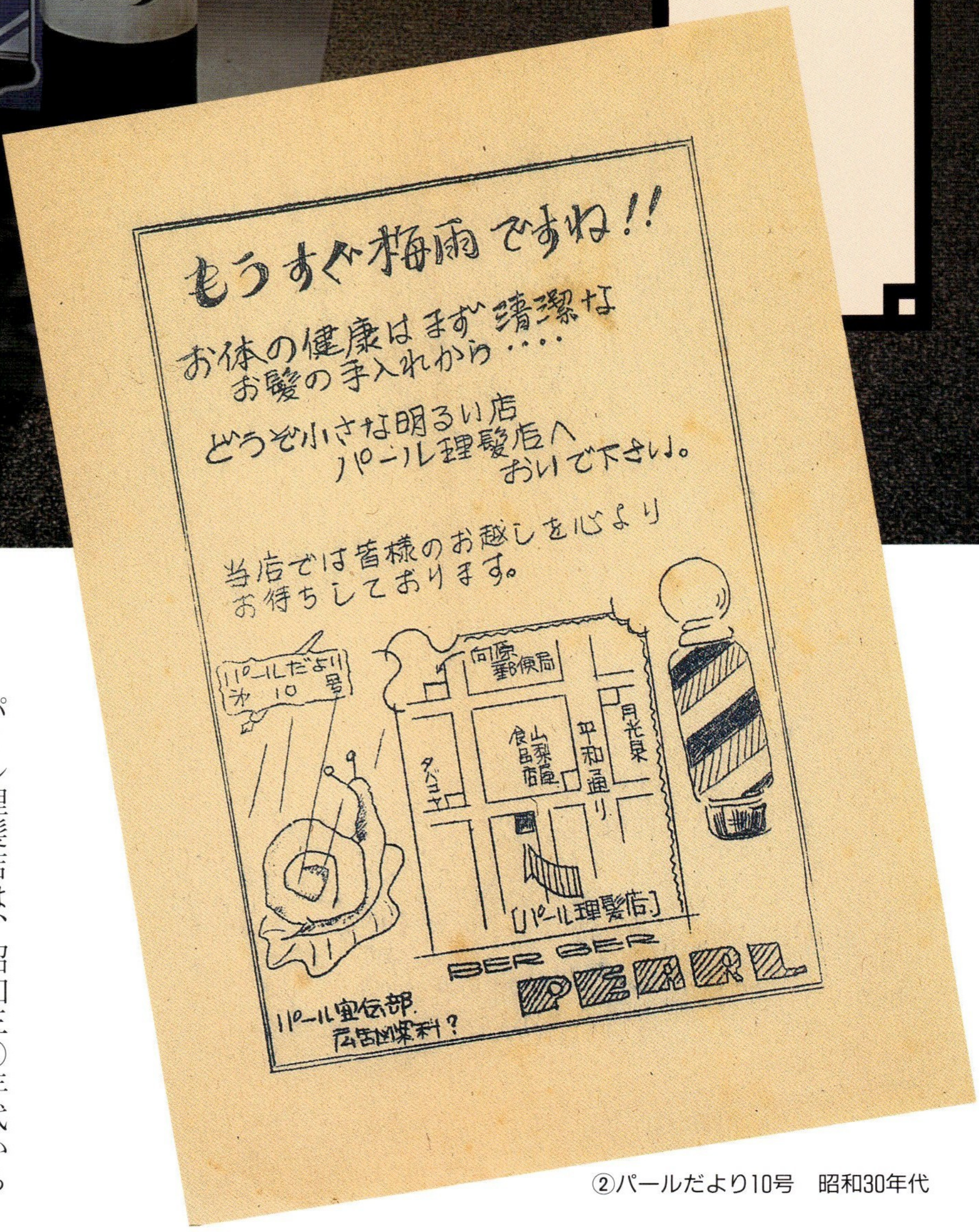

②パールだより10号 昭和30年代

パール理髪店は、昭和三〇年代から東京都目黒区で営業していた理容店である。この昭和三〇年代になって日本は、「慎太郎刈り」の流行など、世の中の風潮が「ヘアー・スタイルにも影響して、モードは年ごとに替わっていく」（重枝武夫、石川徳治編『理容・美容風俗史 日本編』東京公衆衛生技術学校、一九五六年）時代を迎えたのであった。

「年ごとに世界モードの輸入紹介があり、これをうけて日本理容界はその消化と、応用について、新しい意欲にもえて技術開拓が進められていった」（同）時代であった。例えばヘアードライヤーを用いて髪型を整えることはこのころから行われるようになったと

③昭和30年代の床屋再現　歴博1999年度新収蔵品展

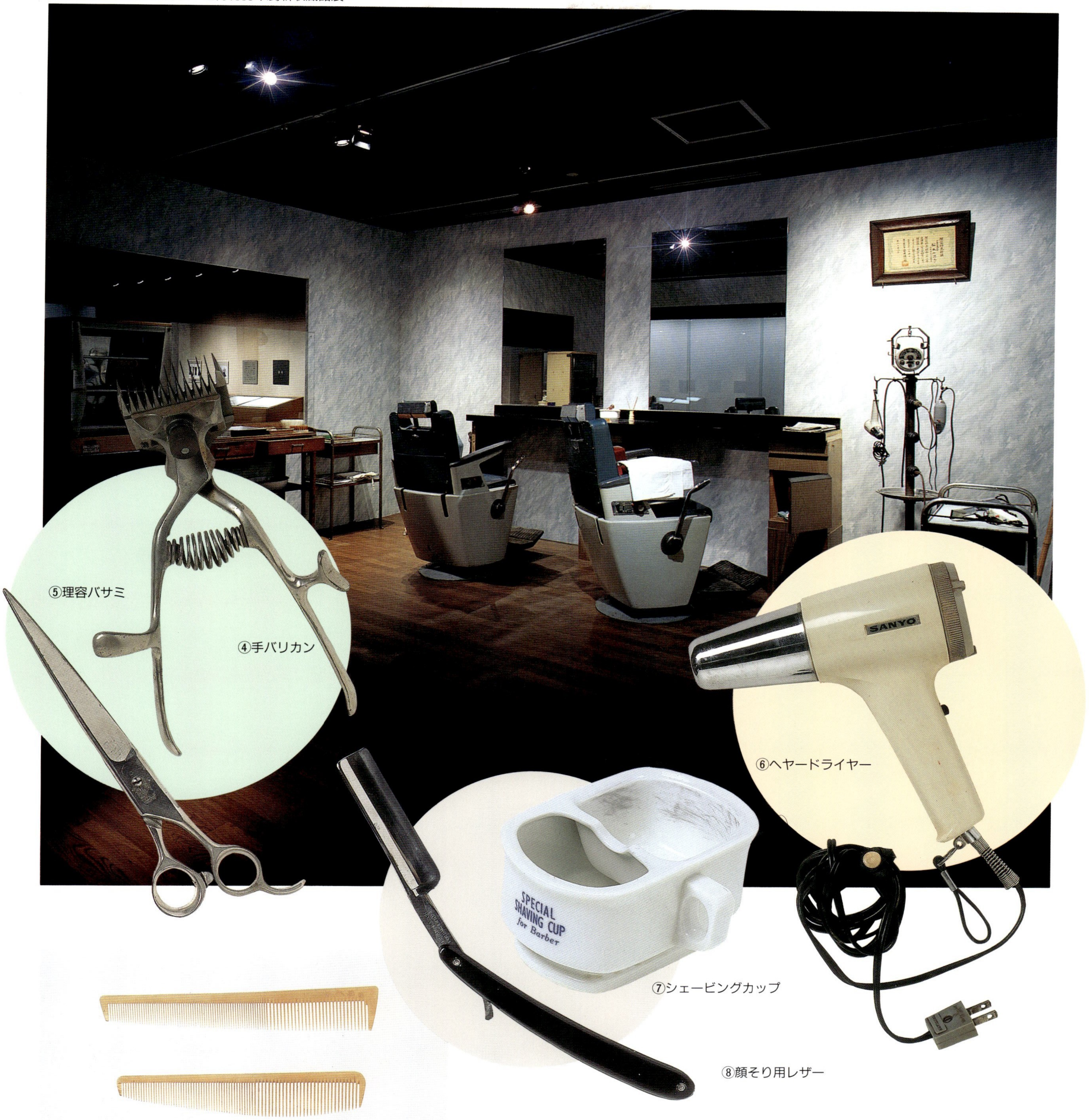

⑤理容バサミ

④手バリカン

⑥ヘヤードライヤー

⑦シェービングカップ

⑧顔そり用レザー

⑨櫛《くし》、櫛矯正具

いう。

写真にはバリカン、はさみ、かみそり、櫛《くし》などを掲げた。素人目にもよく手入れが行き届き、使い込まれた道具である。⑨の「櫛矯正具」とは、板と板の間に櫛を挟みこみ、糸で縛ることで櫛が反り返ってしまうのをふせいだものである。

ところで、歴博第五展示室（近現代）に、昭和初期の都市の盛り場を再現している（①）が、その一角の床屋の前に、赤と青の帯が回転する理容店のサインポールが置いてある。このポールは、パール理髪店の宣伝用ビラ中に描かれたものとよく似ている。思うに昭和三〇年代とは、まだまだ「戦前」の色合いの強い時代だったのかもしれない。

（一ノ瀬俊也）

開国とともに国外へ溢れだした日本の美術工芸品は西洋で高く評価され、その新鮮な装飾感覚は一九世紀末のジャポニスム運動を引きおこしたが、それ以前にも大量の磁器や漆器が商品として輸出され、日本という見知らぬ国のイメージ形成に一役かった。西洋人の注文による漆塗り螺鈿《らでん》のテーブルはどことなくエキゾチックだ。

飾る

建具や調度を配して場をかざること、あるいは個々のものにさまざまな技法を駆使し文様や華麗な色彩をくわえること。
日本人のかざる行為のかずかずは、儀式や祭礼にさいして非日常性を創造し、
精神生活の変化や技術の発展を経ながら、次第に日常生活に根づいていった。
外来の文化を取り入れ、あるいは外に向けて発信しながら、いつの時代も、
そして今なおわれわれの目を楽しませてくれる「かざる」文化の遺産に注目しよう。

異国情緒のきらめき　花鳥螺鈿《らでん》大型円卓　一九世紀

I

調度と飾り

貴族の調度

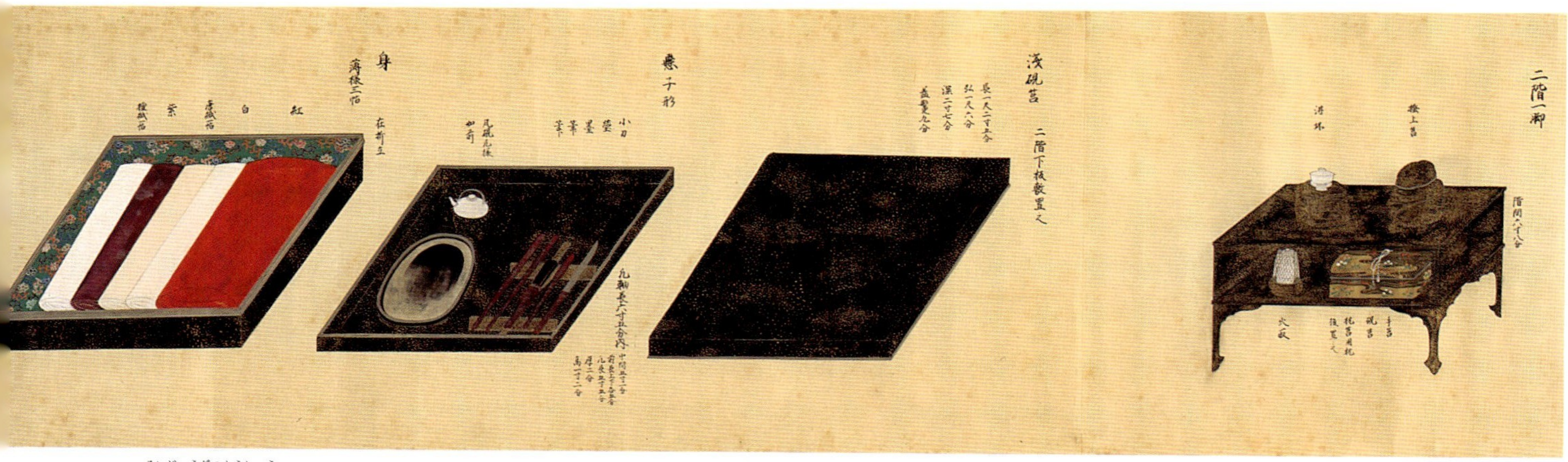

②『類聚雑要抄《るいじゅうざつようしょう》』（写本）北庇具　江戸時代　二階棚に掻上筥《かいあげばこ》、坩坏《ゆするつき》、手筥《てばこ》、火取《ひとり》を飾っている。

④雛道具のうち黒棚飾り　江戸時代
徳川14代将軍家茂《いえもち》と和宮の婚儀に際して調えられた雛道具。

③貴族の調度品（複製）　歴博第２展示室

⑤雛道具のうち文台《ぶんだい》、硯箱、色紙箱、短冊箱
江戸時代

⑥雛道具のうち角盥《つのだらい》および楾《はぞう》　江戸時代

①『類聚雑要抄』（写本）室礼指図　江戸時代　寝殿全体を御帳や調度で装飾した例を示す。1035年（長元８年）、藤原頼長が高倉殿に移徙《いしょう》した時の指図と考えられている。

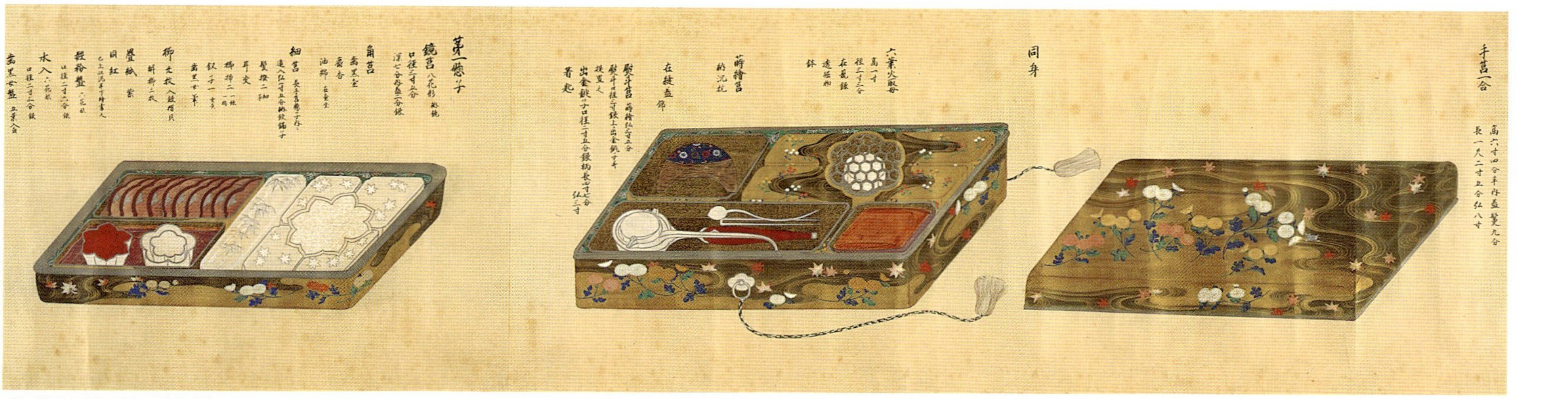

⑦『類聚雑要抄』（写本）手筥　江戸時代
二階棚に飾られた手筥の詳細。この箱は、注記により、1146年（久安２年）11月25日、左衛門権佐《さえもんごんのすけ》殿が聟要料《むことりりょう》として調達したものとわかる。

平安貴族の生活を彩った調度品のほとんどは失われてしまい、わずかばかりの遺品や絵画に描かれた室内の光景、文献の記述から当時のありさまを思い描くしかすべはない。一二世紀半ば頃に編纂された『類聚雑《るいじゅうざつ》要抄《ようしょう》』は、儀式のおりの室礼、饗膳、装束等についての詳細な記録をまとめたもの。貴族の暮らしに関する多彩な情報が満載された貴重な資料である。

こうした記録は他に類例がみられないためであろうか、古くから注目され、人々の手によって書写された多くの伝本を残す結果となった。原本は早い時期に失われ、室町時代の写本をもとに江戸時代に書写された写本が数十本伝存するが、今ではその室町時代の写本の所在すら明らかではない。

さらに、元禄年間には、桂宮文仁《あやひと》親王を中心に、内容をよりわかりやすく示すため、『類聚雑要抄』を絵画化する事業もすすめられた。原本の簡略な指図を参考に、各場面を立体的に描き直し、鮮やかな彩色が施されており、貴族の生活のより具体的なイメージを提供してくれる。ただし、ここに表された調度品の姿は、原本が書かれてから五〇〇年以上の月日を経てから描かれたものであり、必ずしも平安期の調度を正確に再現したものばかりとはいえない。こうした画巻としての『類聚雑要抄』は現在七本（いずれも写本）の存在が確認されており、歴博蔵の『類聚雑要抄』はそのうちのひとつである。

『類聚雑要抄』が江戸時代の人々にこれほど大切にされたのは、平安時代に育まれた文化の伝統がなお生き続けており、有効な意味をもち得たことの証ともいえるだろう。仕切りのない日本古来の建築空間を、調度を適宜飾ることにより、儀式の性格にあわせてしつらえる伝統。また大名の姫君の輿入れの際に調えられた豪華な婚礼調度の数々は、その多くが平安時代の家具の形式に源をたどれるものである。（日高　薫）

唐物飾り

①『君台観左右帳記《くんだいかんそうちょうき》』 押板《おしいた》の飾り　戦国時代（16世紀）

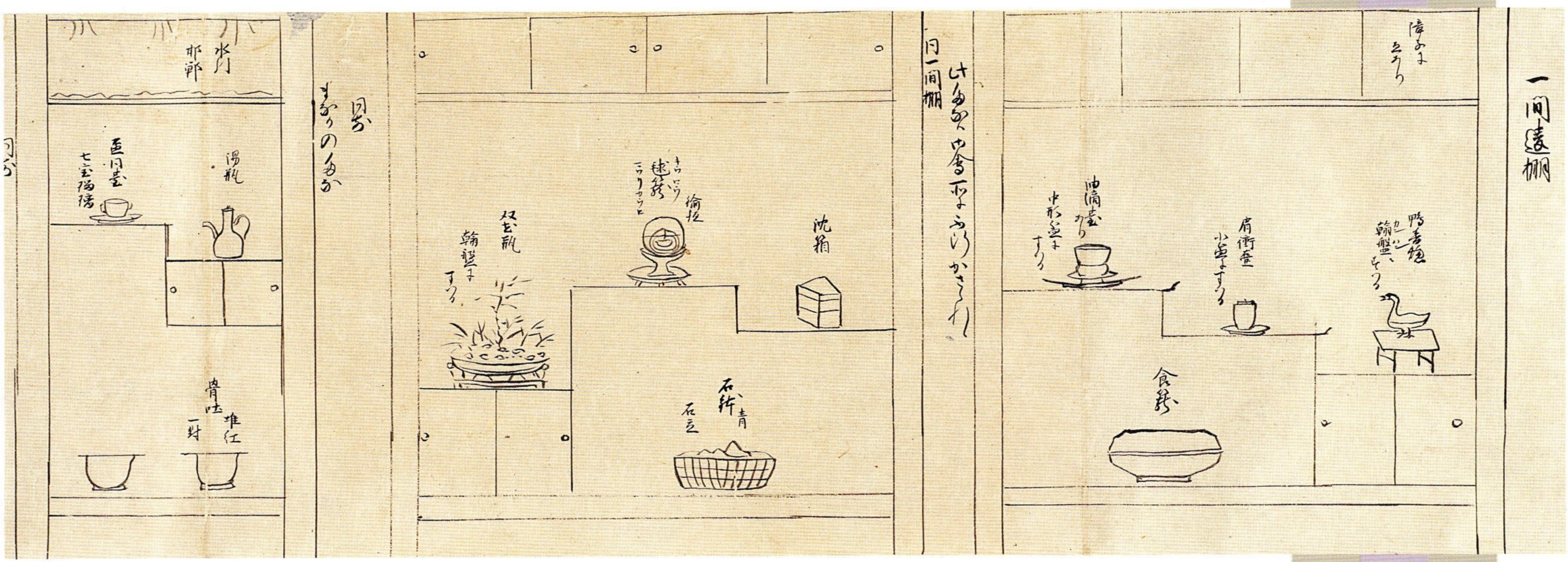

『君台観左右帳記』 違い棚の飾り

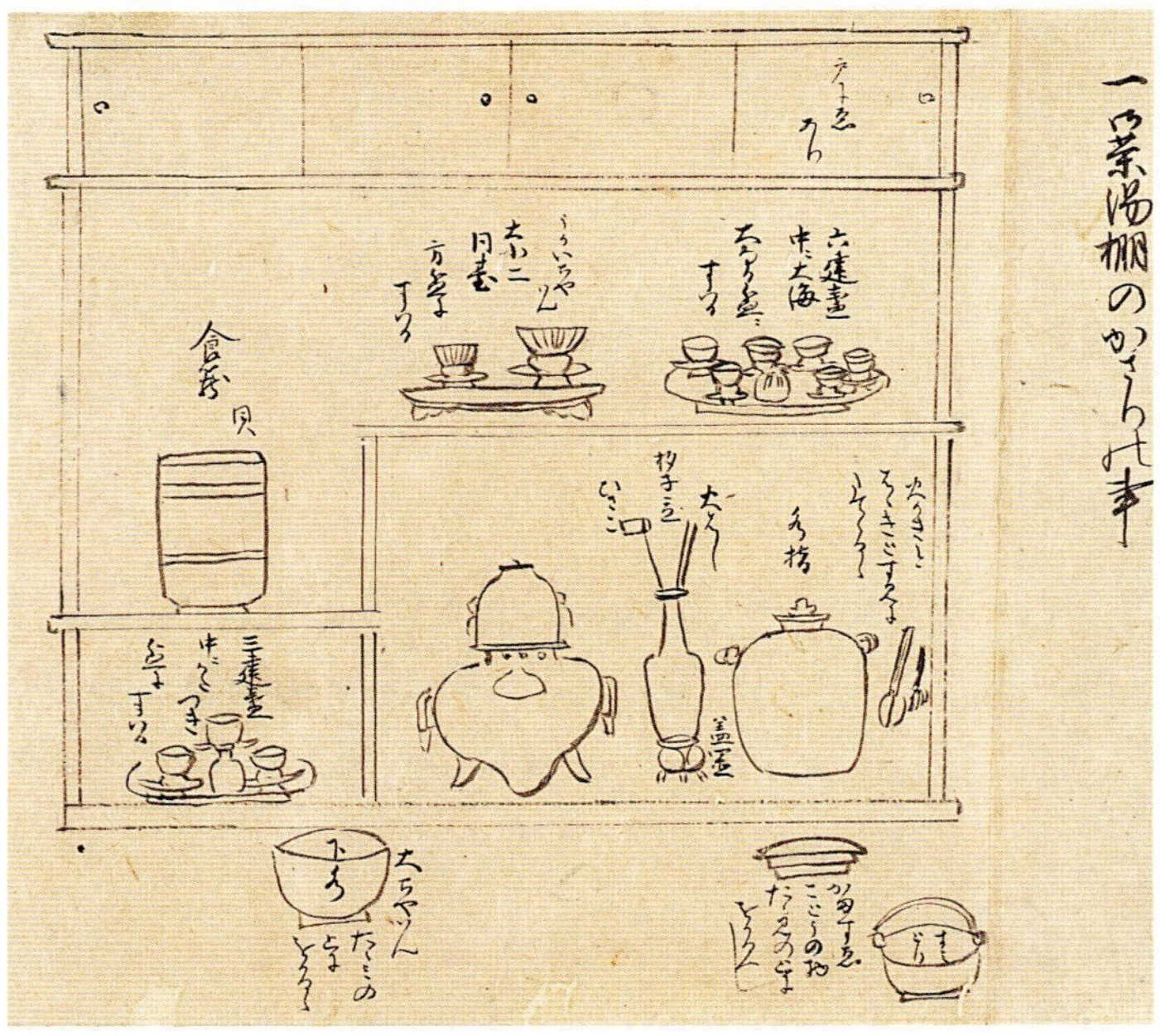

『君台観左右帳記』 茶湯棚の飾り

②唐物天目茶碗
鎌倉時代（13世紀）

③青磁酒海壺　鎌倉時代（14世紀）

越前朝倉館、甲斐武田館、北条氏の武蔵八王子城、越後上杉氏の迎賓館であった至徳寺など、戦国時代の大名クラスの屋敷、館などの発掘成果をみると、そこで使われた道具やその屋敷の規模、空間構造などに共通性があることがわかる。

特に、屋敷では、一町四方の四角い館、大きな庭園をもつことが、権威の象徴であったらしい。発掘された朝倉館を「洛中洛外図屏風」に描かれた公方《くぼう》邸や細川管領邸と比較すると、瓜二つといえるよく似た規模、空間構造をもち、そのモデルが、京都の足利将軍邸や管領邸であることがわかる。その規範性の強さは、それが単なる模倣ではなく、住空間が当時の社会階層の標識として大きな役割を果たしていたことを示している。

細川管領邸の中へはいってみよう。東に面した表門を入ると広場があり、正面に中門とよぶ正式の入り口がある。それを入った建物が主殿で式三献などの儀式が行われた空間である。一方、屋敷の南半分にはたいへん大きな庭園が広がっている。この庭園をめぐる空間には会所《かいしょ》や泉殿《いずみどの》、茶座敷などが配され、客人をもてなす空間として使われた。特に庭園に面して建つ開放的な会所は、連歌の会や茶の湯、花、香の寄合など、中世に発展した遊芸や饗宴の場として独特の機能をもつ接客空間であり、現在の床の間のルーツともいえる押板《おしいた》、書院、違い棚などの美術品を飾る施設をもつことが特徴である。

屋敷の構造と同様に、この建物内の使い方もまた、そのまま主人の格式を表現するものであり、彼らにとっては権威と富の象徴であった。どんなときに、どの座敷に、何を、どのように飾るか、飾る美術品のランクづけは？などなど、その教科書ともいえるのが『君《くん》台観左右帳記《だいかんそうちょうき》』なのである。

④「洛中洛外図屏風」（歴博甲本）　細川管領邸宅（左）と典厩邸（右）　室町時代（16世紀）　重要文化財

『君台観左右帳記』とは、足利将軍邸の室札《しつらい》（飾り付け）の書の意味で、室町将軍に仕えた芸術家集団である同朋衆能阿彌《どうほうしゅうのうあみ》、相阿彌《そうあみ》によってまとめられた唐物《からもの》の座敷飾りの規範書である。その第一部は、当時圧倒的に人気のあった宋・元代の中国画家達百数十名の得意とする画題と上・中・下といったランク付け、第二部は、押板、書院、違い棚、茶の湯棚などの座敷飾りのノウハウ、第三部が、漆彫、陶磁器などの唐物の解説とランクづけから構成されている。

伝わっている『君台観左右帳記』の流布本は多く、その一本の奥書には、それが相阿彌から越前朝倉宗俊に伝授されたことを記したものがあり、多くの写本が各地へ秘伝書として伝授されていった一端を示している。歴博蔵本の奥書には、一五一八年（永正一五年）に相阿彌から徳阿上人に与えたものがまた一五六〇年（永禄三年）に寿印老人に書写されたことが記されている。

また、一五六一年（永禄四年）の将軍義輝の三好義興邸御成《おなり》を記した『三好亭御成記』には、奉仕した九人の同朋衆のなかでも座敷飾りを担当した春阿彌《しゅんあみ》には破格の一〇〇〇疋（一万文）という大金が与えられたことが記される。

戦国大名をはじめ戦国時代の権力者は、自らの権威を主張するために、この将軍を頂点とした室礼の規式の実現、価値観の共有が不可欠であった。具体的には、『君台観左右帳記』などを規範とした室礼、かわらけを用いた儀式や饗宴の実現、「洛中洛外図屏風」に描かれた将軍・管領邸をモデルとする館や屋敷の模倣など、将軍の権威が裏打ちする文化が、槍や鉄砲とならぶもうひとつの武器となったのである。（小野正敏）

土の造形

①人面装飾付きの壺形土器　青森県平内町出土　縄文時代後期（約3200年前）

粘土を火で焼くと水に溶けなくなる性質に変わることに人類が気づいたのは、旧石器時代も終わりに近い約二万年前のことである。粘土で形を作り火で焼いた最初のものは、東ヨーロッパやロシアで見つかった女性像である。粘土で器の形をつくって焼き上げる土器の発明はそれにつづいて一万六〇〇〇年前ころにおこったらしい。籠《かご》や樹皮で作った容器に水漏れしないように粘土をはり、それを火にかけたものが最初だとする説もある。

石とちがって、粘土のばあいは、薄いもの、大きなもの、中空のものなどいろいろな形をきわめて短時間のうちに容易に作ることが出来る。孔をあけたり、突出した部分を作ったところで、途中で壊れて失敗することなどは少ない。水をいれて火にかけると煮炊きも簡単にできる。土器は最初、煮炊き専用のナベのようなものであったらしい。やがて、物を貯えたり、盛ったりする用途ももつようになり、現在のうわぐすりをかけた陶器にいたっている。

①の土器はヒョウタン形に作った土器の口に近い部分に、人の顔を立体的にあらわした珍しい例である。顔は土偶と共通し、女性の祖先像をかたどったもので、この器にいれた飲み物が祖先神への捧げものであることをしめすために顔をつけたのであろう。この土器は形も文様も個性的で、作者の技量もあらわれており、芸術的な創造性が確かに感じられる。しかし、類品がいくつか知られており、純粋に個人的な作品といったものではないらしい。

②〜⑩に示した亀ケ岡式土器のばあいも、形といい文様といい、見事な出来栄えである。しかし、青森でも宮城でも同じような形と文様の土器を作っており、オリジナルとコピーとの区別がつかないのが普通である。土器の形、文様、種類は、個人ではなく、集団や文化様式をあらわしており、それらは、ある特定の集団が文化的・社会的に一体性（アイデンティティ）をもっていることの表現なのである。

（春成秀爾）

②香炉形土器　青森県是川遺跡
縄文時代晩期（約2800年前）

③〜⑩いろいろな形の土器　岩手県蒔前《まくまえ》遺跡　縄文時代晩期（約2800年前）

④の部分

流麗な線描

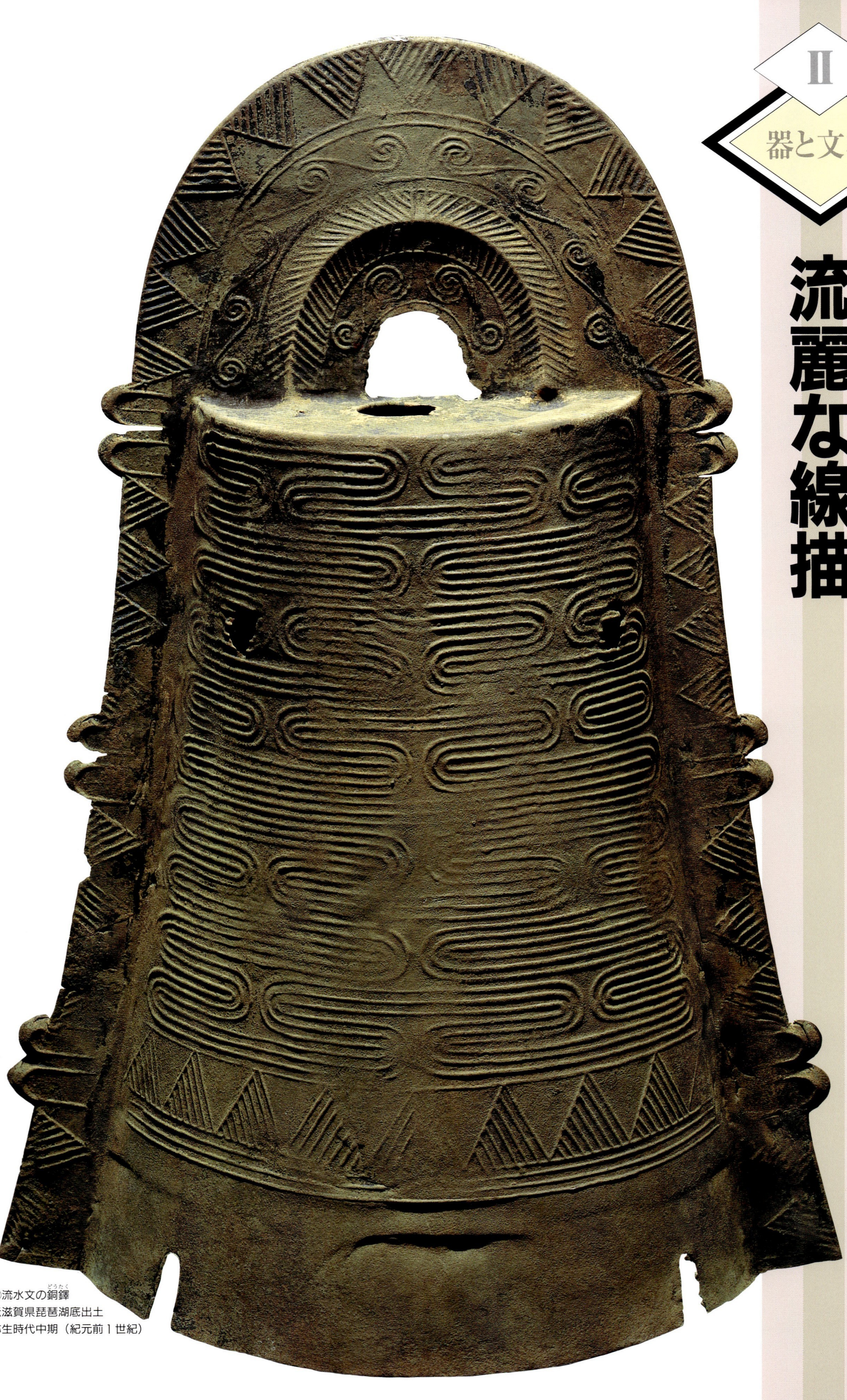

①流水文の銅鐸《どうたく》
伝滋賀県琵琶湖底出土
弥生時代中期（紀元前１世紀）

銅鐸《どうたく》は青銅の鋳物である。二個の石または粘土の塊にそれぞれ銅鐸の片面の形と文様を彫ってそれを合わせて外型にして、内部に粘土製の内型をはめて、外型と内型との間に作った隙間に、溶かした青銅を流しこんで作る。鋳型は、古くは石で、新しくなると粘土で作っている。石の鋳型で作った銅鐸は、ガスがよく抜けずにできた小さなくぼみが身の上面（舞《まい》）にのこっていたり、文様の鋳出があまい。それに対して、粘土の鋳型で作った銅鐸は、ガスがよく抜けており舞は平らで、繊細な線描の鋳出もよい。

①は、流水文の銅鐸である。流水文は、線の束を横方向に直線で伸ばしたあと反転して、またのばしたあと反転させてのばす、リズミカルな動きをもつ文様である。室町時代の蒔絵にある流水文様をおもわせることから流水文の名が付いた。しかし、流水をあらわしたものではない。縄文時代末の土器や木器に施した文様に起源があり、弥生時代には土器、木器、銅鐸を飾る、おそらくモノを結びとめるような呪的な意味をもつ文様であった。

①の銅鐸は、石製鋳型で作っている。石の鋳型は、大阪府茨木市東奈良で見つかっている。長台形の硬い石（凝灰質砂岩）を深くえぐって身をつくり、吊り手（鈕《ちゅう》）と身の縁の鰭《ひれ》を浅く彫って付ける。そして、磨いて表面を仕上げたのち、鉄の刃物で文様を彫り付けている。東奈良鋳型の文様の線刻には、力余ってはみ出した線が多い。鋳型は、片面だけで重さ二〇キロ、それ自体が一種の造形品となっている。石の鋳型作りは、細かな神経を使う、しかも力のいる仕事であった。

この銅鐸は琵琶湖底から引き揚げたという。同じ鋳型で作った兄弟銅鐸が愛知県の御津町広石と伝愛知郡から出土している。流水文の特徴は大阪南部の土器と共通することから、大阪南部で作ったとすれば、そこからもっぱら東の集団に運んだことになる。

②は、袈裟襷《けさだすき》文の銅鐸である。身を六区に分けるための帯は、斜め格子文と渦巻き文の帯を重ねて一本にして使っている。斜め格子文の一本の帯で区画するのが普通である。渦巻き文は吊り手を飾る文様からの借り物である。鰭もほとんどのものが鋸歯《きょし》文を一列に配するだけであるのに、この銅鐸では鋸歯文を二列に並べている。この銅鐸の作者は、同時代に流行した多くの銅鐸のマンネリを打ち破るために、このような方法を採用したのである。渦巻き文は、等間隔の配り方、ゆがみのない渦巻きなど一分の狂いもないといってよい完璧な線描であって、作者の腕の冴えには感服させられる。文様の線が流水文の銅鐸よりも繊細で鋳出もよいのは、生乾きの粘土の鋳型の表面に鋭い刃物で彫ったことによる。区画内は鋳造後に研磨しており、滑沢面は現在でも暗緑色の鈍い光沢を放っている。文様の精緻さも鋳造後の仕上げも、日本の銅鐸約四七〇個のうちのトップクラスである。

袈裟襷文は、縦方向の帯が下に横方向の帯が上になるように施すのが原則である。縦三本、横四本の帯による全体構成は、帯で厳重に縛った小包のように見える。これは偶然ではなく、やはりモノを結びとめる役割を期待しての文様であったことを思わせる。

（春成秀爾）

②袈裟襷《けさだすき》文の銅鐸　兵庫県生駒出土　弥生時代中期（１世紀）

②の部分　斜格子文の傾きから左利きの作と推定。

ブランド商品としての陶磁器

―紀年銘陶磁（一）―

歴博の日本中・近世陶磁コレクションには、紀年銘陶磁一五四件を含む。陶磁器の紀年銘は、一般に小物は底裏、大物は体部に染付《そめつけ》銘ないし篦彫《へらぼり》銘で施すが、ほかに消費者が墨書、ときには漆書で購入年、所有者などを記すばあいがある。また、器体に記銘がなくても、箱書による二次情報もこれに準ずる資料性をもつ。紀年銘は、①主として寺社への寄進物ないし誂物《あつらえもの》（特注品）、②特産窯の高級品や藩主の御庭焼などブランド品、③特定個人用の文房具類、と④消費者の購入時での紀銘品、に大別される。

日本の磁器と陶器を代表する西の肥前・有田窯と東の尾張・瀬戸窯および美濃窯の製品には、それぞれ約二〇〇例と四〇〇例の紀年銘が知られている。①は、有田独特の金襴手《きんらんて》風の極彩で唐花、扇面のモチーフを描き、底裏に通有の「文政年製」と窯元名を入れる。一八世紀前半代に有田焼で流行した白地に瑠璃釉《るりゆう》を掛け分けた型作りの②は、和年に中国年を合成した「元文成化年製」とする。有田窯で紀年銘磁器が出現する寛永中期には、世界的なブランド商品であった中国・景徳鎮磁器の「大明成化年製」や福（角福）の銘款《めいかん》の転写が始まっており、月日まで記すばあいは、窯焚き祭祀などにかかわるものもあると思われる。③は、有田窯南東の志田《しだ》窯（佐賀県嬉野町《うれしのまち》）の大皿で、窯元とみられる江口家のネームや年銘を宝尽《たからづくし》文に組みこんでデザインされている。④は、一〇客揃の接客用の色絵磁器碗で、箱側面に安政三年一一月に求めた貼紙墨書がある。紀年銘陶磁は、考古年代を決める定点資料となり、産地を特定できる点で重要なばかりでなく、銘文の表記から中国磁器との関係や生産の動態がうかがえる。また、箱書には購入年、購買者のほか価格を記すばあいがあり、貴重な消費情報を提供してくれる。

上記とやや性格の異なる事例として、⑤は、瀬戸窯の磁祖加藤民吉の没後三年目に、二代民吉が江戸の浅草根岸に閑居する晩年の酒井《さかい》抱一《ほういつ》に下絵を依頼した五枚組の盃で、瀬戸陶房と琳派《りんぱ》の交渉を物語る興味深い資料である。⑥は、底裏に寛政二年の購入を漆書で記す手桶写しの瀬戸手鉢。有力町人の風流《ふりゅう》をしのばせる伝世資料といえよう。

（吉岡康暢）

①色絵金襴手《きんらんて》花扇文稜花《りょうか》鉢　文政年間（1818〜30年）

②色絵三保松原図富士形皿　有田　元文年間（1736〜40年）

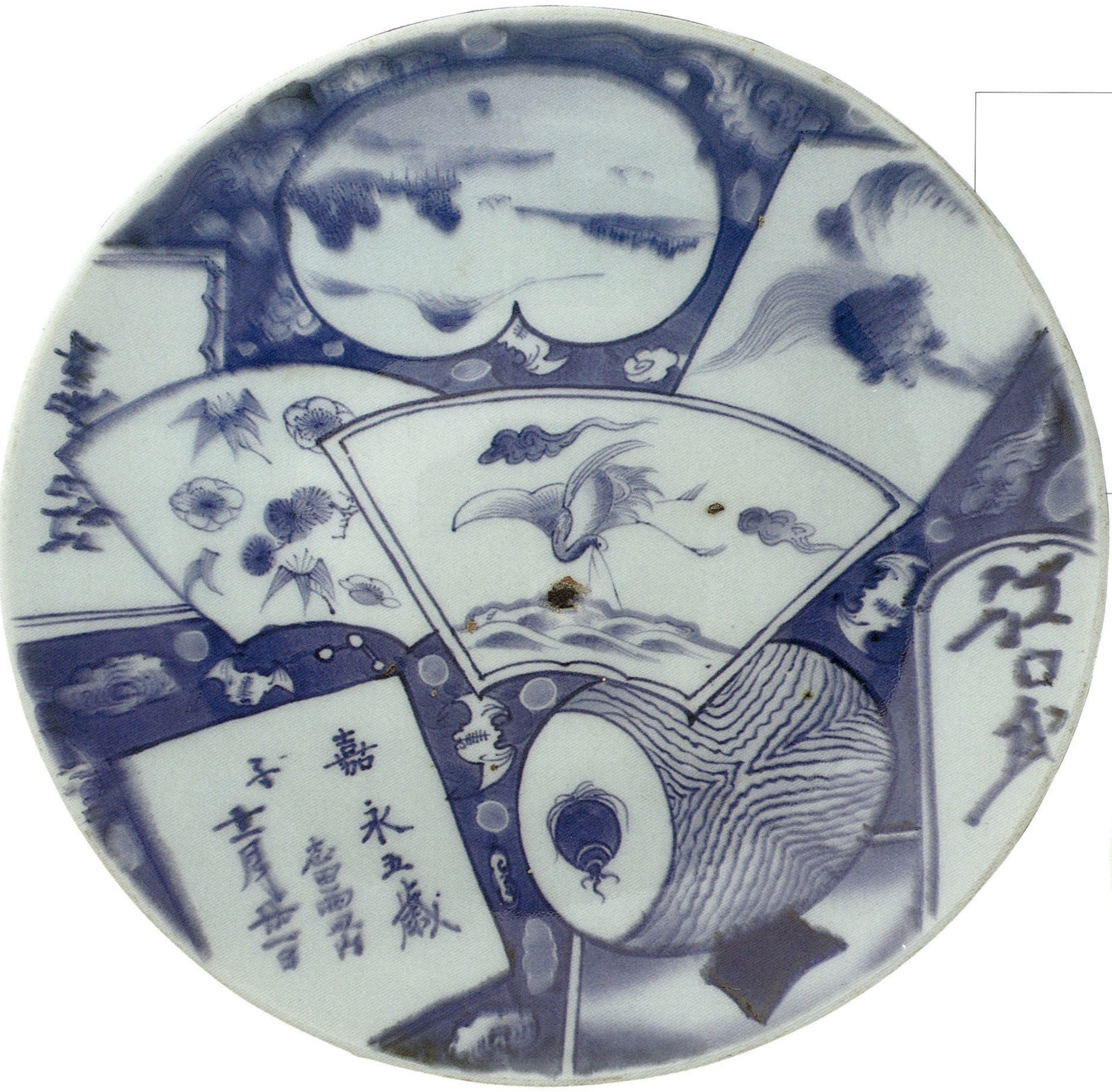

③染付 宝尽《たからづくし》文大皿　志田
嘉永五年（1832年）

⑤色絵双鶴図小皿　瀬戸
文政九年（1826年）

④色絵菊丸蓋付碗　有田
安政三年（1856年）（箱書）

⑥緑釉鉄絵松千鳥文手鉢　瀬戸
寛政四年（1792年）

Ⅱ 器と文様

寄進された陶磁器

—紀年銘陶磁（二）—

寄進物の銘文は、年月、寄進先、寄進者（依頼人または作者）、ときに器名、趣意が加筆される。寺社の荘麗具《しょうごんぐ》（花瓶《けびょう》・香炉類）が大半を占めるため、編年資料としては一般化しにくいが、作調の変遷、陶工名の集成や需給のネットワークなど、歴史・宗教資料としての活用が期待される。

①は、尾張・大森垣外《がいと》村（名古屋市守山区）の天野権蔵が隣村の大永《だいえい》寺へ寄進した大型花瓶。銅器の薄端《うすばた》の口造りと双耳をモデルにし、瀬戸美濃固有の鉄釉仕上げとする。⑥も、底裏に「文化二／吉日／奉納／セト村／吉左衛門」の粗野な篦彫り銘をもつ線香立で、大小が組をなす。ともに地方文人の宗教活動の所産であろう。④は、「安永八年／亥十二月／□宝山住物／現住祖栄仿（坊）」の墨書銘を記すが、寄進か購入かは明らかでない。湯瓶をかける火鉢であるが、香炉として使用されていたかもしれない。

銘文が整った寄進物としては、戦国〜江戸前期にかかる一連の備前焼の宗教具と大甕が周知されている。②は、伊部村の陶工（窯元）寺見次郎兵衛作の玉取獅

①鉄釉大花瓶　美濃
正保三年（1646年）

②玉取獅子　備前
慶安元年（1648年）

③染付港市図漢詩文入水差　亀山
天保四年（1833年）

④緑釉桐菊花文瓶掛《びんかけ》　瀬戸
安永八年（1779年）

子置物。臀部左に刻銘があり、陶業の繁昌を祈願したのであろう。肥前磁器には寄進物は少ないが、⑤は、銭屋治兵衛が近隣町村の寺社へ奉納した「御酒徳利壱対」である。目出たい松鶴の図柄はポピュラーだが、色絵磁器は高価であった。

⑧は、上胴に「寛有天王元年／四月吉祥日」「壺屋四右衛門◬」と短冊形の区画に刻銘した丹波茶壺。焼き物問屋の寄進物とみられ、「天王」を「天正」（一五七三年）の私年号とすると、壺の型式観とも整合する。このほか、紀年銘陶磁で私年号と考えられるものに、「福安」（文安、備前四耳壺）、「正見」（正元、常滑《とこなめ》陶硯）が知られ、一字を嘉字におきかえ招福除災を祈念したのであろう。二例が茶壺であることからすると、私年号が地下《ちげ》の茶など地域で民衆文化が高揚する社会状況から生まれることのあったことを示唆する。

特定の寄進物ではないが、⑦は、南紀徳川家の御庭窯、清寧軒《せいねいけん》焼の硯箱。風雅な精品で、大名間の交際、家臣への下賜など近世大名の社交を具体的に語るモノ資料となる。③は、江戸初期に中国・景徳鎮窯へ茶器を中心とする幾何学文の一群の磁器を特注した、唐物問屋「祥瑞《しょんずい》五郎大輔」の故事を漢詩文に詠みこんだ水指で、江戸文化史の一齣となろう。

（吉岡康暢）

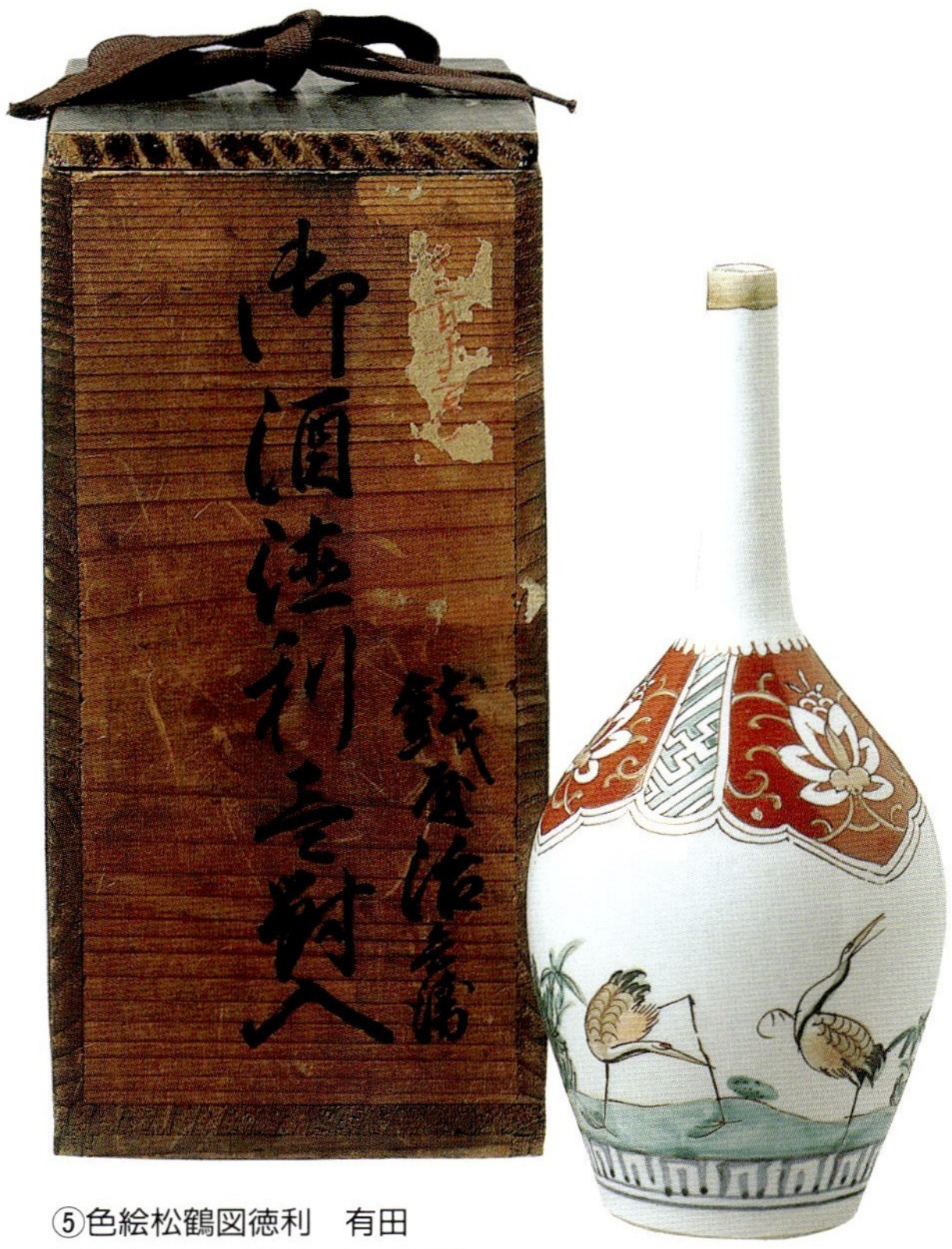
⑤色絵松鶴図徳利　有田
天保十四年（1843年）〔箱書〕

⑥灰釉《かいゆう》蓮弁文線香立　瀬戸美濃
文化二年（1805年）

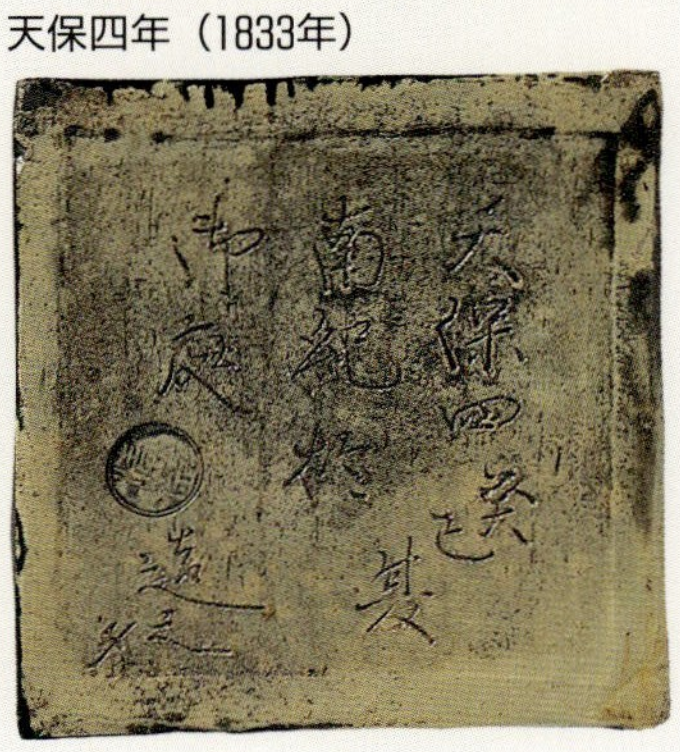
⑦緑釉鹿子《かのこ》文硯箱　清寧軒《せいねいけん》
天保四年（1833年）

⑧三耳壺　丹波
天王元年

料紙装飾

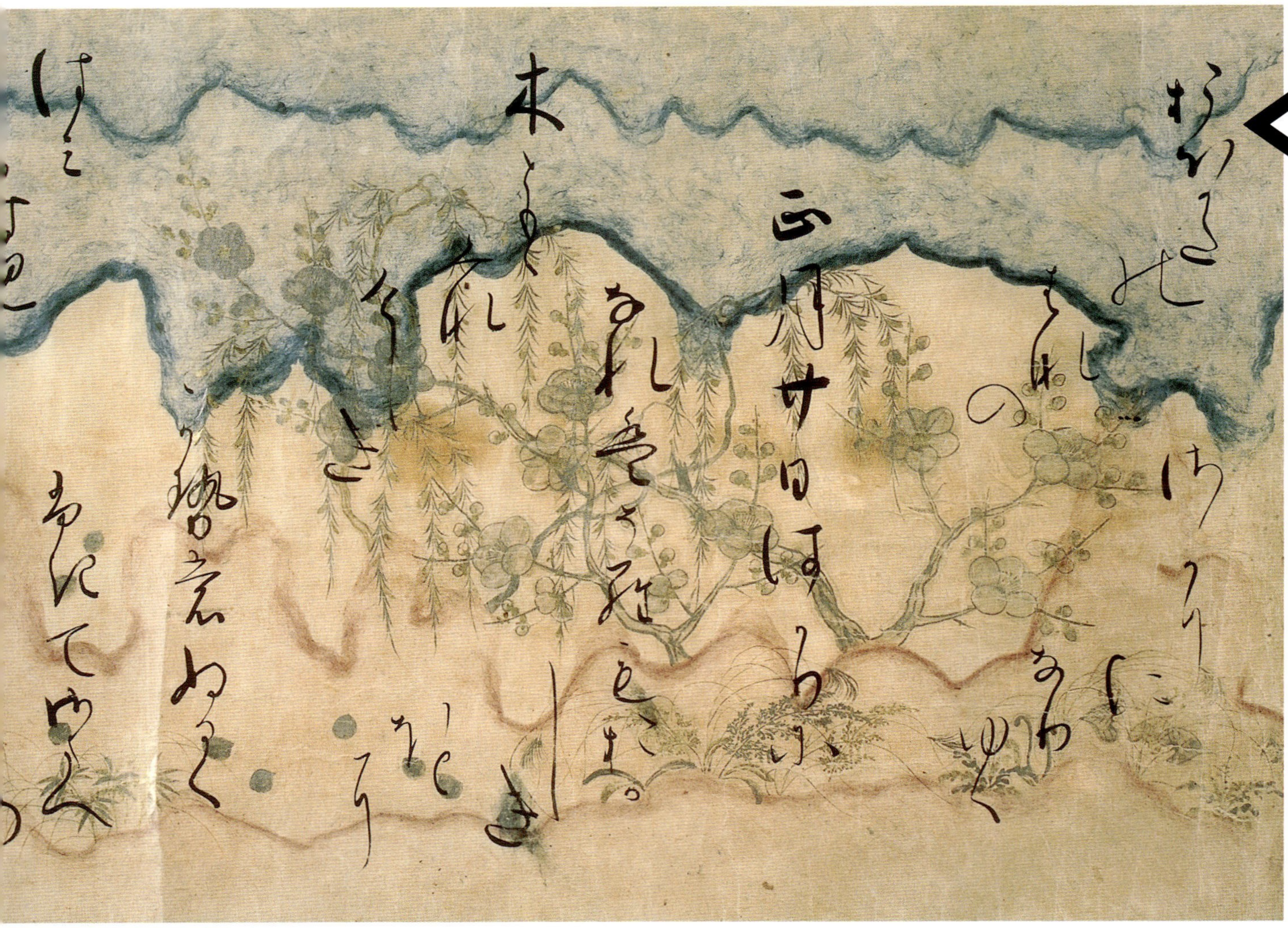

①伏見天皇宸翰《しんかん》「源氏物語抜書」 鎌倉時代（14世紀） 重要文化財
梅、柳、柴舟、水車、桜、藤、卯の花、稲妻、楓、秋草、刈田、雪待笹など四季のモティーフが次々と登場する。上下の雲を空と地面に見立てた構図は、この時期の同種の作例に共通するもの。

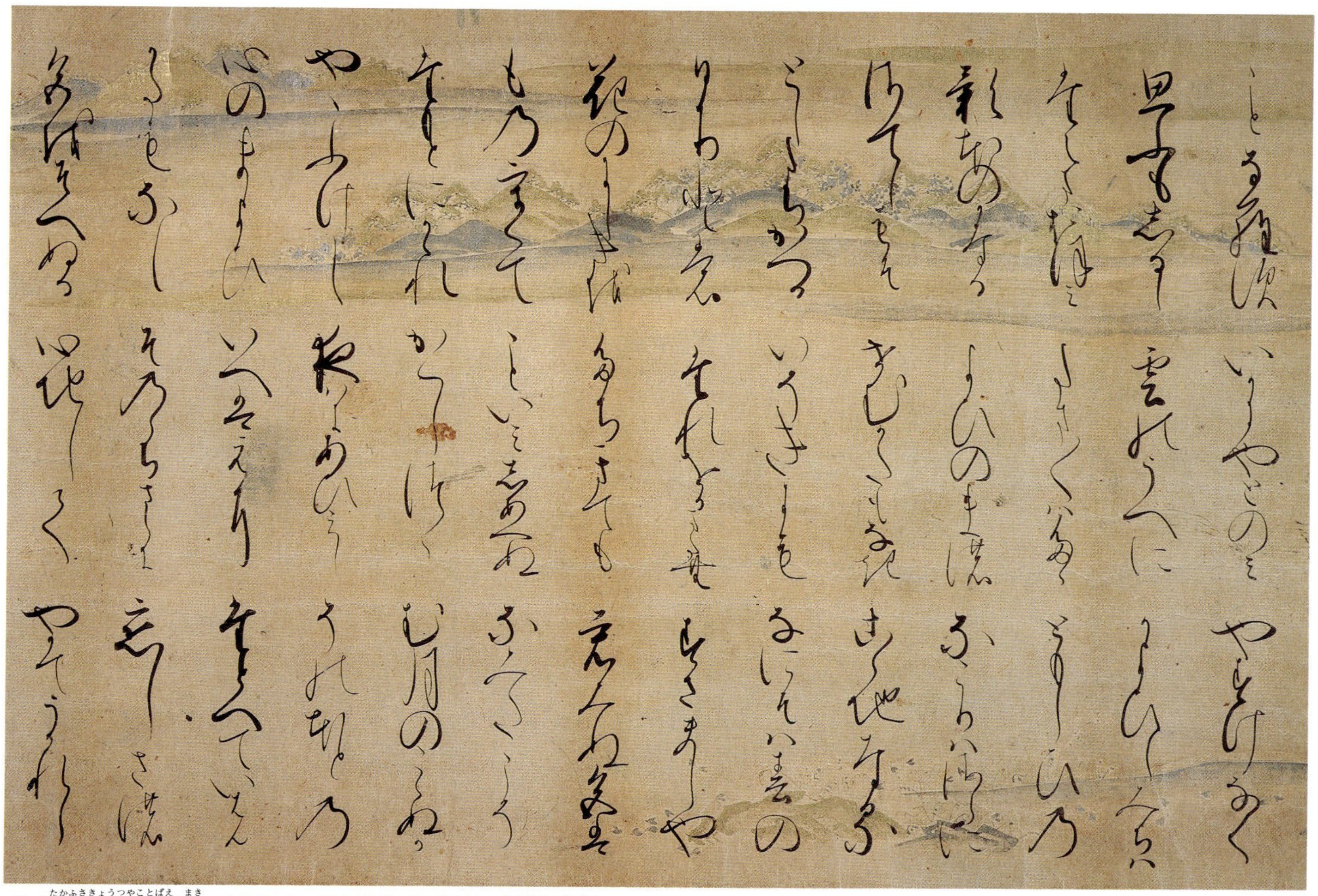

②「隆房卿《たかふさきょう》 艶詞《つやことば》 絵《え》巻《まき》」詞書部分　鎌倉時代（13世紀）　重要文化財

謡曲「呉服」表紙

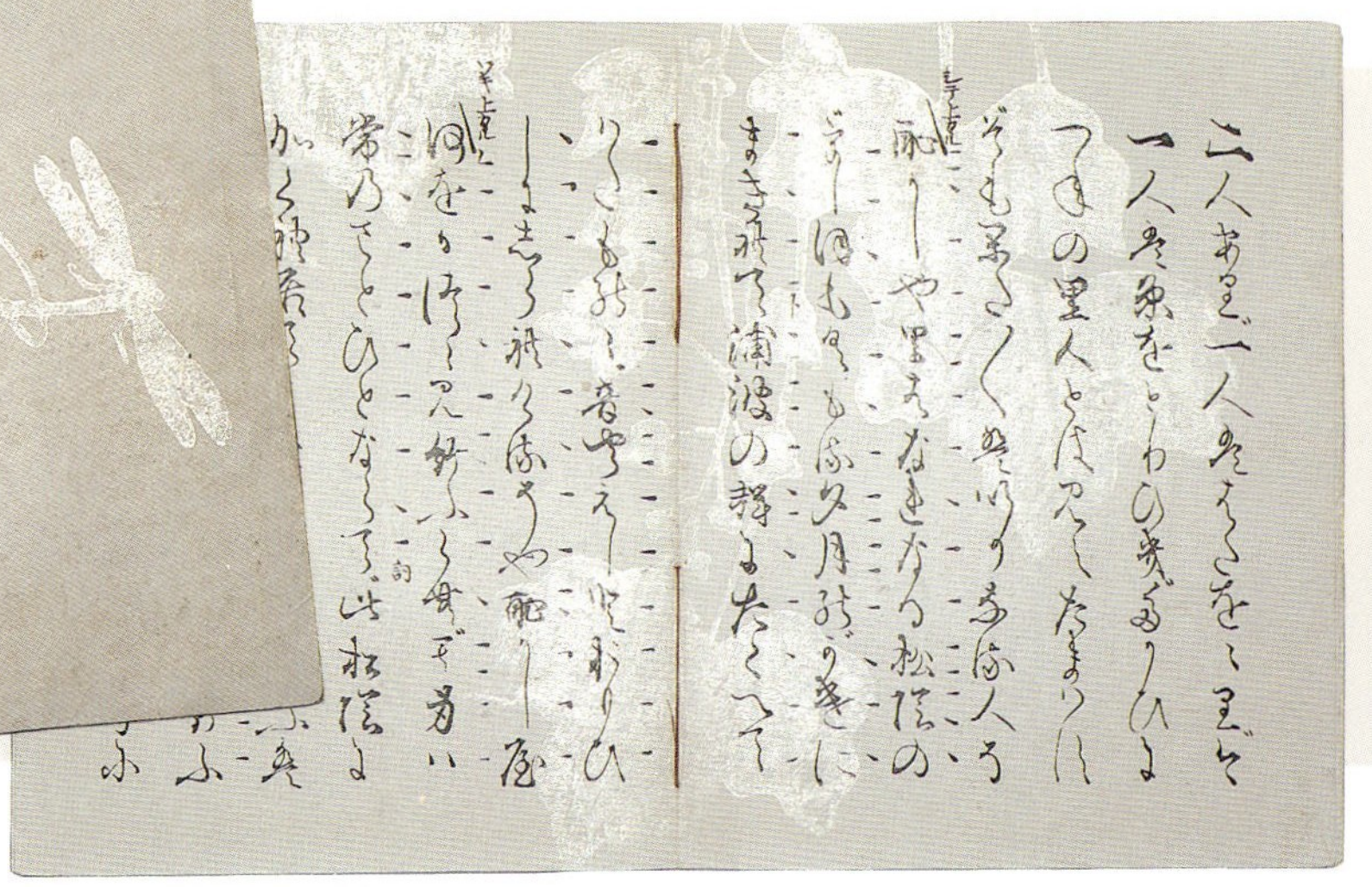

③謡曲「呉服《くれは》」本紙
江戸時代（17世紀前半）
嵯峨本とは、京都嵯峨の豪商角倉《すみのくら》 素庵《そあん》と本阿弥光悦が協力して出版したとされる文学書。

料紙、すなわち書をしたためるための紙を美しくかざることは、奈良時代から行われ、さまざまな装飾技法が生み出された。本来は、経巻などを隅々までくまなく荘厳する「作善《さぜん》」の発想から起こったものであろうが、文字写本や絵巻の詞書などに幅広く行われ、その美しさと趣向とが競われるようになる。

料紙装飾には、楮紙《こうぞし》・斐紙《ひし》などを染めた色紙や、大小かたちの異なる金銀箔を散す技法、金銀泥、顔料で文様や下絵を描くもののほか、型文様を刷りだした唐紙、美麗な紙を継ぎ合わせる継紙《つぎがみ》の技法なども用いられた。これらの手法は、「三十六人集」（本願寺蔵）や「平家納経」（厳島神社）などが制作された平安時代後期に最も発達し、中・近世にも引き続き行われ、料紙のみならず絵画の装飾にもとり入れられている。

「隆房卿《たかふさきょう》 艶詞《つやことば》 絵《え》巻《まき》」詞書《ことばがき》部分（②）と、伝伏見天皇宸翰《しんかん》「源氏物語抜書」（①）は、中世の料紙装飾を代表する作例で、この時期に著しい発展をみた金銀泥絵による装飾の魅力を余すことなく伝えている。

「隆房卿艶詞絵巻」は、藤原隆房と小督《こごう》の悲恋を綴った歌物語を絵画化した白描絵巻の白眉で、かつては益田鈍翁《ますだどんおう》の愛蔵品のひとつであったことでも有名である。白い紙に墨線のみで描かれた絵巻の清楚な画面に対し、詞書部分は金泥と銀泥の繊細な輝きによる自然の遠景描写が美しい。絵画のもつ抑制された象徴美をそこなうことなく、絵画の導入としての詞書の内容や書の美しさを引き立てている。

これよりやや遅れる「源氏物語抜書」のほうは、同じ金銀泥絵とはいえ、数段華やかな印象を与える。青と紫に漉き込まれた打曇《うちぐもり》の紙に、四季の景物を大ぶりの図柄で伸びやかにとらえている。

近世の料紙装飾は、より明快な金銀の面的な輝きを求めて変化した。色替わりの料紙に雲母《きら》刷《す》りで各種の文様、図柄を表した嵯峨本の装飾（③）は琳派《りんぱ》の創造した造形感覚と料紙装飾との相性の良さを物語っている。

（日高　薫）

Ⅱ 器と文様

雅の調べ
—紀州徳川家伝来雅楽器—

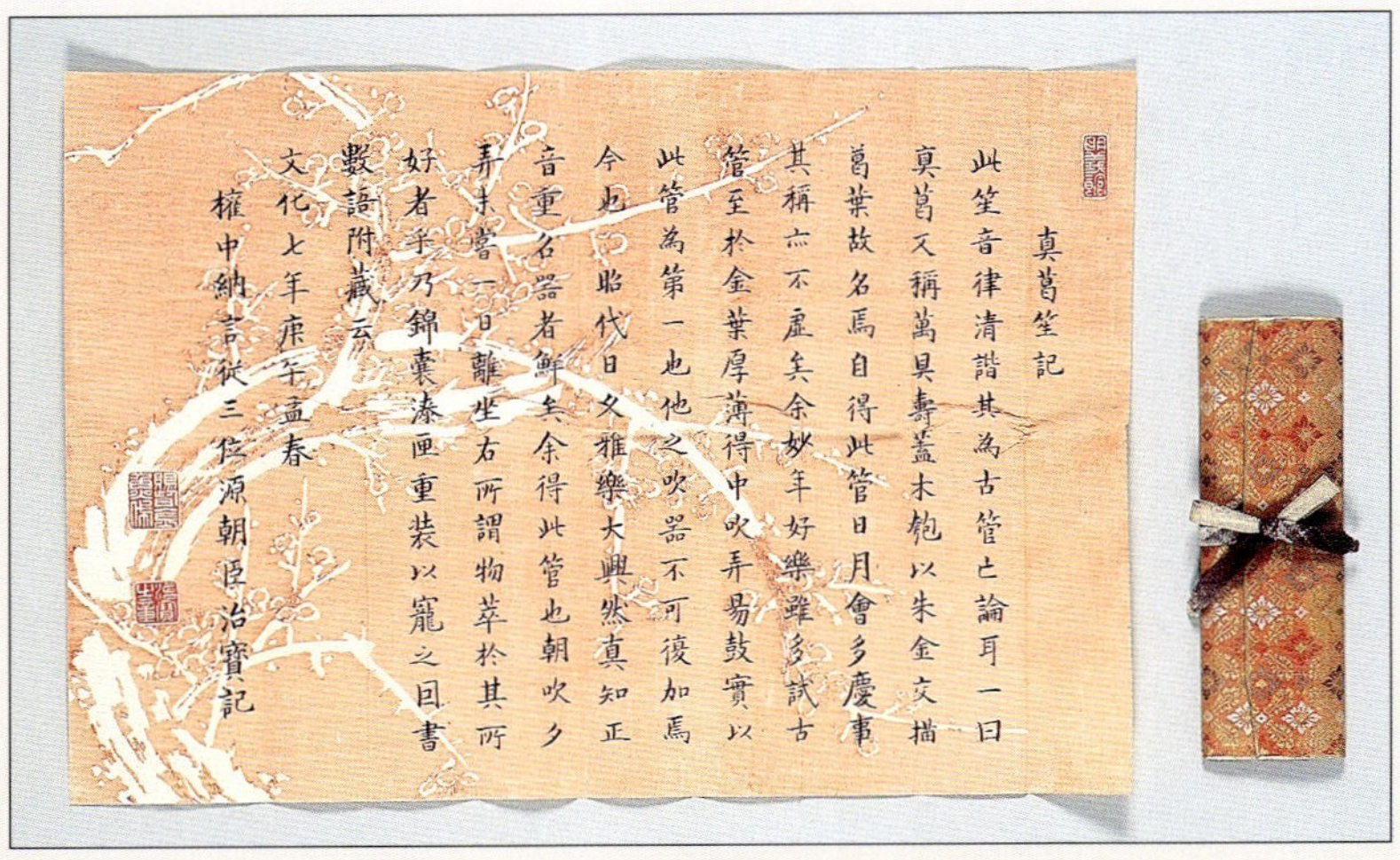
②

真葛笙記
此笙音律清諧其為古管亡論耳一曰
真葛又稱萬具壽蓋木匏以朱金文描
葛葉故名焉自得此管日月會多慶事
其稱亦不虚矣余妙年好樂雖多試古
管至於金葉厚薄得中吹弄易鼓實以
此管為第一也他之吹器不可復加焉
今也昭代日久雅樂大興然真知正
音重名器者鮮矣余得此管也朝吹夕
弄未嘗一日離坐右所謂物萃於其所
好者乎乃錦囊漆匣重装以寵之回書
數語附藏云
文化七年庚午孟春
権中納言従三位源朝臣治寶記

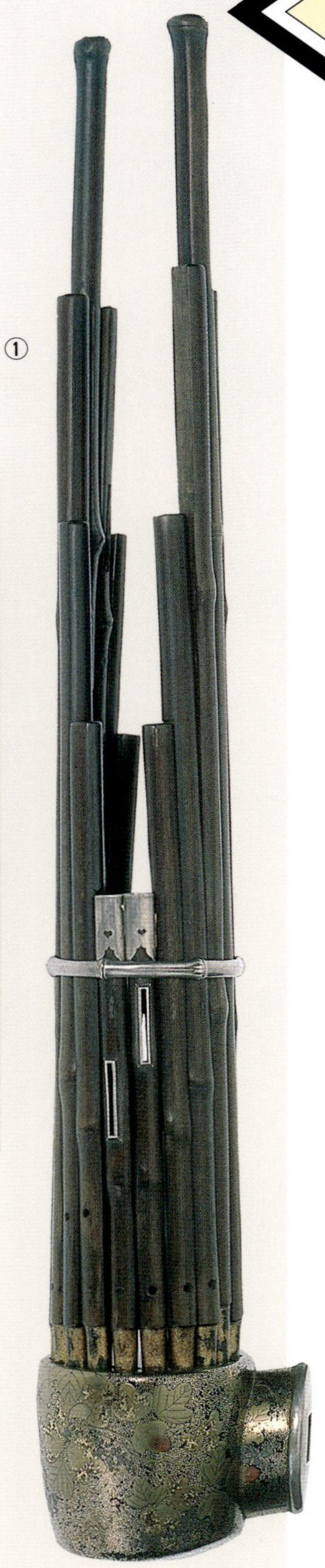
①

③

⑤

④

①袖笙《そでしょう》（銘「萬具壽《まぐす》」）、②真葛笙記　1810年（文化７年）、③皆具、④替頭、⑤内箱蓋裏

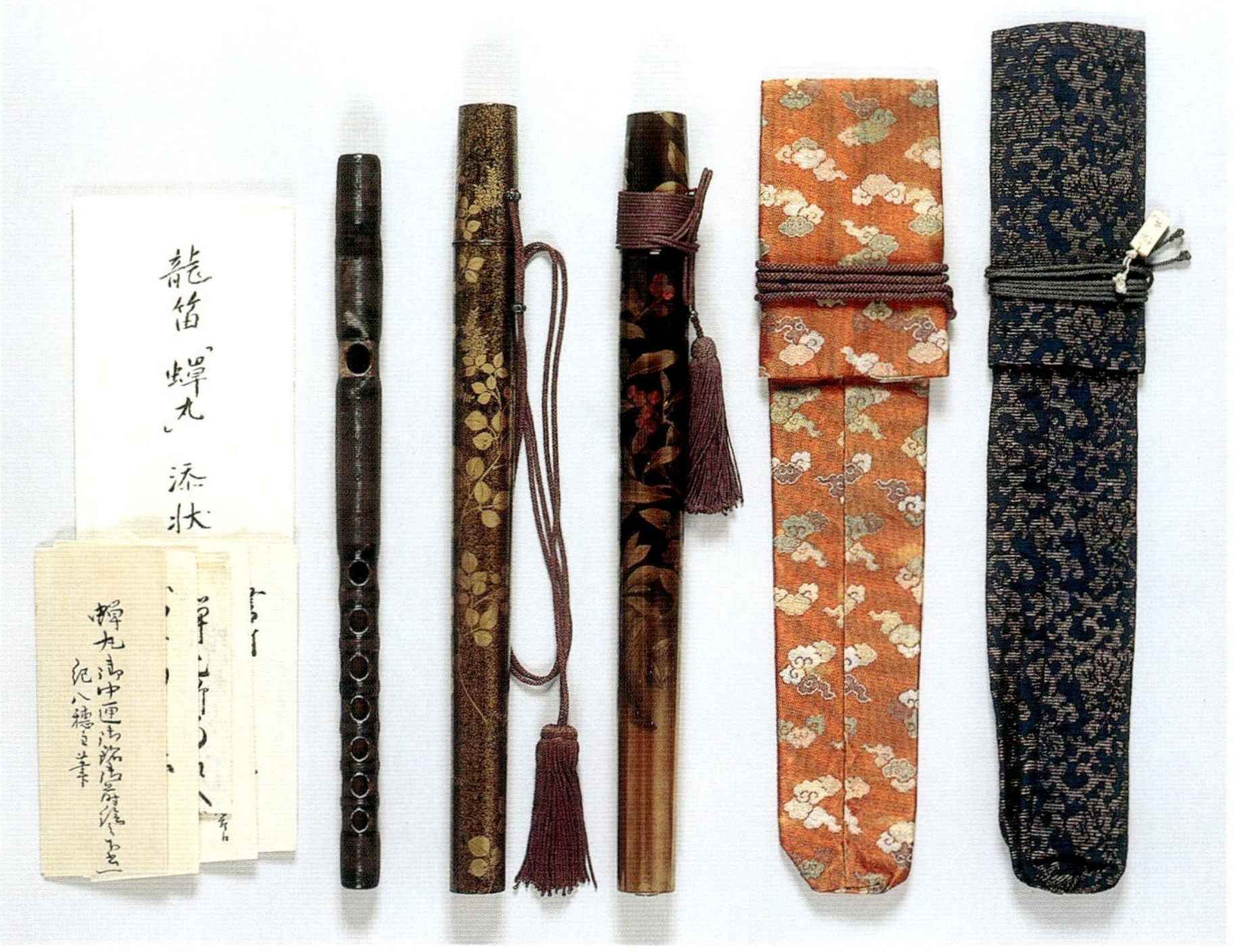

⑥龍笛《りゅうてき》（銘「蟬丸」）皆具

⑥替筒の部分

楽器は、本来音楽を奏でるためのものであるから、その機能にのみ注目するなら装飾は不要なはずである。しかし現存する古い楽器は、しばしば蒔絵《まきえ》や螺鈿《らでん》によって華麗に装飾されている。あるいは、美しい袋や箱に納められ、雅びな銘が付けられることも多い。こうした装飾や付属品のありかたには、どことなく茶道具の伝来を連想させるものがあり、楽器というものが、単に演奏するための道具という以上の文化的意味を担わされてきたことを示唆している。

歴博が所蔵する紀州徳川家伝来の雅楽器一五九件は、付属品や付属文書に恵まれ、各々の楽器の伝来した経緯や大名家コレクションの形成の様相がかいま見られる貴重な資料といえるだろう。

最初にコレクションのひとつ、「真《ま》葛《ぐず》」(①)の笙《しょう》に付属した「真葛笙記」(一八一〇年(文化七年)、②)に注目してみよう。コレクターである藩主治宝《はるとみ》自身によって記されたこの書には、真葛の笙が清い音を奏でる名器で、「萬具壽」の銘の通り慶事をもたらす笙であること、いかに治宝をとりこにしたかが綴られている。そして文末に「乃ち錦嚢漆匣にて重装して以て之を寵す」とあるように、名器を美しい布袋や蒔絵の箱に大切に納めることは、蒐集家がなすべき当然の行為とみなされていたようだ。

実際、この笙には様々な付属品が付属している。葵紋付きの外箱と、蓋裏に葛文蒔絵のある内箱、金襴の袋、大和錦の替袋など。さらに治宝は、新しいリードを注文し、笙を載せるための枕や、漆塗の替頭も作らせている。この替頭は葵の御紋と牧野大和守という人物に新たに書かせた「萬具壽」の文字が蒔絵で表されたものだ。また、笙の鑑定書を楽器商・神田大和掾定幸に書かせ、また錦袋の古裂に関しては紀州家と関係の深かった千宗左(了々斎または吸江斎)に鑑定を依頼している。

龍笛《りゅうてき》「蟬丸」(⑥)にも二セットの筒と袋とが用意されている。中でもおがたまの木を表した替筒の精緻な蒔絵装飾には目を奪われるが、これは瀟洒《しょうしゃ》で細密な研出《とぎだし》蒔絵の名手として知られる塩見政誠(享保年間頃に活躍)の手によるものである。一流の蒔絵師が起用されていることからも、楽器に対する並々ならぬ愛情が知られるが、治宝がこの笛を入手したときにはこれらの筒はすでに付属していた。付属品はその時々の楽器の持ち主によって、徐々に付加されたものであるらしい。

治宝の雅楽器コレクションの中には、古いものでは平安時代の制作と推定されるものもみられるが、その装飾のほとんどは、江戸時代以降に加えられたものである。後世新たに装飾を加えたり、傷んでしまった古い楽器を修理する際に、装飾も一新することが多かったのであろう。このことは、楽器表面の装飾が重視されながらも、あくまで付加価値であったことを物語っている。コレクション中の二三面の琵琶の撥《ばち》面画も、傷みやすい箇所なだけに、ほとんどが後の補筆や補彩で覆われており、当初の姿を確認することができない。「花月」(⑦)の撥面をかざる夜桜の画は治宝自身の筆と伝えられ、コレクターと蒐集品との関係、そして当時の修理に対する意識の一端がうかがわれて面白い。

楽器に付された銘の問題も興味深い。銘は制作時に限らず、後世になって改めて付される場合もあり、複数の銘を有する楽器すらみられる。「紫鸞《しらん》」の銘をもつ一節切《ひとよぎり》(尺八の一種、⑧)は、丸に「是」字の焼印が押されることから原是《はらぜ》斎《さい》(一五八〇年(天正八年)~一六六九年(寛文九年))の作と知られるが、銘の文字の方は極めによれば近衛《このえ》家熙《いえひろ》(一六六七年(寛文七年)~一七三六年(元文元年))筆といい、制作時期と銘入れの時期に若干のずれがある。また、いつ頃の修理か不明だが、割れた竹を鎹《かすがい》留めで補修する方法は、陶磁器の世界では極めて格の高い優品にのみ施される特別の修理法であり、この笛の由緒がうかがわれる。

楽器に加えられていく、装飾や名まえ、付属品、書き付け、修理の足跡等は、すなわちその楽器をめぐる人々の精神世界や文化的つながりの累積ともいえるのである。

(日高　薫)

⑧の部分
(焼印(上)、鎹止め(下))

⑧一節《ひとよ》切《ぎり》(銘「紫鸞」)

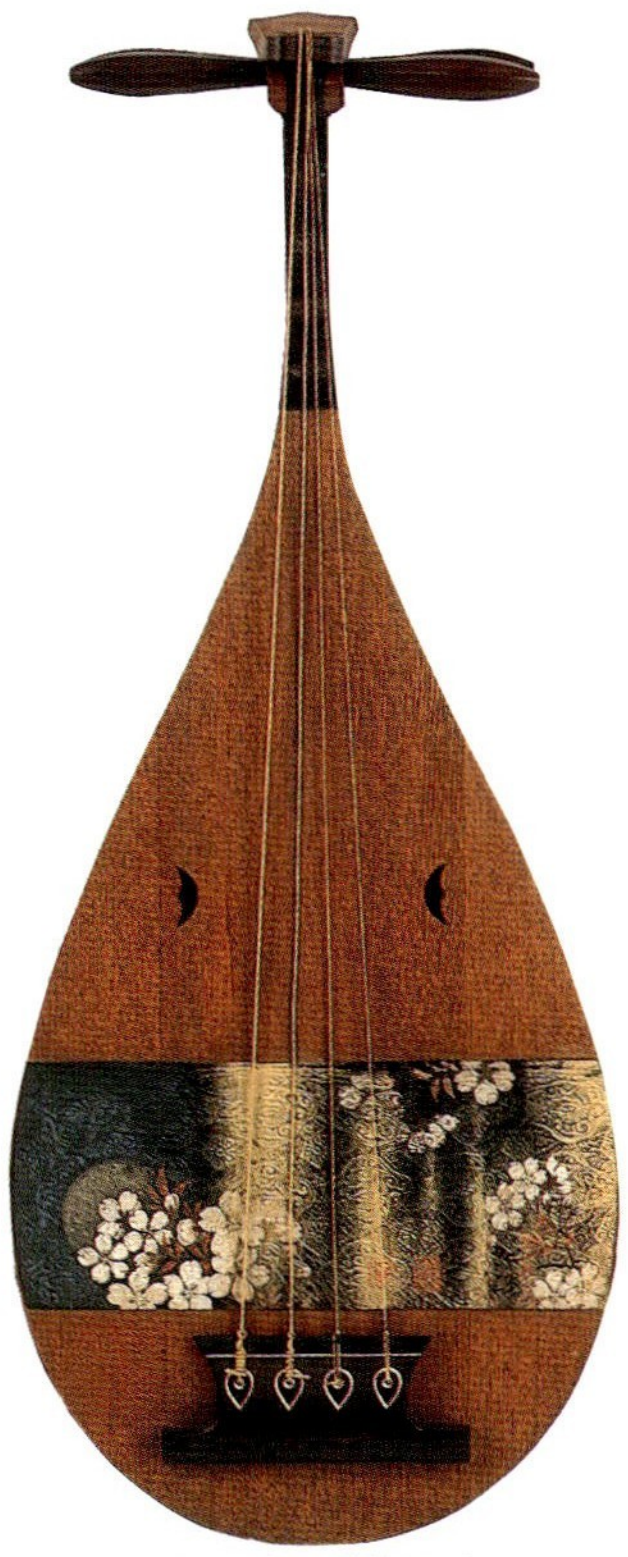

⑦琵琶(銘「花月」)

⑦の部分(撥面画)

異国趣味の意匠

①花クルス蒔絵《まきえ》螺鈿《らでん》鞍　桃山時代（16世紀）
桃山時代の制作と推定される。当時流行の花クルス文が、連続文様として繊細な蒔絵と螺鈿技法で表される優品。

②和蘭人螺鈿蒔絵印籠《いんろう》（銘「加兵衛」 樗平作）　江戸時代（18世紀）
オランダ人を表した意匠も、日本人の異国趣味にもとづく意匠のひとつである。

一五四三年（天文一二年）、種子島にポルトガル人を乗せた中国船が漂着し、日本は初めての西洋人と出会う。彼らを「南蛮人」と呼んだ当時の日本人の好奇のまなざしは、金箔と極彩色できらびやかに飾られた南蛮屏風の風俗描写に生き生きと描かれているが、お互いの不理解や誤解を乗り越えて、なお東と西とを結びつけたのは、未知なる世界への憧れや珍しいものを見る歓びの感情ではなかっただろうか。

東西の出会いにともなう文化の相互影響作用は、異国趣味というフィルターを通して、器物の装飾という表層部分にさえ鮮やかに刻まれている。日本人と外国人、双方の異国趣味にもとづく意匠をとりあげてみた。

キリスト教の布教活動が進展した一五八〇年から九〇年代頃、南蛮趣味もそのピークを迎える。信長の南

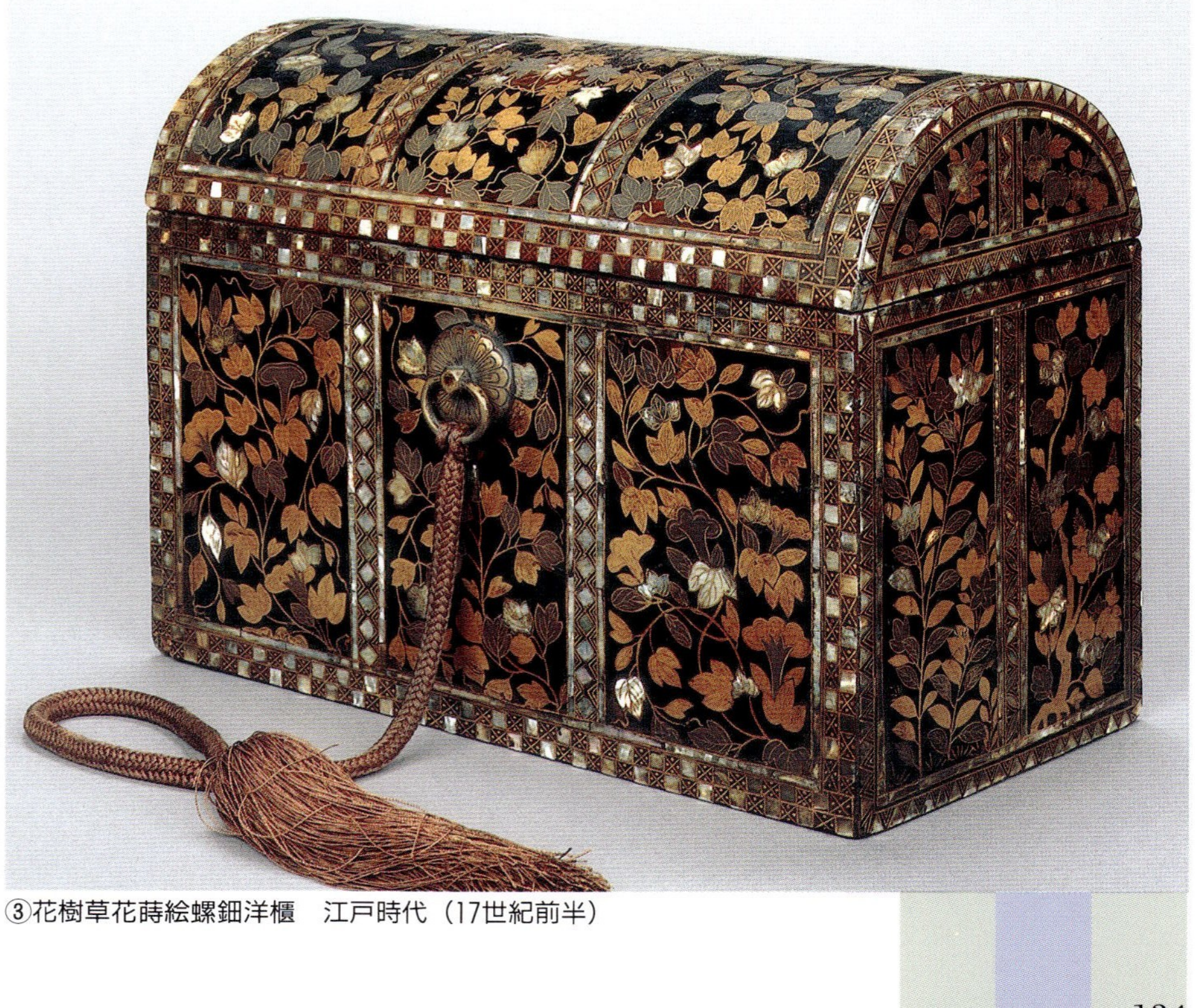

③花樹草花蒔絵螺鈿洋櫃　江戸時代（17世紀前半）

蛮趣味は有名だが、秀吉でさえ異国からの品物や南蛮服飾を好んだことが知られており、有名な吉野の観桜会では諸侯を南蛮の服装で列席させたという。大名の間で流行した洗礼名やローマ字印章、装身具としてのクルスの流行など、信仰と南蛮趣味とは必ずしも一対一で結びついていたわけではなかったようだ。ビロード、フェルト、更紗《さらさ》など南蛮ものの染織品を用いた服飾が流行、縞模様（南蛮の島から渡ってきた模様）が用いられるようになる。また漆器や陶磁器などに、カルサンをはいた南蛮人の姿や洋犬を描いた意匠、鉄砲やカルタ、煙草など西洋からの珍しいモティーフをとり上げた意匠が描かれた。十字架をデザイン化したクルス文は広く流行し、伝統的な意匠の中に違和感なくとけ込んでいる（①）。

これに対し、一六世紀後半から始まった西洋人の注文による漆器の輸出には、日本の伝統意匠が西洋人の趣味に歩み寄った姿がみられて面白い。

いわゆる南蛮漆器の中には、イエズス会の宣教師の依頼で作られたと想像される書見台、聖餅箱《せいべいばこ》、聖龕《せいがん》などのキリスト教関連の用具と、キリスト教とは無関係な一般の貿易品であった書箪笥や大小の洋櫃があげられる（③）。

南蛮漆器に共通する特徴は、日本人には馴染みのないヨーロッパ家具の形態に、平蒔絵《まきえ》と螺鈿《らでん》の技法を用いて、空間を埋め尽くすようにびっしりと文様を表すことである。描かれるモティーフは、日本の工芸品に伝統的に描かれてきた四季の植物、あるいはこれに動物を組み合わせたもので、動物の中には、鶏や犬など、室町時代まではあまり描かれなかった比較的新しいモティーフも少なくない。また、幾何学文を多く用い、はっきりとした縁取《ふちどり》模様を施すのは、従来の漆器にはなかった特徴である。

全面にちりばめられた螺鈿の効果は殊に強烈で、南蛮漆器にエキゾチックな雰囲気を与えている。こうした螺鈿装飾は、インドのグジャラートで行われていた

④草花文蒔絵楯
江戸時代（17世紀）

⑤蜻蛉蒔絵料紙箱
明治期（19世紀）

螺鈿細工、あるいはスペインに侵入したイスラム人によって作られていた象牙象嵌《ぞうがん》の家具の装飾などに近い感覚があり、中近東からインドあたりの地方の影響が色濃く感じられる。これらの地域は、ヨーロッパ人にとっては古くから馴染みのある「東方」であり、日本との貿易にとっては中継地点にあたっていた。輸出漆器の中の非日本的要素の源流は、ひとりヨーロッパにのみ求められるものではないのである。

歴博も所蔵する楯の作例（④）はさらに興味深い。ベンガル製の革の楯に漆を塗って装飾したもので、すでに楯の形に仕上げられたものがバタヴィア経由で出島に運ばれ、装飾加工をすませて再び輸出されたという。

この種のものでは西洋の家紋を表した特別注文の楯が数点伝存しているが、歴博蔵の楯は紋章はなく草花文のみ。作風から見ても大量生産されたもののひとつと考えられる。オランダ東インド会社（VOC）の記録には、一六六二年（寛文二年）から数回にわたってインド向けの楯に関する記述があり、そのうち一六九七年（元禄一〇年）には動物、鳥を描かない草花文楯三二枚、花鳥文楯二〇枚の契約に関する記録もみられる。VOCはムガール王朝との貿易を重視し、諸王侯への贈り物として、特別にインド商館で用意した見本を日本に贈って注文していた。そしてそれらの装飾としては、おそらく宗教上の理由から、人物や動物などを描かず花だけで飾るようにと指示を与えていた。歴博蔵の楯は、ムガール王朝向けに作られた楯と推定される。様々な地域の混淆様式としての輸出漆器の様式は、まさに西洋人による東インド貿易のあり方自体を反映していたといえるだろう。

最後にいま一つの例を挙げたい。螺鈿蒔絵料紙箱（⑤）は、一見したところ江戸好みの奇抜な意匠を想起させるが、側面に注目すると、アールヌーボー風のアーチ文で縁取られる。ジャポニスムを経た西洋のデザイン感覚が逆輸入された例として貴重である。

（日高　薫）

Ⅲ

異国との出会い

ヨーロッパ人に愛された漆器

③肖像図蒔絵プラケット
（ローマ皇帝オットー）
江戸時代（18世紀）

①サンクトペテルスブルク風景図
蒔絵《まきえ》プラーク（表（上）、裏（下））
江戸時代（18世紀）

②サンクトペテルスブルク風景図銅版眼鏡絵（致道博物館蔵）　江戸時代（18世紀）

④花鳥螺鈿《らでん》足付裁縫箱　一九世紀

一六世紀後半、ポルトガル人との交易を通じて始まった漆器の輸出は、鎖国期に入るとオランダに引き継がれ、江戸時代を通じて輸出され続けた。一七世紀末、仕入値の高騰を理由にオランダ東インド会社がオランダ本国向けの公式輸出を停止してからも、長崎出島のオランダ商館員らの手によって、私貿易というかたちで細々とではあるが、漆器輸出は行われたのである。

一八世紀前半のヨーロッパでは、折しもシノワズリ（中国趣味）が高まりをみせ、固い光沢をもつ漆パネルで、家具や壁面を装飾することが流行する。「ジャパニング」と呼ばれる模造漆の技術が開発されるとともに、既に西洋にもたらされていた東洋製の家具の多くは解体され、エベニストと呼ばれた家具職人たちによって、新しい形態の家具に作り替えられていった。こうした相も変わらぬ東洋製漆器への愛好と、ロココ様式の室内装飾が求めた部屋全体の調和への指向が、一八世紀末から一九世紀にかけての新たなタイプの輸出漆器、すなわち、より西洋人の趣味に迎合したかたちでの輸出漆器様式を生み出すことになる。

第一に注目されるのは一八世紀の第四四半期に制作された、西洋銅版画写しの蒔絵《まきえ》である。このころ多く輸出された「プラーク」「プラケット」は、壁面に掛ける飾り板で、それ以前にはみられなかった品目である。風景画、戦闘図などを表した長方形のプラークや、肖像図を表した小型の楕円形のプラケットは、ヨーロッパに流布した銅版画を手本とし、これを蒔絵技法で忠実に写したものである。平蒔絵を主体とした精巧な蒔絵技術が用いられており、銅版画に特有のハッチン

⑥花鳥螺鈿大型円卓　19世紀

⑤花鳥螺鈿蒔絵瓶入箱（色絵磁器瓶付）　19世紀

グ（細線を重ねて陰影等を表す技法）を付描の技法で表現しているところなど、制作者の工夫がうかがわれる。また、版画に記されたキャプションのアルファベット文字が、日本の職人の手によって蒔絵で巧みに写されているのも興味深い。

歴博蔵のサンクトペテルスブルク風景図蒔絵プラーク（①）は、一七八七年（天明七年）から翌八八年（天明八年）まで出島に医師として滞在したスウェーデン国籍のヨアン・アーノルト・ストゥッツェル(Jojan Arnold Stutzer)が、ロシアのエカチェリーナ二世に献上したプラーク（現在ロシア科学アカデミー所蔵）と酷似するもので、彼の注文によって同時に作られた可能性が高い。原画と思われる銅版画とはほぼ同寸で制作されており、敷き写しで転写が行われたことを示唆している。

現在でも相当量の遺品が確認できる肖像図プラケットは、『図版で見るヨーロッパ』*L'Europe Illustré*（一七五五年〜六五年（宝暦五年〜明和二年）刊）ほか、数種の原本によって制作されたと考えられている。

もう一つのグループは、一九世紀に入ってから、かなり大量に輸出されたとみられる螺鈿《らでん》の漆器類である。黒漆地に、華やかな色彩の螺鈿で花鳥などの装飾を施した一群の漆器は、ヨーロッパでは「ナガサキウェア」の呼称で親しまれるものだ。

江戸時代の輸出漆器の多くが蒔絵で装飾されていたのに対し、長崎漆器は、螺鈿のみで文様を表すのが目新しい。長崎では、早くから中国螺鈿の影響を受けて「青貝細工」とよばれる鮑《あわび》などの薄貝を用いた螺鈿が発達しており、こうした伝統のもと長崎の地で作られたものと推定されている。

鮮やかな螺鈿の色彩は、透明な貝の下に、伏彩色《ふせざいしき》風に赤、青、黄色などの顔料で彩色を施しているために得られるもので、清朝に流行した「色底《しきてい》螺鈿」という技法に源泉を求めることができる。また、長崎漆器はその形態の複雑さ、豊富さが大きな特徴である。丸い折り畳み式のテーブルや裁縫机、細かく仕切られたゲームボックスなどは、当時特に需要が高かった品目であるが、これら曲線を駆使した複雑な家具の形態は、詳細な図を示したうえで、オランダ人から細かい指示を受けて作られていたことが知られている。

（日高　薫）

⑦花卉図螺鈿書箪笥　19世紀

⑦の部分

建築装飾
―彩色と彫刻―

①平等院鳳凰堂斗拱《ときょう》の彩色（復元模型）　原建物：1053年（天喜元年）

②石山寺多宝塔の彩色（復元模写）　原建物：1194年（建久５年）

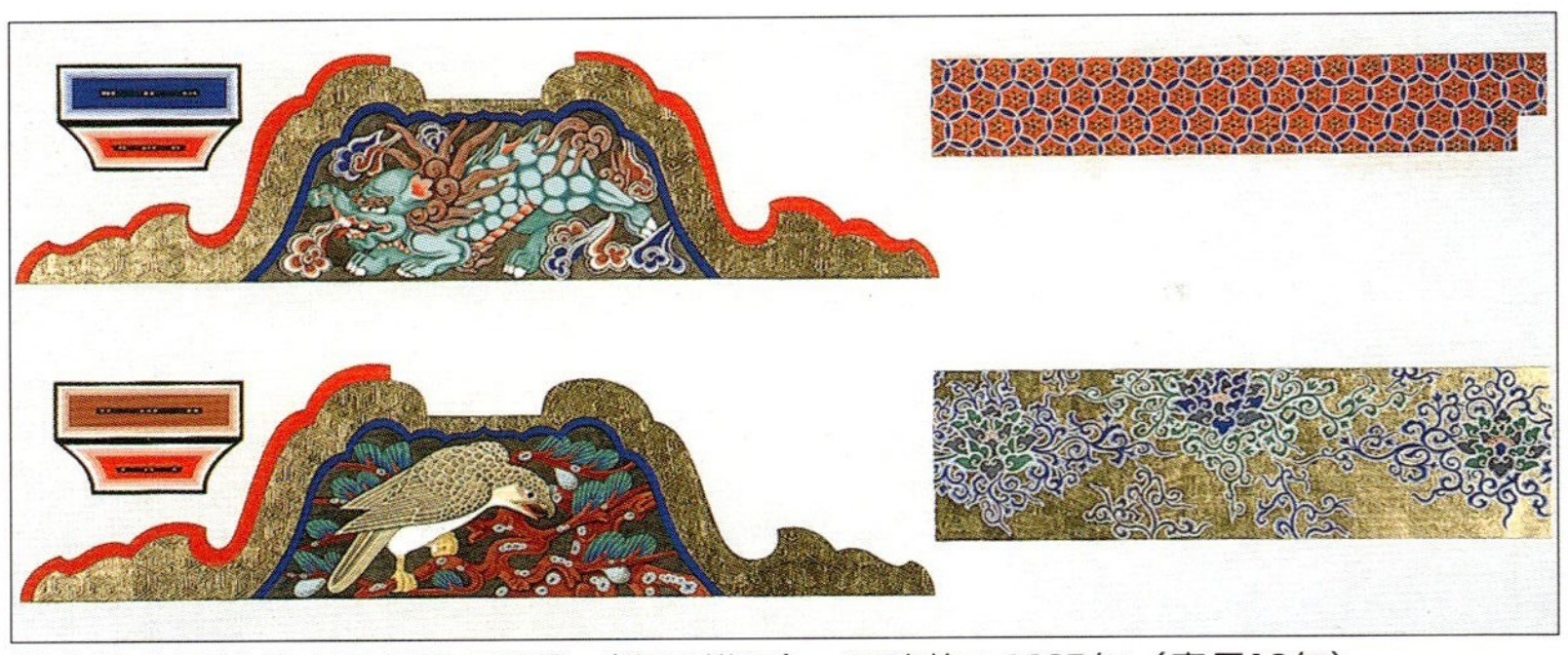

④大崎八幡神社本殿拝殿の彩色（復元模写）　原建物：1607年（慶長12年）

③厳島神社五重塔の彩色（復元模写）　原建物：1407年（応永14年）

寺院・神社や霊廟建築には、彩色や塗装を施したり彫刻を付けたりして飾ったものが多い。

日本在来の建築は、伊勢神宮や出雲大社のように素木のままで彩色・塗装をせず、彫刻も付けない簡素な意匠であったが、飛鳥・奈良時代に中国・朝鮮半島から伝えられた寺院建築には彩色・塗装が施されていた。以来、その影響を受けて神社建築でも彩色・塗装をするものが現れる一方、寺院建築も神社建築等の影響によって国風化され、平安時代後期には和様《わよう》とよぶ様式が整えられた。彩色・塗装は、外部には弁《べん》柄《がら》や丹《たん》などの赤色塗料を主体として黄土・胡《ご》粉《ふん》・緑青を全面に塗るもので、これは木材の防食を兼ねていた。また、仏堂や塔の内部では、仏像を荘厳するためおもに天井回りに植物の文様などが多彩な極彩色で描かれた。内部の彩色は、平安時代以降範囲が広がりその意義も少し変わって、極楽浄土の光景を創り出したり（阿弥陀堂）、曼荼羅の世界を描いたり（密教の塔）した。

鎌倉時代になると、中国から新たに二つの建築様式、大仏様《だいぶつよう》と禅宗様が取り入れられたが、それらの様式では絵《え》様《よう》・繰形《くりかた》を付けた部材が使われ、従来の和様より装飾性に富んでいた。大仏様・禅宗様は構造・意匠の両面で和様に影響を与え、装飾についても時代が下るにしたがって増加する傾向があり、平面的な絵様・繰形が次第に立体的な彫刻へと変わっていく。たとえば、大仏様・禅宗様の頭貫《かしらぬき》に付けられた木鼻《きばな》は和様にも広く使われ、繰形や絵様を付けた単純なものが室町時代末には丸彫りの象や竜の頭など複雑なものへ進化した。また、和様では平安時代後期から装飾のための部材、蟇股《かえるまた》が用いられたが、その内側の彫刻は薄い透彫りから厚みのある浮彫りへと変化した。

一方彩色は、内部に限られていた極彩色が、鎌倉時代以降外部の彫刻類に施されるようになり、室町時代にはさらに組物《くみもの》回りにも広がっていった。その文様も植物のほかに動物・自然・器物、さらに幾何学的なものが加わり多種多様になっていく。

桃山・江戸時代になると、霊廟建築に建築装飾の極致を見ることが出来る。霊廟は将軍や藩主などの為政者を祀る建築であり、権威を示すためにも豪華絢爛に飾り立てられた。植物・動物、自然さらには故事を題材として、透彫り・浮彫り・丸彫りに加えて籠彫《かごぼ》り・地紋《じもん》彫りの彫刻が大量に付けられ、各種の技法を用いた彩色が内外に施され、漆を使った塗装も外部を主に盛んに行われた。栃木県日光市の東照宮や大猷《たいゆう》院《いん》霊廟はその最たる例である。こうした過剰ともいえる装飾化の傾向は、霊廟だけでなく神社・寺院さらには武家屋敷にも及び、とくに関東地方ではそうした例が多い。江戸時代も後・末期になると、彫刻は大量に付けても彩色・塗装は施さず、木材の杢目《もくめ》を生かした建築が多くなる。長野県の諏訪地方に起った立川《たてかわ》流は、そうした建築を得意とした大工集団の一つであった。

建築に付ける彫刻は、始めは番匠《ばんじょう》(現在でいう大工)がほかの部材と一緒に造ったと思われるが、彫刻が増えて多種多様になってくると建築彫刻を専門にする彫物師が現われ、工事の分業化が進む。これは彫刻が構造部材とは別に単独で造られることと関連する。頭貫の木鼻なども、江戸時代になると頭貫とは別材で造られた懸鼻《かけはな》が盛んに用いられ、頭貫のない所にも装飾のためだけに用いられたりした。そうした彫物師の集住地の一例として群馬県の黒保根村や東村が知られている。

建築を設計するための木割《きわり》や軒回りを施工するための規矩《きく》は、古くは秘伝とされたが、江戸時代中期になると大工の教科書ともいえる木割や規矩の解説書が刊行され、一般に広まった。彫刻類や絵様・繰形についても、各種の雛形本が刊行されて出回った。

(濱島正士)

⑥江戸図屏風(左隻)　台徳院霊廟

⑤飯野八幡宮本殿(模型)　原建物：1616年(元和2年)建立、1674年(延宝2年)改築

⑦江戸図屏風(左隻)　水戸徳川家の屋敷

⑨雛形本「大和絵様伝」　1759年(宝暦9年)

⑧八坂神社旧本殿懸鼻　1862年(文久2年)

Ⅳ 匠と伝統

番匠《ばんじょう》の道具
─墨壺《すみつぼ》と鋸《のこぎり》─

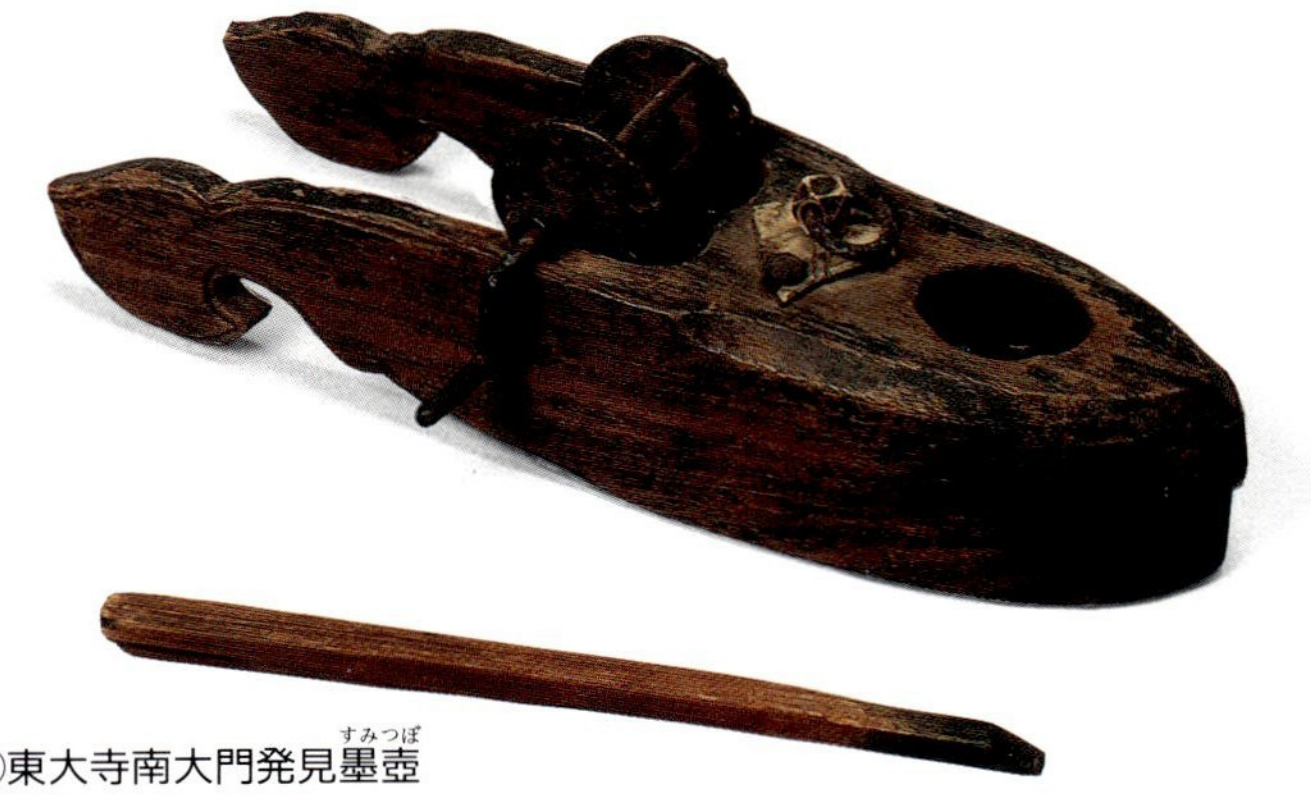

①東大寺南大門発見墨壺《すみつぼ》
（複製）　原品：鎌倉時代

②雲文を彫刻した墨壺

③鶴と亀の彫刻を付けた墨壺

⑥の部分　墨壺で板材に墨を打つ番匠。左下に、東大寺南大門発見のものとよく似た墨壺が見える。

番匠《ばんじょう》が使う道具には、切る、削る、彫る、打つ、測る、墨付けをする、などいろいろなものがある。それらの道具は機能性を第一とするが、墨付けをする墨壺《すみつぼ》は必ずしも機能一点張りのものではない。

墨付けは木材を加工する前に行うもので、墨壺と墨《すみ》笩《さし》を使って付けた墨線に沿って切ったり削ったりするから、これが正確でないと仕事はうまくいかない。墨付けは工事の始まりを告げると共に、工事の成否をも左右する重要な作業であって、工事を始めるにあたって行われる釿始《ちょうなはじめ》（事始《ことはじめ》ともいう）の儀式でも、番匠は工事の無事成就の願いを込めて墨付けをする。したがって、番匠は墨壺を大切にし、使い勝手だけでなく意匠的にも優れたものを求めたのである。遺品をみると、建物永続の願いを込めた吉祥の鶴や亀、火災を防ぐ意味の雲や水、華やかな牡丹や菊の花などの彫物を付けたもの、器物や動物を象《かたど》った精巧なものなど、さまざまである。墨壺は、正倉院宝物に含まれるものや遺跡から発掘されたものなど奈良時代から遺品があって、その基本的な形は後世になっても変わらない。中世の寺社縁起絵巻にもよく描かれていて、かつては墨

④蛙を象《かたど》った墨壺

⑤朝鮮半島の墨壺

⑥北野縁起絵（岩松宮本）下　北野天満宮社殿の造営場面を描いており、中世の大工道具とその使い方がよく分かる。

⑥の部分　鋸で板材を挽く番匠。鋸は木の葉形で、横挽きに使われている。

⑦木の葉形鋸（復元複製）　広島県草戸千軒町出土　原品：室町時代

⑧石峰寺蔵大鋸（復元複製）　歴博第２展示室　原品：室町時代

付けだけでなく、垂直を見る下げ振りとしても使われたことが分かる。

次に、切る道具の一つ、鋸《のこぎり》をみよう。鋸の遺品は古墳時代からあって、大小さまざまな形のものがある。中世の絵巻に描かれた木の葉形とよぶ鋸は、小型で歯が円弧をなして並び、主として横挽きに使われた。大材を小割りしたり板に挽いたりするには、古くは鑿《のみ》を楔《くさび》のように打ち込んで引き割っていたが、室町時代には長い身に枠を付けて二人で挽く縦挽きの大鋸《おが》が使われた。江戸時代になると、横挽き用は歯が直線に並ぶ鋸が主に使われ、縦挽き用は大鋸が姿を消し、代わって短くて幅の広い前挽《まえびき》がもっぱら使われた。なお、現在使われている、片方が横挽きでもう一方が縦挽きの両歯の鋸は明治以降に出現した。（濱島正士）

描かれた職人

—職人尽絵—

①「職人尽絵」革師（韋細工師） 江戸時代（17世紀）

近世初頭に盛行した「職人尽絵」は数多く伝存するが、絵師の名が確認できるのは川越の喜多院《きたいん》本の狩野吉信が唯一である。歴博蔵の「職人尽絵」もまた、わずかに土佐系の手法がうかがえるというくらいで、絵師の名は詳らかでない。

狩野吉信筆の喜多院本は二四面で構成され、仏師、傘師、矢師、鎧《よろい》師、筆師、経師、糸師、革師、扇師、檜物《ひもの》師、研師、畳師、桶師、弓師、刀師、数珠師、番《ばん》匠《じょう》師、行縢《むかまき》師、蒔絵《まきえ》師、縫取師、絞纈《こうけち》師、型置師、鍛冶師、機織師、藁細工師の二五の職種が描かれているが、歴博蔵のそれは、その半数の一二面構成である。屏風の一隻が偶然に遺った結果か、もともとの構成かはっきりしないが、一二面に描かれた職種は以下の一三種である。

行縢師、革師、機織師、型置師、弓師、刀師、扇師、経師、檜物師、畳師、桶師、番匠師、鍛冶師

「職人尽絵」は職人絵の伝統をうけつぎながら、近世はじめの手工業の発達や近世都市の擡頭に触発されてあらわれたが、絵画の主張である美化の観念が骨子にあり、必ずしも職人の姿を忠実に描いたわけではないし、職種の呼称についても一考を要する。

たとえば、行騰師の行騰は武士が狩猟や遠行の際、腰から脚を覆って庇護するためにもちいた皮製品であるが、画面をみると、馬具の泥障《でいしょう》、矢を入れる容器の空穂《うつぼ》はあるものの、行騰が描かれていない（②）。また革細工師の画面をみると、後方の竹竿にかけられた袴、煙草入、袖口に三巴の模様のある羽織、手袋、足袋、肩に二引の羽織があり、縁側には袴、南蛮帽子、煙草入が置かれている（①）。仕事場には男女五人がおり、裁台《たちだい》、裁物包丁、火鉢、鉄小手、壁近くの置台には円筒状の道具が据えられている。この画面はかわを燻べる光景を描いている。

燻韋《ふすべがわ》は麻糸や染韋《そめがわ》の彫型を熏胴《ふすべどう》に巻きつけて、松葉や藁の煙で燻べて模様をつけた。道具類は雷盆、雷木、土鍋、片口、唐金鍋、摺込刷毛、引刷毛、櫛、絵筆、平桶、水桶、軽石、鉄小手、裁物包丁、小刀、酢、絵具、雑巾をもちいたが、画面には裁台、裁物包丁、火鉢、鉄小手、熏胴が描かれているに過ぎない。

一口に「かわ」といっても皮、革、韋の三字があり、皮は毛のあるもの、革は毛を去ったもの、韋は柔らかくしたものの字義である。また硬軟から滑革《なめしがわ》と柔韋《もみがわ》にわけられ、革は生革《きがわ》で固くて皺があり、牛、馬、犬の類をもちい、柔韋は鹿が普通である。この解釈にしたがえば行騰師は皮細工師、革細工師は韋細工師としなければならない。

中世末期になると鉄炮や鑓《やり》を主体とした集団密集戦が行われ、それ以前の鉄の小札《こざね》を漆で塗り込めて形成した腹巻や胴丸では防禦力に欠けた。そのため帯状の鉄板を威《おど》し付けたり、胴の前後を二枚ないし五枚の鉄板で庇護する新様式の当世具足が出現した。具足を細工する職人は具足師あるいは具足屋、室町時代に盛行した腹巻加工は腹巻屋とよばれて職人の呼称も時代で変わる。

喜多院本の「鎧師」の画面の武具をみると、暖簾《のれん》の上の欄間に金の御幣と「がったり」、保呂の籠串《かごぐし》があり、左手の柱の上には羽団扇の差物と「がったり」がある（③）。金の獅噛《しがみ》、赤熊《しゃぐま》の引回しのある金の唐冠などの変わり兜は当世具足の料であり、時代相を反映している。が、しかし正面の甲冑二領は鎧と腹巻、鎧と胴丸の折衷様式であり、こうした武装は御伽草子の絵巻類に特有の表現であって実際ではない。つまり「鎧師」の画面はことさらに作品を美化するために虚実とりまぜて描いたのである。言わずもがなであるが、絵画作品をみるとき、こうした視点は不可欠といわなければならない。

（宇田川武久）

②「職人尽絵」騰師（皮細工師）　江戸時代（17世紀）

③「職人盡繪屏風」鎧師（喜多院所蔵、埼玉県立博物館保管）

印《いん》籠《ろう》蒔《ま き》絵《え》師の技

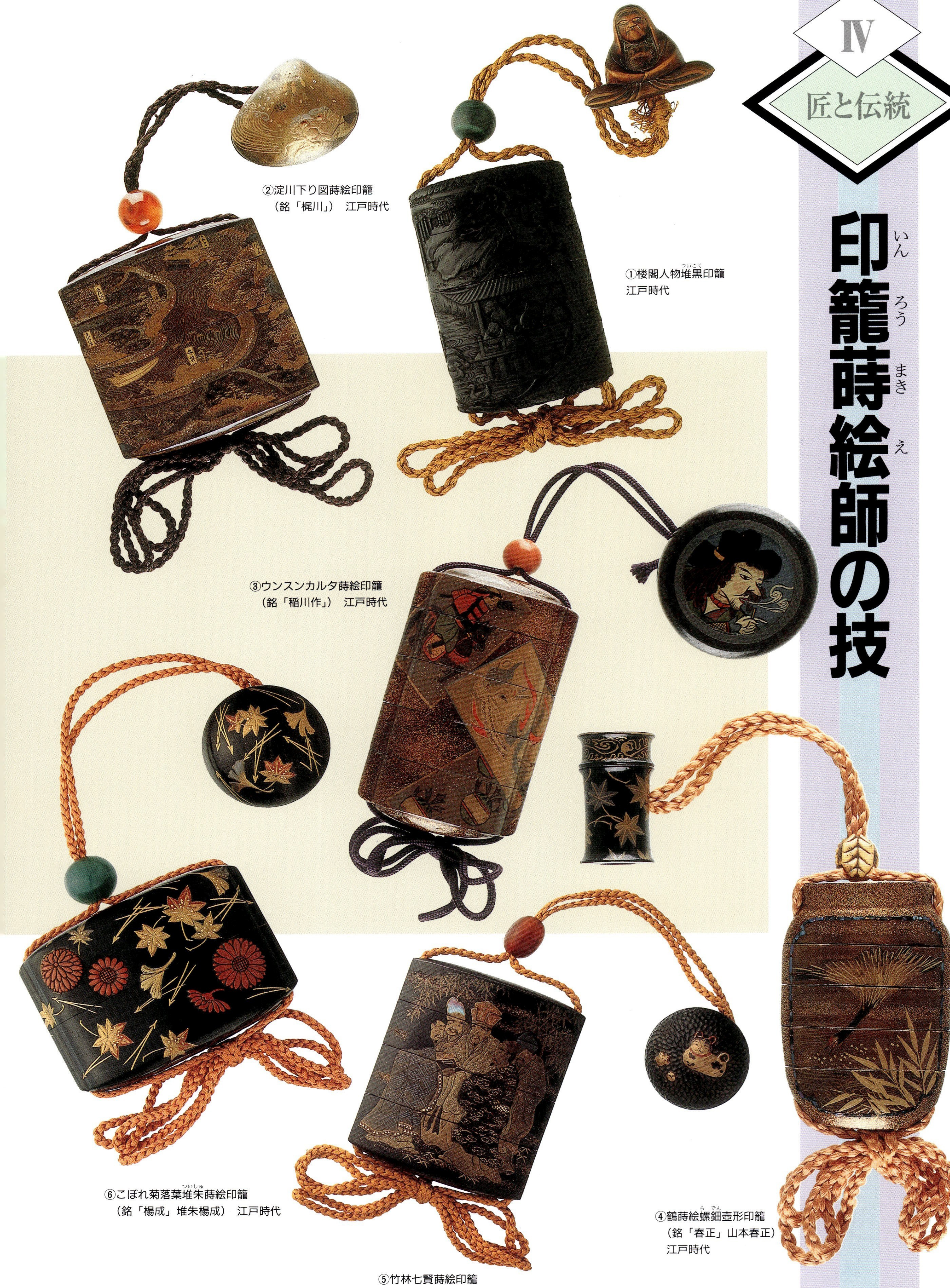

①楼閣人物堆黒《ついこく》印籠
江戸時代

②淀川下り図蒔絵印籠
（銘「梶川」） 江戸時代

③ウンスンカルタ蒔絵印籠
（銘「稲川作」） 江戸時代

④鶴蒔絵螺鈿《らでん》壺形印籠
（銘「春正」山本春正）
江戸時代

⑤竹林七賢蒔絵印籠
（銘「文龍斎」梶川文龍斎）
江戸時代

⑥こぼれ菊落葉堆朱《ついしゅ》蒔絵印籠
（銘「楊成」堆朱楊成） 江戸時代

明治時代に日本を訪れた西洋人を感嘆させたのは、類まれな技術と機知に富むデザインにあふれる工芸品の数々であった。ことに印籠《いんろう》や根付《ねつけ》といった細密工芸は、職人の技を凝縮した「掌の芸術」として海外のコレクターを魅了した。明治中期以降に作られた大量の海外市場向けの印籠、根付とともに、古い時代の優れた印籠の大部分が海外に流出してしまったゆえんである。

印籠とは、字義通り、本来は印判や印肉を入れるための容器をさす。しかし、『日葡《にっぽ》辞書』（一六三〇年（寛永七年）刊）「Inro」の項に「薬その他の物を入れる小箱」と説明があるように、近世にはいると、男性が用いる携帯用の薬入れの呼称として定着した。多くは三段ないしは五段の容器を重ねる構造で、根付をつけた緒を緒締めで留めて帯にぶら下げ着用する。

⑦古銭散蒔絵印籠（銘「笠翁《りつおう》」小川破笠《はりつ》）江戸時代

⑧凧に独楽竹製印籠（銘「是真《ぜしん》」柴田是真）江戸時代

⑩牛童子蒔絵印籠（銘「塩見政誠」）江戸時代

⑨大磯原色絵《はらいろえ》陶製印籠（銘「乾也《けんや》」三浦乾也）江戸時代

装身具としての印籠は桃山時代頃から流行したとみえ、慶長期に描かれた風俗画の中にも印籠を提げる人物が登場している。江戸の町民たちの間に広まるにつれ、実用よりも装飾が重視され、巾着《きんちゃく》、煙草入れなどの提物《さげもの》と同様、アクセサリーとして注目されるようになった。

印籠の装飾には、江戸時代に豊かな発展を遂げた多彩な工芸技術が集約されている。木胎漆塗に蒔絵《まきえ》や螺鈿《らでん》、彫漆などの漆工技術を用いたもののほか、陶製や金属製、皮や角、鼈甲《べっこう》など珍しい素材でつくられたものもある。奢侈《しゃし》が固く禁じられていた江戸時代にあっては目立たぬところに凝る独特の美意識が重んじられたのである。

多くの印籠に作銘が記されている点も重要である。蒔絵師がその作品に銘を入れることは極めてまれであったが『装剣奇賞』（一七八一（天明元年）刊）には三七名の作家の名前が挙げられ、「右の外、印籠工名をきこえざるもの幾百人といふ事をしらず」と記している。

歴博が所蔵する印籠のコレクションは、京都で古美術商を営んでいた、故牧野義一によって蒐集されたもの。総数五〇点のうち在銘のものは四〇点を数える。

（日高　薫）

V かざりの大衆化

商標

①八百屋看板　江戸時代（19世紀）

②下駄屋看板　江戸時代（19世紀）

③刃物屋看板　江戸時代（19世紀）

④生盛薬剤株式会社のポスター　大正期

何の商い《あきな》をしているか、あるいは何を生産しているかなどを表示する際につける標識が、商標である。現在では、登録することによって使用権利がまもられるが、デザインが消費者にうけいれられると、売れ行きが大きく飛躍することがある。

もっとも一般的なものが看板であるが、その出現をさかのぼると奈良・平安時代までいく。ただし一般的に商店などが使うようになるのは、消費生活が活発になった江戸時代で、さまざま看板が作られた。開店する時には看板をあげる、店じまいは看板をおろすというように、その商店のシンボリックな存在が看板である。

また看板の移り変わりを見ていると、時代と共に商う品の変遷がわかり、まさに時代史や商店街史あるいは生活文化史などを写す鏡ともなる。

魚屋、八百屋をはじめとする生鮮食料品、味噌、醤油、酢、酒など調味料や飲みものなどの類、さらに下駄、足袋、傘、提灯などの生活密着品、また煙草、煙管《きせる》などの嗜好品、矢立、筆、

⑥へちまクリームのポスター　大正期

⑤どりこののポスター　大正期

⑩一心印裏地

⑨力御召

⑧久留米絣《かすり》

⑦輸出用シルク商標

⑦〜⑫製糸織物関係商標レッテル　明治〜昭和期

⑫御誂《あつらえ》織

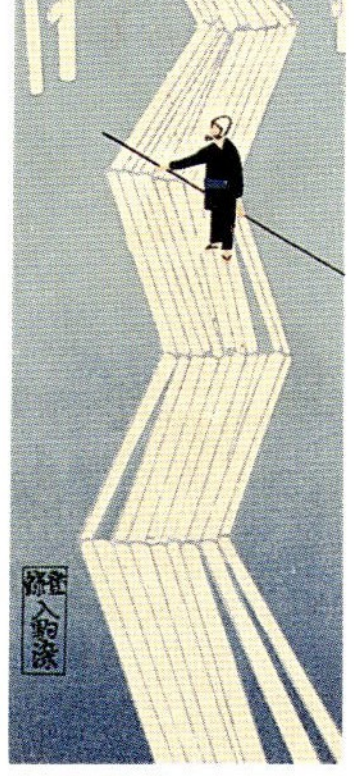
⑪入駒染

絵具など趣味の世界、健康を商うさまざまな薬関係、明治以降になると白粉《おしろい》や化粧品関係のものがあらわれる。さらにかつら、金物、錠前、鏡、眼鏡、絵馬など技を商う店、そして信用や安心を商売する両替屋、旅籠《はたご》、飛脚屋などと分類分けができるほど千差万別である。

　これらの店が、その看板を見ただけで一目でわかるような独特なデザインの商標を考案し、店頭に掲示した。それこそセンスが問われたと言ってもいい。多くは木製で、丈夫で木目が美しい欅《けやき》が使われているが、それはまるで絵解きのようで、それぞれ工夫が凝らされている。また大正期から昭和にかけて琺瑯《ほうろう》引きの看板も登場してくる。

　ただ近現代の激しい時代の変遷は、商標そのもののスタイルを大きく変えてしまった。その意味で素朴な暖かみのある木製や琺瑯引き看板がなつかしい。

（新井勝紘）

V

かざりの大衆化

パッケージ

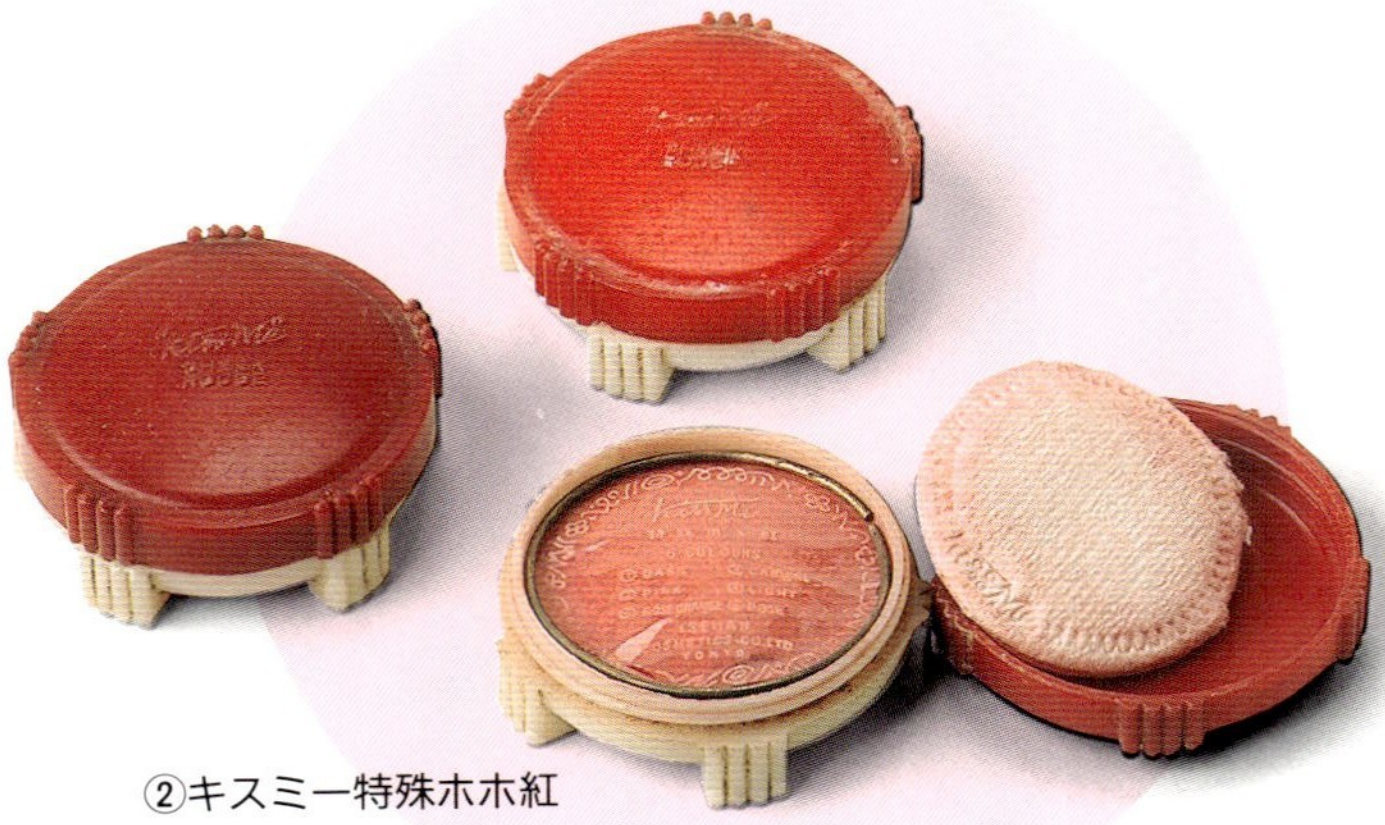

②キスミー特殊ホホ紅

①SAVON SURFIN CARNAVAL（箱）

③キスミーホホ紅（コンパクト）

⑤クラブ白粉

④パピリオFACE POWDER 粉白粉

①〜⑤化粧品　大正〜昭和期

⑥いろいろな化粧品　左からにきびとり美顔水、Miss Flora Paris、Extrait Sumix、化粧水ビン・ローズ、ツヤクラブ、資生堂練歯磨、ばらかおり白おしろい、クラブ美身クリーム　大正〜昭和期

化粧の発達は文明の程度をはかる羅針盤といわれた時期があるように、近代美容は社会との関係を抜きにしては語れない。それは女性の生き方をも表現し、社会進出の基盤ともなっていた。

化粧品の中でも石鹼は、明治のはじめには製造工場ができ文明開化の象徴となった。次が美顔術で、それに使うコールドクリームは舶来品とともに国産品も出回る。化粧水としても美顔水がでてくるようになる。

それに白粉《おしろい》や口紅なども忘れてはならない存在だろう。同時に舶来香水も早くから使われており、身だしなみやオシャレばかりではなく、清潔観や健康観とも不可分につながっている。

最初上流階級だけであったのが、大正期に入ると美容の大衆化がすすむ。女性の社会進出も化粧品の種類を増やした。健康的な美しさが求められ、全身美容へとひろがっていったが、化粧の多様化が進み美意識も次第に洗練されていった。それにあわせるようにクリームや白粉の種類とその色彩も増えていった。モガ・モボが街を闊歩する大正から昭和に移る時代は、束縛から解放された女性が個性を主張し始め、自由な化粧をはじめる。時代の先端をいくコンパクトも競って新種類が発売された。ただ戦争の時代を迎えると、近代美容も例外なく戦争一色に染まっていく。

江戸後期に西洋から伝来したマッチが、農村や山間部にも普及するようになるのは明治末期であるが、化粧品のパッケージと同様に、その図版ラベルのデザインはその時代を映す鏡でもある。国産マッチは一八七五年（明治八年）に誕生し、わずか三年で輸出されるようになり、明治中期から大正期にかけて黄金時代を迎える。「マッチはラベルで売る」とまでいわれた時代があるように、小さなスペースに変幻自在なデザインが誕生した。カフェーやバーなどの広告マッチや趣味の鑑賞用マッチにはロマネスクデザインが多く、エロシズムが追求されたが、大半は歓楽街の宣伝媒体の役割を果たした。

（新井勝紘）

⑦明治〜昭和期のマッチラベル

暮らしの中のデザイン

①行灯《あんどん》

②行灯

③短檠《たんけい》

④火打鎌

⑤火打袋

火の発見は、人類が他の動物と比べて格段の進歩をとげた第一の要因であった。その火の利用の最初においては、照明、暖房、炊事の三つの機能が未分化の状態であったが、しだいにそれぞれの機能が個別的に独立して発展し、多様な工夫と創作がなされ、機能的にすぐれたものが生み出された。とくに照明についての創意工夫には目を見張るものがある。また照明具には人々の美意識も表現され、工芸的にも価値の高いものがきわめて多い。灯台、秉燭《ひょうそく》、タンコロ、行灯《あんどん》、灯籠、燭台、雪洞《ぼんぼり》、提灯から無尽灯、カンテラ、石油ランプと、灯芯から蠟燭へ、さらに石油へと灯火源の発達にともなって多様な展開を見せた。

灯火の点る室内における生活のなかで、各種の物を収納する用具も、さまざまに考案され、多様に発達した。そのはじめは蓋付きの箱である和櫃《わびつ》や、さらにすすんで櫃の両長辺に二本ずつ、短辺に一本ずつ脚のついた唐櫃が用いられたが、近世以来衣料入れとして箪《たん》

⑥多灯式燭台

⑦チゲ（弁当箱）

⑧燭台

⑨小田原提灯

⑩フグ提灯

⑪カンテラ

笥《す》が考案され、それがしだいに収納の対象を広げていった。通常は上段が戸棚、下段が引出しになった二段重ねで、その上に天袋をのせることもある。こうした簞笥には衣裳簞笥のほかに飾簞笥、茶簞笥、食器簞笥、薬簞笥、帳場簞笥、銭簞笥、船簞笥など、用途に応じたさまざまな形状の、意匠を凝らしたものが現われた。

家から外に出て、農作業、山仕事、漁をするとき、あるいは旅に出るときの食事を入れる弁当入れは、古い時代には木の葉や竹の皮を用いるなど簡易であったが、しだいに曲物《まげもの》、竹の蔓を編んでつくる苞《つと》や行李、さらに折箱や重箱などの弁当箱を用いるようになった。そのなかでもっとも古いものは曲物弁当箱で、檜の薄板を丸く曲げて輪にし、桜の皮で綴じて底板をつけたものである。白木のままのものや漆塗りにしたものもあり、大きさも飯が二食分はいるものから、三合の飯がはいるものまでさまざまあり、とくに大形のものは家庭の飯櫃《めしびつ》として用いられた。円形のひずんだもの、すなわち楕円形のようになったのを一般にイビツというが、これは飯《い》櫃形《びつなり》からきた言葉で、飯櫃は多く楕円形の曲物であったからである。

（岩井宏實）

⑫眠灯台

⑭船簞笥　江戸時代

⑬携帯用提灯、提灯袋、蠟燭入

遊廓とおぼしき邸宅の内外を舞台に、若衆や遊女、かぶき者などによる輪舞や遊楽の風景を描写した屏風。右隻に四二人、左隻に四五人が描かれている。いずれも人物の表現は大きく、結髪《けっぱつ》、衣服、小物類まで丹念に描写されている。なかでも、小袖の表現には意が尽くされ、網干《あぼし》、橘《たちばな》、棕櫚《しゅろ》、[illegible]、[illegible]子、扇面、額、法螺貝など江戸時代前期のモードが活写されており、同時代に人気を博した小袖雛形本の内容を彷彿させる。

遊ぶ

遊びには、ゆとりと緊張感が背中合わせで同居する。仕事や単なる息抜きとは異なる、人々の意気込みがそこには感じられる。さまざまな遊びに見え隠れする、それぞれの時代を生きる人々の本音をさぐってみたい。

楽に合わせて踊る人びとの輪　輪舞遊楽図屏風　江戸前期

I

レクリエーション

花見

「輪舞遊楽図屏風」より

「花といえば桜」というほど、桜は日本人にとって親しみ深い樹木である。しかし、今を去ること千二百数十年前、奈良時代における「花」は、桜ではなく梅であった。桜と梅はともにバラ科の落葉高木で、実際、両者はよく似ている。にもかかわらず、梅が「花」の代名詞となっていたのは、当時は中国文化礼讃の気風が充満しており、大陸から船載された梅への支持が圧倒的だったからである。それに対して、わが国自生の桜はあまりに一般的すぎて、梅とは比較にならない存在であった。

梅が国花の位置を占めた時代は平安初期まで続いたが、この頃になると梅も各地に広まり、外来種という意識は薄れて従来のようには珍重されなくなっていった。この時点で、桜と梅の立場はかなり接近したと想像される。そして平城《へいぜい》・嵯峨両朝（八〇六～八二三年）のとき、早春（陰暦の一月頃）の梅の詩宴に加えて、晩春に桜の宴が催されるようになった。ひとたび桜の宴が起こると、形勢は逆転してしまう。なぜなら、梅の盛りはまだ寒さが厳しく、戸外の行事には不都合な点が多かったからである。麗《うらら》かな気候のもとで催される桜の宴は、次第に一般にも普及し、後世、春の宴は桜の独壇場となっていった。

公家たちの楽しみとなった桜の花見は、鎌倉時代以降、武士階級にも浸透し、その規模も拡大していった。なかでも、一五九八年（慶長三年）三月一五日に豊臣秀吉が主催した醍醐の花見は、史上最大の花見として知られる。醍醐寺は、鎌倉時代の「天狗草子絵巻」に桜の咲く頃に行われた法会「桜会《さくらえ》」の様子が描出されているように、古来より桜の名所として知られていた。秀吉は希代の花宴を演出するため、南北朝の動乱や応仁文明の乱、一五八五年（天正一三年）の大地震などで荒廃したままの諸堂塔を修理・再建し、近国から桜の名木数百本を集めて移植した。山々には茶屋を設け、厳重な警固のもと、華美に装った千数百人の女房衆を配して、秀頼や北政所、淀君などとともに豪奢をきわ

①醍醐花見図屏風　桃山時代　重要文化財

②花見の戯　江戸時代

めた花見を満喫した。秀吉は、花見の二カ月後に病に倒れ、同年八月に没した。「醍醐花見図屏風」（①）には生涯最後の大イベントに満足げな秀吉の姿が捉えられている。

（丸山伸彦）

Ⅰ

レクリエーション

涼を求めて

①四条河原納涼図屏風　江戸前期～中期

炎暑、酷暑、猛暑、激暑、極暑、甚暑、盛暑、大暑、熱暑、等々。高温多湿の日本の夏の厳しさを表現する語は枚挙に暇がない。本当に釜のなかで蒸されるように暑いという日数はそれほど多くはないのだが、わが国の伝統的な建築様式や衣服の形式が開放的で夏期対策を第一としている点を鑑みても、日本の夏がいかに過ごしにくいものであるか改めて思い知らされる。それだけに、夏期に涼を求める工夫が古来よりさまざまになされてきたことも当然のことといえよう。

その涼しさを求める工夫には、涼しい場所を求めて移動する方法と、人工的に涼しさを演出する方法の二様がある。前者の場合、高山などへの登山といった大掛かりな行動は「納涼」には含まれず、近隣の林間水流を求めるというような手軽なものが本流であったと風俗史学者の江馬務は記している。

江戸時代になると三都での納涼が一般的な風俗として定着し、京では糺《ただす》とならんで四条河原が納涼の名所となった。①は鴨川に床《ゆか》を浮かべ、河原に屋台が連なって活況を呈する四条河原の納涼風景を描いた屏風である。同様の主題は、一八世紀後期以降に数多く類例が見出せるが、それ以前の作例はきわめて少ない。本図は、元禄期（一六八八～一七〇四年）をそれほど下らない時期の作品といわれ、四条河原納涼図のもっとも古いもののひとつである。小袖の文様や屋内のこまごまとした事物まで丹念に描写しており、絵画資料としてはもちろん、風俗資料としても貴重な存在といえる。

一方、人工的な涼しさの演出は、びいどろ、ギヤマンといったガラスなど清涼感のある素材を用いるものと、涼しさを誘《いざな》う文様を配するものとに大別される。後者の例で圧倒的多数を占めるのは、流水にまつわる意匠であろう。蛇籠《じゃかご》や橋と組み合わせられたもの、和歌に取材した六《む》玉川《たまがわ》や『伊勢物語』にちなんだ八橋に杜若、あるいは舟のモチーフなど、夏期に用いられる帷子《かたびら》には、さまざまな角度から流水の清涼感を引き出

①の部分

す演出が工夫されている。上層の武家婦人が夏期の盛装に用いた茶屋辻の図様にも、水辺の景を欠かすことはできない。また、秋の趣の武蔵野の図や雪に芭蕉の図様、あるいは梅の立木の文様など、冷風や寒気をイメージさせる季節を取り上げ意匠にも独特の趣がある。冷房などの設備のなかった江戸時代にあって、人々は着想の自由さによって涼を得ていたといえるであろう。

（丸山伸彦）

四季をめでる
―四季遊観江戸名物図絵―

レクリエーション I

②上野花遊の図

①飛鳥山桜

春

上野の図（②）には、ござを敷いて宴を催す人々や、その中をぬって走り回る子供の姿がみえる。また、画面左には、駕籠と武家の女性らしき人々が描かれている。様々な身分の者たちが入り乱れての花見であった。

都市が巨大化し、人口が過密になると、人々は「自然との交流」を求めるようになる。一八世紀には世界最大の都市となっていた江戸では、こうした「自然との交流」と、現世利益を求める人々による「神仏との交感」が相まって、「延気《えんき》」（気晴らし）の場として名所が成立し、多彩な名所案内記が刊行されるようになった（加藤 貴「江戸名所案内の成立」瀧澤武雄編『論集中近世の史料と方法』東京堂出版、一九九一年）。この中には、中国の花暦にならって花鳥風月の名物と名所をとりあげたものも数多く見られた。

「四季遊観江戸名物図絵」（一八三五年（天保六年）序）もこうした自然にかかわる名物・名所の案内記である。名所の図は一〇カ所ほどしか納められていないが、掲載された名所は近郊農村の神奈川や市川に至り、有名寺社にとどまらず、植木屋や個人宅などのべ一〇四五カ所にのぼっている。そして、名物は各月ごとのもののほか、四季を通じて楽しめる万年青《おもと》、松など計一五〇項目がとりあげられているのである。花暦として江戸で最初に刊行されたといわれる「四時遊観録」（一七七六年（安永五年）序）では、名物は二一項目しかあげられていない。江戸の人々は、さまざまな動植物、風景の中から名所を発見していったのである。

春（旧暦の一月～三月）の名物は四一項目、名所は四九二カ所と最も多い。一月は曙（初日の出）に始まり、鶯、若菜、福寿草、子日《ねのひ》、梅、青柳、二月は朧月、桑、大根花、彼岸桜、糸桜、桃、緋桃《ひもも》、土筆、単桜、八重桜、椿、雲雀、野駒など、三月は梨子花、雉子、摘草、汐干《しおひ》、逃水、躑躅《つつじ》、霧島（つつじ）、小蝶花《こちょうか》（三色菫《すみれ》）、帰雁、早蕨《さわらび》、菫草、蒲公英《たんぽぽ》、蓮華草、桜草、林檎花、木蓮花、辛夷《こぶし》、山吹、馬酔木《あしび》花、若鮎、花市があげられている。その代表は、梅（九八カ所）と桜（一九九カ所）だろう。

①、②は、今日も花見の名所として知られている上野と飛鳥山の図である。飛鳥山は、八代将軍徳川吉宗

奥にみえるのは、
神田上水の懸樋。

④茗渓蛍狩

③団扇で蛍を追う女性たち（④の部分）

夏

⑤根津紅葉

池の中央にみえるのは、弁天社である。池のほとりには、茶屋が軒を
連ねているのがわかる。

冬

⑦不忍池雪景

⑥隅田川秋月

秋

の命によって一七二〇年（享保五年）より翌年にかけて桜が植樹されたことから、桜の名所となった。吉宗は、隅田川堤、品川御殿山に桜を、中野に桃を植樹し、名所を創出した。そして、飛鳥山には吉宗の事績を賞する碑が建てられた。名所には、庶民が発見するもの、植木屋や寺社などが経営のために宣伝するもの、さらに権力が創出するものもあったのである。

夏（四月～六月）の名物は三三項目、名所は一九一カ所である。あげられた名物は、四月は新樹、若葉楓、藤、牡丹、芍薬《しゃくやく》杜鵑《ほととぎす》、卯花、紫燕花《かきつばた》、橘、百合花、花菖蒲、樗《おうち》、桐花など、五月は葵、合歓《ねむ》花、瞿麦《なでしこ》、石竹《せきちく》、夏菊、蓮浮葉、水葵、紫陽花《あじさい》、蛍、水鶏《くいな》、納涼、六月は、蓮、射干《ひおうぎ》、粟の穂、茗荷、枇杷、虫、六月祓（夏越《ごし》の祓い）となっている。③、④はお茶の水の神田川の蛍狩りである。

秋（七月～九月）の名物は三九項目、名所は七八カ所である。名物は、七月は朝顔、葛花、木槿《むくげ》、紫苑、鷗草《かもめぐさ》、女郎花、槐花《かいか》、稲花、芭蕉、秋海棠、夕顔、昼顔、藤はかま、桔梗など、八月は萩、すすき、砧《きぬた》、秋草、烏頭《うず》、露草、竜胆《りんどう》、武者竜胆、苔竜胆、しんぎく、亜庭一種《まつばなでしこ》、葉鶏頭、初雁、月、鶉《うずら》、鹿、木犀《もくせい》、茸狩《たけかり》、とびあゆ、葡萄、九月は菊、夕陽、紅葉、白膠木《ぬるで》の紅葉となっている。⑤、⑥は、隅田川の月見と根津権現の紅葉である。

冬（十月～十二月）の名物は、十月は枯野、落葉、山茶花《さざんか》、十一月、十二月は雪、千鳥、鶴、水鳥、鴨、柊《ひいらぎ》花、水仙花、寒菊、海苔の一〇項目、名所は五四カ所である。⑦は上野不忍池の雪景である。

この書は折り畳んで懐に入る大きさ（折本《おりほん》 一五・八センチ×七・五センチ）で作られている。江戸の人々は、こうした案内記を携えて、四季を通じて名所を楽しんだのだろう。

（岩淵令治）

江戸のグルメ

レクリエーション I

①「江戸高名会亭尽《かいていづくし》」牛島武蔵屋
江戸時代（19世紀）

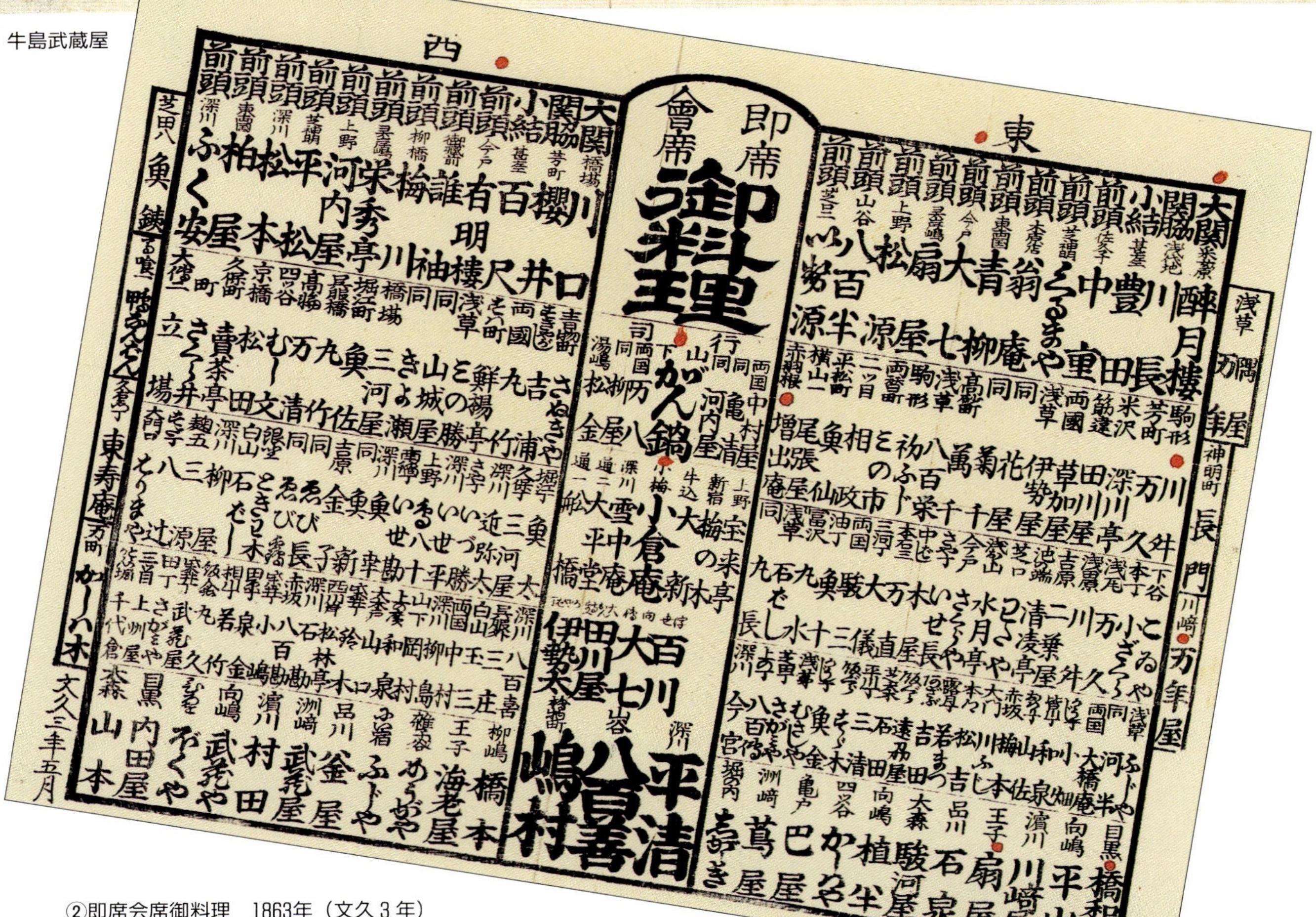

②即席会席御料理　1863年（文久３年）

一大消費都市江戸では一九世紀に入ると江戸ッ子の自己主張が、やかましいお上の取締りの間隙を縫って多彩にくりひろげられる。江戸の食文化はその典型である。度重なる倹約令にめげず消費の奢侈《しゃし》の味を知った江戸ッ子は、人口の過半を占める武家をまき込んでグルメを満喫した。あの店のうなぎは旨い。鮨はあすこに限るなどと巷間の評価はたちまち江戸中にひろまり、食の流行をつくり出した。

浮世絵師歌川広重は「江戸高名会亭尽《かいていづくし》」（①、③、④）を売り出し、江戸の高級料理店を総ざらいした。料理屋にしてみれば、シリーズに加えてもらえばそれだけで客寄せになる。

牛島武藤屋は向島の川魚料理で著名であった。広大な廻遊式の庭園を一望出来るお座敷を持ち、深川あたりから芸者を呼んでの宴席に利用された。仲居さんに運ばれれる料理はぜいを凝らした器や椀にもられ、また盃や猪口、盃洗《はいせん》の手の込んだ酒器での酒宴。酔うほどに拳《けん》の遊びに興ずる、江戸の粋人の食のぜいたくさを写し出している。

柳島の名所妙見さんの前にあった橋本も高級料亭で有名であった。参拝を済ました老若男女はしばし休息して料理に舌づつみをうった。粋人を自称する江戸ッ子は水上都市であった江戸の縦横無尽に走る水路を美味を求めて往来した。

グルメが江戸の流行《はやり》ともなれば、順位を競う番付が登場するのが世の習性である。一八六三年（文久三年）五月の「即席会席御料理」（②）と銘打った江戸の料理屋の番付をみてみよう。最高位の大関は采女ヶ原の酔月楼と橋場の川口、名にし負う八百善を探すと、行司の最高位に、平清、嶋村と並んで別格の貫禄を示している。向嶋の武藤や、柳嶋の橋本は最下段ではあるが大手であることは間違いない。

一方、料理の中味、調理の仕方をめぐっても角力《すもう》になぞらえて番付がつくられた。大関は東「いりさけ鯛生作《いけづくり》」と西「いりさけ鯉生作」の海・川の生作り対決である。行司「あらひ鯉」、世話人「初鰹さしみ」、勧進元「鯛濱焼」であるのも、今日のグルメとさほど違いがないのが面白い。和食のグルメは江戸においてすでに極められていた。

（高橋　敏）

③「江戸高名会亭尽」柳島橋本　江戸時代（19世紀）

④「江戸高名会亭尽」大おんし前田川や　江戸時代（19世紀）

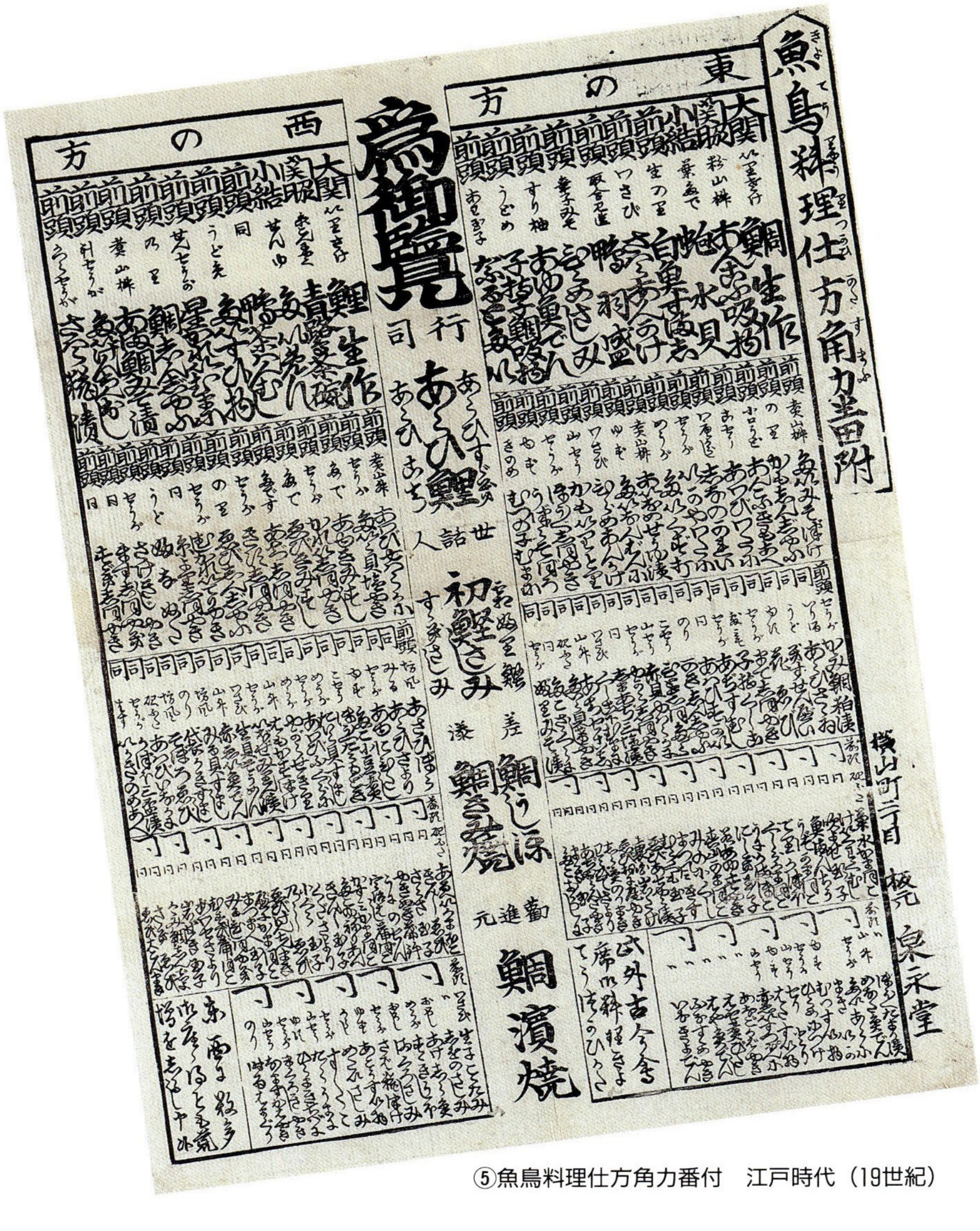
魚鳥料理仕方角力番附

東の方

西の方

行司　あらひ鯉

世話人　初鰹さしみ

差添　鯛うしほ

勧進元　鯛濱焼

横山町三丁目　板元　泉永堂

⑤魚鳥料理仕方角力番付　江戸時代（19世紀）

中世の風呂三景

レクリエーション I

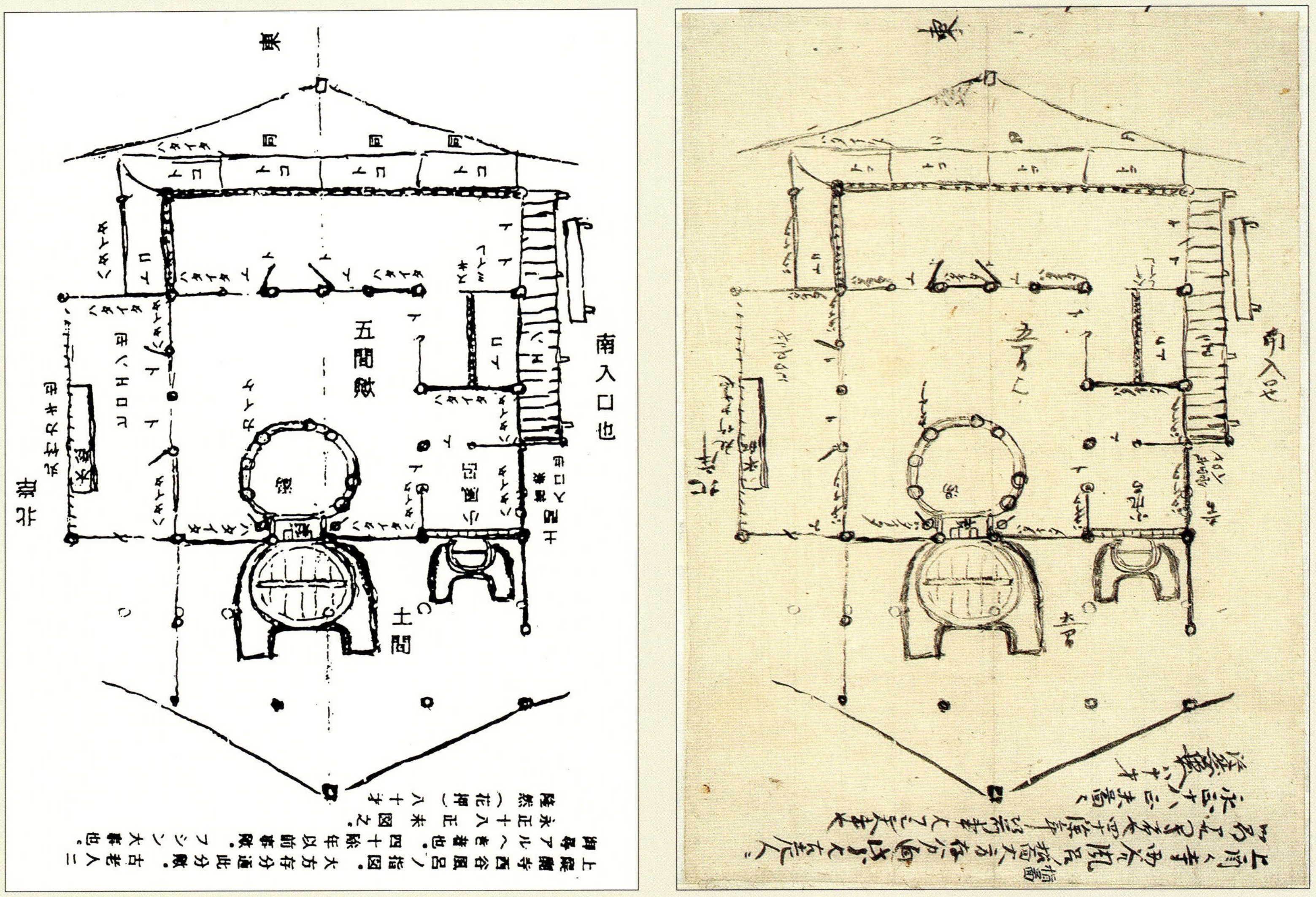

①醍醐山上慈心院旧蔵古文書（右） 1521年（永正18年） 左は右の翻刻。

ここに一枚の簡単な図面がある（①）。図面の端に、「上醍醐寺西谷風呂ノ指図。……（中略）……永正十八年末、之を図す。隆然（花押）八十才」とある。

醍醐寺《だいごじ》は京都の東南にある大きなお寺で、山の上の上醍醐と麓《ふもと》の下醍醐から構成されていた。豊臣秀吉が「醍醐の花見」と呼ばれる大茶会を催したことでも有名である。この上醍醐の西谷にあった風呂の平面図が、この指図《さしず》である。隆然という坊さんが八十才の時の永正一八年、西暦の一五二一年に描いたのである。

さて、この図の右には「南入口也」「土間　當《(当)》衆入口也」とある。ここから中へ出入りした。風呂場は四つの空間から成っている。中央左に二重に円が引かれた中に「湯」と記された空間は、その右上に「五間歟《か》」とも記される。この「間《けん》」を寸法と考えれば、五間四方で二五坪となり、五〇畳の広さとなる。或いは、中世での「間《ま》」は、「坪」と同じ意味の時もあり、この場合は五坪＝十畳の広さの空間となる。二重の円の上には、さらに小さい円が描かれ、「カイケ」とある。円が描かれ「湯」と記された右隣には、およそ二間四方の空間が、「ハタイタ」と「ト」で限られ「小風呂」と記されている。「湯」および「小風呂」の外側（下）には大小二基の釜が描かれている。この部分は「土間」である。さて、図の上部（東）には、何枚もの「ト」で仕切られ、壁際には「トコ」を設けた空間がある。そして、図の左（北側）に、「水舩《みずぶね》」「ヒロエン也」と記された空間がある。これで一通り図の確認ができた。では、この図を基に入浴の手順を考えてみよう。

先ず、右側（南側）の「南入口也」「土間　當衆入口也」と記すところから、「エン」にあがる。縁から「トコ」のある部屋に入る。ここは脱衣場で、脱いだ着物はこの床に置く。裸になって「小風呂」に入る。蒸し風呂である。しばらく、ここでゆっくり汗をかく。十分発汗した頃、中央の「湯」と記される所へ行く。湯船の廻りには、さらに小さい円が描かれ、これに

②洛中洛外図屏風（歴博乙本）左隻　室町時代（16世紀）　重要文化財

③洛中洛外図屏風（歴博甲本）左隻　重要文化財

「カイケ」の文字がある。カイケとは「掻い桶」、則ち湯を掻き出す桶である。この桶で湯を汲み、垢や汗を流す。そして「広縁」の「水舩」に向かい、顔を洗い、身体を拭く。こうして、床のある部屋に戻り、衣服を着ける。これが中世、永正一八年時点での醍醐寺の風呂の実態であった。本図は、中世の風呂の実態を伝える大変珍しい図である。

次に掲げたもう一枚の写真（③）は、「洛中洛外図屏風」（旧三条本、歴博甲本）に描かれた風呂である。場所は上京の小川《こかわ》通りに面し、百万遍知恩寺と革堂行願寺の間にある。家の中には三人の褌《ふんどし》一丁の男が居て、一人がもう一人の男の背中を流している。垢刷りであろう。家の裏では井戸から水を汲む男の姿がある。

ところで、山科言継《やましなときつぐ》という公家の日記の一五二八年（大永八年）のある日に、入浴の光景が次のように記されている。

半井明孝から風呂に来るようにと誘われたので、朝飯以後直ぐに出掛けた。ついでなので、友達を呼ぶことにし、中御門《なかみかど》父子、甘露寺《かんろじ》中納言ほか十三人と共に出掛けた。風呂をあがると、小漬けを食べ、さらに中酒、吸い物を頂いた。それから皆で一首づつ歌を詠んだ。

風呂は、朝から数人で連れだって出掛けた。そして、湯上がりには、小漬けを食べたり、酒を飲んだりして、さらに和歌や連歌を詠みあったのである。風呂に出掛けることは、実に楽しみなことであった。

蒸し風呂から湯船にどっぷりとつかる湯に、町風呂や村の惣湯から家風呂にと、風呂は徐々に普及していった。今、温泉ブームである。湯治《とうじ》は当時もあった。

（水藤　真）

行列

①江戸図屏風（左隻） 江戸時代（17世紀）

①は、「江戸図屏風」の江戸城大手門あたりを拡大したものである。字まで読みとることは難しいかもしれないが、「清道」「形名」と記した旗を先頭に今にも城内に入ろうとしている行列に注目してほしい。門のすぐ外の堀端には、虎皮、緋色の毛氈《もうせん》、青磁・白磁など将軍への贈り物が山と積まれている。この威儀を正した行列は、城外の大名小路《だいみょうこうじ》まで続き、二人の輿に乗った人物も見られる。大名小路では、この行列を観ようと、人だかりができている。なかに「指さし」をしている女性がいないわけではないが、下座をする武士など概ね礼儀正しく見物している。

この行列は、一六二四年（寛永元年）、家光の将軍就任を祝って朝鮮から派遣されたもので、家光の代には一六三六年（寛永一三年）にも「泰平の賀」のために派遣された。それ以後は、一八一一年（文化八年）の家斉《いえなり》の将軍襲職まで、新しく将軍が襲職するたびに、それを賀して派遣された。江戸時代に正式な外交関係を結んだのは、李氏朝鮮だけであり、将軍の「御代始《みよはじめ》」の行事として、こうした外国の「王」の使節が祝賀のためにわざわざやってくるのを「観せる」ことは、将軍の権威を示すまたとない機会であった。

ところで、「洛中洛外図屏風」（高岡本）でも二条城の前を通行する朝鮮通信使の行列が描かれている。二条城が、江戸城に匹敵する京都の公儀の城であることに注意したい。江戸城へ向かう行列にせよ、二条城前の行列にせよ、わざわざ絵師がこうした構図をとるのは、この朝鮮通信使の行列が、徳川将軍の「御威光」のもとで平和が保たれていることを反映しているのではないか。そのため、後になると幕府は、「指さし笑い」などの不作法を戒めるなど、観る側にもそれなりの「作法」を押しつけるようになるのである。

その意味では、将軍の代替わりにはもう一つ、琉球からも祝賀の行列が派遣されていたことに留意する必要があろう。実際は島津氏の支配下にあって、かたちばかりの「独立国」にすぎなかったこの「国」から「異国」風（中国風）にアレンジされた行列を派遣させ、それを沿道の人々に観せることにも、同様の意図があったと考えられる。

ここでは「異国」からの行列に限定したが、参勤交代で江戸（もっと突き詰めると江戸城）に向かう諸大名の行列、いわゆる大名行列にも同様の意味が与えられた。将軍の御前に伺候《しこう》し、公儀の一員として広い意味で政治に参加するため江戸城に向かう行列は、結果的には、観る者たちに、その中心としての将軍の「御威光」を感じさせずにはおかなかったものと思われる。そのため、大名行列にはそれなりの行粧を整えることが求められ、迎える側、観る側にも作法が求められたのである。

こうした、いわば威儀を正した行列について、観る側、観られる側の双方を含めてとらえると、また違った江戸時代像が出てくるのである。

（久留島　浩）

唐人踊り（三重県津市観光協会写真提供）　朝鮮通信使の行列が、沿道の民衆に与えた文化的影響の一つが、このような唐人踊りである。言うまでもなく、唐（中国）の人ではない。

②伊勢津八幡御祭礼図巻　江戸時代（18〜19世紀）　朝鮮通信使の行列は、しばしば都市の祭礼の中で、仮装行列のモデルとされたようで、祭礼絵巻の中に描かれている。ここでも「唐人」とされてしまっている。

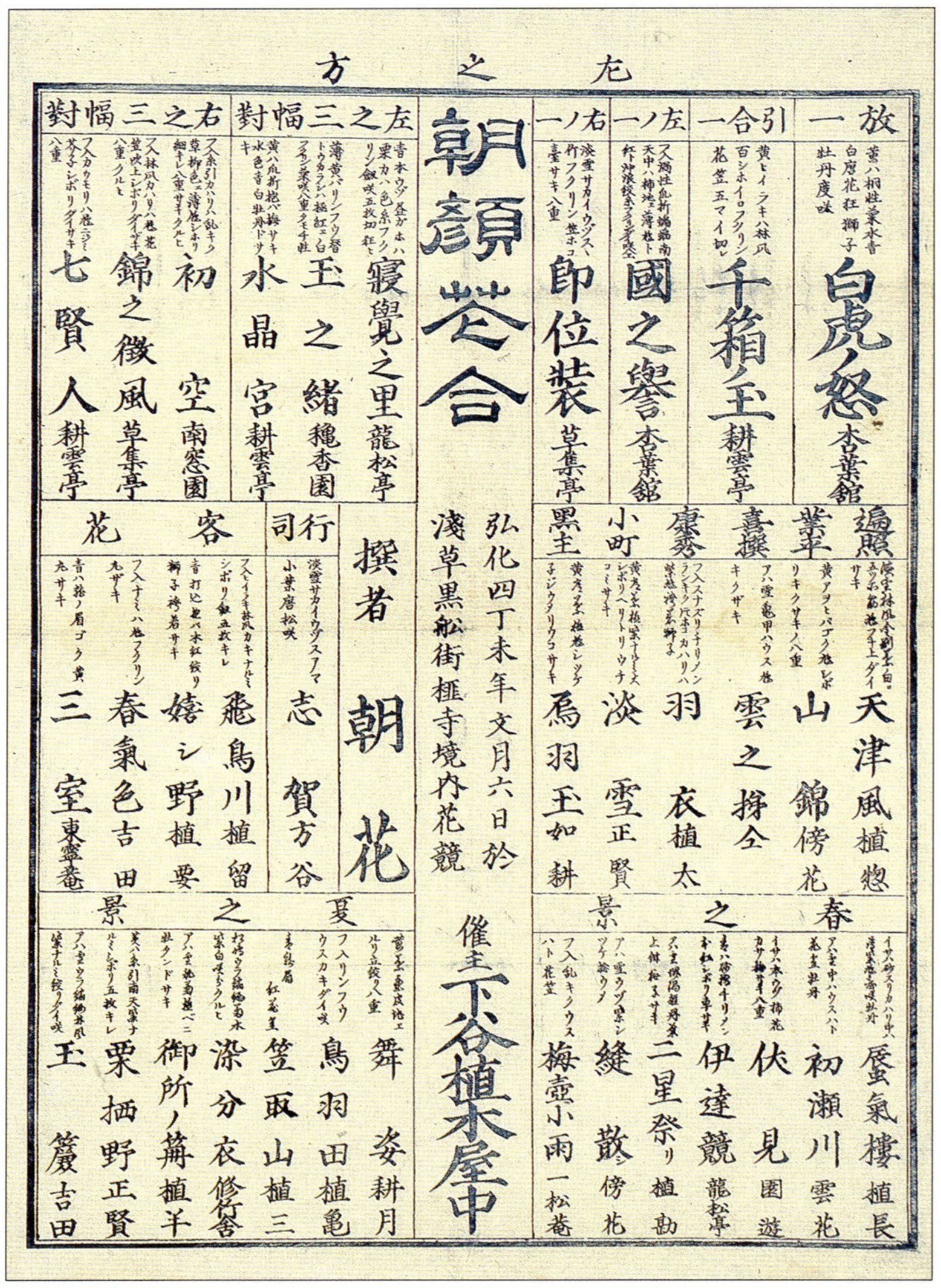

左之方
朝顔花合
一 放 白虎怒 杏葉館
引合一 千箱玉 耕雲亭
左ノ一 國之譽 杏葉館
右ノ一 卽位装 草集亭
左之三幅対 寝覺之里 龍松亭 玉之緒 穐香園 水晶宮 耕雲亭
右之三幅対 初空 南窓園 錦之徴風 草集亭 七賢人 耕雲亭
天津風 植惣 山錦 傍花 雲之擲 全 羽衣 植太 淡雪 正賢 爲羽玉 如耕
弘化四丁未年文月六日於浅草黒船街榧寺境内花競
撰者 朝花
行司 志賀方谷
花客 飛鳥川 植留 嬉シ野 植要 春氣色 吉田 三室 東寧菴
春之景 蜃氣樓 植長 初瀬川 雲花 伏見 園遊 伊達競 龍松亭 二星祭り 植勘 縫散 傍花 梅壷小雨 一松菴
催主 下谷植木屋中
夏之景 舞姿 耕月 鳥羽 田植亀 笠取山 植三 漆分衣 修善 御所ノ簾 植平 栗栖野 正賢 王簾 吉田

①朝顔花合　1847年（弘化４年）７月に浅草黒船町榧寺の境内で開催された闘花会の見立番付。旗本（杏葉館）などと並んで、行徳の者（東寧庵）の名前もみえる。

②

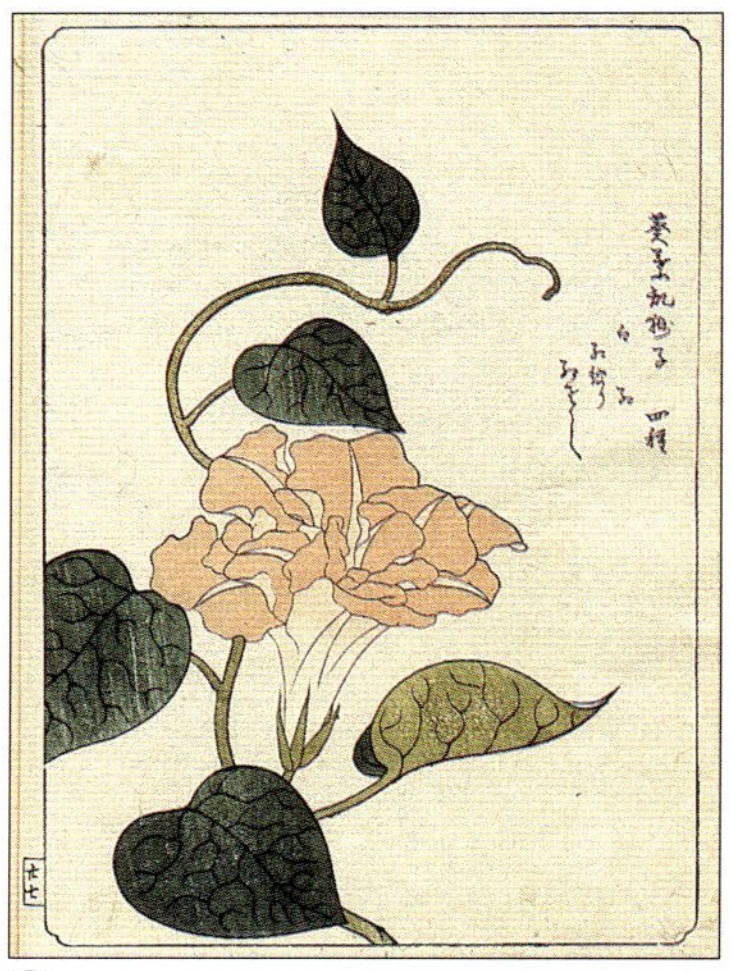
⑤

④

③

⑧

⑦

⑥

②〜⑧あさがほ叢《そう》　1817年（文化14年）
江戸で最初の朝顔図譜。著者は狂歌師・俳諧師、序文を記したのは大田南畝である。②直径11〜12㎝の大輪（大倫丸咲)、③花びらが切れて先が巻き込んでいるもの（絹巻薄紅)、④花筒の部分が折り返して飛び出し、さらに花びらが複雑な八重となるもの（丸葉台咲孔雀)、⑤花びらが乱れて内部でひだ状になり八重咲きにみえるもの（葵葉乱獅子)、⑥一株に全て異なる花が生じたもの（四季の友)、⑦葉がさまざまな形に変化したもの（七福神)、⑧茎が束になってリボン状となったもの（相生石化)。

Ⅱ 演じる・観る

朝顔を競う

朝顔と日本人のかかわりは、『万葉集』にまでさかのぼる。しかし、これを育て、愛でる文化が一般化し、深化したのは園芸が高度に発達した江戸時代の巨大都市―三都であった。

こうした中で出版された園芸書をみると、朝顔はすでに一七世紀からとりあげられているが、一九世紀に入ると、朝顔のみをとりあげた刊本『朝顔図譜』があらわれる。この朝顔図譜の刊行は、文化・文政期（一八〇四〜一八三〇年）と嘉永・安政期（一八四八〜一八六〇年）に集中した。このころ、巨大都市は朝顔ブームだったのである。

このブームでもてはやされたのは、私たちが連想する丸咲の朝顔ではない。突然変異によって奇花、奇葉をもった朝顔―変化朝顔なのである。最初のブームに刊行された文化・文政期の朝顔図譜では、葉や花の変化が比較的単純な系統（正木《まさき》）が中心となっているが、次の嘉永・安政期の図譜になると、おしべ、めしべが花びらになるなど複雑な変化をとげた系統（出物《でもの》）が多く見られるようになる。この出物は、ある確率で葉や花の形、色などに劣性遺伝子が発現したもので、変化したものは受粉ができず種子をつけないため、親木の種子から毎年種子をとって維持しなければならない。人々は、メンデルの遺伝の法則発見（一八六五年）以前から、経験的に出物を咲かせる技術を持っていたのである。こうした技術は、朝顔図譜の刊行や、また寺院の境内や作り手の自宅を舞台に繰り広げられた「闘花会」を通じて高められていったのだろう。

こうした朝顔ブームの担い手は、図譜の著者などから当初は俳人など文人だったと思われる。しかし、江戸の場合、次のブームでは行徳（現市川市）、高岡（現下総町）、川越仙波といった河岸や宇都宮の人々が花の作者として登場する。変化朝顔の文化は、江戸と物・人の交流が盛んな関東の町場に伝わっていったのである。

ただし、こうした変化朝顔の流行の一方で、浮世絵のモチーフや工芸品のデザインとして広く用いられたのは、現在の私たちがよく知っている丸咲の朝顔であった。変化朝顔の栽培には手間、暇、場所や一定の知識が必要だった。丸咲の朝顔も庶民には親しまれ続けていたのである。変化朝顔ブームの前提には、ごく普通の朝顔を愛でる文化もあったのである。（岩淵令治）

⑨歌川国芳「助六廓の花見時」 1850年（嘉永３年）３月改

「助六」の通称で知られる歌舞伎「助六由縁江戸桜」の一幕。助六の仇役の子分として、朝顔の衣装をつけた「朝顔仙平」が登場する。

⑩三代歌川豊国「今様三十二相・よねんなさ相」 1859年（安政６年）６月改

銀幕へのいざない

演じる・観る　II

⑤「フォラオの恋」

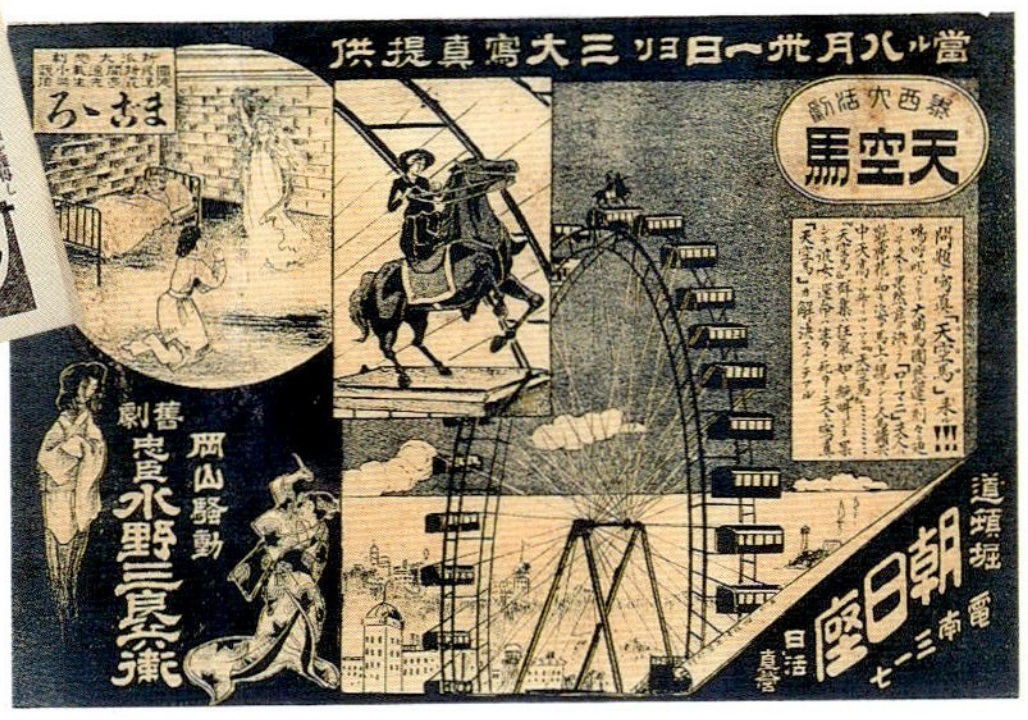

④「天空馬」

①～⑤映画ポスターとチラシ　大正～昭和初期

①「右門十六番手柄」

②「母３人」

③「修羅城」

日本ではじめて活動写真（キネトスコープ）が上映されたのは、一八九六年（明治二九年）、神戸の神港倶楽部で一般公開されたのが最初と言われている。その翌年、フランスからシネマトグラフが輸入され、自動幻画と名づけられて、大阪で興行が始まり、それと前後してエジソン発明のヴァイタスコープが、「活動写真」と言う名で大阪で公開され、一度に多数の人が鑑賞できる形がはじまった。

東京にこの三つが入ってくるのは一八九七年（明治三〇年）であったが、それは無声映画であるので、ストーリーを説明する者が必要だった。それが活動写真の弁士（略して活弁）の始まりである。またこうした映画初期の時代にも、宣伝用のポスターが作られていた。常設館がない時代には、各地を映写機とともに弁士、技士、楽隊などを同行してまわる巡業隊が生まれ、派手なポスターを作りながら活動写真の普及に大いに貢献した。

常設館の誕生は一九〇三年（明治三六年）、浅草の電気館が最初で、これ以後、東京、大阪、名古屋、横浜、京都、神戸などの各地に生まれ、活動写真は飛躍的に発展していく。それぞれの館の建物上部には宣伝用の大きな映画看板がかかげられ、「ポスター」などとともに宣伝活動も活発になっていった。通行人や入場者に配るチラシの一種「引き札」も発行されるようになる。

大正時代に入ると映画は、見せ物的な興行からいよいよ大衆娯楽の王様の座につき、活劇の黄金時代を迎える。また映画館や劇場の顔ともいわれる「プログラム」も、浅草帝国館が最初に発行したが、館によって工夫をこらして作成されるようになっていく。昭和に入るとついにトーキー（音の出る映画）が登場しサイレントを圧倒するようになる。映画はこうした歴史をたどりながら、大衆の心をつかんでいった。そうした中で観客は、好きな男優や女優に魅入られ、自分とスターをつなぐものとして「プロマイド」が人気を博していく。ただ、戦争がこうした映画の性質を大きく左右する時代を到来させてしまう。

（新井勝紘）

⑥～⑲昭和初期スタープロマイド

⑪松井千枝子

⑩阪東妻三郎

⑨中野英治

⑧ゲーリー・クーパー

⑦林　長二郎

⑥原　駒子

⑳再現した映画館　歴博第５展示室

⑬リリアン・ギッシュ

⑫田中絹代

⑰高島愛子

⑲高田浩吉

⑱大河内伝次郎

⑯コーリン・ムーア

⑮早川雪州

⑭浦辺粂子

西洋からの調べ

奏でる・聞く　III

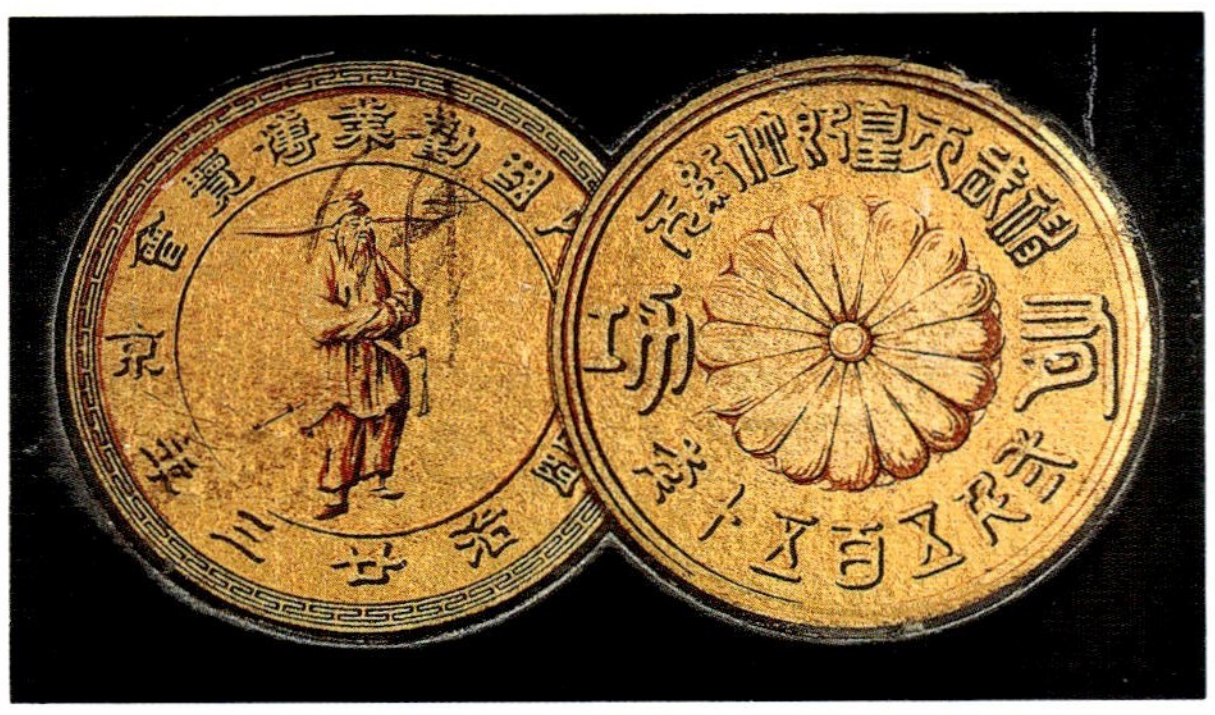

①の商標

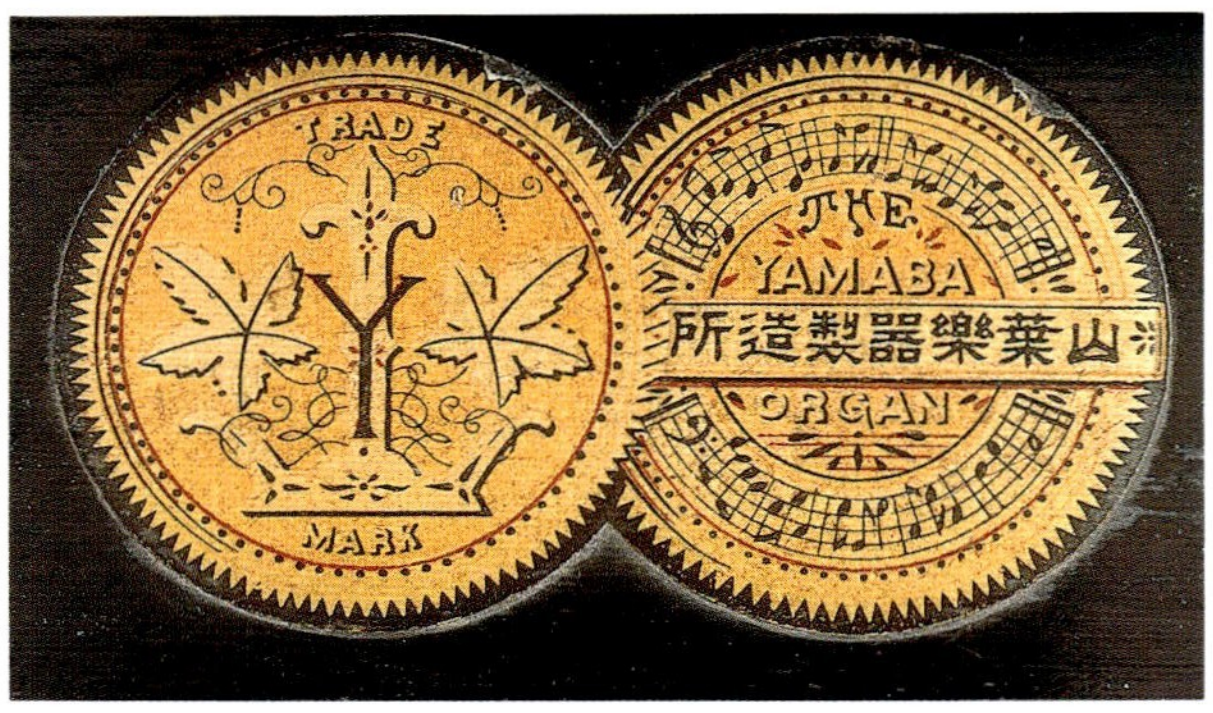

①山葉オルガン　1890年（明治23年）製

江戸時代にはなかった小学校が地域の人々を魅了していく過程を「モノ」で示すことはできないか。このとき浮かんだのが西洋からの調べ、「唱歌とオルガン」であった。

しかし、日本製オルガンは皆無に近く、入手に困難を極めた。

唱歌は知識注入の教育の中にあって情操の育成を目的とした特異な教科であった。しかも、学校儀式の荘厳化にともない国家の民衆統合の有力な手段ともなった。オルガンを探そう。学校儀式と唱歌教育用に最も普及した山葉製が良い。

調査は、現在も国内最大の楽器会社であるヤマハに問い合わせることから始まった。目下オルガンの製造は僅か一機種のみ、かつて山葉を支えた花形楽器の保存は皆無、今後も考えられないとの回答であった。のこるは、学校に販売されたオルガンを探し出すことである。山葉オルガンの生まれ故郷は楽器の街、浜松である。オルガンは浜松市に近い磐田市の池田真義氏の土蔵に保存されていた。ひどく痛んでいるが、製造経緯の手がかりになる二つの商標は鮮明であった。ひとつは、一八九〇年（明治二三年）第三回内国博覧会に出品、受賞した有功二等賞牌のコピイである。いまひとつには、「THE YAMABA ORGAN」「山葉楽器製造所」の品名、社名が書かれている。また本体に「Manufactured by Yamaba」と大書されてもいる。現代のグラフィックデザインに劣らない洗練されたものであった。

明治二三年は種々の面で日本近代史の画期となる年であった。前年発布された大日本帝国憲法が施行され、これにもとづきわが国で初めて衆議院議員総選挙が行われ、曲がりなりにも帝国議会が始まったのである。教育においては、教育に関する勅語が発布され、村の学校が国家と人々を結びつける文化センターの役割を担わされることになった。国家祝祭日の儀式には、まるで西欧の教会のミサを思わせるかのように教育勅語

③小学唱歌双六（部分）　明治期（19世紀）

②小学唱歌双六（部分）　明治期（19世紀）

が奇妙な抑揚をもって奉読され、御真影が拝礼され、オルガンの妙なる響きにのって君が代が奏せられることになったのである。

オルガンは池田氏のご好意で寄贈され復元の上、明治の調べを奏でている。

（高橋　敏）

III

奏でる・聞く

芸術音楽の楽器

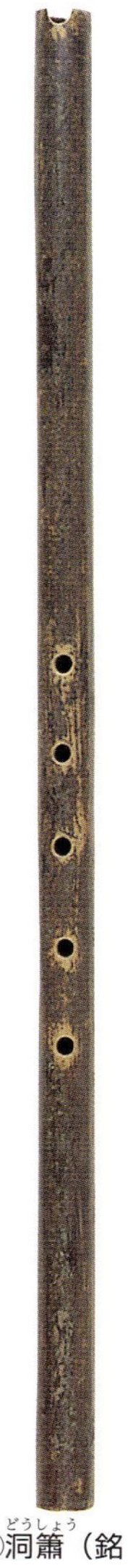

①洞簫《どうしょう》（銘「含和《がんわ》」）
198年（建安３年）

②琵琶（銘「白鳳《はくほう》」） 1790年（寛政２年）修理

雅楽や能狂言、箏曲、三味線音楽など、職業的な音楽家、あるいはそれに準ずるような人々が作ったり演奏したりして芸術的に洗練されてきた音楽を芸術音楽といっている。ここではその種の音楽の楽器や歴史的な銘品といわれる楽器をご紹介しよう。

歴博には紀伊徳川家が第一〇代治宝《はるとみ》（一七七一年〜一八五二年（明和八年〜嘉永五年））の時代に勅許を得て五万両を投じて集めたというすばらしい楽器のコレクションがある。雅楽の楽器が中心だが、その他の楽器や調子笛に当たる物や楽譜なども少しあって百数十点に及ぶ。ここではその一端をご披露するが、何と中国製の楽器さえある。

①の洞簫《どうしょう》「含和《がんわ》」は青銅の縦笛だが、驚くべきことに建安三年戌寅と刻まれている。つまり中国の後漢の時代、紀元後一九八年に作られているのである。これはおそらく日本に現存する最古の笛というだけでなく、出土楽器を別とすれば最古の完全な形の楽器といってもいいかもしれない。

ここでは次に古いと思われるのが、②の楽琵琶《がくびわ》「白《はく》鳳《ほう》」である。楽琵琶とは雅楽で使われている琵琶の意味だが、平安期の絵巻などで公家が琵琶を弾いている場面が描かれているのは、この琵琶である。琵琶はこういう真正面からの写真ではわかりにくいが、この短く見える棹の先がほとんど直角に後に曲がっていて、そこに糸巻がついているのが特徴的である。この「白鳳」は胴の中に「白鳳六丁」と書かれているが、その意味はよくわからない。嵯峨天皇（八〇九年〜八二三年（弘仁元年〜一四年）在位）の愛器だったが播州《ばんしゅう》（兵庫県西南部）の鶴林寺に寄進したと伝えられている。残念ながら一七九〇年（寛政二年）に修理され、住吉広行が補筆しているが、松平定信が編纂して一八〇〇年（寛政一二年）に刊行した古宝物の模写図録等の『集古十種《しゅうこじっしゅ》』にも記載されている銘品である。

③の七絃琴「冠古」も中国製、それも唐の時代の製作ではないかといわれている。これも『集古十種』に記載されている。七絃琴は中国でも日本でも文人たち

③七絃琴（銘「冠古」） 唐代

が愛奏したといわれている楽器で、音はデリケートである。琴《きん》と箏《こと》は両方とも細長く、表面が少し丸味を帯びた胴の上に絃を張ってある楽器である。ただ箏は絃の振動する部分を箏柱《ことじ》できめてから演奏するのに対して、琴には箏柱はなく、バイオリンなどと同じように左手指で絃を抑えながら弾く。

⑦の能管「男女川」も時代は下るが、紀州徳川家コレクションのもの。これは従来雅楽の笛である龍笛《りゅうてき》とされてきた。しかし一九九二年（平成四年）に歴博で企画展の「弾《だん》・吹《すい》・打《だ》」を行ったときに調査して、能管、つまり能で使われている笛であることがわかった。能管はもともと龍笛を改造したものなので、外見はとても似ている。能の笛役の森田休音が南龍公に献上し、後に休音の門弟の貴志喜右衛門に賜ったが、一七一六年（正徳六年）に十河源右衛門が献上したと伝えられている。

以下は紀州徳川家コレクションではないが、④は楽《がく》箏《そう》「山下水」である。楽箏も雅楽で使う箏の意味である。この内部に「天明八年　御用御楽器師菊岡内匠掾重栄印　申六月吉日」と記されているので、一七八八年（天明八年）の作であることは確かである。大変美しく、⑥はその竜頭の部分、⑤はその竜尾の部分である。

⑧の三味線に銘はない。しかし全体に小さく、現在の三味線は棹を三つの部分に分けることができるのに対して、これは一本の棹、つまり延べ棹であること、現在の三味線では響きを複雑にするために付いているサワリも付いていないことなどを考慮すると、江戸中期頃に作られたものではないかと思われる。胴の全体に『源氏物語』の「梅ケ枝」の巻の宴遊の場面が描かれており、とても美しい。胴の内側の底に柏屋因幡《かしわやいなばの》掾《じょう》勝久と記されていて作者名らしい。五世荻江露友《おぎえろゆう》（前田青邨夫人）が所有していたもので、吉原の遊女玉菊《たまぎく》が愛用していたといい伝えているが、真偽の程はわからない。なおこの写真の撥《ばち》は参考のために置いたもので、本来のものではない。

⑨は沖縄の三味線、三線《さんしん》の例である。中国の三絃が沖縄に伝えられ、それが本土に伝えられて三味線に改造されたといわれているので、本土の三味線の元祖に当たる。沖縄に伝えられてから、形はいろいろ改造された。歴博には七種の型の三線があるが、この真壁型《まかび》が最高の型といわれている。中国の三絃と同じく胴にニシキ蛇の皮が張られており、右手人さし指の先を蔽うような爪をはめて弾く。

（小島美子）

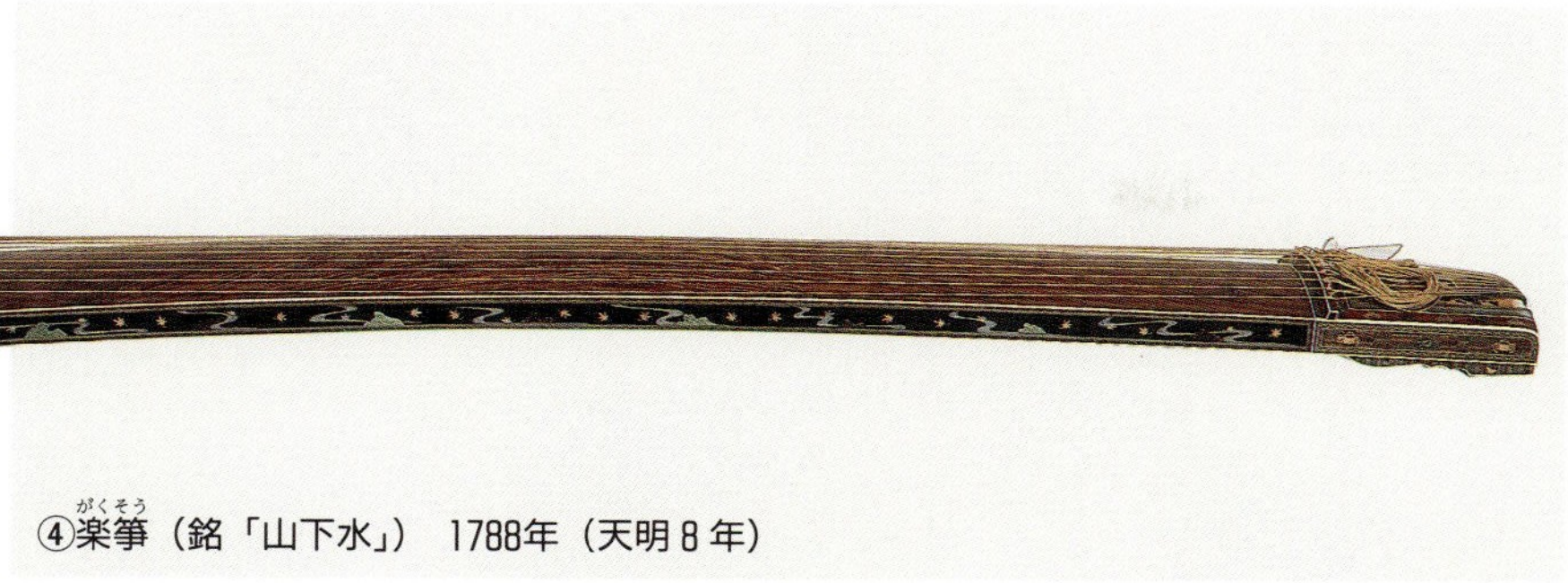
④楽箏《がくそう》（銘「山下水」） 1788年（天明8年）

⑥ ④の竜頭

⑤ ④の竜尾

⑦能管（銘「男女川」）

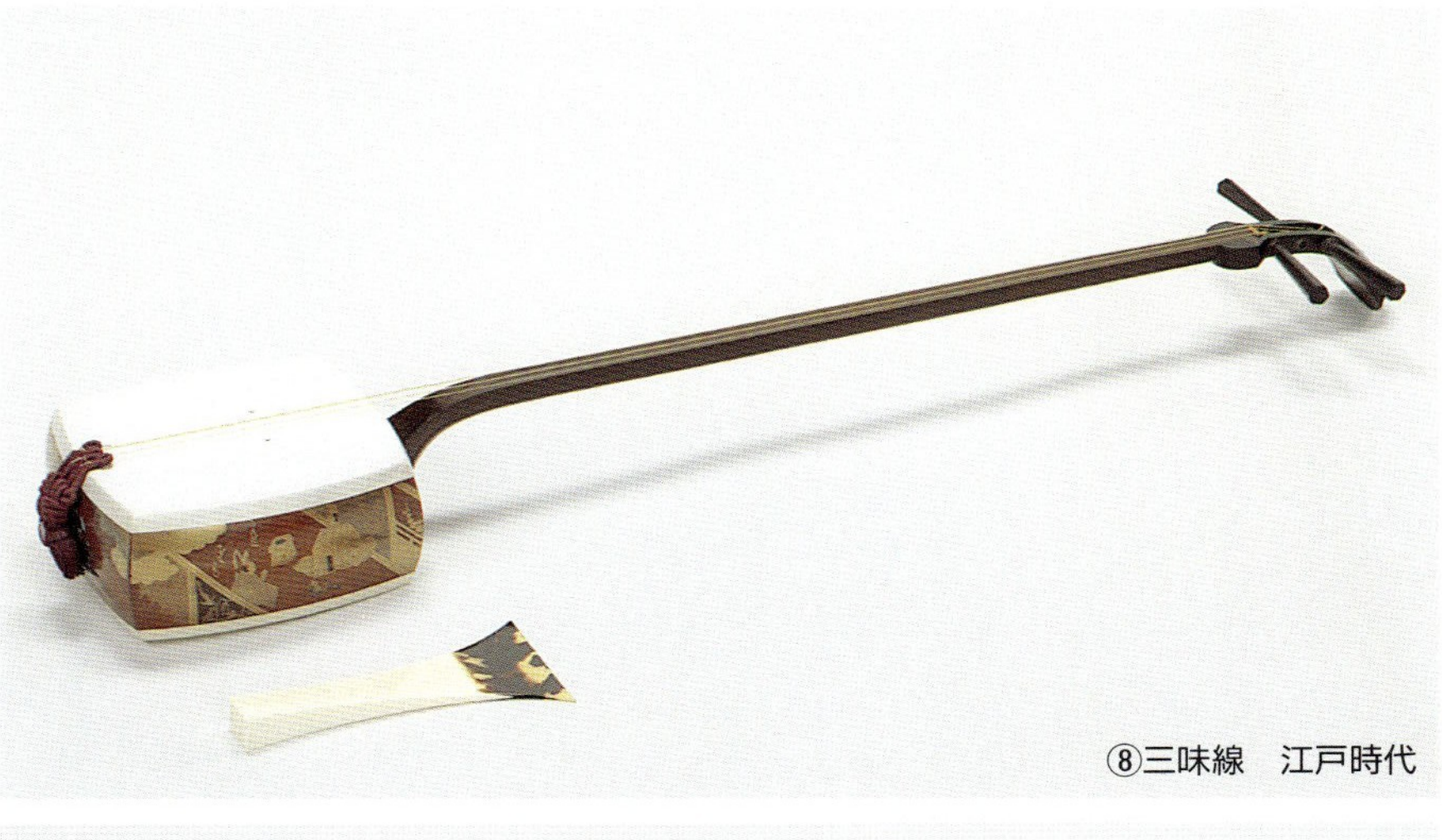
⑧三味線　江戸時代

⑨三線《さんしん》（真壁《まかび》型）

民俗音楽の楽器

①田楽躍《でんがくおど》り用太鼓（複製） 昭和期

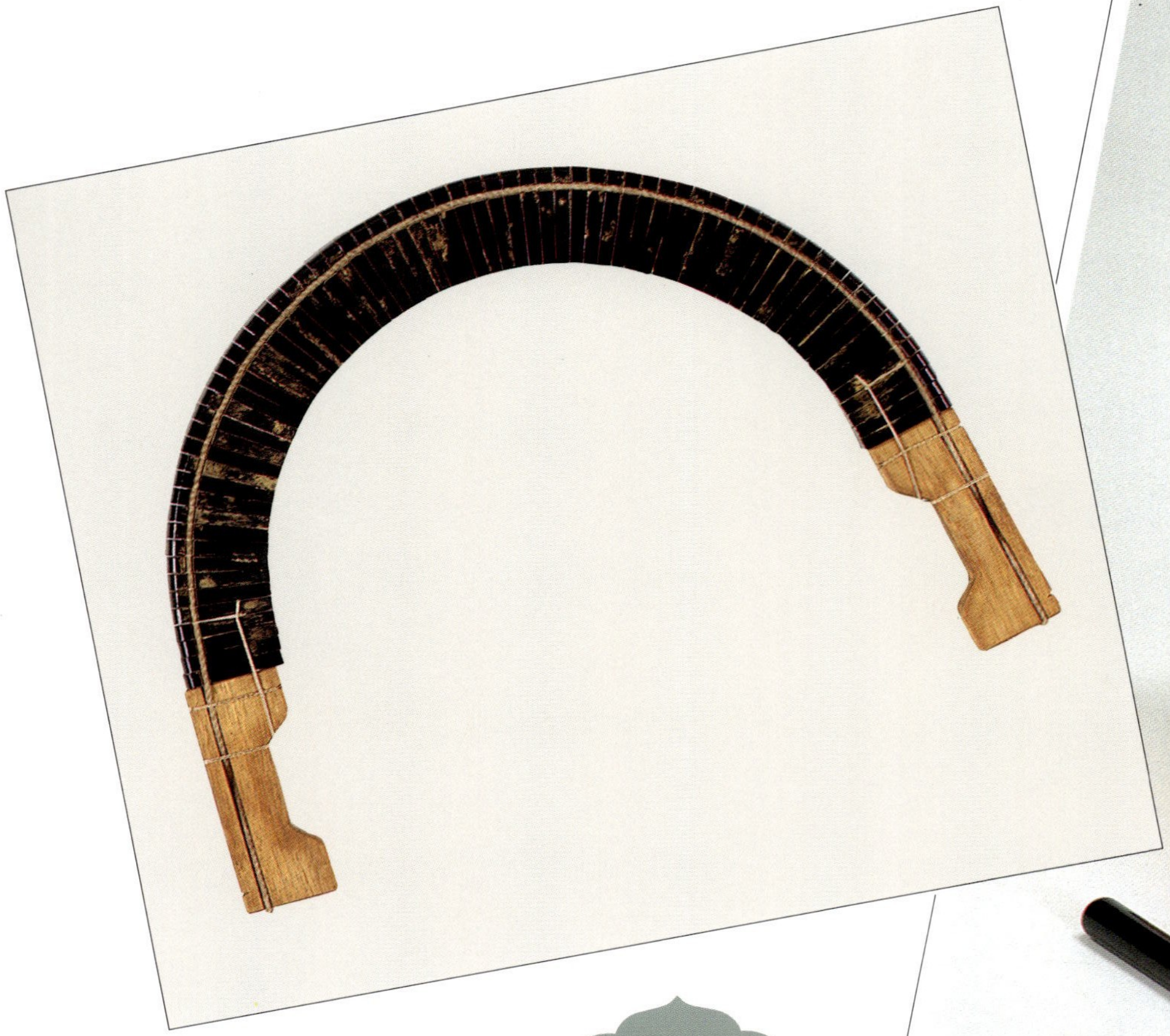

②びんざさら（複製） 昭和期

祭りというと、何となく太鼓や笛の音を思い浮かべる方が多いだろう。そういう民俗芸能や民俗宗教（民間信仰ともいう）や民謡の伴奏などに使う楽器をここでは少しご紹介しよう。日本の民俗音楽の楽器もたくさんの種類があり、篠笛《しのぶえ》とか、ビヤ樽型の胴に皮を鋲でとめた太鼓などは、日本の民俗芸能では基本的な楽器である。しかしそれらはどこでも見られるので、ここでは比較的珍しい楽器を見ていただこう。

クラシックなどで使われる太鼓のティンパニーは、もともと鍋型の太鼓を並べたものだから皮面は一つしかない。世界の太鼓には皮面が一つしかないものも多いのだが、日本の太鼓は基本的に皮面は二つで、その両面ともほとんど同じ形である。だから日本の太鼓は分類するのに皮のとめ方で分けている。先に述べた鋲どめ太鼓に対して、ひもで締めつけるタイプも多い。その中でも多いのが、①の田楽躍《でんがくおど》りの太鼓のように枠に皮を張って、それを胴につける形である。これはくわしくいうと枠つき締め太鼓ということになるが、普通は締め太鼓と呼ばれている。この締め太鼓にも胴が長いもの、この太鼓のように薄いものなど、また大小いろいろある。

この田楽躍りの太鼓は大変美しいが、おもしろいことに、ドンと打つわけでなく、胸につけて両手の桴《ばち》でストンとすりおろすように打つ。それが田楽躍りの太鼓の特徴である。

これに対して⑥の陣太鼓はまったく逆である。この陣太鼓は本来は芸術音楽の楽器でもなければ民俗音楽の楽器でもない。戦いの場で合図を送ったり、武士たちを励ます意味で打たれた太鼓だからドンドン強く打った。よく昔の話には出てくるが、見る機会はなかなかないので、ここに掲げてみた。一人が背負って運んだようで背負うひもがついているがとても重い。鋲どめの太鼓である。

④の太鼓は沖縄本島のパーランクーと呼ばれる太鼓で、エイサーという民俗芸能でよく使われる。これは

日本では大変例外的な一枚皮の太鼓で裏は板が張ってあるが、まん中あたりは板がない。だから左手に持って打つ。これは明らかに中国の単皮鼓《たんぴーく》の影響によって作られたものであり、沖縄文化の一側面を表している。

民俗芸能では打ち合わせて鳴らす楽器もいろいろあるが、②のびんざさらもその一つ。この両側の把手を両手で持ち、少しひねるように突くと、この多数の木片が打ち合わされて音がする。これも大小いろいろあり、この木片（竹片もある）の数もいろいろで数枚だけというのもある。これも田楽躍りで使われることが多い。

③の鈴は振り鳴らす楽器である。このようにきれいに仕上げられた鈴は、神楽《かぐら》や巫女舞《みこまい》で使われるのが普通である。また芸術的な芸能でも三番叟《さんばそう》などに使われる。この鈴の音は神霊を呼び起こし降りてきてもらうために振り鳴らすといわれている。古代の人々にとっては、この金属の音はひじょうに魅力的に響いたのだろう。今でも北方のシャーマンたちは金属の鳴り物を体にたくさん付けているし、インド舞踊などでも鈴を体に多く付けている。そしてその気分は今の私たちにもあって、神社の社頭の鈴を振り鳴らし、財布や帯や下駄などに鈴をつける。単なる用心のためとか音を楽しむためというだけでなく、何かありそうである。

吹く楽器の中心は、日本では横笛であり、民俗芸能ではとくに篠笛が多い。縦笛は日本では少い。篳篥《ひちりき》は雅楽で使われるだけだし、尺八も明治以後は一般の人も吹くことを許されたが、もとは仏教の虚無僧《こむそう》たちが行《ぎょう》のために吹く法器だった。今、民謡の伴奏に使っているが、これはもちろん明治以後のことである。⑤のほら貝も、本来は仏教の法具である。奈良仏教でももうすでに使われていて、東大寺のお水取りの時には音程の違うほら貝がハーモニーを作るかのように吹き鳴らされる。その後多く使っているのは山伏たちで、そのため東北地方の山伏の神楽ではよく使われる。なかなか音が鳴りにくい楽器であるが、遠くまでひびき、ドミソドなど吹き方によっていくつかの音が出る。戦いの場でも陣貝《じんがい》といって進軍ラッパのように吹き鳴らしたが、これは僧兵が戦いに用い始めたという説もある。ほら貝は日本だけでなく、アジアやオセアニアなどでも使われている。

（小島美子）

③神楽鈴　昭和期

④パーランクー　昭和期

⑤ほら貝　昭和期

⑥楯形肩懸陣太鼓　昭和期

Ⅳ おとなが遊ぶ

盤上の戦い

①小将棋駒（複製）　福井県一乗谷朝倉館出土　戦国時代（16世紀）　相手側の駒は意図的に成面を示した。将棋盤は現代のもの。

囲碁と将棋は、誰もが知っている代表的な盤上ゲームであり、特に将棋は、子供から大人までなじみが深いものである。

文献では、一〇二七年（万寿四年）に没した能書家で知られる藤原行成が著した『麒麟抄』にあるのが初見といわれる。史料からは、平安時代の将棋（一八枚×二）と大将棋（三四枚×二）や鎌倉時代の中将棋（四六枚×二）など、さまざまな将棋が知られている。現在の将棋（二〇枚×二）は、『松平家忠日記』の一五八七年（天正一五年）の記録が初見とされる。

①の将棋駒は、遺跡から発掘された最初の例で、一五七三年（天正一年）に滅んだ戦国大名朝倉氏の館堀から出土した。今の将棋にはない「酔象（成面は太子）」をもつのが特徴である。酔象は大将棋や中将棋にもあるが、銀将や香車の成面が金なので、現将棋の前身である小将棋と考えられる。現在の将棋誕生前夜を物語る興味深い資料である。

双六も、古く中国から伝来したゲームで、正倉院にも伝わる。江戸時代までの双六は、私たちが知っている回り双六ではなく、振った賽《さい》の目により盤上の二列一二升目で白黒一五個の駒を端から端へ動かして勝負を争った。『源氏物語』や『枕草子』などの場面にも描かれるが、その優雅な雰囲気とはほど遠く、上下貴

②中将棋駒（複製）　神奈川県鎌倉出土
鎌倉時代（13〜14世紀）

③繋馬図屏風（東京国立博物館蔵）　江戸時代（17世紀）

④大かがみ絵詞　江戸時代前期

賎を問わず、非常に賭博性が強いものであった。

中世は、将棋、双六などの盤上ゲームを始め、茶や香も闘茶、聞香などの金品を賭けた遊興的な寄合が大流行した時代である。特に双六は博打の代名詞であった。「職人歌合」（⑦）には、身ぐるみはがれてもサイを打つ博打打ちが描かれる。一方、戦国時代分国法「結城氏新法度」は、「ばくち双六堅く禁制申すべく」と、博打双六の宿は、家財没収のうえ、家筋も断絶、仕えている主人に届けずに討ってもよい、さらに隣り近所も家財没収と、中世の法論理からいえば大変な厳罰を定める。博打打ちも職能民とみた中世から、戦国時代を経て近世へと世の中が大きく変わっていく。

（小野正敏）

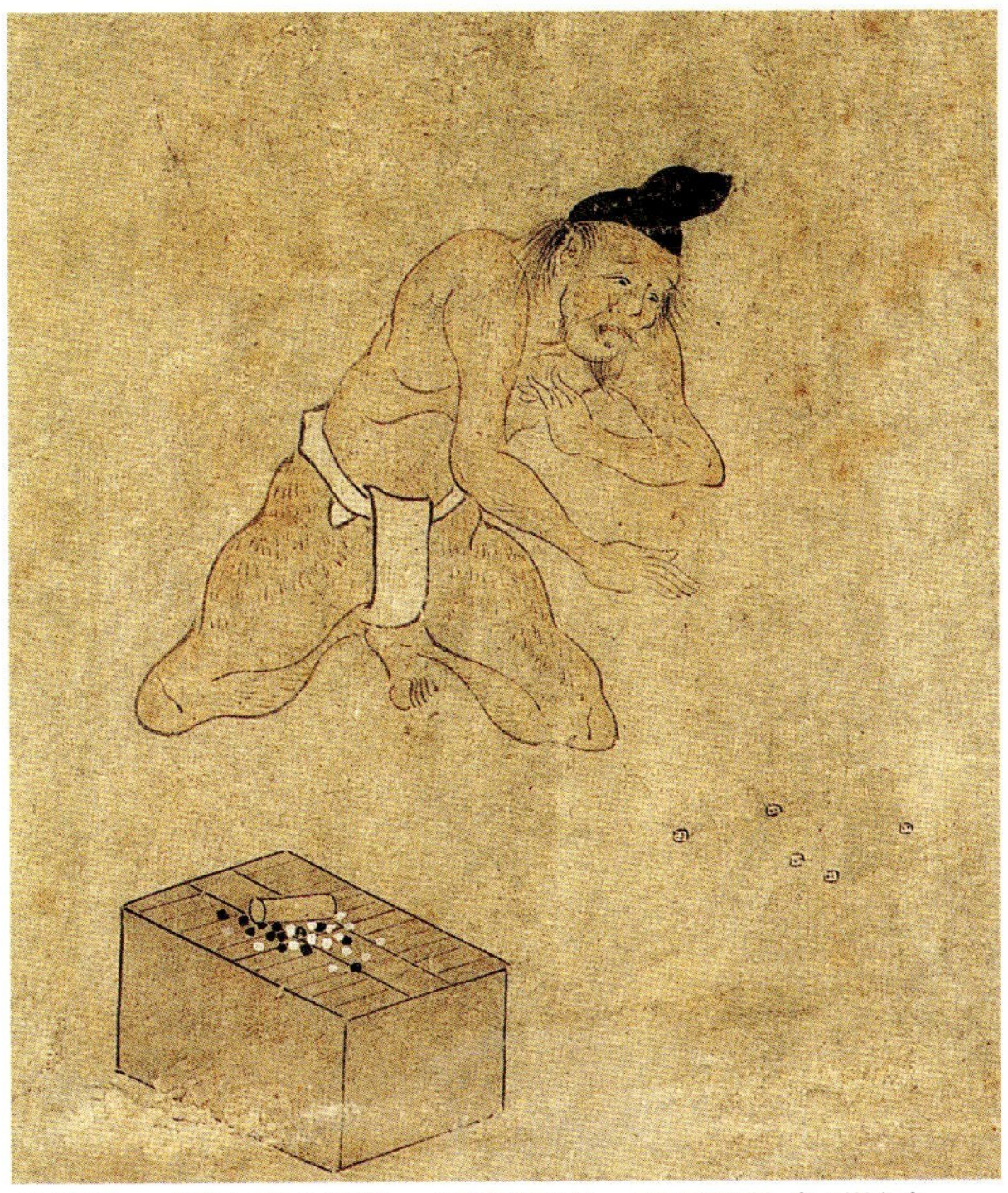

⑦博打　「職人歌合絵巻」（復元複製）　室町前期（14世紀）

⑤双六盤（鎌倉市教育委員会蔵）　神奈川県鎌倉出土　鎌倉時代（13〜14世紀）

⑥出土した双六駒と賽子《さいころ》（福井県立一乗谷朝倉氏遺跡資料館蔵）
福井県一乗谷出土　戦国時代（16世紀）

Ⅳ おとなが遊ぶ

狩りの風景

①小金ヶ原御鹿狩之図　1795年（寛政７年）

②小金ヶ原御鹿狩伊達羽織纏絵図　1848年（嘉永元年）

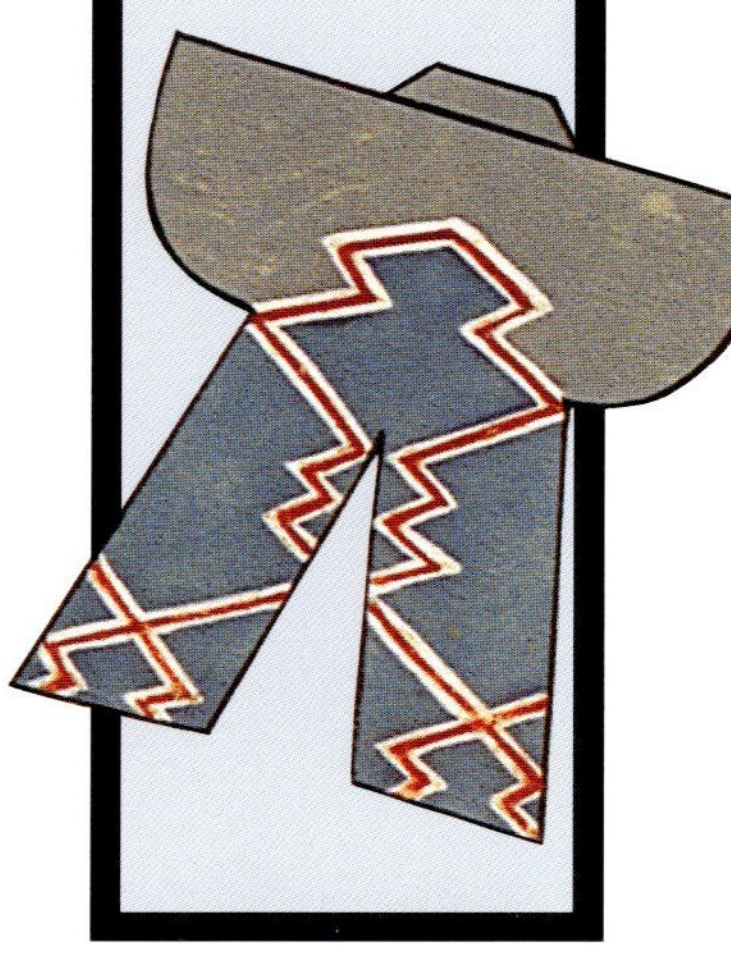

古くから洋の東西をとわず、王侯と呼ばれるような権力者たちは、大勢の勢子《せこ》を動員して野獣を狩るのを楽しんだ。ひとと獣とさらに大地の精霊たちに、権威を誇示する機会でもあることが、その喜びを増大させた。古代中国では、農耕の季節に先駆けて邪悪な神の化身である獣たちを討つのを、天下を支配する君主の任務と主張されていたようだ。

『万葉集』には、古代日本の大王、天皇のそうした狩猟を思わせる歌があり、その後狩猟愛好者であった武家の統領たちの大規模・組織的な狩猟は画材ともなった。曽我兄弟の仇討ちのはなしと結びついて描かれた源頼朝の富士の巻狩りの情景は著名で、勇壮・豪快な狩猟のイメージを後世に与えた。一六一〇年（慶長一五年）三河渥美半島で、徳川秀忠が連日二万の勢子を使って行った狩猟は、武田信玄の軍もこれほどではなかったと老将を感じさせた。一七世紀には江戸近郊にも野獣は豊富で、歴博所蔵の「江戸図屏風」に描かれる将軍家光の狩猟の場面は、富士の巻狩りの例とちがって実地観察者の筆になるようだ。

狩猟による権力の誇示に代えて学問を求めた将軍綱吉の後、吉宗は「君主の狩猟」を復活させた。一七二六年（享保一一年）三月、小金原（千葉県）で猪一二頭、狼一頭、鹿四七〇頭を捕ったのは、前年三月にこの地で狩をしているから二度目の小金原狩猟である。吉宗は富士の巻狩りに装束をならい、従う多くの武士たちは諸隊ごとに陣羽織を用意して参加した。翌日、将軍家御用絵師に狩場の有様を絵図に作るのを命じた。将軍家の権威を示す重要な儀礼として後世に伝えるべきものだったのである。百年ほど後『甲子夜話《かっしやわ》』の筆者が借り受けて筆写させたのは、この図であろう。

ここに掲げる「小金原御鹿狩之図」（①）は、一七九五年（寛政七年）三月、将軍家斉《いえなり》による狩猟の図で、このときにも絵の記録を残したのは、享保の例にならったのにちがいない。セットになる「御鹿狩伊達羽織纏絵図」（②）には、一八四八年（嘉永元年）七月に

享保11丙午年３月27日、小金中野牧御鹿狩御成天気能相済候絵図（『甲子夜話』巻93）（松浦史料博物館蔵）

写したと記される。翌年三月には、第四回の将軍家小金原鹿狩が行われている。その準備進行中に、前例をみるために写されたものだろう。

①は、御立場見渡しの景とされる部分。この年正月から二〇〇余の村々に命じた人足によって、各地から追立てられた野獣たちが、柵に囲込まれているのを、狩捕る場面である。獲物を集めさせておいて捕るのは、享保のときの例でもあり、「江戸図屏風」の狩猟場面では、家光の当時にもみられたようだが、前例尊重のなかでいっそう形式化し、狩猟の儀式化を強めていく。

獲物の数は減少していった。後の例ほど大規模ではなかったらしい一七二五年には鹿八〇〇余が捕れたというから、翌年の数も半分近い。一七九五年には鹿九五、猪一三、兎九、狐三、貉《むじな》三、狸一と記録される。鹿一三〇とする記録もあるが、激減にはちがいない。一八四九年の獲物は、『白井町史』史料集所収の文書では、猪九五、鹿一九、兎一六六、狸貉八、雉三。少しちがった数の記録もあるが、鹿狩りといっても鹿はごく少数であったことに変わりはない。『きゝのまにまに』という随筆(梶島孝雄『資料日本動物史』所引)によると、常陸(茨城県)の村や遠く奥州でも猪を捜索して捕えさせ、送り込んでの結果の数がこれである。

野獣が減少しただけではない。『想古録』が伝える風説によると、一八四九年の狩猟前、三才の猪は強くて危険だからやめようとの議論の末、数が減っては面白くないから加えたが、狩猟数日前から餌をとらせないで弱らせておいたという。狂い猛る手負いの猪を鉄砲で殴り殺した家光にくらべて、家斉は弱った猪を槍で殺し、このときの将軍家慶《いえよし》にいたっては、猪を手にかけず、絶食でひょろひょろしてる兎を槍でさしたとの噂も同書に記される。

勇壮な武芸でもあった武家の狩猟は遊戯になり、絢爛たる社交の場になっていった。②は、その点をよく示す絵である。この類の絵は一七二六年の狩猟の際に描かれたという伝えは聞かない。

（塚本　学）

IV おとなが遊ぶ

一攫千金を夢みて

富くじは近世における興行的賭博の一つであり、富、富突《とみつき》、富興行とも呼ばれ、その仕組みは現在の宝くじにひきつがれているといえる。紙の札に番号や組（印）を書き（富札、⑥）、同じ番号の木札を作り（抽籤用札、①〜④）、富札を売り出して資金を集め、後日公開の抽選において当選者を決めた。先の木札を木箱に入れて、上部の穴から錐《きり》で突き、上ってきた順などにより当たりくじを出すもので、当たった者は紙の札をもって寺社に行き、賞金を受け取る仕組みになっていた。⑦の福引き箱のような富くじも、上から突いては蓋を開けて木札を取り出したのである。

江戸幕府は元禄年間（一六八八〜一七〇四年）、当時流行していた「とみつき講」の禁令を出す一方、堂社の修復・再建費捻出及び公共事業的な資金集めを目的として、寺社に幕府公認の御免富を許可した。

また、大名領下各地でも、御免富《ごめんとみ》にならって寺社助成を名目とした富くじが興行され、熊本城下の藩立の藤崎宮富講場（現熊本市宮内）もその一つである。「藤崎富場千歩一之図」（⑤）は米朝が描いた錦絵であり、「熊本紺屋弐町目東へ入ル松原通り秀嶋屋清蔵」版で印刷されたものである。『雑華錦語集』（『肥後国誌』所収）によれば、最初は一七五三年（宝暦三年）熊本城西端の宮内の薬師坂下で行われ、一七七〇年（明和七年）以降、藤崎八幡宮（現藤崎台球場付近）の境内で興行された。宝暦三年の初興行の際に出された規則書に、藤崎宮永代修復のため、富講が一年に六度と定められている。最初、富札は三万五〇〇〇枚発行され、一枚が銅銭六〇文であった。賞金は二五貫百目で、二五一本の当選を出し、賞金還元率は八五％であった。富講場には喧嘩口論狼藉の禁止、酒宴遊興の禁止、役人の指示に従うことの三カ条の制札が掲げられたといい、熊本城下の中古町や細工町の町人が富会場の世話人をつとめた。のち富講は毎月催されるようになり、本来の寺社修復の費用捻出というより、利潤をあげることが主となっていったらしい。

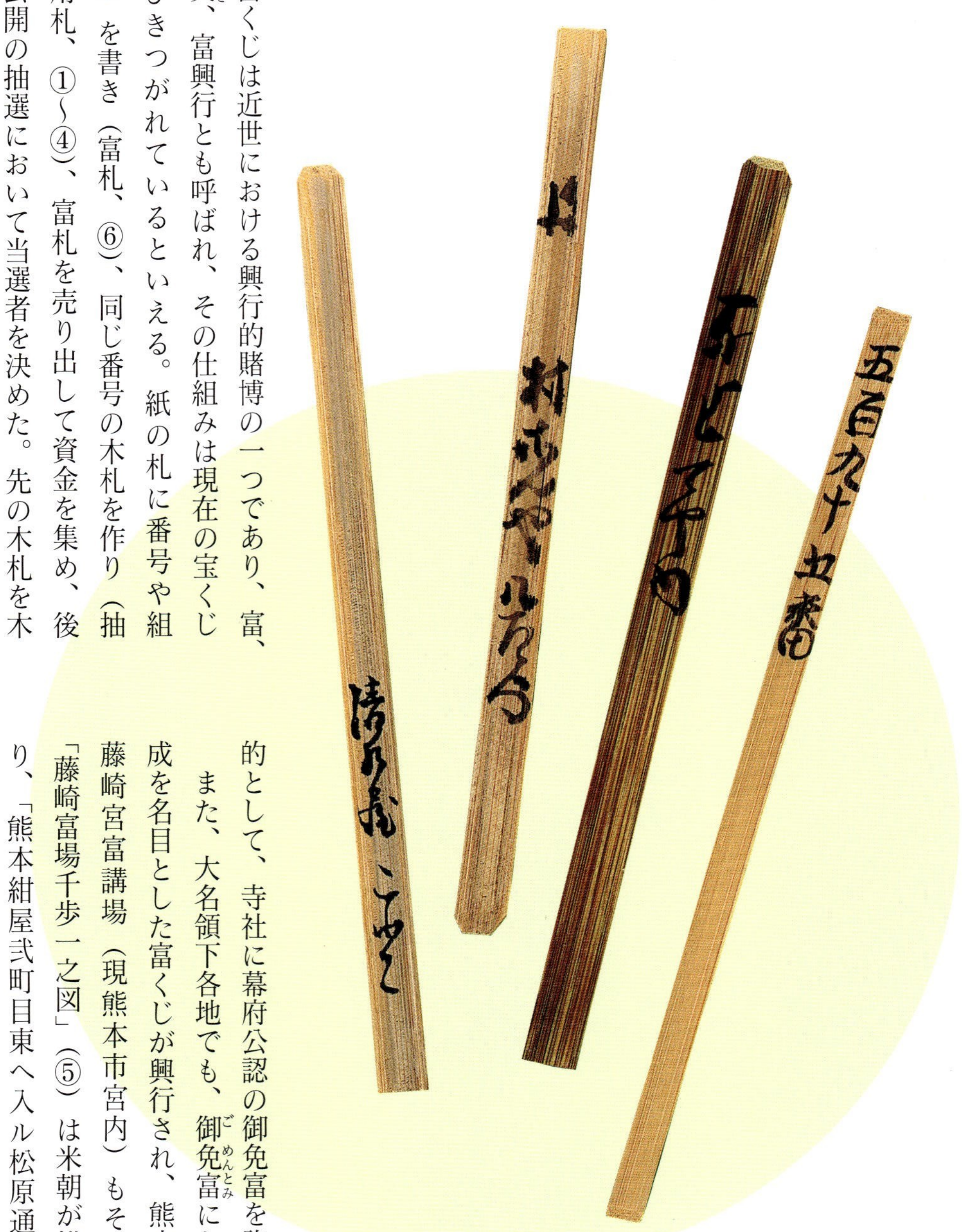

竹製抽籤用札（複製） 江戸時代
①五百九十五番
②はなてや内
③上村こんや八左衛門
④清水屋こと

抽選会場の桟敷の設け方などは、鳥取県米子の富くじを描いた宣伝用チラシ「米子入札の図」（米子市立山陰歴史館蔵）一八六八年（慶応四年）に近似している。本図には数人の女性がみえるが、男のみのギャンブルといった熱気が伝わってくる。縁起の良い文字が染め抜かれた幟《のぼり》がはためくなか、鉢巻きをしめて気合いを入れている男たちもかたずを飲んで見守る。賞金は大当たりの千両富、以下六百両富、五百両富と続き、射幸心はいやが上にも高まる。御免富の場合、千両富はきわめて珍しく、文政から天保ごろにかけては五百両富以上のものはなくなったといわれるが、「米子入札の図」の場合は幕末でも千両富、五百両富が一枚ずつあり、一概にはいえない。

今の福引きと同じように箱を横にして廻し、上から三人が一人ずつ三カ所の穴を突く。注目すべきは富突き役の三人であり、髪形から子どもであることは明らかである。運を純真無垢な子どもに委せることが、公平を期すことになったのであろう。座敷にいるのは細川藩よりの役人、物頭などであり、当選した番号を記している。他所では読み役が番号を読み上げる姿が描かれるが、この図においては、読み役の姿は見えない。中央の男が書き出した当選番号が張り出された時の熱狂は、いかほどのものであったろうか。祭りのあと、境内に張り出された番号、あるいは当り番号表と自分の富札とをつき合わせ、はずれを確認した人々の落胆は、現代人にも容易に想像することができる。

（福原敏男）

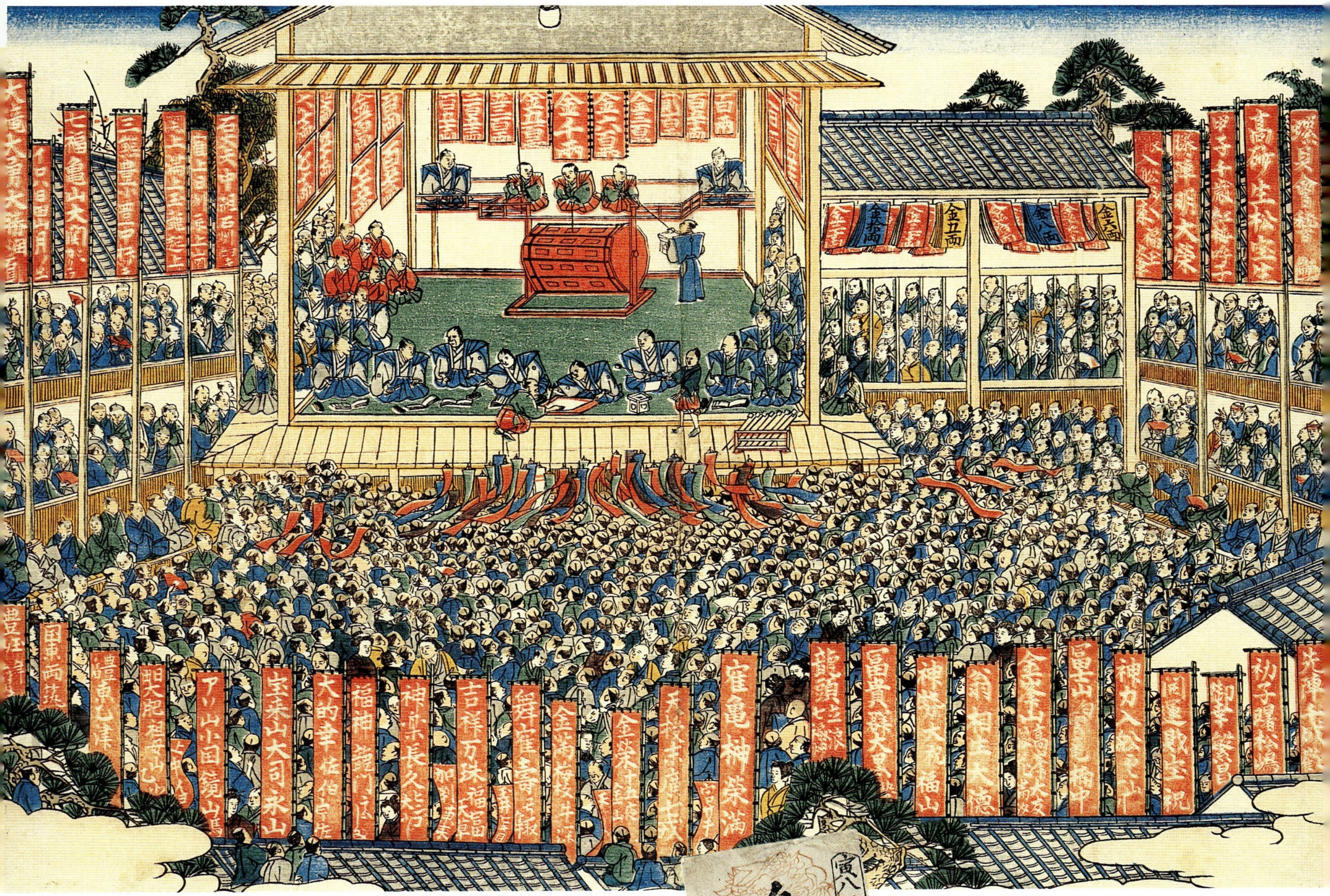

⑤藤崎富場千歩一之図　江戸時代

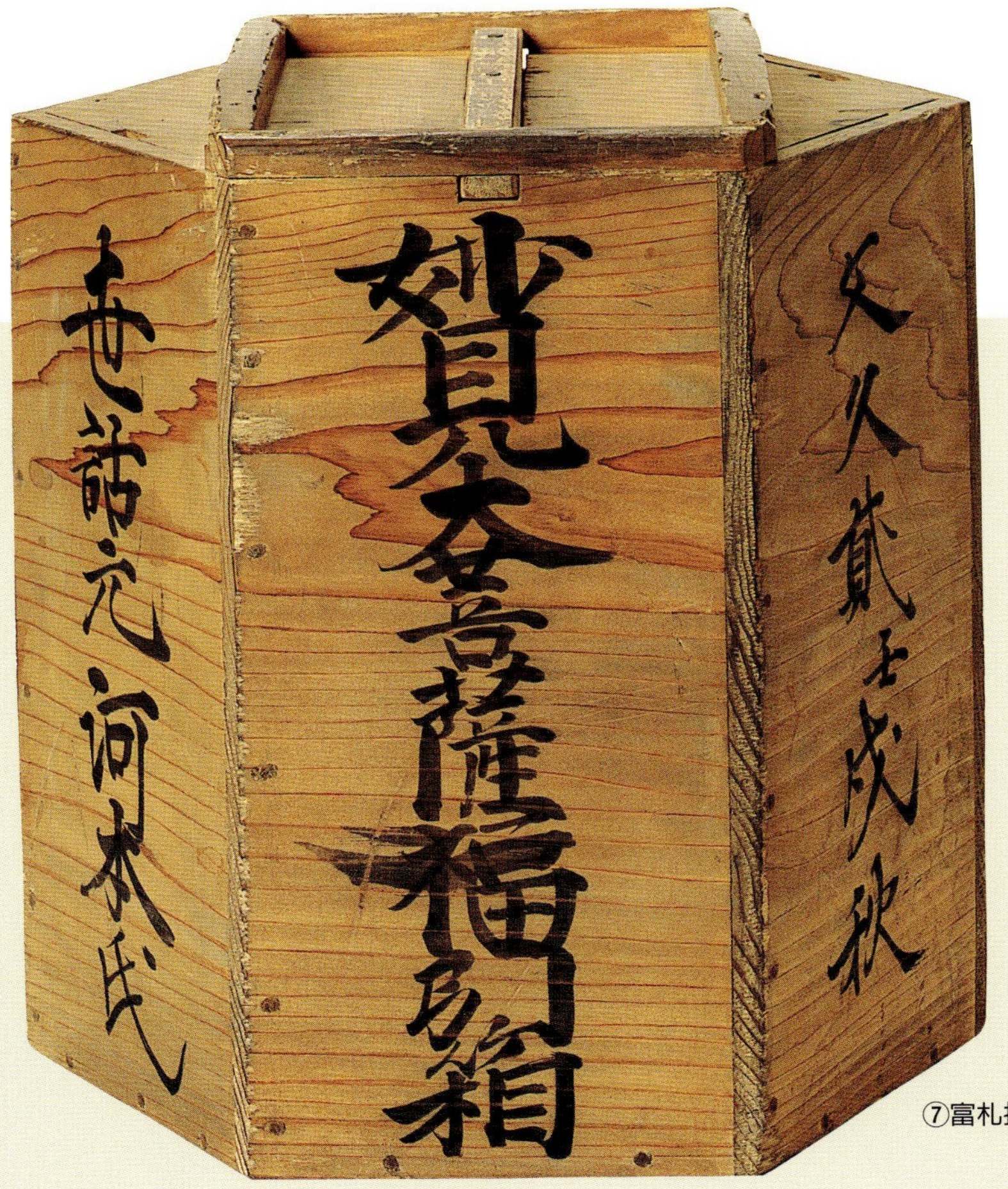

⑥富札　京都仁和寺（複製）
江戸時代（19世紀）

⑦富札抽籤箱（複製）　1862年（文久２年）

①地蔵尊祭造り物　猛虎一聲山月高　熊本市古大工町
1941年（昭和16年）前後

IV おとなが遊ぶ

秘められた生人形《いきにんぎょう》

―細工見世物から御座敷遊びへ―

③當盛見立人形之内 粂の仙人　一勇齋国芳画　1856年（安政３年）

②松本喜三郎作 元禄美人「生人形写真アルバム」より

あたかも生きているような、リアルな細工の人形を生人形《いきにんぎょう》という。幕末から大正年間くらいまで流行った細工見世物人形で、現代人にとっては、何とも言いようのない不気味なものである。

一九八八年の「芸能と生人形」展（大阪国立文楽劇場）や近年の欧米日本コレクションの里帰り展で出品された何体かの生人形、あるいは木下直之氏の著書（『美術という見世物』平凡社、一九九三年）が話題を集め、生人形に興味を持つ人びとが多くなってきた。

さて、生人形、活人形、活偶人という名称は松本喜三郎という人形師の登場によって安政年間に定着した。喜三郎は生人形の元祖、名匠として知られている。一八二五年（文政八年）に熊本に生まれ、故郷の地蔵祭りのつくり物（①）に毎年腕をふるい、見世物興行の中心大坂難波新地へ向かった。一八五四年（安政元年）「鎮西八郎嶋廻り」を主題とした異国人物の見世物興行を成功させ、すでに芽生えていた練物細工や張子細工など、人形を本物らしく見せようとする傾向を推し進めた。その構造は提灯胴と呼ばれ、伸縮自在、小さな箱への収納が可能な人形である。顔や手足などの目にみえる部分には桐材を用い、毛髪は一本一本植え付け、膚は溶いた胡粉を霧のように撒くなど、表面の仕上げは真に迫っている。翌安政二年、江戸浅草奥山における異国人物人形も大当たりし、翌年の同所における浅茅ケ原一ツ家、久米仙人など六四体の人形、安政四年難波新地の四十八癖（遊所の景など）、安政六年難波新地の唐土二十四孝（長崎遊女が入浴する裸体人形）など、ヒット作を出し続けた。

オランダ国立ライデン民族学博物館蔵の歌川国芳の下絵と伝えられる素描には、浮世絵（③）にくらべると久米仙人の位置が下がって、布洗い女の股間の性器らしきものを凝視している場面が描かれている。国芳がみた喜三郎の現実の生人形は、このようにどぎついものであった可能性が指摘されている。

以上のように、幕末の喜三郎の見世物の持ち味は性

④當盛見立人形之内
一ツ家之図
一勇齋国芳画
1856年（安政３年）

⑤松本喜三郎作　元禄美人鐘馗の月代を剃る図　「生人形写真アルバム」より

と残虐であり、それは小屋へ押しかけた庶民が求めたものを、喜三郎が造形化したものでもあった。

維新後の一八七一年（明治四年）、浅草で興行の口火を切った西国三十三所生人形が喜三郎生涯最大のヒット作になり、彼の死後、大正初めまで全国巡業を続ける。この興行は、ミニチュアの観音霊場やお砂踏みのように、小屋内をみて巡れば三十三所順礼をした御利益があるような、ありがたい興行であったらしい。以降、ロンドン公園の有様や蠟人形を模した西洋造りの小屋（予定）など、文明開化ものを意図していった。

エログロから、霊験や開化ものへの一八〇度の趣向の転換には、明治新政府の政策が絡んでいる。東京府は一八六九年（明治二年）の布告で、春画や猥がましき錦絵とともに見世物も取り締まった。帝都東京は西欧諸国への対面上、芝居や見世物の中の残酷や性的要素を忌み嫌い、排除しようとしていた。

喜三郎は見世物の趣向の大転換をはかって生き延びたが、以前造ったいかがわしい生人形の方も、決して愛好者がいなくなったわけではなく、ある人びとの楽しみへ沈潜していったらしい。この戦前の写真アルバムには写真の覚書が記されており、三体の人形は小栗兆兵衛氏が所蔵していた松本喜三郎作の「元禄美人鐘《しょう》馗《き》の月代《さかやき》を剃る図」であることがわかる。個人の家か、遊廓か料亭か、ともかく奥座敷に屏風が立てられ、その前に鐘馗、元禄美人、天邪鬼が並べられている。人形の入った箱書には「文久元年辛酉（一八六一年）仲春　杢《(松)》本喜三郎敬雅作」、天邪鬼腹部にも「杢《(松)》本喜三郎敬雅」とあると記される。この御座敷遊びは、先ず正面から正当なる鑑賞をし、そのあと鐘馗を片付け、元禄美人の着物の裾をあげ、天邪鬼が美人の股間をのぞくという寸法になっていたらしい。

維新以降、喜三郎の生人形の一部は、衆人の面前で公開されるのではなく、おそらく旦那衆による奥の間座敷の秘やかな遊びとなっていった。

（福原敏男）

唐子《からこ》の遊び —童児遊楽絵巻—

獅子舞

小鳥、独楽廻し、草合せ、蝶追い

風流傘

朝鮮通信使

この絵巻は「童児遊楽絵巻」と称し、唐子《からこ》が様々な場面を大人さながらに演じる姿が愛らしい作品である。

箱蓋表には「狩野伯円筆」と墨書され、巻末には「滑川七十三歳筆」とあり、伯円の朱印が捺されている。絵師は狩野派の神田末永町家の狩野伯円方《まさ》信《のぶ》であることがわかる。『古画備考』によると、伯円は一七二六年（享保一一年）に享年八五歳で死亡しているので、七三歳の作とすると、この絵巻の製作年次は一七一四年（正徳四年）前後になると思われる。

さて、唐子とは唐子髷《まげ》をした中国人の子ども、または日本における異人姿、唐人姿の子どもの称であり、多くの唐子が遊び興じる画題は近世に流行した。

この絵巻は巻頭から見て三分の二ほどのところに描かれた河辺の鶴、竹、松によって画面が二分される。前半は花車曳きの祭礼の遊びである。先頭には観衆が描かれ、幼児を肩車している子どもの姿も見られる。

続く画面には、二人立ちの獅子の前後を八人が取り巻き、伎楽の「獅子あやし」のように、篳篥《ひちりき》、編鄙《びんざさら》、鉦、笛、鎖《さ》吶《ない》（清国のラッパ）で囃したてている。獅子の横の子どもは、編鄙の上下を逆に持って興じており、そこかしこに絵師の想像力がいかんなく発揮されている。

次の八人の一団は、火焔《かえん》太鼓のつくり物をのせた風流傘を持つ子どもを中心として、太鼓と鼓打ち、幟《のぼり》持ち、団《うち》扇《わ》振りから成る。特に、太鼓の撥《ばち》を高

花車の山車

竹・鶴・松

書画を学ぶ唐子

く投げ上げ、放下《ほうか》芸よろしく打つ人物も印象深い。

次は小鳥、独楽廻し、草合せ、蝶追いなどの遊びの場面が挿入されている。

そして、祭礼に取り入れられた朝鮮通信使の仮装風流を、さらに唐子が真似る場面が続く。これは入れ子になった、画中画的な描写である。輿上の正使、清道旗らしい旗矛などは、使節一行の一齣を真似ている。

前半最後尾は巨大な菊のつくり物の花車の山車を曳く場面である。

後半部は河辺から自然と邸内に入っていく構図をとり、中国風の邸宅で終わっている。古代中国の知識階級がその教養として琴、棋、書、画をたしなむ「琴棋《きんき》書画《しょが》」図のうち、書画を学ぶ唐子が描かれている。鳥刺しをしている子どもの姿も見られる。

さて、中国における子ども遊び図は古くより描かれ、嬰戯図、戯嬰図、百子図などと呼ばれ、画題の一ジャンルとなっている。黒田日出男（「唐子論—歴史としての子どもの身体をめぐって」『人のかたち人のからだ』平凡社、一九九四年）によると、日本で唐子が描かれるようになるのは一六世紀に入ってからであるといい、一七世紀以降、中国から大量にもたらされた木版年画や陶磁器、印籠、根付の影響を受けて、唐子遊び図が屏風絵、襖絵、絵巻、掛幅、版画などの構図として盛んに制作されるに至ったという。本絵巻のような内容の作例は数多く、例えば、江戸中期の「唐子遊戯図屏風」（紙本金箔地著色金泥、六曲一双、蘭林斎、『思文閣墨跡資料目録』三三四号所載）のように、遊びの種類が本図と酷似している作例もある。

本絵巻が描かれた近世中・後期になると、飛騨高山の山車のからくり人形など多くの祭礼に唐子が登場するようになる。この絵巻前半の主題が祭りであるのは、唐子が祭礼の飾り物として最も好まれるものであった時代背景からであろうか。

「真似る」ことを「学《まね》び」ともいう。この言葉は、「真似ること」がすなわち「学《まな》ぶこと」とされた前近代日本の学習のあり方を表している。本絵巻においては、唐子がさかんに大人の所作を真似る場面が描かれている。社会を真似ることによって、遊びながら、学ぶということを示すものであろう。

童児遊楽絵巻は、遊び—学《まね》び—学《まな》びの相関関係を知るに格好な素材である。

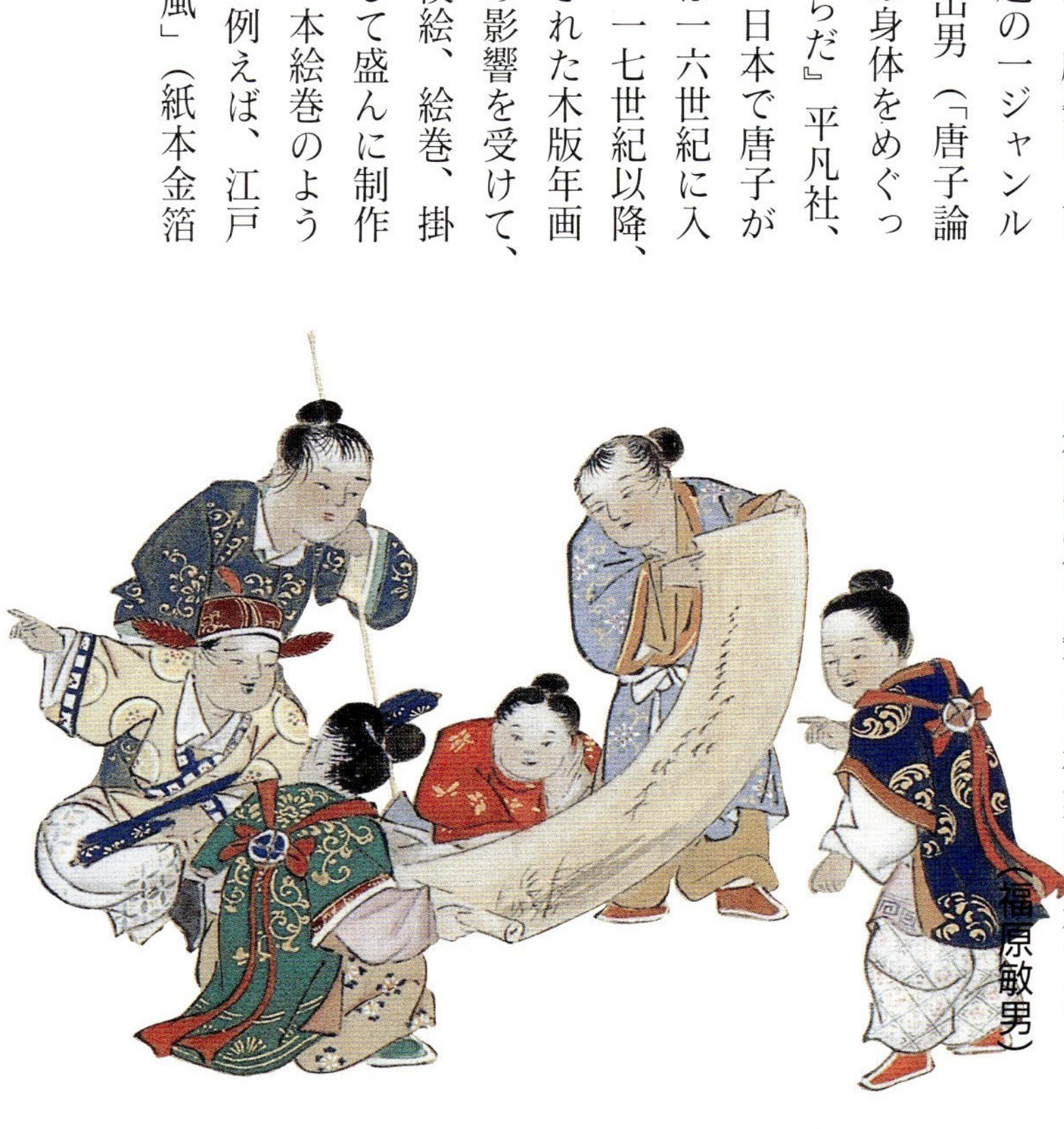

（福原敏男）

V

こどもが遊ぶ

軍国ゲーム

①隣組あそびかるた　昭和期

②隣保《りんぽ》精神 隣組パズル　昭和期

③防空ゲーム　昭和期

歴博は、これまで戦時期の民衆生活関係資料を多数収集してきた。その中には、多数の玩具、遊びに関係する資料も含まれている。それらの多くは戦時期という時代性を反映したものであるが、なかでもゲーム類はその最たるものであろう。

「隣組あそびかるた」(①)はおそらく日中戦争期のものと思われる。純毛など贅沢品は軍に献納して点を稼ぎ、「闇商人」(悪魔のように描かれているのが興味深い)のカードが手元に来ると減点と、遊びながら隣組のルールが身に付く、という趣向である。

「隣保《りんぽ》精神　隣組パズル」(②)は、常会、隣組、廃品回収などのコマを説明書に書いてあるとおりに並べ替えていくというものである。「皇軍慰問」などと書いてあるので、慰問袋に入れられ前線に送られもしたのだろう。兵隊さん、銃後はこの通り緊張しております、ということなのだろうか。

「防空ゲーム」(③)は爆弾機、毒瓦斯《ガス》機、焼夷弾《しょういだん》機などに分かれて、一番最初に中央の都市を爆撃して自軍の陣地へ戻った者が勝ちというゲームである。解説によると「防空知識の向上」がはかれる「有意義なゲーム」である。

最後にすごろくを二枚掲げておく。「新東亜建設双六」(④)は一九三九年(昭和一四年)発行のものであり、大陸での戦況を追体験(?)できるようになっている。上がりで子どもが「満州国」旗を掲げているのが印象的である。「勇マシイ兵隊双六」(⑤)も同じ時期の「セウガク一年生」の付録である。どちらも戦車、飛行機、高射砲と戦争の武器で埋め尽くされている。こどもはこうしたかっこいい武器が好きなのだ。現代のテレビアニメやゲームを見る限り、こうした事情は余り変わっていないように思う。

当時はこのような遊びが「面白クテ学習的」(「兵隊双六」の左端に書かれたうたい文句)だったのである。

(一ノ瀬俊也)

④新東亞建設双六　1939年（昭和14年）

⑤マングワ勇マシイ兵隊双六　「セウガクー年生」附録　1939年（昭和14年）

V
こどもが遊ぶ

双六のたのしみ

①婦人一代出世双六　江戸時代（19世紀）

双六は江戸庶民の楽しみのひとつであった。双六の四周に居並ぶ遊び仲間や家族。サイコロの目が運命《さだめ》を決める。ふり出しから上がりまで種々の転変が用意されていた。

双六は往時の人々の生き方をあらわしたものともいえる。中に女性の一生を遊びながら絵解きを加え双六仕立てにしたものがある。

江戸時代の「婦人一代出世双六」（版元辻岡屋文助）は時代と社会を反映して女性の零細な存在を多様にあぶり出してくれている（①）。ふり出しのつぎは「子守女」「かどつけ」「水茶屋」「おさんどの」「歌い好み」「辻ぎみ」である。ようやく上がり近くになると「織《はた》おり」「三味線師匠」「御殿女中」「手習師匠」「おどりの師匠」と経済力を備えた自前の女性が登場する。そして上がりの両脇を固めるのが「御新造」「御とし寄」、肝腎の上がりは「御奥様」である。最後は結婚して「奥様」となることが一代の出世であった。そして一貫して家を出ての奉公型の形式をとっており、武家奉公を尊重している傾向がある。

一方近代の「新案家庭双六　娘の一生」（②）はどうであろうか。振り出しのつぎは「学校」「しつけ」「遊芸」「社交」である。学問（学歴）をつける途、しつけから作法等良妻賢母の途、芸事をマスターする途、社交に重きを置く途の選択肢が用意されている。なかには虚弱、病気、保養、忍耐、倹約、我儘、怠惰、信仰等試練に遭遇することも考えられている。

しかし、とどの詰まりの上がりは婚礼である。学歴社会を目ざしたものも、良妻賢母の方途をマスターしたものも、芸道に精進したものも、すべて結婚が娘の一生の理想であった。

上がり損ったもののやり直しの時点が面白い。研究、行事、料理、奉仕、我儘、この五項目が幸せな結婚へのおさらいであると考えたのであろう。

ところで女性の双六と表裏一体でありながら隠されている男性のそれを見落してはならない。（高橋　敏）

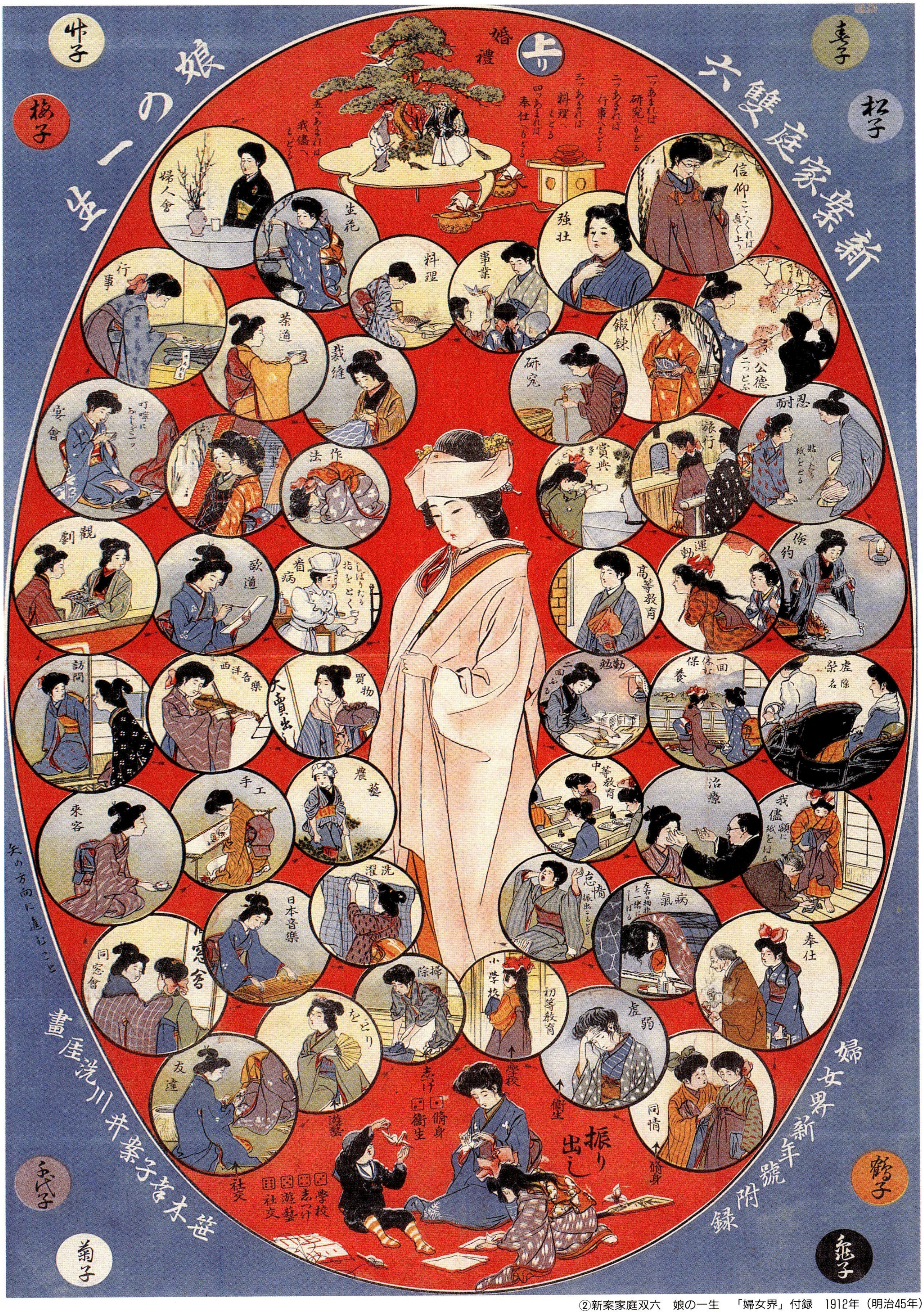

②新案家庭双六　娘の一生　「婦女界」付録　1912年（明治45年）

よく遊びよく学べ

こどもが遊ぶ　V

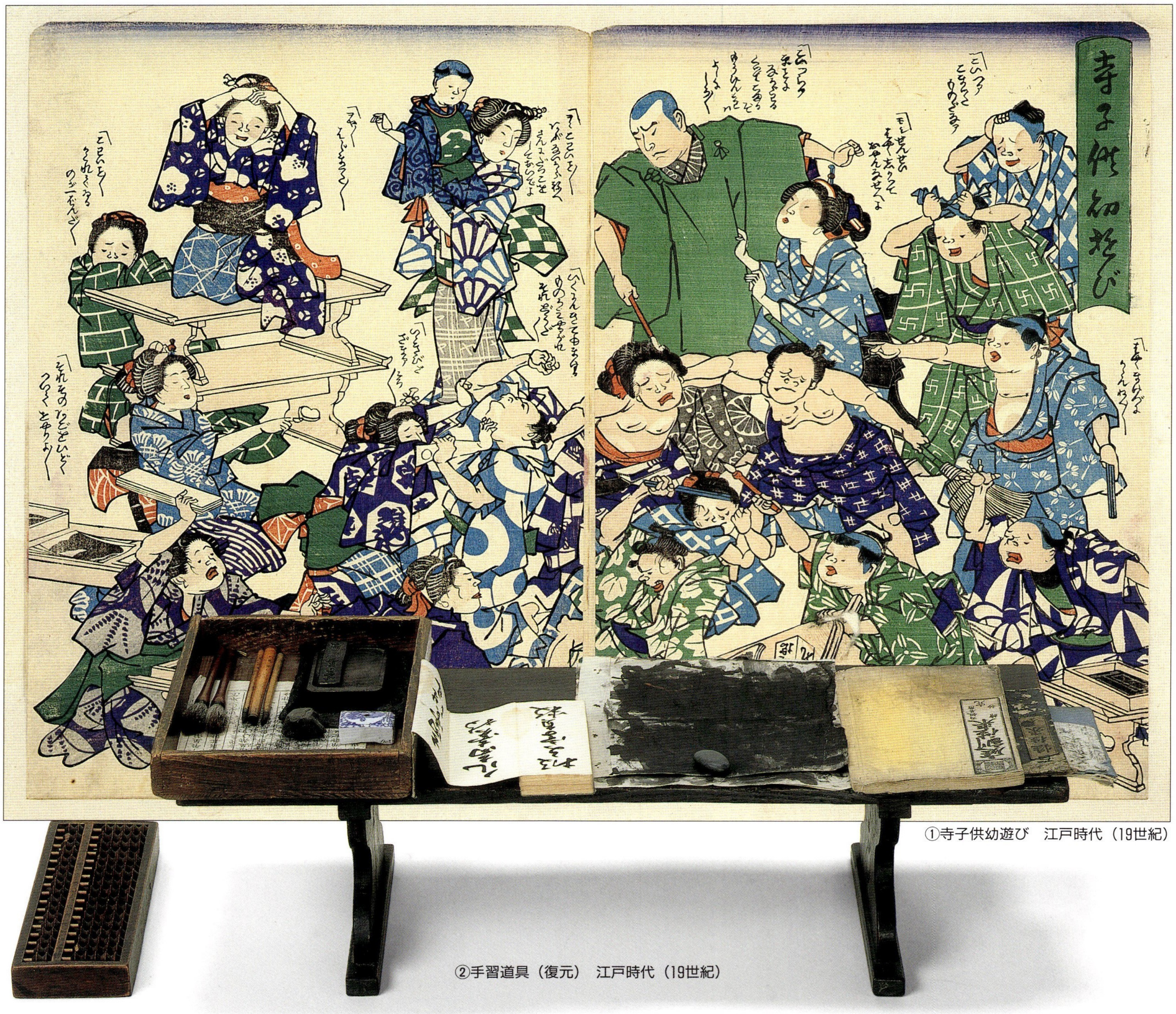

①寺子供幼遊び　江戸時代（19世紀）

②手習道具（復元）　江戸時代（19世紀）

一九世紀の日本は読み書き算用の時代であった。読み書き算盤《そろばん》の出来ない者はめまぐるしく変動する社会についていけない時代がやって来ていた。爆発的な教育要求を受けて大小さまざまな寺子屋、手習塾が生まれた。江戸ではどこが良い塾かを番付にした刷りものが出る程であった。学校教育制度のなかった江戸時代は教わる側の子ども、親が先生（師匠）を選ぶことがごく普通であった。師匠一人に腕白小僧の筆子（寺子）が多勢、いたずら盛りが揃っての大騒ぎ、これでは大変と思うところであるが、恐い師匠の厳格な教育も存在した。線香が燃え尽きるまで立たされたり、なかには破門（退学）もあった。「いろは」から始まるが難しい商売往来をマスターするぐらいに上達すればもう社会に立派に通用する。寺子屋には卒業証書はない。従って学歴にはならない。しかし、師匠と筆子の師弟関係は今までなかった文字文化を通しての「筆子中」という教え子の仲間をつくり出した。師匠の死に際し筆子中が墓碑を建立して追悼する儀礼が定着したのも一九世紀であった。

　人々の読み書き算用熱と対抗し、またこれを支えたのは伝統的な子どもの遊びの世界であった。人間の赤ん坊は生まれてから親・家族、近隣・ムラやマチの共同体に守られさらされて、一人前の人間になる。子どもは遊びのなかで成長する。

　手習い草紙を持って「子をとろ子をとろ」に興ずる子ども仲間、竹馬に乗

④子供遊勇当独楽　江戸時代（19世紀）

③子供遊花火の義
江戸時代（19世紀）

⑤幼童遊び子をとろ子をとろ　江戸時代（19世紀）

⑥子供遊竹馬尽し　江戸時代（19世紀）

って遊ぶ子ども連、いつの間にか仲間割れが起こりケンカになる。ケンカは他を知り、己を知る。子ども成育にとって不可欠な遊びであった。

一九世紀の社会は、このような子どもの遊びの空間の内部に読み書き算用の抽象的学びの場が誕生したのである。両者は対立し、拮抗し、新たな近代的人間像を形成し始める。

「よく遊びよく学べ」が「よく学べ」一辺倒になってしまった今日の問題を考える上でももう一度江戸時代の教育に思いをはせるのも一興であろう。

（高橋　敏）

番号	キャプション	時代	登録資料番号	登録資料名称	縦・長さ(cm)	横・幅(cm)	高さ(cm)	直径(cm)	備考
狩りの風景									
1	小金ヶ原御鹿狩之図	1795年(寛政7年)	H-681-1	小金ヶ原鹿狩之図	26.7	776.0			
2	小金ヶ原御鹿狩伊達羽織纏絵図	1848年(嘉永元年)	H-681-2	小金ヶ原鹿狩伊達羽織纏之図	29.3	641.0			
一攫千金を夢みて									
1	竹製抽籤用札 複製 五百九十五番	江戸時代	H-407-85	竹製抽籤用札 五百九十五番 複製	24.1	1.2			原品(東京都第一勧業銀行)
2	竹製抽籤用札 複製 はなてや内	江戸時代	H-407-183	竹製抽籤用札 はなてや内 複製	24.1	1.2			原品(東京都第一勧業銀行)
3	竹製抽籤用札 複製 上村こんや八左衛門	江戸時代	H-407-174	竹製抽籤用札 上 村こんや八左衛門 複製	24.1	1.2			原品(東京都第一勧業銀行)
4	竹製抽籤用札 複製 清水屋こと	江戸時代	H-407-173	竹製抽籤用札 清水屋 こと 複製	24.1	1.2			原品(東京都第一勧業銀行)
5	藤崎富場千歩一之図	江戸時代			31.3	45.5			歴博寄託資料
6	富札 復製 京都府仁和寺	江戸時代(19世紀)	H-406-6	富札 京都仁和寺 複製	18.9	5.6			原品(東京都第一勧業銀行)
7	富札抽籤箱 複製	1862年(文久2年)	H-405	富札抽籤箱 複製			25.5		原品(東京都第一勧業銀行)
秘められた生人形									
1	地蔵尊祭造り物 猛虎一聲山月高 熊本市古大工町	1941年(昭和16年)前後	F-318-10	熊本造花装飾業組合写真帖	18.1	25.5			
2	松本喜三郎作 元禄美人「生人形写真アルバム」より		F-303-204	松本喜三郎作 生人形写真アルバム	18.7	25.1			
3	當盛見立人形之内 粂の仙人 一勇齋国芳画	1856年(安政3年)			37.0	50.2			歴博寄託資料
4	當盛見立人形之内 一ツ家之図 一勇齋国芳画	1856年(安政3年)			36.3	50.2			歴博寄託資料
5	松本喜三郎作 元禄美人鐘道の月代を剃る図 「生人形写真アルバム」より		F-303-204	松本喜三郎作 生人形写真アルバム	18.7	25.1			
唐子の遊び									
	童児遊楽絵巻	江戸時代(18世紀)	H-600-1146	童児遊楽絵巻	24.9	467.8			1巻 狩野伯画
軍国ゲーム									
1	隣組あそびかるた	昭和期	H-965-2	隣組あそびかるた	42.0	51.5			
2	隣保精神 隣組パズル	昭和期	H-1123-99	隣保精神隣組パズル	9.0	7.2			
3	防空ゲーム	昭和期	H-965-23	防空ゲーム	30.0	31.0			
4	新東亞建設双六	1939年(昭和14年)	H-965-41	新東亜建設双六	54.0	77.8			
5	マングワ勇マシイ兵隊双六 「セウカグ一年生」附録	1939年(昭和14年)	H-965-255	マングワ勇マシイ兵隊双六「セウカグ1年生」附録	53.8	77.2			
双六のたのしみ									
1	婦人一代出世雙六	江戸時代(19世紀)	H-952-5	婦人一代出世雙六	71.0	50.0			
2	新案家庭双六娘の一生 「婦女界」	1912年(明治45年)	H-22-3-162	明治45年「婦女界」新案家庭双六娘の一生	79.1	54.8			
よく遊びよく学べ									
1	寺子供幼遊び	江戸時代(19世紀)	H-26-44	寺子供幼遊び	36.2	49.0			
2	手習道具 復元	江戸時代(19世紀)	H-981-7	手習道具 復元 寺子屋机	33.0	91.0	25.0		
3	子供遊花火の義	江戸時代(19世紀)	H-26-9	子供遊花火の義	36.2	49.0			
4	子供遊勇当独楽	江戸時代(19世紀)	H-26-21	子供遊勇当独楽	36.2	49.0			
5	幼童遊び子をとろ子をとろ	江戸時代(19世紀)	H-26-59	幼童遊び子をとろ子をとろ	36.2	49.0			
6	子供遊竹馬尽し	江戸時代(19世紀)	H-26-8	子供遊竹馬尽し	36.2	49.0			

本書の製作に当たり下記の諸氏・諸団体から写真提供を受けました。ここに記して感謝の意を表します（括弧内は掲載項目・キャプション）。

岐阜県岐阜市教育委員会（「鏡の呪力」瑞龍寺山墳丘墓近景）
福島県原町市教育委員会（「想像された黄泉国」福島県羽山横穴奥壁）
大分県臼杵市教育委員会（「岩に刻んだ仏」大分県臼杵磨崖仏大日如来坐像（修復前、モノクロ））
岩田恒雄（「岩に刻んだ仏」大分県臼杵磨崖仏大日如来坐像（修復前、カラー））
奈良国立文化財研究所飛鳥資料館（「大陸への憧憬」奈良県高松塚古墳壁画（西壁・東壁））
㈶致道博物館（「ヨーロッパ人に愛された漆器」サンクトペテルスブルク風景銅版眼鏡絵）
埼玉県立博物館（「描かれた職人」職人盡繪屏風（鎧師））
三重県津市観光協会（「行列」唐人踊り）
東京国立博物館（「盤上の戦い」繋馬図屏風）
神奈川県鎌倉市教育委員会（「盤上の戦い」双六盤）
福井県立一乗谷朝倉氏遺跡資料館（「盤上の戦い」出土した双六駒と賽子）
㈶松浦史料博物館（「狩りの風景」小金中野巻御鹿狩御成天気能相済候絵図）

番号	キャプション	時代	登録資料番号	登録資料名称	縦・長さ(cm)	横・幅(cm)	高さ(cm)	直径(cm)	備考
12	御誂織	明治～昭和期	H-959-2-4	明治～昭和製糸織物関係商標レッテル集　4	38.5	28.5			
パッケージ									
1	SAVON SURFIN CARNAVAL(箱)	大正～昭和期	H-1214-50	SAVON SURFIN CARNAVAL(箱)	9.3	18.4			
2	キスミー特殊ホホ紅	大正～昭和期	H-1214-5	キスミー特殊　ホホ紅				4.5	
3	キスミーホホ紅(コンパクト)	大正～昭和期	H-1214-7	キスミーホホ紅(コンパクト)				4.5	
4	パピリオFACE POWDER　粉白粉	大正～昭和期	H-1214-4	パピリオFACE POWDER　粉白粉				8.0	
5	クラブ白粉	大正～昭和期	H-1214-102	クラブ白粉	5.3	5.3			
6	いろいろな化粧品	大正～昭和期	H-1214	化粧品類			最大11.9	最大4.0	
7	明治～昭和期のマッチラベル	明治～昭和期	H-975-1-13	アルバム入マッチラベル	5.5～11.0	3.5～7.3			
暮らしの中のデザイン									
1	行灯	19～20世紀	F-22-70	紙張雪洞	22.0	26.0	90.0		
2	行灯	19～20世紀	F-22-59	行灯	36.0	36.0	94.0		
3	短檠	19～20世紀	F-22-170	短檠	19.0	23.0	52.0		
4	火打鎌	19～20世紀	F-22-279	火打鎌	2.0	5.0	1.0		
5	火打袋	19～20世紀	F-22-271	火打袋	10.0	12.0	4.0		
6	多灯式燭台	19～20世紀	F-22-216	多灯式灯架	15.0	19.0	27.0		
7	眠灯台	19～20世紀	F-83-1	燈火具		26.6	75.0		
8	燭台	19～20世紀	F-22-258	燭台	6.0	6.0	9.0		
9	小田原提灯	19～20世紀	F-22-231	小田原提灯	14.0	18.0	3.0		
10	フグ提灯	19～20世紀	F-22-78	フグ提灯	14.0	23.0	22.0		
11	カンテラ	19～20世紀	F-22-183	カンテラ	9.0	11.0	12.0		
12	チゲ(弁当箱)	昭和期	F-133-45	チゲ	29.8	18.5	16.5		
13	携帯用提灯、提灯袋、蠟燭入	19～20世紀	F-22-220	携帯用提灯入	18.0	26.0	4.0		
14	船簞笥	江戸時代	H-244-23	船簞笥	45.0	59.5	48.5		
花見									
1	醍醐花見図屛風	桃山時代	H-7	紙本著色醍醐花見図屛風	148.0	359.0			重要文化財
2	花見の戯	江戸時代	H-26-19	花見の戯	36.2	右24.6左24.4			
涼を求めて									
1	四条河原納涼図屛風	江戸前期～中期	H-680	四条河原納涼図屛風	142.2	331.0			
四季をめでる									
1	飛鳥山桜	1835年(天保6年)	H-520	四季遊観江戸名物図絵	16.7	7.5			
2	上野花遊の図	1835年(天保6年)	H-520	四季遊観江戸名物図絵	16.7	7.5			
4	茗渓蛍狩	1835年(天保6年)	H-520	四季遊観江戸名物図絵	16.7	7.5			
5	根津紅葉	1835年(天保6年)	H-520	四季遊観江戸名物図絵	16.7	7.5			
6	隅田川秋月	1835年(天保6年)	H-520	四季遊観江戸名物図絵	16.7	7.5			
7	不忍池雪景	1835年(天保6年)	H-520	四季遊観江戸名物図絵	16.7	7.5			
江戸のグルメ									
1	「江戸高名会亭尽」牛島武蔵屋	江戸時代(19世紀)	H-1368-3	牛島(武蔵屋)	25.0	36.5			
2	即席会席御料理	1863年(文久3年)	H-1367-4	江戸料理屋番附	37.1	51.7			
3	「江戸高名会亭尽」柳島橋本	江戸時代(19世紀)	H-1368-2	柳島之図(橋本)	25.0	36.3			
4	「江戸高名会亭尽」大おんし前田川や	江戸時代(19世紀)	H-1368-1	大おんし前(田川や)	22.2	34.8			
5	魚鳥料理仕方角力番付	江戸時代(19世紀)	H-1367-5	魚鳥料理仕方角力番附	45.9	33.9			
中世の風呂三景									
1	醍醐山上慈心院旧蔵古文書	1521年(永正18年)	H-743-392-5	醍醐山上慈心院旧蔵古文書(第六号二二通)	30.2	545.6			
2	洛中洛外図屛風(歴博乙本)左隻	室町時代(16世紀)	H-722	紙本著色洛中洛外図屛風(歴博乙本)左隻	158.3	360.4			重要文化財
3	洛中洛外図屛風(歴博甲本)左隻	室町時代(16世紀)	H-3-2	紙本著色洛中洛外図屛風(歴博甲本)左隻	138.2	341.0			重要文化財
行列									
1	江戸図屛風　左隻	江戸時代(17世紀)	H-5-2	江戸図屛風　左隻	162.5	363.4			
2	伊勢津八幡御祭礼図巻	江戸時代(18～19世紀)	F-281-1	伊勢津八幡御祭礼図巻	8.9	1158.5			
朝顔を競う									
1	朝顔花合	1847年(弘化4年)	H-1389	朝顔花合	47.9	33.0			
2	あさがほ叢　大倫丸咲	1817年(文化14年)	H-81-1-2-27	あさがほ叢(大倫丸咲)	21.9	15.3			
3	あさがほ叢　絹巻薄紅	1817年(文化14年)	H-81-1-1-29	あさがほ叢(絹巻薄紅)	21.9	15.3			
4	あさがほ叢　丸葉台咲孔雀	1817年(文化14年)	H-81-1-1-7	あさがほ叢(丸葉台咲孔雀)	21.9	15.3			
5	あさがほ叢　葵葉乱獅子	1817年(文化14年)	H-81-1-2-6	あさがほ叢(葵葉乱獅子)	21.9	15.3			
6	あさがほ叢　四季の友	1817年(文化14年)	H-81-1-2-26	あさがほ叢(四季の友)	21.9	15.3			
7	あさがほ叢　七福神	1817年(文化14年)	H-81-1-2-5	あさがほ叢(七福神)	21.9	15.3			
8	あさがほ叢　相生石花	1817年(文化14年)	H-81-1-1-14	あさがほ叢(相生石花)	21.9	15.3			
9	歌川国芳　助六廓の花見時	1850年(嘉永3年)	H-22-17-86	歌川国芳　助六廓の花見時	36.5	75.3			
10	三代歌川豊国　今様三十二相　よねんなさ相	1859年(安政6年)	H-22-1-1-251	三代歌川豊国　今様三十二相　よねんなさ相	36.0	26.0			
銀幕へのいざない									
1	「右門十六番手柄」	大正～昭和期	H-973-38	右門十六番手柄　子をめぐる人生	77.0	53.5			
2	「母3人」	大正～昭和期	H-973-20	母三人	45.0	76.5			
3	「修羅城」	大正～昭和期	H-973-23	修羅城	44.5	76.5			
4	「天空馬」	大正～昭和期	H-810-109-10	道頓堀朝日座上映映画館ビラ(天空馬他)	23.4	34.1			
5	「ファラオの恋」	大正～昭和期	H-810-108-1	帝国館上映映画館ビラ(ファラオの恋他)	39.0	27.0			
6	原　駒子	昭和初期	H-972-6-7	映画スターブロマイド(アルバム入)7　原駒子	13.5	8.5			
7	林　長二郎	昭和初期	H-972-6-7	映画スターブロマイド(アルバム入)7　林長二郎	13.5	8.5			
8	ゲーリー・クーパー	昭和初期	H-972-6-4	映画スターブロマイド(アルバム入)4　ゲーリー・クーパー	13.5	8.6			
9	中野英治	昭和初期	H-972-6-7	映画スターブロマイド(アルバム入)7　中野英治	13.5	8.5			
10	阪東妻三郎	昭和初期	H-972-6-7	映画スターブロマイド(アルバム入)7　阪東妻三郎	13.5	8.5			
11	松井千枝子	昭和初期	H-972-6-6	映画スターブロマイド(アルバム入)6　松井千枝子	13.5	8.5			
12	田中絹代	昭和初期	H-972-6-6	映画スターブロマイド(アルバム入)6　田中絹代	13.4	8.5			
13	リリアン・ギッシュ	昭和初期	H-972-6-1	映画スターブロマイド(アルバム入)1　リリアン・ギッシュ	13.6	8.7			
14	浦辺粂子	昭和初期	H-972-6-6	映画スターブロマイド(アルバム入)6　浦辺粂子	13.4	8.5			
15	早川雪州	昭和初期	H-972-6-7	映画スターブロマイド(アルバム入)7　早川雪州	13.5	8.5			
16	コーリン・ムーア	昭和初期	H-972-6-1	映画スターブロマイド(アルバム入)1　コーリン・ムーア	13.6	8.7			
17	高島愛子	昭和初期	H-972-6-6	映画スターブロマイド(アルバム入)6　高島愛子	13.5	8.5			
18	大河内伝次郎	昭和初期	H-972-6-7	映画スターブロマイド(アルバム入)7　大河内伝次郎	13.5	8.5			
19	高田浩吉	昭和初期	H-972-6-7	映画スターブロマイド(アルバム入)7　高田浩吉	13.5	8.5			
20	再現した映画館								第5展示室常設
西洋からの調べ									
1	山葉オルガン	1890年(明治23年)	H-1079	山葉オルガン(明治23年製)	38.0	108.0	102.0		
2・3	小学唱歌双六(部分)	明治期(19世紀)	H-952-20	小学唱歌双六	全体74.0	全体78.0			
芸術音楽の楽器									
1	洞簫(銘「含和」)	198年(建安3年)	H-46-87	洞簫(銘「含和」)	59.0				
2	琵琶(銘「白鳳」)	1790年(寛政2年)修理	H-46-92	琵琶(銘「白鳳」)	99.8	40.8			
3	七絃琴(銘「冠古」)	唐代	H-46-123	七弦琴(銘「冠古」)	122.0	15.4			
4	楽箏(銘「山下水」)	1788年(天明8年)	F-199	楽箏(山下水)	190.5				
7	龍管(銘「男女川」)		H-46-43	龍笛(銘「男女川」)	39.2			3.5	
8	三味線	江戸時代	F-191	三味線	95.0	17.8			
9	三線(真壁型)		F-171-20	三線(真壁型)	78.3	18.7			
民俗音楽の楽器									
1	田楽躍り用太鼓 複製	昭和期	F-168-1	田楽躍用太鼓　複製	胴長18.2			62.7	原品(東京浅草三社権現浅草神社)
2	びんざさら 複製	昭和期	H-380	ビンザサラ　複製	98.0	6.0			原品(和歌山県那智山)
3	神楽鈴	昭和期	F-219-9	神楽鈴	30.0	11.0			
4	パーランクー	昭和期	F-171-10	パーランクー	胴長4.5			21.0	
5	ほら貝	昭和期	F-38	法螺貝	37.8	15.0			
6	楯形肩懸陣太鼓	昭和期	H-48-27-2	楯形肩懸陣太鼓	60.0	48.0			
盤上の戦い									
1	小将棋 複製(福井県一乗谷朝倉館)	戦国時代(16世紀)	H-558-2	将棋駒　複製	王将3.7	王将3.3	王将厚さ0.2		原品(福井県一乗谷朝倉氏遺跡資料館)
2	中将棋駒 複製(神奈川県鎌倉)	鎌倉時代(13～14世紀)	H-560-1-1	鶴岡八幡宮境内出土品　将棋駒　複製	左上2.7	左上1.5	左上厚さ0.2		原品(神奈川県鶴岡八幡宮)
4	大かがみ絵詞	江戸時代前期	H-600-421	大かがみ絵詞	32.5	1072.7			
7	博打「職人歌合絵巻」	室町時代(14世紀)	H-600-1149	職人歌合絵巻建本	28.8	695.7			

番号	キャプション	時代	登録資料番号	登録資料名称	縦・長さ(cm)	横・幅(cm)	高さ(cm)	直径(cm)	備考
2	建窯(唐物天目茶碗)	鎌倉時代(13世紀)	A-219-58	鉄釉天目茶碗　(天目茶碗　建窯)			6.8	口径12.4	
3	青磁酒海壷	鎌倉時代(14世紀)	A-219-63	青磁酒海壷(青磁工鎬連弁文広口壷(身)　竜泉窯			22.0	口径29.0	
4	洛中洛外図屏風(歴博甲本)	室町時代(16世紀)	H-3	紙本著色洛中洛外図屏風(歴博甲本)	138.2	381.0			重要文化財
土の造形									
1	人面装飾付きの壺形土器(青森県平内町)	縄文後期(約3200年前)	A-115	平内町出土人面装飾付異形壺形土器			28.0		
2	香炉形土器(青森県是川)	縄文晩期(約2800年前)	A-228-1	香炉型縄文式土器			15.0	16.5	
3	いろいろな形の土器(岩手県蒔前)	縄文晩期(約2800年前)	A-259-1-82	広口壺形土器(蒔前遺跡出土品)			7.5	14.7	
4		縄文晩期(約2800年前)	A-259-1-145	壺形土器(蒔前遺跡出土品)			11.9	8.3	
5		縄文晩期(約2800年前)	A-259-1-95	壺形土器(蒔前遺跡出土品)			10.0	11.0	
6		縄文晩期(約2800年前)	A-259-1-125	壺形土器(蒔前遺跡出土品)			25.3	20.4	
7		縄文晩期(約2800年前)	A-259-1-3	注口土器(蒔前遺跡出土品)			9.0	20.5	
8		縄文晩期(約2800年前)	A-259-1-33	注口土器(蒔前遺跡出土品)			5.7	12.6	
9		縄文晩期(約2800年前)	A-259-1-200	鉢形土器(蒔前遺跡出土品)			19.3	20.4	
10		縄文晩期(約2800年前)	A-259-1-191	台付鉢形土器(蒔前遺跡出土品)			11.0	15.8	
流麗な線描									
1	流水文の銅鐸(伝滋賀県琵琶湖底)	弥生中期(紀元前1世紀)	A-432	流水文銅鐸			45.0		
2	袈裟襷文の銅鐸(兵庫県生駒)	弥生中期(1世紀)	A-116	生駒出土袈裟襷文銅鐸			52.8		
ブランド商品としての陶磁器									
1	色絵金襴手花扇文稜花鉢	1818～30年(文政年間)	A-218-288	色絵金襴手花扇文稜花鉢			8.2	口径18.3	
2	色絵三保松原富士形皿　有田	1736～40年(元文年間)	A-218-160	色絵富士形皿　有田			3.5	口径25.2	
3	染付宝尽文大皿　志田	1832年(嘉永5年)	A-218-267	染付宝尽文大皿　志田			6.2	口径35.8	
4	色絵双鶴図小皿　瀬戸	1826年(文政9年)	A-218-299	色絵双鶴図小皿　瀬戸			2.4	口径10.5	
5	緑釉鉄絵松千鳥文手鉢　瀬戸	1792年(寛政４年)	A-218-272	緑釉鉄絵松千鳥文手鉢　瀬戸			15.5	口径18.7	
6	色絵菊丸文蓋付碗　有田	1856年(安政３年)	A-218-224	色絵菊丸文蓋付碗　有田			8.1	口径11.3	
寄進された陶磁器									
1	鉄釉大花瓶　美濃	1646年(正保３年)	A-218-306	鉄釉大花瓶　美濃			37.1	口径32.3	
2	玉取獅子　備前	1648年(慶安元年)	A-218-212	玉取獅子　備前	38.5	24.2	27.3		
3	染付港市図漢詩文入水差　亀山	1833年(天保４年)	A-218-318	染付港市図漢詩文入水差　亀山			17.8	口径17.5	
4	緑釉桐菊花文瓶掛　瀬戸	1779年(安永８年)	A-218-112	緑釉瓶掛　瀬戸			21.6	口径12.9	
5	色絵松鶴図徳利　有田	1843年(天保14年)	A-218-294	色絵松鶴図徳利　肥前系(有田)			25.3		
6	灰釉蓮弁文線香立　瀬戸美濃	1805年(文化２年)	A-218-146-1	灰釉蓮弁文線香立　瀬戸美濃	7.7	17.4	7.7		
7	緑釉鹿子文硯箱　清寧軒	1833年(天保４年)	A-218-144	緑釉鹿子文硯箱　清寧軒	18.3	17.8	5.1		
8	三耳壺　丹波　天王元年	天王元年	A-217-77	三耳壺　丹波			41.2	口径14.2	
料紙装飾									
1	伏見天皇宸翰「源氏物語抜書」	鎌倉時代(14世紀)	H-134	伏見天皇宸翰源氏物語抜書	30.8	540.0			重要文化財
2	隆房卿艶詞絵巻詞書(詞書部分)	鎌倉時代(13世紀)	H-1	紙本白描隆房卿艶詞絵巻	25.5	685.0			重要文化財
3	謡曲「呉服」	江戸時代(17世紀前半)	H-942	謡曲「呉服」	24.2	18.2			
雅の調べ									
1	袖笙(銘「萬具壽」)		H-46-12	笙(銘「萬具寿」)	56.3				
2	真葛笙記	1810年(文化７年)	H-46-12	真葛笙記(銘「萬具寿」)	8.2				
3	皆具		H-46-12	付属品とも(銘「萬具寿」)	外箱67.3	24.4			
4	替頭		H-46-12	替頭(銘「萬具寿」)			6.95	7.1	
5	内箱蓋裏		H-46-12	内箱蓋裏(銘「萬具寿」)	51.0	9.2			
6	龍笛(銘「蟬丸」)皆具		H-46-47	龍笛(銘「蟬丸」)付属品とも	39.9				
7	琵琶(銘「花月」)	江戸時代	H-46-112	琵琶(銘「花月」)	76.0	29.7			
8	一節切(銘「紫鸞」)		H-46-84	洞簫　付属品とも(銘「紫鸞」)	33.2			3.2	
異国趣味の意匠									
1	花クルス蒔絵螺鈿細鞍	桃山時代(16世紀)	H-47-16	花クルス蒔絵螺鈿細鞍	25.0	41.0	37.8		
2	和蘭人螺鈿蒔絵印籠(銘「加兵衛」)樗平作	江戸時代(18世紀)	H-1078-1-9	和蘭人螺鈿蒔絵印籠　銘　「加兵衛」・「樗平作」	7.1	5.4			
3	花樹草花蒔絵螺鈿洋櫃	江戸時代(17世紀前半)	H-1023-3	花樹草花蒔絵螺鈿洋櫃	14.0	20.5	28.5		
4	草花文蒔絵楯	江戸時代(17世紀)	H-1023-1	草花文蒔絵楯				62.2	
5	蜻蛉蒔絵料紙箱	明治期(19世紀)	H-1358	蜻蛉蒔絵料紙箱	28.5	27.0	12.0		
ヨーロッパ人に愛された漆器									
1	サンクト・ペテルスブルク風景図蒔絵プラーク	江戸時代(18世紀)	H-786-5	サンクト・ペテルスブルク風景図蒔絵プラーク	23.1	38.9			
3	肖像図蒔絵プラケット(ローマ皇帝オットー)	江戸時代(18世紀)	H-786-2	肖像図蒔絵プラケット(ローマ皇帝オットー)	13.5	9.2			
4	花鳥螺細脚付裁縫箱	江戸時代～明治期(19世紀)	H-995-3	花鳥螺細脚付裁縫箱	32.0	47.0	74.0		
5	花鳥螺細蒔絵瓶入箱(色絵磁器瓶付)	19世紀	H-995-5	花鳥螺細蒔絵瓶入箱(色絵磁器瓶付)	15.0	23.5	26.3		
6	花鳥螺鈿大型円卓	19世紀	H-995-1	花鳥螺鈿大型円卓(蝶文三脚台付)			69.5	121.0	
7	花卉図螺鈿書簞笥	19世紀	H-995-7	花卉図螺鈿書簞笥	107.0	53.0	175.0		
建築装飾									
1	平等院鳳凰堂斗拱の彩色　復元模型	1053年(天喜元年)	H-422	平等院鳳凰堂斗拱彩色模型	420.0	260.0	330.0		
2	石山寺多宝塔の彩色　復元模写	1194年(建久５年)	H-1289	石山寺多宝塔　長押・天井・四天柱上部	95.0	184.0			
3	厳島神社五重塔の彩色　復元模写	1407年(応永14年)	H-1289	厳島神社五重塔　頭貫・組物・四天柱	89.8	185.0			
4	大崎八幡神社本殿拝殿の彩色　復元模写	1607年(慶長12年)	H-1289	大崎八幡神社本殿拝殿　通肘木・頭貫・蟇股	87.9	175.7			
5	飯野八幡宮本殿模型	1616年(元和2年)建立,1674年(延宝2年)改築	H-1357	飯野八幡宮本殿模型	150.0	150.0	153.0		
6	江戸図屏風　左隻　台徳院霊廟	江戸時代(17世紀)	H-5-2	江戸図屏風　左隻	162.5	366.0			
7	江戸図屏風　左隻　水戸徳川家の屋敷	江戸時代(17世紀)	H-5-2	江戸図屏風　左隻	162.5	366.0			
8	八坂神社旧本殿懸鼻	1862年(文久２年)	H-603	八坂神社旧本殿　懸鼻					
9	雛形本「大和絵様伝」	1759年(宝暦９年)	H-994-4	大和絵様伝　(鬼板・蟇股)	27.0	475.5			
番匠の道具									
1	東大寺南大門発見墨壷　複製	鎌倉時代	H-375	東大寺南大門発見墨壷　複製品	22.8	11.5	6.8		原品(東京芸術大学)
2	雲文を彫刻した墨壷		F-235-170	墨壷　170	20.0	6.5	7.5		
3	鶴と亀の彫刻を付けた墨壷		F-235-60	墨壷　60	27.0	10.0	10.0		
4	蛙を象った墨壷		F-235-91	墨壷　91	23.0	10.0	8.5		
5	朝鮮半島の墨壷		F-235-3	墨壷　3	20.0	7.0	6.5		
6	北野縁起絵(岩松宮本)下		H-1169-3	北野天神縁起(岩松宮本、下巻)	33.1	1418.3			
7	木の葉形鋸　復元複製(広島県草戸千軒町)	室町時代	A-183-45	木葉型鋸　復元	51.6	4.5			原品(広島県立歴史博物館)
8	石峰寺蔵大鋸　復元複製	室町時代	H-1071	大鋸復元複製	205.0	94.3			第２展示室常設
描かれた職人									
1	「職人尽絵」　革師(韋細工師)	江戸時代(17世紀)	H-11-1	革師(韋細工師)	60.0	50.0			
2	「職人尽絵」　縢師(皮細工師)	江戸時代(17世紀)	H-11-2	向縢師(皮細工師)	60.0	50.0			
印籠蒔絵師の技									
1	楼閣人物堆黒印籠	江戸時代	H-1078-1-6	楼閣人物堆黒印篭	8.6	5.6			
2	淀川下り図蒔絵印籠	江戸時代	H-1078-2-15	淀川下り図蒔絵印篭	7.6	7.6			
3	ウンスンカルタ蒔絵印籠	江戸時代	H-1078-1-21	ウンスンカルタ蒔絵印篭	8.8	4.6			
4	鶴蒔絵螺細壺形印籠	江戸時代	H-1078-2-17	鶴蒔絵螺細壺形印篭	7.0	4.7			
5	竹林七賢蒔絵印籠	江戸時代	H-1078-2-4	竹林七賢蒔絵印篭	8.0	6.7			
6	こぼれ菊落葉堆朱蒔絵印籠	江戸時代	H-1078-2-9	こぼれ菊落葉堆朱蒔絵印篭	5.5	7.9			
7	古銭散蒔絵印籠	江戸時代	H-1078-2-8	古銭散蒔絵印篭	6.2	6.7			
8	凧に独楽竹製印籠	江戸時代	H-1078-1-16	凧に独楽竹製印篭	6.8	4.5			
9	大磯原色絵陶製印籠	江戸時代	H-1078-2-7	大磯原色絵陶製印篭	8.9	6.8			
10	牛童子蒔絵印籠	江戸時代	H-1078-1-12	牛童子蒔絵印篭	8.4	5.8			
商標									
1	八百屋看板	江戸時代(19世紀)	H-605-5	八百屋看板	37.0	67.0			
2	下駄屋看板	江戸時代(19世紀)	H-605-6	下駄屋看板	51.0	41.0			
3	刃物屋看板	江戸時代(19世紀)	H-605-7	刃物屋看板	57.0	25.0			
4	生盛薬剤株式会社のポスター	大正期	H-803-34	生盛薬剤株式会社	54.0	19.0			
5	どりこののポスター	大正期	H-803-29	どりこの大評判の滋養料	93.0	64.0			
6	へちまクリームのポスター	大正期	H-803-22	へちまクリーム	63.0	46.5			
7	輸出用シルク商標	明治～昭和期	H-959-3-7	シルク商標　総信社座繰製絲	12.9	15.4			
8	久留米絣	明治～昭和期	H-959-2-4	明治～昭和製糸織物関係商標レッテル集　4	38.0	28.5			
9	力御召	明治～昭和期	H-959-2-3	明治～昭和製糸織物関係商標レッテル集　3	38.0	28.5			
10	一心印裏地	明治～昭和期	H-959-2-2	明治～昭和製糸織物関係商標レッテル集　2	38.0	28.5			
11	入駒染	明治～昭和期	H-959-2-5	明治～昭和製糸織物関係商標レッテル集　5	38.5	28.5			

番号	キャプション	時代	登録資料番号	登録資料名称	縦・長さ(cm)	横・幅(cm)	高さ(cm)	直径(cm)	備考
3		弥生後期～古墳時代(2～6世紀)	A-142-115	有文有孔貝製品	3.6	5.0			
4		弥生後期～古墳時代(2～6世紀)	A-142-41	貝符	2.3	5.8			
5		弥生後期～古墳時代(2～6世紀)	A-142-36	貝器	8.9	4.5	3.0		
6		弥生後期～古墳時代(2～6世紀)	A-142-133	有文有孔貝製品	2.5	4.5			
7		弥生後期～古墳時代(2～6世紀)	A-142-26	円板形垂飾貝製品				3.2	
8		弥生後期～古墳時代(2～6世紀)	A-142-30	蟬形貝製品	3.4	1.6			
9		弥生後期～古墳時代(2～6世紀)	A-142-134	有文有孔貝製品	2.7	2.6			
10		弥生後期～古墳時代(2～6世紀)	A-142-141	有文有孔貝製品	2.0	4.4			
11		弥生後期～古墳時代(2～6世紀)	A-142-21	円板形垂飾貝製品			4.0		
12		弥生後期～古墳時代(2～6世紀)	A-142-144	貝製小玉				0.6	
13		弥生後期～古墳時代(2～6世紀)	A-142-2	貝輪(貝釧)				8.0	
14		弥生後期～古墳時代(2～6世紀)	A-142-125	有文有孔貝製品	1.8	4.5			
15		弥生後期～古墳時代(2～6世紀)	A-142-40	貝符	3.2	6.0			
16		弥生後期～古墳時代(2～6世紀)	A-142-7	貝輪(貝釧)	9.8	9.0			
17		弥生後期～古墳時代(2～6世紀)	A-142-140	有文有孔貝製品	2.0	4.7			
18		弥生後期～古墳時代(2～6世紀)	A-142-116	有文有孔貝製品	2.5	6.5			
19		弥生後期～古墳時代(2～6世紀)	A-142-25	円板形垂飾貝製品				3.6	
20		弥生後期～古墳時代(2～6世紀)	A-142-28	勾玉状垂飾貝製品	3.7	0.7			
21		弥生後期～古墳時代(2～6世紀)	A-142-27	勾玉状垂飾貝製品	2.9	0.6			
22		弥生後期～古墳時代(2～6世紀)	A-142-44	貝符	2.6	6.1			
23	土でつくった耳飾(北海道茂辺地)	縄文後・晩期(約3000年前)	A-1-1-39～68	茂辺地遺跡出土品　土製耳飾破片			最大3.2	最大6.1	
24	動物の角でつくったヘアピン(北海道鮎川洞穴)	縄文晩期(約2500年前)	A-112-3	鮎川洞穴出土角製頭髪針	17.0	1.7			
25	漆塗りの櫛 複製(埼玉県寿能)	縄文後期(約3500年前)	A-291	寿能遺跡出土櫛　複製	7.2	6.3			原品(埼玉県立博物館)
26	鹿の角でつくった腰飾り　複製(宮城県屋敷浜貝塚)	縄文中期(約4500年前)	A-292	屋敷浜貝塚出土鹿角製有鉤短剣　復製	37.5				原品(東北歴史博物館)
下剋上の武装									
1	紫糸肩取威胴丸	室町時代	H-48-10	紫糸肩取威胴丸	42.0	52.0	64.0		
2	結城合戦絵詞	室町時代	H-1468	紙本著色結城合戦絵詞	28.8	378.2			
4	色々威腹巻大袖付(盛上黒漆塗小札)唐櫃	室町時代	H-52	色々威腹巻大袖付(盛上黒漆小札)唐櫃	55.2	57.6	52.2		重要文化財
5	色々威腹巻大袖付(盛上黒漆塗小札)	室町時代	H-52	色々威腹巻大袖付(盛上黒漆小札)			胴高30.3	大福幅34.9	重要文化財
武装の造形									
1	鉄一枚張南蛮鎖冑	江戸時代	H-48-16	鉄一枚張南蛮鎖冑	30.0	31.5	28.5		
2	鉄三枚張峯界形張懸冑	江戸時代	H-48-4	鉄三枚張峯界形張懸冑	58.0	44.0	43.0		
3	黒漆塗一ノ谷張懸冑	江戸時代	H-48-8	黒漆塗一ノ谷張懸冑	47.0	45.0	45.0		
4	二葉葵張懸兜	江戸時代	H-48-20	二葉葵張懸兜	32.0	20.0			
5	輪重ね異形張懸兜	江戸時代	H-48-21	輪重ね異形張懸兜	35.0	19.0			
6	黒漆塗置手拭張懸冑	江戸時代	H-48-11	黒漆塗置手拭張懸冑	37.0	37.0	27.0		
7	鉄八枚張椎形眼鏡付冑	江戸時代	H-48-15	鉄八枚張椎形眼鏡付冑	39.5	40.5	26.5		
8	銀箔押張懸兎耳形冑	江戸時代	H-48-5	銀箔押張懸兎耳形冑	38.0	39.0	50.0		
9	鉄六枚張桃形前付臥蝶冑	江戸時代	H-48-12	鉄六枚張桃形前付臥蝶冑	44.0	44.0	34.0		
10	鉄三枚張唐冠形兜	江戸時代	H-60-14	鉄三枚張唐冠形兜	43.0	43.0	41.0		
旅のいでたち									
1	虎勢道中記	江戸時代(19世紀)	H-933-1	虎勢道中記　壱	13.5	20.0			
2	神奈川及び箱根江尻龍華寺景図	江戸時代(19世紀)	H-467	神奈川及箱根江尻龍華寺景図	30.0	958.4			
3	東海道五十三駅画巻	江戸時代	H-9-1	東海道五十三駅画巻　上巻	32.5	1009.2			
「南蛮人」がやってきた									
1～7	南蛮人来朝図屛風	桃山時代	H-12	紙本着色南蛮人来朝図屛風	151.4	321.5			重要美術品
近世初期のファッション									
1	黒綸子地菊水模様紋縫箔小袖	江戸時代前期	H-35-103	黒綸子地菊水模様紋繡小袖	147.0	63.0			
2	輪舞遊楽図屛風	江戸時代前期	H-1409	輪舞遊楽図屛風	135.0	276.5			
3	黒綸子地桐唐草入大葉模様絞縫箔小袖	江戸時代初期	H-35-185	黒綸子地桐唐草入大葉模様絞縫箔小袖	148.0	63.0			
嫁ぐ日の装い									
1	白絖地御簾檜扇模様絞縫振袖	江戸時代	H-35-252	白絖地御簾桧扇模様友禅染絞繡振袖	173.0	63.0			
2	白縮緬地梅楼閣模様友禅染振袖	明治期	H-937-56-3	白縮緬地南蛮寺梅模様友禅染縫振袖	147.5	63.0			
3	紅縮緬地竹楼閣模様友禅染振袖	明治期	H-937-56-2	紅縮緬地南蛮寺竹模様友禅染縫振袖	146.0	63.5			
4	黒縮緬地松楼閣模様友禅染振袖	明治期	H-937-56-1	黒縮緬地南蛮寺松模様友禅染縫振袖	149.5	64.0			
5	紅絖子地御簾檜扇模様絞縫振袖	江戸時代後期	H-35-253	紅綸子地御簾桧扇模様絞繡打掛(振袖)	172.0	61.5			
大陸への憧憬									
1	高松塚古墳石室 模型(奈良県明日香村)	古墳時代終末期(8世紀初頭)	A-403	高松塚古墳石室模型	内法296.0	内法103.0	内法113.0		
衣服はめぐる									
1	木綿地ながぎ	近代	F-8-4-2	木綿地長着	116.0	61.5			
2	木綿地ながぎ	近代	F-8-4-2	木綿地長着	116.0	61.5			
3	じゅばん	近代	F-148-1-54	襦袢	130.0	128.0			
4	はんてん	近代	F-7-1053-33	長持の中の保存資料一括					
5	はんてん	近代	F-7-1053-33	長持の中の保存資料一括					
小袖屛風の世界									
1	白綸子地桜色紙短冊模様紋縫染小袖	江戸中期	H-35-729	白綸子地桜色紙短冊模様紋縫染小袖屛風裂					
2	染分絽地竹梅水車模様友禅染縫絞小袖	江戸中期	H-35-94	染分絽地竹梅水車模様友禅染単衣	142.2	95.0			
3	右)染分紗綾地秋草千鳥模様友禅染小袖	江戸中期	H-35-97	染分綾地秋草千鳥模様友禅染	124.5	95.0			
	左)染分縮緬地流水紅葉秋草模様友禅染小袖	江戸中期	H-35-97	染分縮緬地流水紅葉秋草模様友禅染	139.5	95.5			
宝尽し									
1	黒練緯地小花宝尽模様縫振袖	江戸時代	H-35-143	黒練緯地小花宝盡模様縫振袖	170.0	62.0			
2	萌葱繻子地四菱宝尽模様金襴帯	江戸時代	H-35-262	萌葱繻子地四目菱宝盡模様金襴帯	11.3	329.0			
3	濃茶繻子地紗綾形宝尽模様金襴帯	江戸時代	H-35-261	濃茶繻子地紗綾形宝盡模様金襴帯	10.5	329.0			
4	小袖裂・黒練緯地宝尽模様縫小袖	江戸時代	H-35-623	小袖裂・黒練緯地宝尽し模様縫小袖					
5	小袖屛風・黒綸子地虫籠に四季草花鶴亀宝尽模様縫腰巻	江戸時代	H-35-44	黒綸子地虫籠に四季草花鶴亀宝尽模様縫腰巻	139.0	86.5			
6	銀鍍金松形平打珊瑚宝尽桜ビラ付簪	江戸時代	H-35-583	銀鍍金松形平打珊瑚宝尽桜ビラ付簪		14.2			
7	銀鍍金珊瑚宝尽飾簪	江戸時代	H-35-552	銀鍍金珊瑚宝盡飾簪		17.2			
8	黒地宝尽蒔絵櫛	江戸時代	H-35-443	黒地宝盡蒔絵櫛		11.8			
9	金地銀金具宝尽櫛	江戸時代	H-35-390	金地銀金具宝盡櫛		12.6			
10	小袖屛風・黒綸子地斜格子菊吉祥文模様紋縫腰巻	江戸時代	H-35-16	黒綸子地斜格子菊吉祥文模様紋縫腰巻	142.0	95.5			
11	小袖屛風・黒練緯地松竹鶴亀宝尽模様縫腰巻	江戸時代	H-35-70	黒練緯地松竹鶴亀宝盡模様縫腰巻	133.5	106.0			
奉納された衣装									
1	紅紗綾地額雷模様絞打敷	1681年(延宝9年)寄進	H-937-58	紅紗綾地額雷文模様絞小袖裂	111.0	95.0			
2	紅綸子地檜扇夕顔模様紋縫幡	1819年(文政2年)寄進	H-937-44	紅綸子地桧扇鉄線模様紋縫幡	96.2	30.1			
3	黄縮緬地桜樹短冊模様友禅染切付小袖	1724年(享保9年)寄進	H-35-87	黄縮緬地桜樹短冊模様友禅染切付小袖	141.8	115.0			
パール理髪店									
1	床屋の店先 再現								第5展示室常設
2	パールだより10号	昭和30年代	F-143-94-1	パールだより10号	18.0	12.7			
3	昭和30年代の床屋再現	昭和30年代	F-143	松本チエ子氏旧蔵理容具					
4	櫛・櫛矯正具		F-143-17	櫛	2.5	15.5			
4			F-143-18	櫛矯正具	3.5	18.9			
5	手バリカン		F-143-4	手バリカン(3分刈り)	16.0	10.3			
6	理容バサミ		F-143-1	理容バサミ(荒切り)	18.9	6.2			
7	シェービング・カップ		F-143-28	シェービング・カップ	11.3	13.4	7.0		
8	顔そり用のレザー		F-143-22	顔そり用のレザー	2.6	16.5			
9	ヘヤードライヤー		F-143-38	ヘヤードライヤー	21.3	17.7			
貴族の調度									
1・2・7	『類聚雑要抄』(写本)　室礼指図	江戸時代	H-528-3	類聚雑要抄		38.9			
3	貴族の調度品 複製	江戸時代	H-306	王朝文化室礼					第2展示室常設
4	雛道具のうち黒棚飾り	江戸時代	H-40-1-51	厨子棚　(黒棚)	6.7	15.3	13.2		
5	雛道具のうち文台・硯箱・色紙箱・短冊箱	江戸時代	H-40-1-58	文台	6.0	10.8	2.4		
6	雛道具のうち角盥および棙	江戸時代	H-40-1-38	角盥(棙1)	4.7	12.0	3.1		
唐物飾り									
1	君台観左右帳記	戦国時代(16世紀)	H-100	君台観左右帳記	32.2	1189.3			

番号	キャプション	時代	登録資料番号	登録資料名称	縦・長さ(cm)	横・幅(cm)	高さ(cm)	直径(cm)	備考
山の神・海の神									
1	山の神像 複製	19～20世紀	F-44-10	山の神像　複製		17.0	33.0		原品(熊本県荒尾市金山)
2	女の山の神像 複製	19～20世紀	F-44-8	山の神像(女)　複製		19.0	62.0		原品(岩手県碧祥寺博物館)
3	オンバサマ 複製	19～20世紀	F-46-1	オンバサマ　複製		35.0	50.0		原品(福島県山都町藤沢区)
4	女の山の神像 複製	19～20世紀	F-44-2	山の神像(女)　複製		14.0	43.5		原品(個人)
5	サンスケ	昭和期	F-49-3	サンスケ		13.0	38.0		
6	サンスケ	昭和期	F-49-2	サンスケ		16.0	37.0		
7	エビス神像	19～20世紀	F-24-4	エビス神像		11.5	27.5		
8	エビス神像	19～20世紀	F-24-1	エビス神像		24.0	48.0		
9	飾り箕	昭和期	F-110-9	飾り箕	50.0	56.0	12.0		
10	エビス神像	19～20世紀	F-24-3	エビス神像		15.8	23.0		
11	和歌山市加太淡島神社の流し雛	昭和期	F-116	和歌山市加太淡島神社の流し雛	205.0				
仏への願い									
1	百万塔	奈良時代(8世紀)	H-214-1-1	百万塔			21.0		
2	無垢浄光自心印陀羅尼経	奈良時代(8世紀)	H-214-1-2	無垢浄光自心印陀羅尼経	5.9	47.3			
3	経箱 複製(大和国金峰山経塚)	平安時代(11世紀)	H-577-4	金銀鍍双鳥宝相華文経箱	15.3	32.5	15.4		原品(奈良県金峯山寺)
4	妙法蓮華経如来神力品　巻第廿一	平安時代(12世紀末)	H-205	妙法蓮華経如来神力品　巻第二十一(装飾経)	25.5	126.6			重要美術品
5	紺紙金字法華経　巻第四	平安時代	H-207-4	紺紙金字法華経　巻第四	25.8	729.6			
秘められた祈り									
1	木造地蔵菩薩立像	南北朝時代(14世紀前半)	H-30	木造地蔵菩薩立像(付像内納入品)			75.1		重要文化財
2	像内納入品(願文)	1334年(建武元年)	H-30	木造地蔵菩薩立像(付像内納入品)	32.0	18.4			重要文化財
3	像内納入品(印仏)	1334年(建武元年)	H-30	木造地蔵菩薩立像(付像内納入品)	8.2	3.0			重要文化財
岩に刻んだ仏									
1	大分県臼杵磨崖仏大日如来坐像 模造	平安時代(11世紀)	A-244	大分県臼杵磨崖仏古園石仏のうち大日如来座像　模造品		425.0	485.0		
天下祭りの世界									
1	神田大明神祭礼図	1857年(安政4年)	F-281-23	神田大明神御祭礼図	37.7	102.0			
東照宮の祭礼									
	岡山東照宮御祭礼賦物図巻	江戸時代(18世紀)	F-265	岡山東照宮御祭礼賦物図巻	28.0	250.0			
城下町の祭礼絵巻									
1	津八幡宮祭礼絵巻	江戸時代(18～19世紀)	F-281-1	伊勢津八幡御祭礼図巻	8.9	1158.5			
橋の渡り初め									
1	両国橋渡り初図	1855年(安政2年)	H-1387	安政二年十一月廿三日両国橋渡り初図	36.8	25.1			
2	両国橋渡り初之図	1855年(安政2年)	F-283	安政乙卯十一月廿三日両国橋渡り初之図	35.4	73.4			
3	四条新大橋渡初景	1857年(安政4年)	F-281-33	四条新大橋渡初景	35.5	27.7			
4	八坂新地花の魁	1874年(明治7年)	F-332	八坂新地花の魁	35.4	73.4			
5	伊勢神宮上棟祭	1909年(明治42年)	F-281-64	伊勢神宮上棟祭	38.5	53.3			
王への贈答									
1	宋版『後漢書』	南宋(14世紀)	H-175	宋版後漢書	27.0	18.0			重要文化財
2	宋版『漢書』	南宋(12世紀後半)	H-173	宋版漢書(慶元刊本)	32.7	22.6			国宝
3	宋版『後漢書』	南宋(12世紀後半)	H-174	宋版後漢書(慶元刊本)	32.7	22.6			国宝
4	『後漢書』		H-600-956	後漢書(版本)	27.4	17.4			
5	『三国志』		H-600-957	三国志　魏志・呉志・蜀志(版本)	27.4	17.0			
6	『梁書』	16世紀	H-600-967	梁書(版本)	27.4	17.2			
7	『宋書』		H-600-973	宋書(版本)	27.6	17.9			
8	四川省漢代画像石拓本　「雑技」	漢		四川省漢代画像石拓本　「雑技」	28.0	47.4			図書室に収蔵
9	四川省漢代画像石拓本　「雑技」	漢		四川省漢代画像石拓本　「雑技」	37.9	44.0			図書室に収蔵
異界から訪れる神々									
1	ミルク(左)とフサマラー(右)	昭和期	F-51-1	フサマラー　複製	50.0	70.0	190.0		
			F-51-2	ミルク　複製	70.0	70.0	173.0		
境界としての橋									
1	洛中洛外図屏風(歴博甲本)右隻	室町時代(16世紀)	H-3-1	紙本著色洛中洛外図屏風(歴博甲本)右隻	138.2	341.0			重要文化財
2	洛中洛外図屏風(歴博甲本)右隻	室町時代(16世紀)	H-3-1	紙本著色洛中洛外図屏風(歴博甲本)右隻	138.2	341.0			重要文化財
3	宇治橋断碑 複製	646年(大化2年)以降	A-302	宇治橋碑(複製)		56.0	152.0		
4	大和国矢田山金剛山寺練供養図	1880年(明治13年)	F-281-19	大和国矢田山金剛山寺練供養図	36.1	51.1			
庭と犬追物									
1	洛中洛外図屏風(歴博甲本)左隻	室町時代(16世紀)	H-3-2	紙本著色洛中洛外図屏風(歴博甲本)左隻	138.2	341.0			重要文化財
スターになった動物たち									
1	興行チラシ(山雀芸)	明治初期	F-303-97	辻ビラ　(山雀芸)	26.8	39.0			
2	興行チラシ(山雀芸)	明治初期	F-303-203	辻ビラ　(山雀芸)	29.7	44.8			
疱瘡絵									
1	団扇画「疱瘡を病む子」	江戸時代(19世紀)	H-62-19-217-50008	団扇画達磨		50.0			
2	疱瘡紅摺絵	江戸時代(19世紀)	H-62-19-217-29009	疱瘡紅摺絵	33.2	22.4			
3	疱瘡絵「種疱瘡之徳」	江戸時代(19世紀)	H-62-19-217-25001	疱瘡ニ関スルモノ	25.3	37.3			
4	疱瘡絵「達磨とミミズク」	江戸時代(19世紀)	H-62-19-217-25007	疱瘡ニ関スルモノ	25.0	36.7			
5	八丈島鎮守鎮西八郎為朝大明神之尊像	1850年(嘉永3年)	H-1318-3(H-22)	八丈島鎮守鎮西八郎為朝大明神之尊像	37.6	25.0			
死者を送る									
1	功道居士葬送図	1889年(明治22年)	H-1382	功道居士葬送図	33.0	345.0			
他界への旅									
1	高野山経帷子 紙子(高野山金剛峯寺)		F-312-45	経帷子(紙子)高野山金剛峯寺	077.0	051.5			
2	死装束の既製品(和歌山県古座町にて使用)	現代	F-322-3-4	死装束一式					
蝶々踊り									
	蝶々踊り図屏風より	江戸時代(19世紀)	F-184	蝶々踊り図屏風	70.0	154.0			
1	みやこおどり鈴なるこの神徳	1839年(天保10年)	F-325	みやこおどり鈴なるこの神徳	36.3	48.4			
2	豊穎都大踊	1839年(天保10年)	F-327	豊穎都大踊	35.9	47.6			
3	都の手ぶり	1839年(天保10年)	F-326	都の手ぶり	34.8	47.2			
4	大新板都蝶々踊り飛廻双六	1839年(天保10年)	F-313-3	大新板都蝶々踊り飛廻双六	32.5	42.3			
5	蝶々踊り図	1839年(天保10年)	F-282	蝶々踊り図	51.4	83.2			
宝船のイメージ									
1	ギヤマン細工　阿蘭陀船貫積込	江戸時代(19世紀)	F-303-165	辻ビラ(ギヤマン細工)	35.0	47.1			
2	奥州金華山大弁才天垂迹曼陀羅	江戸時代	F-312-19	奥州金華山大弁才天垂迹曼陀羅	88.0	38.5			
3	白麻地宝船鳳凰模様友禅染帷子	江戸中期	H-35-726	白麻地宝船鳳凰模様友禅染帷子屏風裂	159.0	120.5			
つくり山と木曳きのにぎわい									
1	諏訪大明神富士浅間宮火防御祭禮之図	江戸時代	F-266	諏訪大明神富士浅間宮火防御祭禮之図	40.0	64.0			
2	富士山北口全図鎮火大祭	1887年(明治20年)	F-281-183	富士山北口全図鎮火大祭	38.8	26.6			
3	御用木運搬の図(東本願寺再建木曳図)	明治期(19世紀)	F-281-51	御用木運搬の図(東本願寺木曳図)	27.5	239.5			
お金のつくり物									
1～6	大坂津村御坊献上品尽し	1831年(天保2年)	F-312-22	大坂津村御坊献上品尽し	22.7	16.8			
埴輪武人の装い									
1	武装した男子の埴輪(伝群馬県伊勢崎市安堀付近出土)	古墳後期(6世紀)	A-24	武装男子立像埴輪		63.0	165.0		
公家の装束									
1	武官の束帯姿 復元	平安時代	H-285	中世初期公卿装束(武官)復元			185.0		
2	文官の束帯姿 復元	平安時代	H-284	中世初期公卿装束(文官)復元			186.0		
3	唐衣と裳を着けた女房装束姿 復元	平安時代	H-289	中世初期公家女房装束　復元			86.3		
4	隆房卿艶詞絵巻	鎌倉時代(13世紀)	H-1	紙本白描隆房卿艶詞絵巻	25.5	685.0			重要文化財
武家の服飾									
1	足利義輝像	1577年(天正5年)	H-16	絹本著色足利義輝像	93.2	43.7			重要文化財
2	中世武家直垂 復元	鎌倉時代	H-297-(1)	中世武家直垂　復元			191.0		
アイヌの衣生活									
1	巻袖のアッツシ	江戸時代末～明治初期	F-261-1-1	アツシ	120.0	114.0			
2	平袖のアッツシ	江戸時代末～明治初期	F-261-1-2	アツシ	118.0	120.0			
3	平袖のアッツシ		F-261-1-3	アツシ	132.0	134.0			
アクセサリー									
1	南海産の貝でつくったアクセサリー(鹿児島県広田)	弥生後期～古墳時代(2～6世紀)	A-142-1	貝輪(貝釧)	12.0	8.8			
2		弥生後期～古墳時代(2～6世紀)	A-142-126	有文有孔貝製品	1.5	4.0			

番号	キャプション	時代	登録資料番号	登録資料名称	縦・長さ(cm)	横・幅(cm)	高さ(cm)	直径(cm)	備考
11	画文帯環状乳神獣鏡(伝宮崎県山ノ坊古墳)	古墳中期(5世紀)	A-158-1	画文帯環状乳神獣鏡				15.3	重要美術品
12	獣文縁獣帯鏡(伝宮崎県山ノ坊古墳)	古墳中期(5世紀)	A-158-2	獣文縁獣帯鏡				17.8	重要美術品
13	碧玉製合子(奈良県マエ塚古墳)	古墳前期(4世紀)	A-119	マエ塚古墳出土品(石製合子)			7.9	口径9.0	
14	碧玉製石釧(奈良県マエ塚古墳)	古墳前期(4世紀)	A-119	マエ塚古墳出土品(石釧)			2.4	口径8.2	
15	滑石製坩(奈良県マエ塚古墳)	古墳前期(4世紀)	A-119	マエ塚古墳出土品(石製坩)			5.7	口径8.6	
飾られた墓室									
1	福岡県竹原古墳後室奥壁 現状模写(日下八光画伯模写)	古墳後期(6世紀)	A-216-3-2	竹原古墳後室奥壁　現状模写	148.0	205.0			
2	福岡県珍敷塚古墳後室奥壁 復元模写(日下八光画伯模写)	古墳後期(6世紀)	A-216-8-3	珍敷塚古墳後室奥壁　復元模写	152.0	223.0			
3	福岡県珍敷塚古墳後室奥壁 現状模写(日下八光画伯模写)	古墳後期(6世紀)	A-216-8-1	珍敷塚古墳後室奥壁　現状模写	150.0	221.0			
想像された黄泉国									
1	福島県清戸迫横穴奥壁 現状模写(日下八光画伯模写)	古墳後期(7世紀)	A-216-15	清戸迫横穴壁画現状模写	207.0	239.5			
青銅の輝き									
1	神体化した銅鐸 複製(滋賀県石山寺辺町)	弥生後期(2世紀)	A-319	石山寺辺町出土袈裟襷文銅鐸　複製			90.9		原品(石山寺)
2	神体化した銅鐸 複製(兵庫県栄根)	弥生後期(2世紀)	A-405	加茂出土袈裟襷文銅鐸　複製			113.0		原品(東京国立博物館)
3	神体化した銅鐸 複製(滋賀県大岩山)	弥生後期(2世紀)	A-295-4	銅鐸　複製			73.0		原品(知恩院)
4	神体化した銅鐸 複製(滋賀県大岩山)	弥生後期(2世紀)	A-295-1	銅鐸　複製			135.0		原品(東京国立博物館)
5	見せる銅矛(長崎県)	弥生後期(2世紀)	A-270-1	広形銅矛	82.0	13.4			
6	見せる銅矛(大分県法鏡寺)	弥生後期(2世紀)	A-144-2	法鏡寺出土広形銅矛	84.7	13.3			
7	見せる銅矛(大分県法鏡寺)	弥生後期(2世紀)	A-144-1	法鏡寺出土広形銅矛	84.8	12.3			
8	再現した銅鐸 模型	弥生中期(1世紀)					40.4	24.6	第1展示室常設
神の棲む島									
1	福岡県沖ノ島祭祀遺跡群 模型		A-156-1	沖ノ島祭祀遺跡群磐座分布模型	100.0	189.0	93.0		第1展示室常設
2	沖ノ島5号遺跡 模型	8世紀	A-156	沖ノ島5号遺跡模型					第1展示室常設
3	沖ノ島出土金銅製雛形折織機 複製	8～9世紀	A-21-101	金銅製雛形折織機　複製	48.0	16.7	12.8		原品(宗像大社)
4	沖ノ島1号、5号遺跡出土紡織機のミニチュア 複製	8～9世紀	A-21-103-1,2	銅盤　複製				10.0	原品(宗像大社)
		8～9世紀	A-21-96	雛形紡織機　麻笥(おけ)　複製				6.6	原品(宗像大社)
		8～9世紀	A-21-79	雛形紡織機　麻笥(おけ)　複製				6.2	原品(宗像大社)
		8～9世紀	A-21-75-1	雛形紡織機　たたり　複製			14.0		原品(宗像大社)
		8～9世紀	A-21-75-2	雛形紡織機　たたり　複製			10.5		原品(宗像大社)
		8～9世紀	A-21-95-1	雛形紡織機　たたり　複製			11.6		原品(宗像大社)
		8～9世紀	A-21-94-1	雛形紡織機　かせ　複製		6.1			原品(宗像大社)
		8～9世紀	A-21-94-2	雛形紡織機　かせ　複製		7.4			原品(宗像大社)
		8～9世紀	A-21-76	雛形紡織機　銅製　紡錘(つむ)　複製	14.8				原品(宗像大社)
5	沖ノ島17号遺跡出土銅鏡と腕輪形石製品 複製	古墳前期(4世紀)	A-21-1	変形虁鳳鏡　複製				22.1	原品(宗像大社)
		古墳前期(4世紀)	A-21-2	変形鳥文縁方格規矩鏡　複製				27.1	原品(宗像大社)
		古墳前期(4世紀)	A-21-3	擬銘帯方格規矩鏡　複製				22.1	原品(宗像大社)
		古墳前期(4世紀)	A-21-4	変形方格規矩渦文鏡　複製				21.5	原品(宗像大社)
		古墳前期(4世紀)	A-21-5	変形菱雲文縁方格規矩鏡　複製				17.8	原品(宗像大社)
		古墳前期(4世紀)	A-21-6	変形珠文帯方格規矩鏡　複製				16.6	原品(宗像大社)
		古墳前期(4世紀)	A-21-7	変形内行十花文重弧鏡　複製				18.7	原品(宗像大社)
		古墳前期(4世紀)	A-21-8	擬銘帯内行八花文鏡　複製				17.6	原品(宗像大社)
		古墳前期(4世紀)	A-21-9	変形内行八花文鏡　複製				17.0	原品(宗像大社)
		古墳前期(4世紀)	A-21-10	変形唐草文帯三神三獣鏡　複製				24.3	原品(宗像大社)
		古墳前期(4世紀)	A-21-11	変形唐草文帯三神三獣鏡　複製				21.6	原品(宗像大社)
		古墳前期(4世紀)	A-21-12	変形魚文帯神獣鏡　複製				20.0	原品(宗像大社)
		古墳前期(4世紀)	A-21-13	擬銘帯鼉竜鏡　複製				12.9	原品(宗像大社)
		古墳前期(4世紀)	A-21-14	変形七獣帯鏡　複製				16.7	原品(宗像大社)
		古墳前期(4世紀)	A-21-15	変形文鏡　複製				10.0	原品(宗像大社)
		古墳前期(4世紀)	A-21-16	変形半円方格帯画象鏡　複製				22.0	原品(宗像大社)
		古墳前期(4世紀)	A-21-17	車輪石　複製				10.1	原品(宗像大社)
		古墳前期(4世紀)	A-21-18	車輪石　複製				10.0	原品(宗像大社)
		古墳前期(4世紀)	A-21-19	石釧　複製				8.7	原品(宗像大社)
6	沖ノ島1号、5号遺跡出土滑石製形代類 複製	8～9世紀	A-21-84-1～10	滑石製舟形　複製	最大18.5				原品(宗像大社)
		8～9世紀	A-21-86-1～6	滑石製円板　複製				最大9.5	原品(宗像大社)
		8～9世紀	A-21-54	滑石製臼玉(円形)　複製				最大1.4	原品(宗像大社)
		8～9世紀	A-21-55	滑石製臼玉(方形)　複製	最大1.5				原品(宗像大社)
		8～9世紀	A-21-85-1～5	滑石製勾玉形　複製	最大22.4				原品(宗像大社)
		8～9世紀	A-21-83-1～5	滑石製馬形　複製	最大15.0				原品(宗像大社)
		8～9世紀	A-21-82-1～5	滑石製人形　複製	最大15.5				原品(宗像大社)
祈りの形象									
1	土馬(奈良県平城京平城宮跡)	奈良時代(8世紀)	B-96-133-8	平城京跡出土土馬	11.2	5.4	7.7		奈良国立文化財研究所所蔵
2	土馬(奈良県平城京平城宮跡)	奈良時代(8世紀)	B-96-133-8	平城京跡出土土馬	16.1	7.9	14.1		奈良国立文化財研究所所蔵
3	土馬(奈良県平城京平城宮跡)	奈良時代(8世紀)	B-96-133-8	平城京跡出土土馬	18.1	6.4	13.3		奈良国立文化財研究所所蔵
4	人面墨書土器(奈良県平城京平城宮跡)	奈良時代(8世紀)	B-96-133-7	平城京跡出土人面墨書土器(二面描かれたもの)			13.5	口径18.0	奈良国立文化財研究所所蔵
5	人面墨書土器(奈良県平城京平城宮跡)	奈良時代(8世紀)	B-96-133-7	平城京跡出土人面墨書土器(二面描かれたもの)			10.3	口径14.9	奈良国立文化財研究所所蔵
6	人面墨書土器 複製(奈良県平城京平城宮跡)	奈良時代(8世紀)	A-353-3	人面土器　複製			8.0	口径16.1	原品(奈良国立文化財研究所)
7	呪語墨書土器 複製(奈良県平城京平城宮跡)	奈良時代(8世紀)	A-418-1-3	呪語墨書土器　複製				口径17.6	原品(奈良国立文化財研究所)
8	人形 複製(奈良県平城京平城宮跡)	奈良時代(8世紀)	A-353-1-4	人形　複製	10.0	2.5			原品(奈良国立文化財研究所)
9	人形 複製(奈良県平城京平城宮跡)	奈良時代(8世紀)	A-353-1-3	人形　複製	14.6	3.2			原品(奈良国立文化財研究所)
10	目と胸に木釘が打ち込まれた人形 複製(奈良県平城京平城宮跡)	奈良時代(8世紀)	A-418-9-4	目と胸に木釘が打ち込まれた人形　複製	15.5	2.5			原品(奈良国立文化財研究所)
11	胸に鉄釘が打ち込まれた人形 複製(奈良県平城京平城宮跡)	奈良時代(8世紀)	A-418-9-3	胸に鉄釘が打ち込まれた人形　複製	16.5	3.5			原品(奈良国立文化財研究所)
12	銅製人形代 複製(奈良県平城京平城宮跡)	奈良時代(8世紀)	A-418-9-5	銅製人形代　複製	8.0	1.5			原品(奈良国立文化財研究所)
13	手足が可動する人形 複製(奈良県平城京平城宮跡)	奈良時代(8世紀)	A-418-9-2	手足が可動する人形　複製	17.0				原品(奈良国立文化財研究所)
14	鉄製大型人形代 複製(奈良県平城京平城宮跡)	奈良時代(8世紀)	A-418-9-1	鉄製大型人形代　複製	25.6	2.1			原品(奈良国立文化財研究所)
15	斎串 複製(奈良県平城京平城宮跡)	奈良時代(8世紀)	A-418-3-3	斎串　複製	23.0	2.5			原品(奈良国立文化財研究所)
16	斎串 複製(奈良県平城京平城宮跡)	奈良時代(8世紀)	A-418-3-2	斎串　複製	27.0	3.2			原品(奈良国立文化財研究所)
17	人面墨書土器 複製(千葉県庄作)	平安時代(9世紀前半)	A-522-1-2	人面墨書土器　複製			4.0	口径12.0	原品(芝山町教育委員会)
18	墨書土器 複製(千葉県庄作)	奈良時代(8世紀前半)	A-522-2	墨書土器　複製			3.8	口径12.5	原品(芝山町教育委員会)
19	墨書土器 複製(千葉県久能高野)	平安時代(9世紀前半)	A-521	久能高野遺跡出土墨書土器　複製			4.0	口径12.0	原品(富里町教育委員会)
20	墨書土器 複製(千葉県北海道)	奈良時代(8世紀中葉)	A-520	北海道遺跡出土墨書土器　複製			4.0	口径12.0	原品(八千代市教育委員会)
21	人面墨書土器 複製(千葉県白幡前)	奈良時代(8世紀後半)	A-518	白幡前遺跡出土人面墨書土器　複製			9.5	口径11.3	原品(千葉県文化財センター)
22	人面墨書土器 複製(千葉県権現後)	平安時代(9世紀前半)	A-519	権現後遺跡出土人面墨書土器　複製			5.5	口径16.0	原品(千葉県文化財センター)
23	人面墨書土器 複製(千葉県庄作)	奈良時代(8世紀後半)	A-522-1-1	人面墨書土器　複製			4.0	口径11.3	原品(芝山町教育委員会)
祈りの音									
1	千葉県八代椎木出土梵鐘	774年(宝亀5年)	A-157	八代椎木出土梵鐘(宝亀五年二月十二日在銘)			41.7		重要文化財
来世への祈り									
1	経筒外容器	12世紀	A-406-14-1	出土地未詳B経塚遺跡 中世陶器 長胴甕 十瓶山			41.8	21.0	
2	滑石製経容器	12世紀	A-406-5	石製経筒			44.5	13.8	
3	陶製経容器	12世紀	A-406-4	中世陶器 陶製経筒			28.5	21.0	
4	銅鋳製経筒 (伝雷山出土)	1085年(応徳2年)	A-406-3-1	伝福岡県雷山経塚遺物 銅鋳経筒			29.8	14.9	
5	四段積上式経筒 (伝高城観音出土)	12世紀前半	A-406-9	伝大分県高城観音経塚出土銅経筒			37.5	8.9	
6	瓦製経筒 (伝一之畑出土)	12世紀	A-406-2	伝島根県一之畑出土瓦製経筒			30.2	10.7	
7	銅鋳製経筒 (伝岡山県出土)	12世紀	A-406-12-1	伝岡山県出土経塚遺物 銅経筒			23.7	8.7	
8	青白磁合子	12世紀	A-406-15-3	出土地未詳C経塚遺物 中国陶磁器 青白磁合子			6.2	7.1	
9	青白磁合子	12世紀	A-406-15-5	出土地未詳C経塚遺物 中国陶磁器 青白磁合子			3.4	4.2	
10	宋鏡式草花双鳥鏡	12世紀	A-406-12-3	伝岡山県出土経塚遺物 和鏡				面径8.0	
11	竹垣草花双鳥鏡	12世紀	A-406-16-2	出土地未詳D経塚遺物 和鏡				面径10.9	
ウソついたら針千本飲ます									
1	美濃国茜部庄百姓等連署起請文	1337年(建武4年)	H-700	茜部庄百姓等連署起請文(建武四年四月日)	25.4	40.0			
2	二郎右衛門尉等連署霊社起請文	1572年(元亀3年)	H-1242-3-89	近江国栗太郡村々住民等起請文	26.2	30.7			
3	法印以下五十八名連署起請文(部分)	1300年(正安2年)	H-1242-1-31	法印以下五十九人連署起請文	29.5	153.8			
4	僧定賢起請文	1323年(元亨3年)	H-1242-1-38	僧定賢起請文	31.1	42.5			
奈良暦									
1	奈良暦	江戸時代	H-679	奈良暦師吉川家旧蔵資料	23.7	16.9			

図版資料一覧

番号	キャプション	時代	登録資料番号	登録資料名称	縦・長さ(cm)	横・幅(cm)	高さ(cm)	直径(cm)	備考
豊饒の造形									
1	石に刻んだ女性像(愛媛県上黒岩岩陰)	縄文草創期(約12000年前)	A-114-15	線刻のある礫石	4.5	2.3			
2	石に刻んだ女性像(愛媛県上黒岩岩陰)	縄文草創期(約12000年前)	A-114-14	線刻のある礫石	4.4	1.9			
3	石に刻んだ女性像(愛媛県上黒岩岩陰)	縄文草創期(約12000年前)	A-114-16	線刻のある礫石	6.3	2.5			
4	遮光器土偶(青森県馬門)	縄文晩期(約2600年前)	A-27-1	中空土偶	16.2	頭部8.2			
5	白玉を埋め込んだ土偶(北海道鮎川洞穴)	縄文晩期(約2500年前)	A-112-1	白玉着装土偶	6.3	4.2			
6	遮光器土偶(北海道女名沢)	縄文晩期(約2500年前)	A-1-23-60	土偶	6.5	頭部7.3			
7	板状の土偶(北海道添山)	縄文晩期(約2500年前)	A-1-5-94	土偶頭部破片	5.8	7.1			
8	遮光器土偶(北海道久根別)	縄文晩期(約2500年前)	A-1-3-47	土偶頭部破片	14.1	頭部5.5			
9	板状の土偶(北海道女名沢)	縄文晩期(約2500年前)	A-1-23-61	土偶上半部破片	9.3	7.3			
10	子を抱いた土偶(東京都宮田)	縄文中期(4500年前)	A-113-1	子抱き土偶		5.5	7.1		
11	板状の土偶(北海道久根別)	縄文晩期(約2500年前)	A-1-3-48	土偶	8.5	5.5			
12	胸に顔がある土偶(青森県高屋)	縄文中期(約4500年前)	A-27-2	板状土偶	17.8	12.0			
13	サルのような顔の土偶(青森県下比良)	縄文後期(約3100年前)	A-111	下比良遺跡出土土偶	11.0	5.9			
みなぎる生命力									
1	立体的な装飾の土器(山梨県柳田)	縄文中期(約4500年前)	A-125-13	深鉢形土器			43.5	口径27.5	
2	立体的な装飾の土器(山梨県柳田)	縄文中期(約4500年前)	A-125-17	深鉢形土器			53.1	口径22.0	
3	立体的な装飾の土器(山梨県柳田)	縄文中期(約4500年前)	A-125-5	深鉢形土器			46.5	口径27.0	
4	立体的な装飾の土器(山梨県柳田)	縄文中期(約4500年前)	A-125-4	有孔鍔付土器			38.7	口径18.5	
5	立体的な装飾の土器(山梨県柳田)	縄文中期(約4500年前)	A-125-33	深鉢形土器			45.4	口径29.0	
6	立体的な装飾の土器(山梨県柳田)	縄文中期(約4500年前)	A-125-8	深鉢形土器			40.0	口径23.0	
7	立体的な装飾の土器(山梨県柳田)	縄文中期(約4500年前)	A-125-11	深鉢形土器			61.2	口径42.5	
8	立体的な装飾の土器(山梨県柳田)	縄文中期(約4500年前)	A-125-1	深鉢形土器			66.5	口径44.2	
9	立体的な装飾の土器(山梨県柳田)	縄文中期(約4500年前)	A-125-16	深鉢形土器			40.9	口径20.5	
10	立体的な装飾の土器(山梨県柳田)	縄文中期(約4500年前)	A-125-25	人面把手付深鉢形土器			53.0	口径39.5	
11	立体的な装飾の土器(山梨県柳田)	縄文中期(約4500年前)	A-125-3	深鉢形土器			51.6	口径35.3	
12	立体的な装飾の土器(山梨県柳田)	縄文中期(約4500年前)	A-125-34	深鉢形土器			47.5	口径25.0	
13	立体的な装飾の土器(山梨県柳田)	縄文中期(約4500年前)	A-125-6	深鉢形土器			60.2	口径38.5	
武器への祈り									
1	石刀(北海道女名沢)	縄文晩期(約2500年前)	A-1-23-104	石刀	37.2	2.7			
2	石刀(北海道添山)	縄文晩期(約2500年前)	A-1-5-299	石刀	36.3	3.7			
3	石剣 複製(奈良県橿原)	縄文晩期(約2500年前)	A-60-9	石刀　複製	25.9	2.3			原品(奈良県立橿原考古学研究所)
4	石鏃(北海道出土)	縄文時代	A-1-46	石鏃	2.4	0.3			
5	石鏃(北海道出土)	縄文時代	A-1-46	石鏃	2.8	0.4			
6	石鏃(北海道出土)	縄文時代	A-1-46	石鏃	3.3	0.5			
7	石鏃(北海道出土)	縄文時代	A-1-46	石鏃	3.2	0.5			
8	石鏃(北海道出土)	縄文時代	A-1-46	石鏃	2.4	0.4			
9	石鏃(北海道出土)	縄文時代	A-1-46	石鏃	2.4	0.5			
10	石鏃(北海道出土)	縄文時代	A-1-46	石鏃	2.9	0.4			
11	石鏃(北海道出土)	縄文時代	A-1-46	石鏃	4.0	0.5			
12	石鏃 複製(大阪府瓜生堂)	弥生中期(紀元前2～前1世紀)	A-195-5	石鏃　複製	5.8	1.7			原品(㈶大阪府文化財調査研究センター)
13	石鏃 複製(大阪府瓜生堂)	弥生中期(紀元前2～前1世紀)	A-195-4	石鏃　複製	4.5	1.4			原品(㈶大阪府文化財調査研究センター)
14	石鏃 複製(大阪府瓜生堂)	弥生中期(紀元前2～前1世紀)	A-195-7	石鏃　複製	6.0	2.0			原品(㈶大阪府文化財調査研究センター)
15	石鏃 複製(大阪府瓜生堂)	弥生中期(紀元前2～前1世紀)	A-195-3	石鏃　複製	4.1	1.5			原品(㈶大阪府文化財調査研究センター)
16	石鏃 複製(大阪府瓜生堂)	弥生中期(紀元前2～前1世紀)	A-195-11	石鏃　複製	4.1	2.8			原品(㈶大阪府文化財調査研究センター)
17	石鏃 複製(大阪府瓜生堂)	弥生中期(紀元前2～前1世紀)	A-195-2	石剣　複製	4.8	1.5			原品(㈶大阪府文化財調査研究センター)
18	石鏃 複製(大阪府瓜生堂)	弥生中期(紀元前2～前1世紀)	A-195-8	石鏃　複製	5.9	2.0			原品(㈶大阪府文化財調査研究センター)
19	石鏃 複製(大阪府瓜生堂)	弥生中期(紀元前2～前1世紀)	A-195-6	石鏃　複製	5.9	2.0			原品(㈶大阪府文化財調査研究センター)
20	石鏃 複製(大阪府瓜生堂)	弥生中期(紀元前2～前1世紀)	A-195-10	石鏃　複製	4.5	2.3			原品(㈶大阪府文化財調査研究センター)
21	石鏃 複製(大阪府瓜生堂)	弥生中期(紀元前2～前1世紀)	A-195-9	石鏃　複製	5.3	1.8			原品(㈶大阪府文化財調査研究センター)
22	磨製石鏃 複製(福岡県伯玄社)	弥生前期(紀元前3世紀)	A-71-2	磨製石鏃　複製	16.6	1.4			原品(福岡県教育委員会)
23	磨製石鏃 複製(福岡県伯玄社)	弥生前期(紀元前3世紀)	A-71-1	磨製石鏃　複製	17.2	1.6			原品(福岡県教育委員会)
24	打製石剣 複製(大阪府山賀)	弥生中期(紀元前2～前1世紀)	A-171-6	打製石剣　複製	14.3	3.0			原品(㈶大阪府文化財調査研究センター)
25	打製石剣 複製(奈良県唐古・鍵)	弥生中期(紀元前2～前1世紀)	A-387	打製石剣　複製	16.9	3.1			原品(㈶大阪府文化財調査研究センター)
26	磨製石剣 複製(大阪府瓜生堂)	弥生中期(紀元前2～前1世紀)	A-195-1	磨製石剣　複製	25.4	3.1			原品(㈶大阪府文化財調査研究センター)
27	磨製石剣 複製(福岡県馬田上原)	弥生前期(紀元前3世紀)	A-133	磨製石剣　複製	28.9	6.6			原品(福岡県立朝倉高等学校)
28	銅矛(長崎県シゲノダン)	弥生後期(1世紀)	A-163-8	銅矛	75.2	8.2			重要文化財
29	銅剣 複製(福岡県須玖岡本)	弥生中期(紀元前2～前1世紀)	A-179	銅剣	32.8	3.7			原品(九州大学考古学研究室)
30	銅戈(出土地不明)	弥生中期(紀元前1～1世紀)	A-370	銅戈	30.6	10.0			
31	鉄鏃(長崎県シゲノダン)	弥生後期(1世紀)	A-163-11-2	鉄鏃	6.4	2.2			重要文化財
32	鉄鏃(長崎県シゲノダン)	弥生後期(1世紀)	A-163-11-3	鉄鏃	5.6	2.0			重要文化財
33	鉄鏃(長崎県シゲノダン)	弥生後期(1世紀)	A-163-11-1	鉄鏃	8.3	2.1			重要文化財
34	鉄剣(長崎県シゲノダン)	弥生後期(1世紀)	A-163-9-1	鉄剣	24.3	3.5			重要文化財
35	鉄剣(長崎県シゲノダン)	弥生後期(1世紀)	A-163-9-2	鉄剣	24.2	3.8			重要文化財
36	鉄剣(長崎県シゲノダン)	弥生後期(1世紀)	A-163-9-3	鉄剣	19.2	3.8			重要文化財
精霊への祈り									
1	棒酒箸(イクパスイ)	江戸時代末(19世紀)	F-210-1	棒酒箸(イクパスイ)	35.0	3.1			
2	宝刀(イコロ)	江戸時代	F-210-11	宝刀	75.8	5.3			
3	綾　(チタラペ)	江戸時代	F-210-10	ござ(チタラペ)	485.0	78.8			
4	刀帯(エムシアツ)	江戸時代	F-210-22	ひも	79.7	13.8			
5	棒酒箸(イクパスイ)	江戸時代	F-210-1	棒酒箸(イクパスイ)					
6	椀(ツキヌム)	江戸時代	F-210-3	椀			7.5	10.4	
7	天目台(ウエシペ)	江戸時代	F-210-2	杯(または脚)			9.0	14.9	
8	祭冠(サパウンペ)	江戸時代	F-210-21	祭冠(サパウンペ)	53.0	9.5			
9	膳(オッチケ)	江戸時代	F-210-5	膳	32.9	33.1	7.2		
10	耳盥(トコムシパチ)	江戸時代	F-210-8	鉢			15.3	23.5	
11	鉢(パッチ)	江戸時代	F-210-8	鉢			16.2	24.8	
12	行器(シントコ)	江戸時代	F-210-23	シントコ			39.5	36.7	
13	酒槽(クトシントコ)	江戸時代	F-210-23-9～11,14	酒槽(クトシントコ)			47.7	45.8	
箒の俗言									
1	長ッ尻な客しん	江戸時代(18～19世紀)	H-26-74-1	長ッ尻な客しん(右)	36.2	24.6			
			H-26-74-2	長ッ尻な客しん(左)	36.2	24.4			
犬神の由来									
1	団扇絵「犬神の由来」	明治～昭和期	F-312-16(F-281-67)	北沢楽天 犬神の由来	63.3	41.2			
鏡の呪力									
1	ひとつの墓から出た銅鏡 複製(奈良県新山古墳)	古墳前期(4世紀)	A-23	新山古墳(大塚陵墓参考地)出土鏡　複製			上段左から	2枚目29.0	原品(宮内庁書陵部)
2	内行花文鏡(岐阜県瑞龍寺山墳丘墓)	弥生後期(1～2世紀)	A-120	瑞竜寺山出土内行花文鏡				22.1	
墓への供え物									
1	小札鋲留式衝角付冑(熊本県マロ塚古墳)	古墳中期(5世紀)	A-366-3	小札鋲留式衝角付冑	25.5	20.0	13.5		重要文化財
2	小札鋲留式眉庇付冑(熊本県マロ塚古墳)	古墳中期(5世紀)	A-366-1	小札鋲留式眉庇付冑	21.0	20.0	17.5		重要文化財
3	横矧板鋲留式短甲(熊本県マロ塚古墳)	古墳中期(5世紀)	A-366-4	横矧板鋲留式短甲		28.8	43.5		重要文化財
4	頸甲(熊本県マロ塚古墳)	古墳中期(5世紀)	A-366-7	甲	23.5		14.7		重要文化財
5	長頸鉄鏃(熊本県マロ塚古墳)	古墳中期(5世紀)	A-366-10-3-16	有茎小形鉄鏃	9.5				重要文化財
6	長頸鉄鏃(熊本県マロ塚古墳)	古墳中期(5世紀)	A-366-10-3-12	有茎小形鉄鏃	11.1				重要文化財
7	無茎大形鉄鏃(熊本県マロ塚古墳)	古墳中期(5世紀)	A-366-10-1	無茎大形鉄鏃	9.3	5.2			重要文化財
8	長頸鉄鏃(熊本県マロ塚古墳)	古墳中期(5世紀)	A-366-10-3-14	有茎小形鉄鏃	10.1				重要文化財
9	長頸鉄鏃(熊本県マロ塚古墳)	古墳中期(5世紀)	A-366-10-3-13	有茎小形鉄鏃	10.7				重要文化財
10	長頸鉄鏃(熊本県マロ塚古墳)	古墳中期(5世紀)	A-366-10-3-15	有茎小形鉄鏃	9.8				重要文化財

歴 博 万 華 鏡

2000年10月21日　初版第1刷

監　修　国立歴史民俗博物館
発行者　朝　倉　邦　造
発行所　株式会社　朝　倉　書　店
東京都新宿区新小川町6－29
郵便番号　162-8707
電　話　03（3260）0141
FAX　03（3260）0180
http://www.asakura.co.jp

〈検印省略〉

本文デザイン・装幀　薬師神デザイン研究所
印　刷　東京集美堂
製　本　牧製本

ISBN 4-254-53012-9　C3020　Printed in Japan

定価は外箱に表示